ཀྲུང་ཧྭ་གསོ་རིག་གཉེར་མཛོད་ལས་བོད་ལུགས་གསོ་རིག་གནའ་དཔེའི་གནད་བསྡུས་ཕན་སྒྲུར།

中华医藏·藏医古籍善本提要

（藏汉对照）

གཙོ་སྒྲིག་པ། ཟླ་བ།
达娃　主编

ཀྲུང་གོའི་བོད་རིག་པ་དཔེ་སྐྲུན་ཁང་།
中 国 藏 学 出 版 社

图书在版编目（CIP）数据

藏医古籍善本提要 : 藏汉对照 / 达娃编著.
北京 : 中国藏学出版社, 2024. 9. -- (中华医藏).
ISBN 978-7-5211-0552-0
Ⅰ. Z89: R291.4
中国国家版本馆CIP数据核字第20246EC555号

中华医藏·藏医古籍善本提要

ZHONGHUA YIZANG · ZANGYI GUJI SHANBEN TIYAO

（藏汉对照）

达 娃 主编

责任编辑：周加克　徐华兰
封面设计：索南罗布
出版发行：中国藏学出版社
印　　刷：北京广益印刷有限公司
开　　本：889mm×1194mm　1/16
印　　数：1-2000册
印　　张：15.5
版　　次：2024年9月第1版
印　　次：2024年9月第1次印刷
书　　号：ISBN 978-7-5211-0552-0
定　　价：99.00元

ཀྲུང་ཧྭ་གསོ་རིག་གཉེར་མཛོད་གཉེར་མཛོད་ལས་བོད་ལུགས་གསོ་རིག་
གནའ་དཔེ་གནད་བསྡུས་ཕན་སྒྱུར་རྩོམ་སྒྲིག་ཁང་ས་མི།

གཙོ་སྒྲིག་པ།

ཟླ་བ།

བློ་འདྲི་ཨུ་ལ་མཁས་དབང་།

གཡང་དགའ།   ཀྲིན་ཡན།   འདར་ཚ་ཁྲུང་བདག

རྩོམ་སྒྲིག་ཁང་ས་མི།

ཟླ་བ།   མགོན་པོ་དོན་གྲུབ།   བཀྲ་ཤིས་ལྷ་མོ།   སངས་རྒྱས་འབུམས།   ཟླ་བ། (ཏུས་ནད)   ཚེ་བརྟན་ཕུན་ཚོགས། བདེ་སྐྱིད་མཚོ་མོ།

ཡིག་སྒྱུར་པ།

ཟླ་བ།   འདར་ཚ་ཁྲུང་བདག

《中华医藏·藏医古籍善本提要》编撰委员会

主　编

达　娃

咨询专家

央　嘎　　甄　艳　　塔尔查·穷达（西藏大学）

藏文编委会

达　娃　公保东主　扎西拉姆　桑杰先　达　娃（骨伤科）　次旦平措　德吉措姆

翻译人员

达　娃　　塔尔查·穷达

འགོ་བརྗོད་ཀྱི་གཏམ།

སྤྱི་ཁྱབ་རྟའུ་ཅེ་ཞི་ཅིན་ཕིང་མཆོག་གི་ཀྲུང་ལུགས་གསོ་དཔྱད་བང་མཛོད་ཁྲིད་ཀྱི་ཉེར་ཁུར་གྱུར་པ་དེ་དག་སྟོག་འདོན་གཏིང་ཟབ་བྱེད་དགོས་པའི་འབྲེལ་ཡོད་མཚན་འགོད་མཇུབ་སྟོན་གྱི་དགོངས་དོན་ལག་བསྟར་དོན་འཁྱོལ་ཡོང་ཆེད། ༢༠༡༨ལོར་རྒྱལ་ཁབ་ཀྲུང་ལུགས་གསོ་དཔྱད་དོ་དམ་ཅུས་ནས་རིག་གནས་ཕྱུའུ་དང་ཡུལ་སྐོར་ཕྱུའུ་དང་ལྷན་དུ་ཀྲུང་དབྱང་ནོར་སྲིད་ཀྱི་གྲོན་དངུལ་རྒྱབ་སྐྱོར་རེ་ཞུ་ཐུབ་པར་བརྟེན་ནས་《ཀྲུང་ཧྭ་གསོ་རིག་གཏེར་མཛོད》ཅེས་སྒྲིག་དང་དཔེ་སྐྲུན་གྱི་ལས་དོན་སྒོ་ཀུན་ནས་ལག་བསྟར་དོན་འཁྱོལ་ཡོང་བ་བྱས།

《ཀྲུང་ཧྭ་གསོ་རིག་གཏེར་མཛོད》འདི་ནི་"ཀྲུང་ཧྭའི་གནའ་དཔེ་སྲུང་སྐྱོབ་འཆར་གཞིའི"ནང་དོན་གལ་ཆེན་ཞིག་ཡིན་ཞིང་། རིག་གནས་དང་ཡུལ་སྐོར་ཕྱུའུ་ནས་འགོ་འཁྲིད་བྱེད་ཅིང་། རྒྱལ་ཁབ་ཀྲུང་ལུགས་གསོ་དཔྱད་དོ་དམ་ཅུས་ནས་ལག་བསྟར་ཐད་སྐྱལ་འདེད་བྱེད་པ་དང་། རྒྱལ་ཡོངས་ཀྲུང་ལུགས་གསོ་རིག་ལས་རིགས་ཀྱི་གནའ་དཔེ་སྲུང་སྐྱོབ་ལྟེ་གནས（ཀྲུང་གོ་ཀྲུང་ལུགས་གསོ་དཔྱད་ཚན་རིག་གླིང་ཆ་འཕྲིན་སོའེ）དང་རྒྱལ་ཁབ་གནའ་དཔེ་སྲུང་སྐྱོབ་ལྟེ་གནས（རྒྱལ་ཁབ་དཔེ་མཛོད་ཁང）བཅས་ནས་དངོས་སུ་ལག་བསྟར་བྱ་རྒྱུའི་ཆ་འཛུགས་བྱེད་པ། དེ་བཞིན་རྒྱལ་ཡོངས་ཀྱི་ཀྲུང་ལུགས་གསོ་དཔྱད་ལས་རིགས་ཀྱི་གནའ་དཔེ་དག་སྒྲིག་ཞིབ་འཇུག་ཚན་པ་དང་ཆེད་ལས་ཚོགས་པ་བཅས་དང་ཐུན་མོང་ཐོག་མཉམ་འབྲེལ་ཐོག་སྒྲིག་བྱ་རྒྱུར་དངོས་སུ་གཏན་འབེབས་མཛད།

འཆར་གཞི་ལྟར་ན། ལོ་དྲུག་ཡས་མས་ཀྱི་དུས་ཡུན་ནང་ཀྲུང་ལུགས་གསོ་དཔྱད་ཀྱི་གནའ་དཔེའི་གྲངས་༢༢༨༩གོ་ཙམ་གནད་དུ་བཟུང་ནས་རྩ་ཆེའི་གསོ་དཔྱད་གནའ་གཞུང་ཁག་དང་། གནའ་གཞུང་ཁག་གི་མཚན་འགྲེལ་ཞིབ་འཇུག་བྱ་རྒྱུ་དང་། གྲང་བའི་རྣམ་བཤད། སྟོ་འབུམ། བཅུད་ལེན། གསོ་དཔྱད་འཕེལ་རིམ། རྩང་གཞིའི་རིག་གཞུང་། ནད་གཞི་བརྟག་ཐབས། གསེར་ཁབ་ཕུར་མཉེ། སྦྱོར་སྤྱི། ཚན་པ་མི་འདྲ་བའི་ནད་ཐོག །ནད་དེབ་དང་སྨན་པའི་དཔྱད་ཕྲེང་བསལ་ལུགས་སམ་དཔྱད་གླེང་སོགས་དང་། གྲངས་ཉུང་མི་རིགས་ཀྱི་སྨན་དཔྱད་སོགས་འཆར་བཀོད་ནང་དུ་ཚུད་ཡོད་ཅིང་། སྨན་གཞུང་དེ་དག་ལ་བརྒྱུད་རིམ་ལྡན་པ་དང་། འབྲས་ཚང་དང་བརྟག་ཞིབ་དང་དཔེ་ཐོ་གདམ་གསེས་དང་། དཔེ་ཐོའི་དོན་རྩ་མདོར་བསྟན་ཅེས་སྒྲིག་དཔེ་སྐྲུན། གྲངས་གཞིའི་ཐོན་ཁུངས་རིག་མཛོད་བསྐྲུན་པ་དང་མ་དཔེའི་པར་སློག་དཔེ་སྐྲུན་བཅས་ཀྱི་ལས་དོན་སྤེལ་རྒྱུ་ཡིན། ལས་གཞི་འདི་བཞིན་ཀྲུང་ལུགས་གསོ་དཔྱད་ཀྱི་དཔེ་རྙིང་སྲུང་སྐྱོབ་དང་། རྒྱུད་འཛིན། དག་སྒྲིག །བེད་སྤྱོད་བཅས་གཞི་གཅིག་ལ་

བསྒྲིལ་ནས་ཀྲུང་ལུགས་གསོ་དཔྱད་ཀྱི་གནའ་དཔེའི་རིག་ལམ་ཞིབ་འཇུག་དང་ཐོན་ཁུངས་སྒོ་འབྱེད་མཉམ་སྤྱོད་བཅས་ཀྱི་ཐད་ལ་སྐུལ་འདེད་ནུས་ལྡན་ཐེབས་པར་བྱ་རྒྱུ་རེད། ཏའོ་ཙའོ་ཆོས་ལུགས་ཀྱི་གསུང་རབ་ཕྱོགས་སྒྲིབ་དང་། ནང་པའི་བཀའ་བསྟན་ཆེན་མོ། ཏའུ་ལུགས་ཀྱི་གསུང་རབ་མཛོད་བཅས་ལེགས་སྒྲུབ་བྱུང་བའི་རྗེས་སུ་ཐོན་པའི་ལས་གཞི་འགངས་ཆེན་ཞིག་སྟེ། ཀྲུང་ལུགས་གསོ་དཔྱད་འཕེལ་རྒྱས་བྱུང་རིམ་ཡོངས་སུ་གསལ་སྟོན་བྱེད་པ་དང་། ཀྲུང་ཧྭའི་སྲོལ་རྒྱུན་རིག་གནས་བརྒྱུད་རིམ་ལྡན་པའི་སྒོ་ནས་སྣར་གསོ་བྱེད་པའི་གལ་འགངས་ཆེ་ལ་རྨང་གཞིའི་རང་བཞིན་ལྡན་པའི་རིག་ལམ་འཛུགས་སྐྲུན་གྱི་ལས་གཞི་ཞིག་ཀྱང་ཡིན་ནོ།།

《ཀྲུང་ཧྭ་གསོ་རིག་གཏེར་མཛོད་》 རྩོམ་སྒྲིག་དཔེ་སྐྲུན་ལས་དོན་སྤེལ་བ་འདིའི་ཐོག་ནས་ཏང་ཀྲུང་དབྱང་དང་རྒྱལ་སྲིད་སྲི་ཁྲུབ་ཁང་ནས་ཀྲུང་ལུགས་གསོ་དཔྱད་ལས་དོན་ལ་ཚད་མཐོའི་མཐོང་ཆེན་དང་རྒྱབ་སྐྱོར་གནང་ལུགས་མཚོན་པ་དང་། སྐབས་བཟང་དུས་སུ་གསུང་རབ་པསྡེབས་པའི་གལ་ཆེའི་བྱ་ཐབས་ཤིག་ཡིན་པ། དེ་བཞིན་ 《ཀྲུང་ལུགས་གསོ་དཔྱད་འཕེལ་རྒྱས་ཀྱི་འཐབ་ཇུས་འཆར་གཞིའི་རྩ་གནད་》 （༢༠༡༦ལོ་ནས་༢༠༣༠ལོའི་བར་） གྱི་གལ་ཆེའི་ལས་འགན་ཞིག་ཏུ་ཡང་ངེས་སོ།།

《ཀྲུང་ཧྭ་གསོ་རིག་གཏེར་མཛོད་》 ལས་གྲངས་ཉུང་མི་རིགས་གསོ་དཔྱད་གནའ་གཞུང་མཚན་ཐོ་འདེམས་སྐབས་རྒྱལ་ཁབ་ཀྲུང་ལུགས་དེ་དམ་ཙུས་ནས་རིག་གཅིག་མཁས་དབང་སྒྲིག་འཛུགས་ཐོག་གྲངས་ཉུང་མི་རིགས་གསོ་རིག་གནའ་དཔེའི་གྲངས་༢༢༩དངོས་སུ་འདེམས་སྒྲུབ་ལས་འགན་ནང་དུ་འཆར་བཀོད་མཛད། དེ་ལས་བོད་ལུགས་གསོ་རིག་གནའ་དཔེའི་གྲངས་༩༩བསྡུ་སྒྲིག་ལས་འགན་ལེགས་འགྲུབ་བྱ་དགོས་པས་ན་རྒྱལ་ཁབ་ཀྲུང་ལུགས་ཙུས་ནས་སྨར་ཡང་བོད་ལྗོངས་དང་། མཚོ་སྔོན། སི་ཁྲོན་བཅས་པ་ཞིང་ཆེན་གསུམ་པོའི་འཕྲོད་བསྟེན་བདེ་སྲུང་ཨུ་ཡོན་ལྷན་ཁང་གི་བོད་སྨན་དོ་དམ་ཚན་པའི་འགན་གཙོ་སྒྲིག་འཛུགས་ཐོག་བོད་ལུགས་གསོ་རིག་རྩ་ཆེའི་གནའ་དཔེ་ཡི་ཤར་ཚད་དང་གསོ་དཔྱད་གནའ་གཞུང་རྨང་གཞི་ཞིབ་འཇུག་ཉམས་མྱོང་དང་ལས་ནུས་ལ་གཞིགས་ནས་བོད་ལྗོངས་སྨན་རྩིས་ཁང་ལ་གནའ་དཔེའི་གྲངས་༥༩དང་། མཚོ་སྔོན་ཞིབ་འཇུག་ཁང་ལ་གནའ་དཔེའི་གྲངས་༨ སི་ཁྲོན་ལྷོ་ནུབ་མི་རིགས་སློབ་ཆེན་ལ་གནའ་དཔེའི་གྲངས་༧༢བཅས་པའི་མ་ཡིག་འཚོལ་བསྡུ། མ་ཡིག་གི་པར་རིས་གཟེར་འབེབས་བྱ་རྒྱུ། གནའ་དཔེའི་གནད་བསྡུས་མདོར་བསྟན་རྩོམ་སྒྲིག་བྱ་རྒྱུ་ལ་སོགས་པའི་ལས་འགན་ཁག་འཆར་བཀོད་གནང་། བོད་ལྗོངས་སྨན་རྩིས་ཁང་གི་འབྲེལ་ཡོད་དབུ་འཛིན་མཆོག་ནས་བོད་ལྗོངས་འཕྲོད་བསྟེན་བདེ་སྲུང་ཨུ་ལྷན་བོད་ལུགས་གསོ་རིག་དོ་

དམ་རབས་ཀྱི་བཀའ་ལྟར་གནའ་དཔེའི་གྲངས་༥༩ཡི་བསྡུ་སྒྲིག་ལས་འགན་དེ་ཞིབ་འཇུག་ཁང་རིག་གཞུང་ཞིབ་འཇུག་སུའོ་ལ་རྩིས་སྤྲོད་བྱས། རིག་གཞུང་ཞིབ་འཇུག་ཚན་པའི་ཞིབ་འཇུག་པ་ཕྲན་ཟླ་བ་རྣམ་གྲངས་དེའི་འགན་གཙོར་བཀོས། ལོ་རབས་དུས་ཡུན་ལོ་ལྔ་ལ་ཉེ་བའི་ནང་དཀའ་ངལ་ཁྱད་བསད། འབད་པ་ཆེར་བསྐྱེད། ཐབས་བརྒྱ་ཇུས་སྟོང་གིས་ཕྱོགས་ཡོངས་ནས་འབད་བརྩོན་བྱས་པ་བརྒྱུད། ད་ལན་གནའ་དཔེ་༥༩ཡི་མ་ཡིག་ཞིབ་དཔྱད་དང་། འཚོལ་བསྡུ། གཤེར་འབེབས། གནད་བསྡུས་བསྡུ་སྒྲིག །ཡིག་བསྒྱུར་ལ་སོགས་པའི་ལས་འགན་ཁག་ཡོངས་སུ་ལེགས་གྲུབ་ཟིན། གནའ་དཔེའི་གནད་བསྡུས་བསྡུ་སྒྲིག་བྱ་སྐབས་གངས་ལྗོངས་སྨན་རྩིས་རིག་མཛོད་ཆེན་མོའི་གནད་བསྡུ་རྨང་གཞིར་བཟུང་ནས་ནང་དོན་ཁག་འཕྲུས་སྒྲོ་རྗེ་ཚང་ཡོང་བར་འབད་བརྩོན་ཞུས་ཡོད་ལ། ལས་དོན་འདི་སྒྲིལ་བའི་བརྒྱུད་རིམ་ནང་ཐོག་མའི་འཆར་བཀོད་ལས་དོན་མི་སྣ་མང་པོ་ཞིག་འཛོད་ཀྱང་རང་ཚན་པའི་ལས་དོན་མང་པོ་ཞིག་གིས་རྐྱེན་པས་དངོས་སུ་ཞུགས་ཐུབ་མེད། དེར་བརྟེན་ནས་ལོ་རབས་དུས་ཚོད་དམ་འཛིན་དང་། དཀའ་ངལ་ཁྱད་བསད་ཐོག་གནའ་དཔེའི་པར་རིས་སྒྲིག་བཟོ་དང་གནད་བསྡུས་བསྡུ་སྒྲིག །ཡིག་བསྒྱུར་སོགས་པའི་ལས་འགན་ཁག་ལས་ཞོར་དུས་ཚོད་བེད་སྤྱད་ནས་ལེགས་གྲུབ་ཞུས་ཡོད་ལ། གནད་བསྡུས་དག་བཅོས་ཐད་སྐར་རྒྱ་བོད་ཡིག་རིགས་གཉིས་པོའི་ནང་དོན་ཐོག་ནས་དག་བཅོས་ལས་འགན་ལས་དོན་པར་བཀོད་སྒྲིག་ཞུས་ཡོད་ཀྱང་དག་བཅོས་ཐད་ལ་ཞིབ་ནན་དང་གོང་འོག་གཅིག་གྱུར་མེད་པ་ལ་སོགས་པའི་གནད་དོན་ལྷག་པར་གཞིགས་ནས་ཡང་སྐྱར་ལས་ཞོར་དུས་ཚོད་མང་པོ་ཞིག་བེད་སྤྱད་ནས་རྒྱ་བོད་ཡིག་རིགས་གཉིས་པོའི་གོང་འོག་ནང་དོན་ཐད་ལ་དག་བཅོས་ལན་གསུམ་ཙམ་ཞུས་པ་ཡིན། འོན་ཀྱང་གྲུས་པའི་ཤེས་ཚད་དང་ལས་དོན་སྒྲིལ་བའི་འཛིན་ནུས་དམན་པས་ད་དུང་ཡང་མ་དག་པའི་ཞན་ཆ་དང་འགལ་འཁྲུལ་སོགས་གང་རུང་ཞིག་ཡོད་སྲིད་ངེས་པས་སྨད་བོད་ལུགས་གསོ་རིག་མཁས་དབང་དང་ལས་དོན་མི་སྣ་ཚོས་ཐུན་མིན་རིག་གཞུང་འདི་ཡི་རྒྱུན་འཛིན་འཕེལ་རྒྱས་ཕྱིར་དམིགས་ནས་ལྷག་བསམ་དག་པའི་བཀའ་སློབ་དང་དགོངས་འཆར་ལྷུག་སྩོལ་ཡོད་པ་མཁྱེན་ནོ། །

གཙོ་སྒྲིག་པ། ཟླ་བ་ནས།

༢༠༢༡ལོའི་ཟླ་༡༡པར།

前　言

为贯彻落实习近平总书记关于深入发掘中医药宝库中的精华的有关批示精神，2018 年国家中药管理局会同文化和旅游部争取到中央财政经费支持，全面实施《中华医藏》编纂出版工作。

《中华医藏》是“中华古籍保护计划”的重要内容，由文化部和旅游部牵头，国家中医管理局具体推进实施，全国中医行业古籍保护中心（中国中医科学院信息所）、国家古籍保护中心（国家图书馆）组织具体实施，联合全国中医药行业古籍整理研究单位与专业团队共同参与。拟通过 6 年左右，重点对 2289 种中医药古籍，涉及经典著作及注释研究、伤寒金匮、本草、养生、医史、基础理论、诊法、针灸按摩、方书、临证各科、医案医话医论和少数民族医药等类目，进行系统调研选目、书目提要编撰出版、数字资源库建设和原书影印出版。该项工作集保护、传承、整理、利用中医药古籍为一体，并着力推进中医药古籍的学术研究与资源开放共享，是继“道经”“大藏经”“儒藏”之后，又一项全面揭示中医药发展源流、系统复兴中华传统文化的重大基础性学术建设工程。

《中华医藏》编纂出版工作的实施体现了党中央和国务院对于中医药事业的高度重视与支持，是盛世修典的重要举措，也是《中医药发展战略规划纲要（2016-2030 年）》的重点任务。

《中华医藏》少数民族医药古籍选目，经国家中医药管理局组织专家选定了 224 种，其中藏医古籍类 94 种。国家局组织了西藏、青海、四川 3 个省区卫生健康委藏医管理局，选定古籍书目按古籍书目馆藏量与古籍基础研究能力，分配西藏自治区藏医院 54 部、青海省藏医药研究院 8 部、四川省西南民族大学 32 部。西藏自治区藏医院领导根据卫健委藏医药管理局的指示，把 54 部古籍书目编纂任务交由研究院文献所承担，医院把文献所达娃任命为此课题负责人，经 5 年的时间，开展筛选书目、调研、查找、底本扫描、复制、提要编纂、翻译等任务，现已完成了 54 部古籍书目的编纂任务。由于课题内容涉及文献、历史、版本、内容提要，以及翻译等诸多方面，特别是藏文医典汉译难度大，术语规范、标准化等一系列问题，在课题任务实施过程中，尽管我们做出了很大努力，但仍有可能存在一定的疏漏和不完善之处，敬请各位读者不吝赐教。

研究院文献研究所：达娃

དཀར་ཆག
目 录

གཅིག ། རྩ་བའི་གཞུང་ལུགས་ཀྱི་རིགས།
一、基础理论类

གཉིས་པ། རྒྱུད་གཞུང་འགྲེལ་བཤད་ཀྱི་རིགས།
二、典籍注释类

གསུམ་པ། སྨན་རྫས་རིག་པའི་སྐོར།
三、藏药类

བཞི་པ། ཉམས་ཞིབ་ལག་ལེན་རིགས།

四、临床类

༡། གཞི་རྩའི་གཞུང་ལུགས་ཀྱི་རིགས།

一、基础理论类

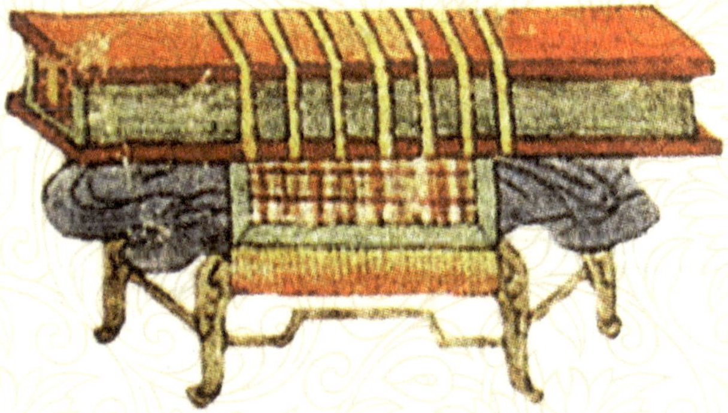

རྒྱུད་བཞི་གྲྭ་ཐང་པར་མ།

དུས་རབས་བརྒྱད་པར་གཡུ་ཐོག་རྙིང་མ་ཡོན་ཏན་མགོན་པོས་རྩང་གཞི་མཛད་ཅིང་། དུས་རབས་བཅུ་གཉིས་པར་ཡོངས་སུ་གྲུབ། ཟུར་མཁར་བློ་གྲོས་རྒྱལ་པོ་སོགས་ཀྱིས་བོད་རབ་བྱུང་དགུ་པའི་མེ་རྟ（སྤྱི་ལོ་༡༥༤༦）ལོར་པར་དུ་བཞེངས།

གཞུང་འདིའི་མཛད་པ་པོ་ནི། བདེ་གཤེགས་སྨན་གྱི་བླ་མའི་རྣམ་རོལ་གངས་ལྗོངས་སྨན་གྱི་སྟོན་པ་ཆེན་པོ་རྗེ་བཙུན་གཡུ་ཐོག་པ་གསར་རྙིང་གཉིས་ཏེ། ཁོང་རྣམ་གཉིས་ཀྱི་རྩད་དུ་བྱུང་བའི་རྣམ་དཔྱོད་དང་བླ་ན་མེད་པའི་ཐུགས་སྐྱེད་ལ་བརྟེན་ནས་བྱུང་བའི་ཡུལ་གངས་ཅན་པའི་གསོ་བ་རིག་པའི་རྩ་བར་གྱུར་པའི་གཞུང་ལུགས་ཆེན་མོ་དཔལ་ལྡན་རྒྱུད་བཞི་ལ། སྔ་ཕྱིར་བཤུ་འབྲི་བྱས་པའི་བྲིས་མ་དང་པར་ཤིང་བརྐོ་བའི་སྲོལ་དར་ནས་ཤིང་པར་ཁག་བྱུང་བ་ལས། རྒྱུད་བཞི་ཡོངས་རྫོགས་པར་དུ་བསྒྲུབས་པའི་པར་མ་དང་པོ་སྟེ། པར་གཞི་འདིའི་པར་བྱང་ལས། ཡར་རྒྱབ་ཆོས་ཀྱི་རྒྱལ་པོའི་རྒྱལ་ལྷ་དེ། །བློ་གྲོས་རྒྱལ་པོའི་དབྱུ་གུས་བསྐུལ་བའི་ཚེ། །གསོ་རིག་བསྟན་པའི་ལོ་ཏོག་རྒྱས་བྱེད་པའི། །མི་ཟད་ཆོས་ཀྱི་ཆར་པ་འདི་བབ་བོ། །ཞེས་གསུངས་པ་བཞིན། རབ་བྱུང་དགུ་པའི་མེ་ཕོ་རྟ（སྤྱི་ལོ་༡༥༤༦）ལོར། ཟུར་མཁར་བློ་གྲོས་རྒྱལ་པོས་ཞུས་དག་དང་སྐྱུལ་མ་མཛད་པ་བཞིན། ནང་སོ་ཡར་རྒྱབ་པས་སྦྱིན་བདག་གནང་སྟེ་པར་དུ་བསྒྲུབས་ཤིང་གྲྭ་ཐང་དགོན་དུ་བཞུགས་སུ་གསོལ་བས། བཞུགས་སའི་གནས་ལ་བལྟོས་ནས་གྲྭ་ཐང་པར་མ་དང་། སྦྱིན་བདག་ལ་བལྟོས་ནས་ཡར་རྒྱབ་པར་མ་ཞེས་ཀྱང་ཞུ། པར་ཤིང་དེ་ཉིད་རབ་བྱུང་བཅུ་དྲུག་པའི་མེ་ཕོ་རྟ（སྤྱི་ལོ་༡༩༦༦）ལོར་དུས་ཀྱི་འཚོ་འགྱུར་དབང་གིས་དེང་མཇལ་སྐལ་མེད་པར་གྱུར་པ་ཡིན་ནོ། །

པར་མ་འདི་ནི་ཟུར་མཁར་བློ་གྲོས་རྒྱལ་པོས་རྗེ་བཙུན་གཡུ་ཐོག་པའི་ཕྱག་དཔེ་རྒྱུད་བཞི་ཕྱག་དྲིག་མ་དང་རྒྱུད་བཞི་གསེར་མཆན་མ་ཞེས་པ་དང་། རྗེ་བཙུན་ཟུར་མཁར་བ་མཉམ་ཉིད་རྡོ་རྗེའི་ཕྱག་དཔེ་རྒྱུད་བཞི་ཕྱག་དྲིག་མ་དང་རྒྱུད་བཞི་སླམ་ནང་མ་ཞེས་པ་སོགས་གངས་རིའི་ལྗོངས་འདིར་བཞུགས་པའི་སྤར་གྱི་རྒྱུད་བཞི་དཔེ་རྙིང་དག་པ་རྣམས་རྩད་འཚོལ་དང་གོ་བསྡུར་གནང་བ་ཙམ་མ་ཟད། དཔྱད་པ་གསུམ་དང་རྟོག་པ་བཞིའི་སྒོ་ནས་ལན་གཅིག་ཙམ་མ་ཡིན་པར་ལེགས་པར་གཏན་ལ་ཕབ་སྟེ་ཞུས་དག་མཛད་པ་ཞིག་ཡིན་པས། གསོ་རིག་འཛིན་པའི་དྲན་དབང་ཕལ་མོ་ཆེས་ཚད་མར་འཛིན་པའི་པར་མ་གྲགས་ཅན་ཞིག་ཀྱང་ཡིན། འདི་ནི་རྒྱུད་བཞི་ཚ་ཚང་བར་བཞུགས་པའི་པར་མ་དང་པོ་ཡིན་པས། འདི་ལ་ཕྱི་མོ་འདྲ་ལེན་ཞུས་པའི་བུ་དཔེ་པོ་ཏ་ལའི་པར་མ་དང་། སྨྲོར་ཁའི་པར་མ། ཤེ་ཀེ་རྫོང་ཆ་དཀར་པར་མ། སྐུ་འབུམ་པར་མ། འབྲུག་ཡུལ་པར་མ། སྡེ་དགེའི་པར་མ་དང་པོ་བཅས་སྔ་ཕྱིར་བྱུང་ཞིང་། དེ་དག་གི་ཕྲིན་ལས་ཀྱི་རྒྱུན་ལས་དཔལ་ལྡན་རྒྱུད་བཞི་བོད་ཙམ་དུ་མ་ཟད། འཛམ་གླིང་ཡོངས་སུ་ཁྱབ་པར་གྱུར་པའོ། །

ནང་དོན་གཙོ་བོ་ནི། དཔལ་ལྡན་རྩ་བའི་རྒྱུད་ཀྱི་ལེའུ་དྲུག་གིས་རྒྱུད་སྤྱིའི་གླེང་གཞི

གླེང་སློང་དང་། གནས་ལུགས་ནད་གཞི། ངོས་འཛིན་རྟགས། གསོ་བྱེད་ཐབས་བཅས་བསྟན་པ་མ་ཟད། བཤད་རྒྱུད་གནས་བཅུ་གཅིག་གིས་གསོ་བྱ་ལུས་ནད། གསོ་བྱེད་གཉེན་པོ་བཞི། ཇི་ལྟར་གསོ་བའི་ཐབས་ནད་ངོས་བཟུང་བ་དང་བཅོས་ཚུལ། གསོ་བ་པོ་སྨན་པའི་སྒོ་གསུམ་ཀུན་སྤྱོད་བཅས་བསྟན་པ་དང་། མན་ངག་རྒྱུད་སྐབས་བཅོ་ལྔས་ལུས་སྤྱི་བོའི་གཙུག་ནས་རྐང་མཐིལ་ཡན་ཆད་ཀྱི་ནད་ཀྱི་རིགས་སུ་གྱུར་པའི་རྒྱུ་རྐྱེན་དབྱེ་བ་རྟགས་བཅོས་སོགས་རྒྱས་པར་བསྟན་པ། ཕྱི་མ་རྒྱུད་མདོ་བཞིས་རྩ་ཆུའི་བརྟག་ཐབས་དང་། ཞི་སྦྱོངས་དཔྱད་ཀྱི་ལག་ལེན་རྒྱས་པར་བཀྲོལ་བ། རྒྱུད་སྤྱིའི་མཇུག་དོན་དང་རྒྱུད་ཡོངས་སུ་གཏད་པའི་ཚུལ་བཅས་བསྟན་པ་མ་ཟད། མཇུག་ཏུ་པར་མ་འདི་ཉིད་ཇི་ལྟར་བཞེངས་པའི་ཚུལ་དང་པར་བྱང་སྨོན་ཚིག་བཅས་བསྟན་ཡོད་པའོ། །

མ་དཔེ་འདི་ནི་བོད་རང་སྐྱོང་ལྗོངས་སྨན་རྩིས་ཁང་དུ་བཞུགས་པའི་དཔེ་རྙིང་ཤིང་པར་ཞིག་སྟེ་རྒྱུད་བཞི་ཆ་ཚང་ཁྱོན་ལྡེབ་མ་༡༠༧ཡོད་ཅིང་། ལྡེབ་མ་རེ་རེའི་རིང་ཚད་༡༧.༥༨cmདང་མཐོ་ཚད་༦.༧༧cmཡོད་པ་འདི་ཉིད་ཆད་ལྷག་དང་རལ་སྐྱོན་མེད་པར་ལྗོངས་སྨན་རྩིས་ཁང་གི་རིག་གཞུང་ཞིབ་འཇུག་གླིང་དུ་བཞུགས་ཡོད་པ་ལགས་སོ། །

《四部医典》扎唐版

该木刻版于藏历第九饶迥火马年（1546 年），由苏喀·洛追杰布等刊刻完成。扎唐木刻版是由伟大的藏医学家宇妥·宁玛云丹贡布撰著的名传千古的藏医学巨著《四部医典》。后经宇妥大师的第十三代后裔宇妥·萨玛云丹贡布修订成一部更加完善、丰富的医学巨著。先后出现了手写版和刊刻版，其中扎唐版是首部《四部医典》的刊刻版。在此刊刻版的后记中记载，于 1546 年由纳苏雅觉巴出资，苏喀·洛追杰布修订而进行刊刻完成，该刻版的母本于 1966 年被损毁。

该刻本是苏喀·洛追杰布依据宇妥·云丹贡布撰著的《四部呷智玛》和《四部金释义》，以及苏喀·娘尼多吉的《手写四部呷智玛》和《四部甘囊玛》等当时的《四部医典》不同版本进行比较、分析和修订，最终定稿并刊刻了扎唐版的《四部医典》木刻版。这是第一部完整的《四部医典》木刻版，以此为基础相继出现了布达拉版、角拉版、鄂荣恰噶版、塔尔寺版、不丹版、德格版等众多刻版，使藏医药学在雪域高原得以传承，名扬世界。

主要内容是四部医典即根本部、论述部、秘诀部和后续部，其中根本部中以六个章节概括了基础理论、生理和病理、疾病的诊断方法、治疗疾病的原则和方法等内容。论述部通过十一论详述了人体的孕育过程、组织胚胎、生理解剖、疾病的发病机理机制，治疗疾病的四大疗法、治疗原则和方法、医生的职责及伦理相关的内容。秘诀部通过十五篇详述了所有疾病的病因、分型、症状及治疗等内容。后续部中主要讲述了藏医诊断学之脉诊、尿诊、藏医外治疗法、结语诫言等内容。另外在后记中记载了该木刻本刊刻的历程和祝词。

该木刻版的原版现存于西藏自治区藏医院藏医药研究院，全书共 401 叶。单叶规格：长 46.89 厘米，宽 7.31 厘米。

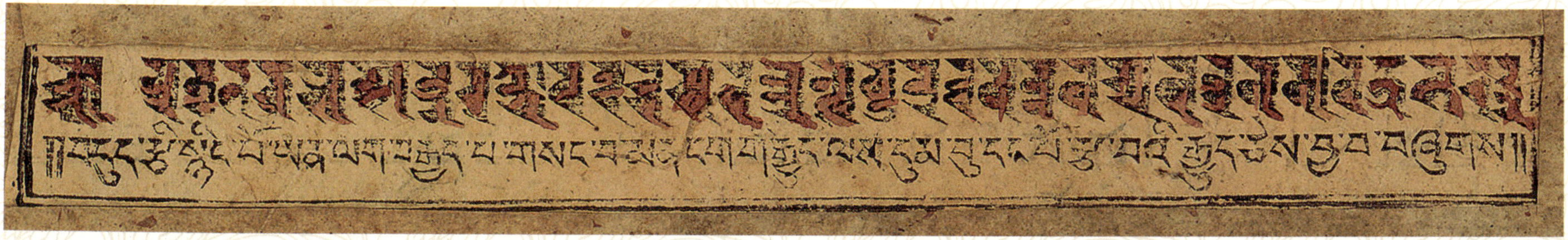

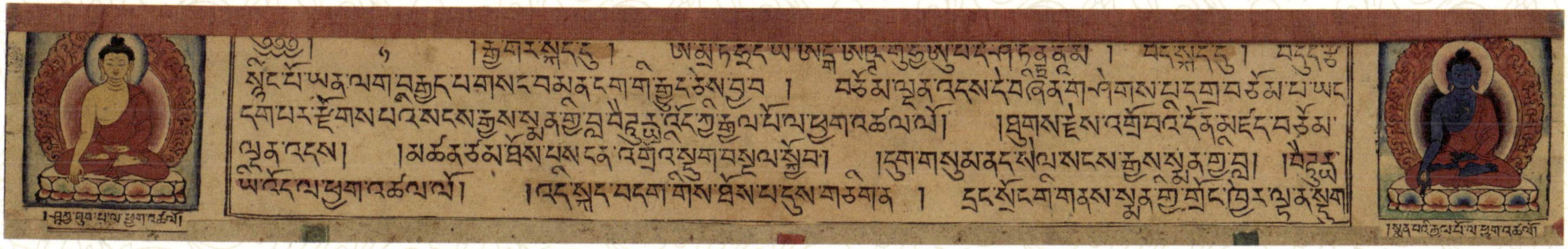

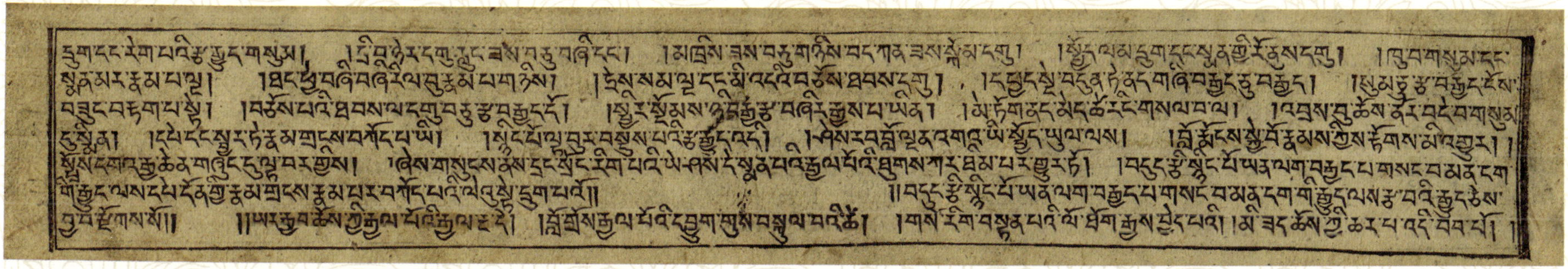

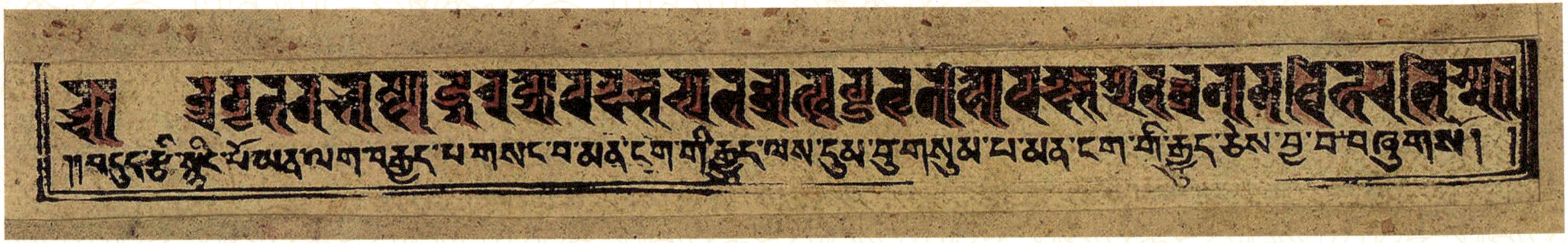

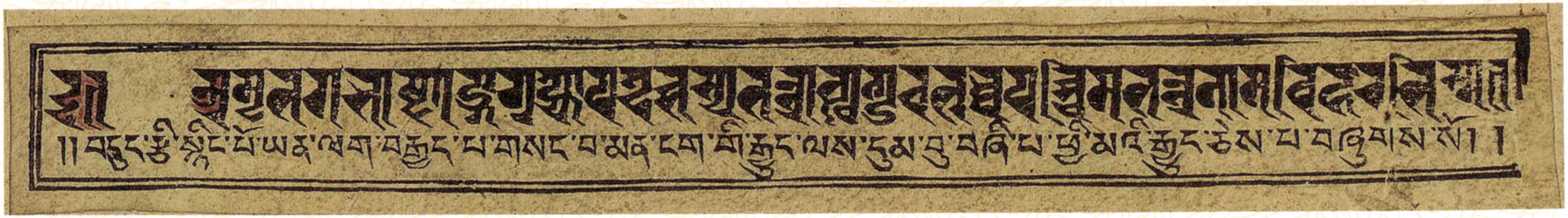

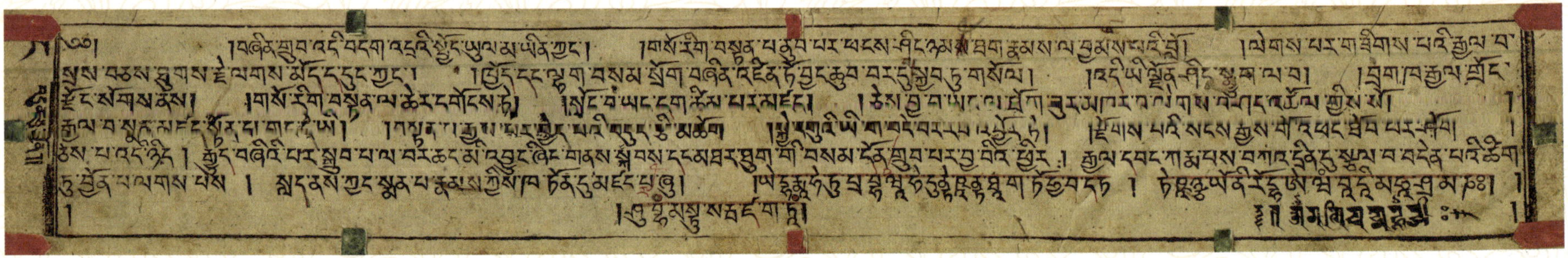

རྒྱུད་བཞི་ཧུག་བརྟན་པར་མ།

དུས་རབས་བརྒྱད་པར་གཡུ་ཐོག་སྙིང་མ་ཡོན་ཏན་མགོན་པོས་རྨང་གཞི་མཛད་ཅིང་། དུས་རབས་བཅུ་གཉིས་པར་ཡོངས་སུ་གྲུབ། དུས་རབས་བཅུ་བདུན་པར་ལྷུན་སྤྱིངས་བདུད་རྩི་འགྱུར་མེད་སོགས་ཀྱིས་པར་དུ་བཞེངས།

འདིའི་མཛད་པ་པོ་ནི། བདེ་གཤེགས་སྨན་གྱི་བླ་མའི་རྣམ་རོལ་གངས་ལྗོངས་སྨན་གྱི་སྟོན་པ་ཆེན་པོ་རྗེ་བཙུན་གཡུ་ཐོག་པ་གསར་རྙིང་གཉིས་ཏེ། གཡུ་ཐོག་སྙིང་མ་ཡོན་ཏན་མགོན་པོ་ནི། སྟོད་ལུང་སྐྱིད་སྣ་ད་ཀྭ་ལྷས་གྲོང་ཁྱེར་སྟོད་ལུང་བདེ་ཆེན་རྫོང་སོང་ཞེས་པར་ཡབ་གཡུ་ཐོག་ཁྱུང་པོ་རྡོ་རྗེ་དང་། ཡུམ་རྒྱ་ས་ཆོས་ཀྱི་སྒྲོན་མེ་གཉིས་ཀྱི་སྲས་སུ་ས་སྤྲེལ་གྱི་ལོ(སྤྱི་ལོ ༧༠༨ལོ་)སྤྲེལ་ཟླའི་ཚེས་༡༥ཉིན་ངོ་མཚར་གྱི་དགེ་ལྟས་དུ་མ་དང་བཅས་སྐུ་བལྟམས། དགུང་ལོ་གསུམ་ལ་ཡབ་ཀྱི་དྲུང་དུ་ཀློག་ཡིག་བསླབས་ཤིང་། དགུང་ལོ་ལྔ་ནས་གསོ་དཔྱད་གསན། དེ་རྗེས་ཆོས་རྒྱལ་མེས་ཨག་ཚོམ་གྱིས་བསམ་ཡས་སུ་སྤྱན་དྲངས། ཐང་ཏེ་རྒྱལ་མཉེས་མཁར་ཐུག་སོགས་བོད་ཀྱི་སྨན་པ་དང་རྩོད་གླེང་གནང་བས་གང་གི་མཁྱེན་དཔྱོད་ལ་རྒྱལ་པོ་ཡབ་སྲས་དད་པར་གྱུར་ཏེ་སྐུའི་བླ་སྨན་མཛད། དགུང་ལོ་ཉི་ཤུ་ལོན་པའི་ཚེ་བསམ་ཡས་སུ་ཕྱོགས་རིགས་སྨན་པ་དགུ་དང་ཕན་ཚུན་བགྲོ་གླེང་སྐབས་གཡུ་ཐོག་པའི་མཁྱེན་དཔྱོད་ཐུལ་དུ་ཕྱིན་པར་ཡ་མཚན་དང་དད་པ་སྐྱེས་ཏེ་ཞབས་སྤྱི་བོར་བླངས། དགུང་ལོ་ཉི་ཤུ་རྩ་ལྔ་སླེབ་རྗེས་བལ་ཡུལ་བརྒྱུད་རྒྱ་གར་དུ་ལན་གསུམ་ཕྱིན་ནས་པཎ་ཆེན་ཙནྡྲ་དེ་ཝ་སོགས་བླ་མ་བརྒྱ་རྩ་གཅིག་དང་མཇལ། ཕྱི་ནང་རིག་གནས་དང་གདམས་པ་མང་པོ་ཞུས། ཁྱད་པར་དཔལ་ལྡན་རྒྱུད་བཞིའི་གབ་པ་གསལ་བྱེད་ཐོ་བྱང་དང་བཅས་པ་ཐོབ་ནས་སླར་བོད་དུ་ཕེབས། གསོ་དཔྱད་ཀྱི་དཔེ་ཆ་མང་པོ་བརྩམས་གནང་བ་དང་། དགུང་ལོ་ང་ལྔ་ལ་སློབ་མ་བདེ་བ་དཔལ་ཕྱུག་ཕྱིར་ཁྲིད་ནས་ཀོང་པོ་སྨན་ལུང་དུ་ཕྱིན་པས་སློབ་མ་སུམ་བརྒྱ་ཙམ་འདུ་བ་བྱུང་། དེ་རྣམས་ལ་རྒྱུད་བཞི་ཆ་ལག་ཁ་སྐོང་དང་བཅས་པ་གནང་བས་སྨན་པ་འབུམ་རམས་པ་བྱ་བ་ལྔ་བཅུ། སྨན་པ་རབ་འབྱམས་པ་བྱ་བ་ལྔ་བཅུ། སྨན་པ་དཀའ་བཅུ་བ་བྱ་བ་བརྒྱ་ཙམ་བྱུང་སྟེ་དགུང་ལོ་དྲུག་ཅུ་རེ་ལྔ་བར་བཞུགས་སོ། །དེ་ནས་དར་རྩེ་མདོ་དང་། རི་བོ་རྩེ་ལྔ་སོགས་ལ་ཕེབས་ནས་འགྲོ་བ་མང་པོའི་སྲོག་བསྐྱབས་ཤིང་ཕྱིར་འཁོར་ནས་དཔོན་སློབ་སྟོང་ཙམ་གྱིས་ཀོང་པོའི་སྨན་ལུང་དུ་སྨན་གྱི་དགོན་པ་ལྟ་ན་སྡུག་ཅེས་བྱ་བ་ཕྱག་བཏབ་སྟེ་སྨན་པའི་རིགས་སུ་གྱུར་པའི་བྱ་བྲལ་པ་ཐམས་ཅད་འཚད་ཉན་གྱིས་སྒྲོ་འདོགས་ཆོད་པ་བྱུང་། དེ་མིན་སློབ་མའི་ནང་བྱ་ཡུལ་གྱི་མདའ་མི་སྨན་བརྩོན་ཞེས་པ་བུད་མེད་སྨན་པ་ཞིག་ཀྱང་ཡོད། དགུང་ལོ་གྱ་ལྔ་ལ་དཔོན་སློབ་རགས་བསྡུས་ཤིག་ཙྭ་རི་ར་ཕྱིན། རྡོ་རྗེ་མཚོ་མོ་ཁབ་ཏུ་བཞེས་པས་རིམ་གྱིས་སྲས་འབུམ་སེང་དང་། དཔལ་འབུམ། དགའ་དགའ་གསུམ་འཁྲུངས། སྐུ་ཚེ་འདིར་རྒྱ་གར། རྒྱ་ནག་ཙམ་མ་ཟད་བོད་ཀྱིས་གནས་མང་པོར་ཕེབས། ཉེ་རིང་མེད་པར་སྨན་སྦྱིན་གནང་། སྐུ་ཚེ་གང་པོར་གསོ་དཔྱད་ཀྱི་གཞུང་ལུགས་མང་པོ་བརྩམས་པར་མཛད་ནས་མཐར་དགུང་ལོ་བརྒྱ་དང་ཉེར་ལྔ་བཞེས་དུས་

གཟུགས་སྐུ་ཆོས་དབྱིངས་སུ་ཐིམ་མོ།

རྒྱུད་བཞི་རྟག་བརྟན་པར་མ་འདྲིའི་པར་བྱང་ལས། རྗེ་བཙུན་ཏཱ་ར་ནཱ་ཐའི་ཐུགས་རྗེའི་ཤུགས། །རབ་འབྱམས་བརྒྱད་ཁྲི་བཞི་སྟོང་ཆོས་ཀྱི་སྒོ། མ་ལུས་དགོས་འདོད་སྟོལ་བའི་འཕྲུལ་འཁོར་ལས། །རྒྱུད་འདི་འགྲོ་བ་ཡོངས་ཀྱི་དཔལ་དུ་བཀོད། །ཅེས་གསུངས་པ་བཞིན། ཏཱ་ལོ་ཙཱ་བའི་གདུང་རྒྱུད་རྗེ་ནང་ཐམས་ཅད་མཁྱེན་པ་རྗེ་བཙུན་ཏཱ་ར་ནཱ་ཐ་མཆོག་ལ། ཕོང་གི་ལྷ་སྨན་པ་བྱང་པ་ལྷུན་སྡིངས་བདུད་རྩི་འགྱུར་མེད་ནས་བསྐུལ་ཞིང་གསོལ་བ་བཏབ་པ་ལྟར་མཐུན་རྐྱེན་སྦྱར་ཅིང་གནང་བ་བསྩལ་ཏེ། ལྷུན་སྡིངས་བདུད་རྩི་འགྱུར་མེད་མཆོག་ནས་ཞུས་ཆེན་པར་དབང་བསྒྱུར་ཅིང་གྲ་ཐང་པར་མར་གཞིར་བྱས་ནས་ས་བཅད་འཁྲུགས་པ་དང་། གཞུང་ཚིག་ཆད་པ། ཚིག་ཟུར་མ་དག་པ་སོགས་ལ་བྱང་པའི་སྨན་བརྒྱུད་འགྲེལ་ཆེན་སོགས་བྱང་པ་མིའི་ཉི་མའི་གསུང་ལ་གཏུགས་ཏེ་ཞུས་དག་པར་མཛད་ནས་རབ་བྱུང་བཅུ་གཅིག་པའི་ལྕགས་ཕོ་འབྲུག （སྤྱི་ལོ་༡༦༤༠） ལོར་གདན་ས་ཆེན་པོ་དཔལ་རྟག་བརྟན་དམ་ཆོས་གླིང་ངེས་དོན་དགའ་བའི་ཚལ་གྱི་ཆོས་སྡེ་ཆེན་པོར་པར་དུ་བསྒྲུབས་ཏེ་དེར་བཞུགས་སུ་གསོལ་ཀྱང་པར་ཤིང་དེ་ཉིད་རབ་བྱུང་བཅུ་དྲུག་པའི་མེ་ཕོ་རྟ （སྤྱི་ལོ་༡༩༦༦） ལོར་དུས་ཀྱི་འཕོ་འགྱུར་དབང་གིས་དེང་མཇལ་སྐལ་མེད་པར་གྱུར་པ་ཡིན་ནོ། །

ནང་དོན་གཙོ་བོ་ནི། དཔལ་ལྡན་རྩ་བའི་རྒྱུད་ཀྱི་ལེའུ་དྲུག་གིས་རྒྱུད་སྤྱིའི་གླེང་གཞི་གླེང་སློང་དང་། གནས་ལུགས་ནད་གཞི། ངོས་འཛིན་རྟགས། གསོ་བྱེད་ཐབས་བཅས་བསྟན་པ་མ་ཟད། བཤད་རྒྱུད་གནས་བཅུ་གཅིག་གིས་གསོ་བྱ་ལུས་ནད། གསོ་བྱེད་གཉེན་པོ་བཞི། ཇི་ལྟར་གསོ་བའི་ཐབས་ནད་ངོས་བཟུང་བ་དང་བཅོས་ཚུལ། གསོ་བ་པོ་སྨན་པའི་སྒོ་གསུམ་ཀུན་སྤྱོད་བཅས་བསྟན་པ་དང་། མན་ངག་རྒྱུད་སྐབས་བཅོ་ལྔ་ལུས་སྤྱི་བོའི་གཙུག་ནས་རྐང་མཐིལ་ཡན་ཆད་ནད་ཀྱི་རིགས་སུ་གྱུར་པའི་རྒྱུ་རྐྱེན་དབྱེ་བ་རྟགས་བཅོས་སོགས་རྒྱས་པར་བསྟན་པ། ཕྱི་མ་རྒྱུད་མདོ་བཞིས་རྩ་ཆུའི་བརྟག་ཐབས་དང་། ཞི་སྦྱོངས་དཔྱད་ཀྱི་ལག་ལེན་རྒྱས་པར་བཀྲོལ་བ། རྒྱུད་སྤྱིའི་མཇུག་དོན་དང་རྒྱུད་ཡོངས་སུ་བཏད་པའི་ཚུལ་བཅས་བསྟན་པ་མ་ཟད། མཇུག་ཏུ་པར་མ་འདི་ཉིད་ཇི་ལྟར་བཞེངས་པའི་ཚུལ་དང་པར་བྱང་སྨོན་ཚིག་བཅས་བསྟན་ཡོད་པའོ། །

བོད་རང་སྐྱོང་ལྗོངས་སྨན་རྩིས་ཁང་གི་རིག་གཞུང་ཞིབ་འཇུག་གླིང་དུ་བཞུགས་པའི་དཔེ་རྙིང་ཤིང་པར་ཞིག་ཡོད་པ་ལས་རྒྱུད་བཞི་པོ་ལས་མན་རྒྱུད་དང་ཕྱི་རྒྱུད་གཉིས་ལས་རྩ་རྒྱུད་དང་བཤད་རྒྱུད་གཉིས་པོ་ཆད། མན་རྒྱུད་དབུ་ཤོག་ཕྱེད་ལས་མེད་པ། ཕྱིན་ཤོག་༤༧༩དང་། ཤོག་ངོས་རེའི་རིང་ཚད་༥༢.༣༤cmདང་མཐོ་ཚད་༩.༥cmབཅས་ཡོད་པ། ཆད་ལྷག་དང་རལ་སྐྱོན་མང་དུ་ཡོད་པ། དེ་ལ་གཞིགས་ནས་རྒྱུད་དེའི་མ་ཡིག་ཆ་ཚང་ཞིག་འཚོལ་ཞིབ་ཡོང་སྲིད་གྲུབ་པས་སི་ཁྲིན་ཧྲ་བ་ཁུལ་སོགས་སུ་ཆེད་བསྐྱོད་ཀྱིས་གཞུང་འདིའི་པར་མའི་རྟོག་ཞིབ་བྱས་པ་བརྒྱུད་ཧྲ་བ་ཁུལ་ནས་པར་སློག་མཆོན་ཅན་ཞིག་འཚོལ་བསྡུ་བྱུང་བ་དག་འདིར་འཁོད་པའོ། །

《四部医典》达丹版

《四部医典》达丹版是由伦丁·堆孜久美于17世纪刊刻完成。《四部医典》是由著名藏医学家宇妥·宁玛云丹贡布撰著，后由其第十三代后裔宇妥·萨玛云丹贡布进行全面的修订。著者宇妥·宁玛云丹贡布于708年猴月十五日在前藏堆龙·吉那地方即现今的西藏堆龙德庆县境内出生，父亲宇妥·琼沃多吉，母亲嘉萨曲珍。3岁起随父学习藏文拼读书写。5岁随父听医理，受“甘露化药”及“药师佛修习法”等佛教密乘之开许仪轨。10岁时被赞普美阿匆召至桑耶寺应试，与昌迪·杰涅卡普等吐蕃名医辩论，皆获全胜，遂列为吐蕃九大名医之首，任美阿匆和赤松德赞两朝“御医”。25岁后，3次赴印度，拜班钦·旃陀罗罗提婆等名医为师，听受《四续补篇·珍珠鬘》及《刀针关键锁钥》等多部医学论著；赴五台山，从文殊圣者请受《配方宝鬘》及《内科举义》等教言。返藏后，以吐蕃医学为基础，博采印度医学及译师白若杂纳所译他方医书精义，撰成名著《四部医典》。又为尼泊尔国王哈答治愈寒疾下犯之病等，毕生专事弘扬医道。生3子，绷僧、拜绷及噶噶。造就工布德杰等弟子遍于西藏。享年125岁。

《四部医典》达丹版木刻本是由译师拉的后裔多罗纳塔出资，由伦丁·堆孜久美将《四部医典》扎唐版与强巴·弥义尼玛所著的《四部医典详解》进行对比分析后，将其中的章节错乱、缺字疏漏等进行修订后，以此为母本于1640年在圣地华·达丹旦切寺完成，并藏于寺内。1966年由于诸多因素，该刻本被损毁。

四部医典即根本部、论述部、秘诀部和后续部，其中根本部以六个章节概括了基础理论、生理和病理、疾病的诊断方法、治疗疾病的原则和方法等内容。论述部通过十一论详述了人体的孕育过程、组织胚胎、生理解剖、疾病的发病机理机制、治疗疾病的四大疗法、治疗原则和方法，医生的职责及伦理相关的内容。秘诀部通过十五篇详述了人体从头到脚疾病的病因、分型、症状及治疗等内容。后续部主要讲述了藏医诊断学之脉诊、尿诊、藏医外治疗法，结语诫言等内容。

此木刻版的一种版本保存于西藏自治区藏医院藏医药研究院图书室内，全书共479叶。单叶规格：长52.34厘米，宽9.5厘米。许多篇页已残缺损毁。为补正该版本，我们前往四川阿坝调研，该查找到此本彩色复印版，除了秘诀本中缺一页外，其余齐全，该版底本扫描用于此文中。

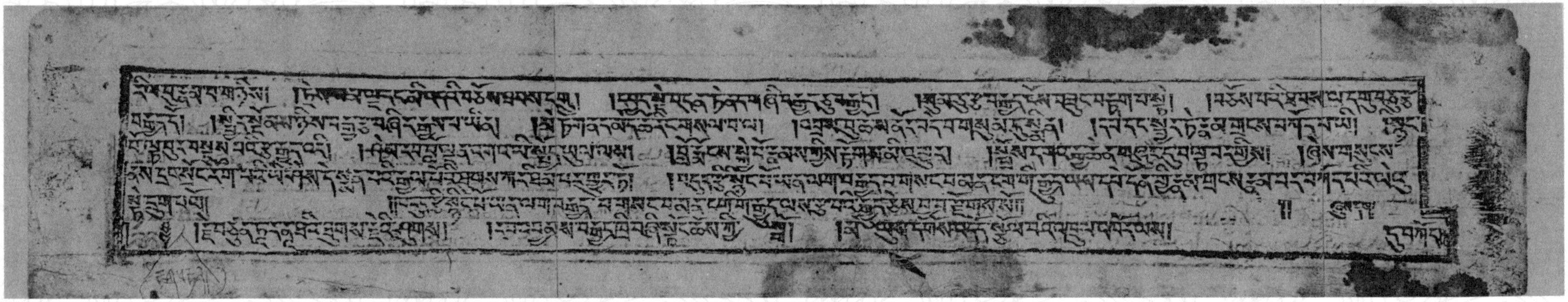

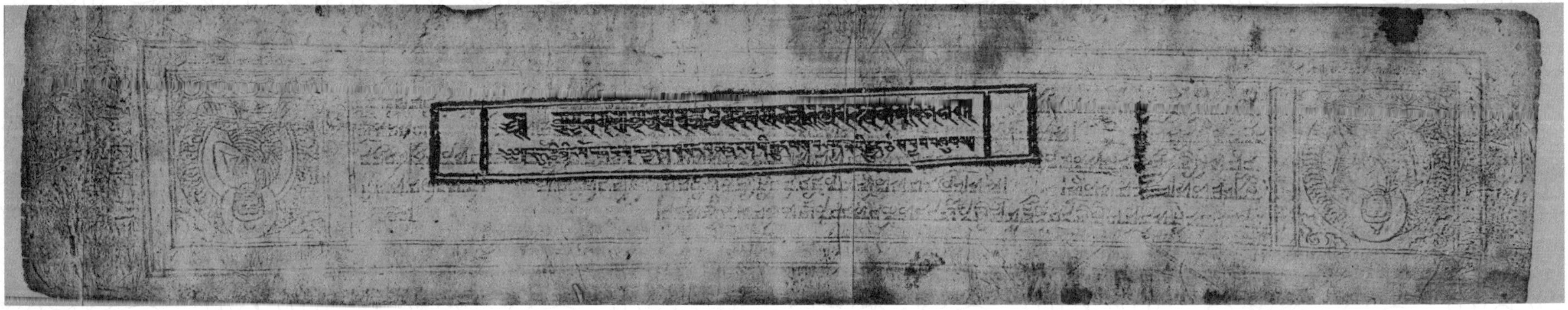

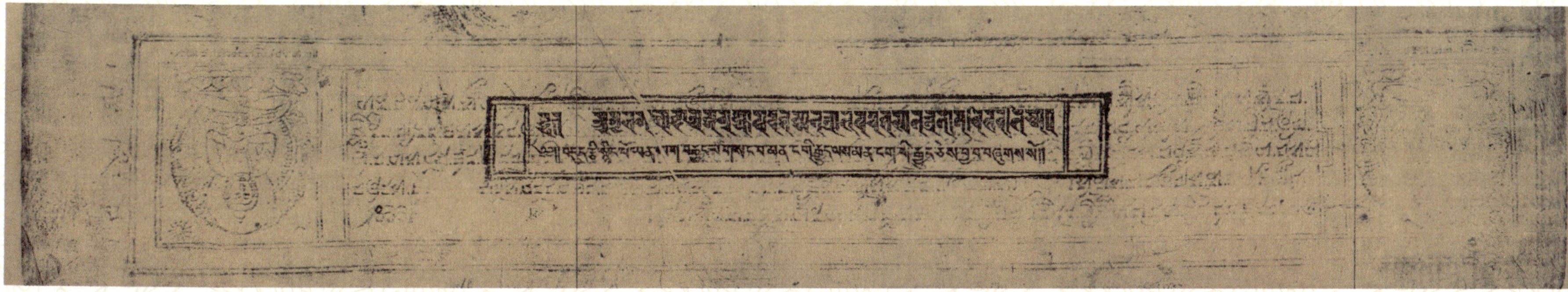

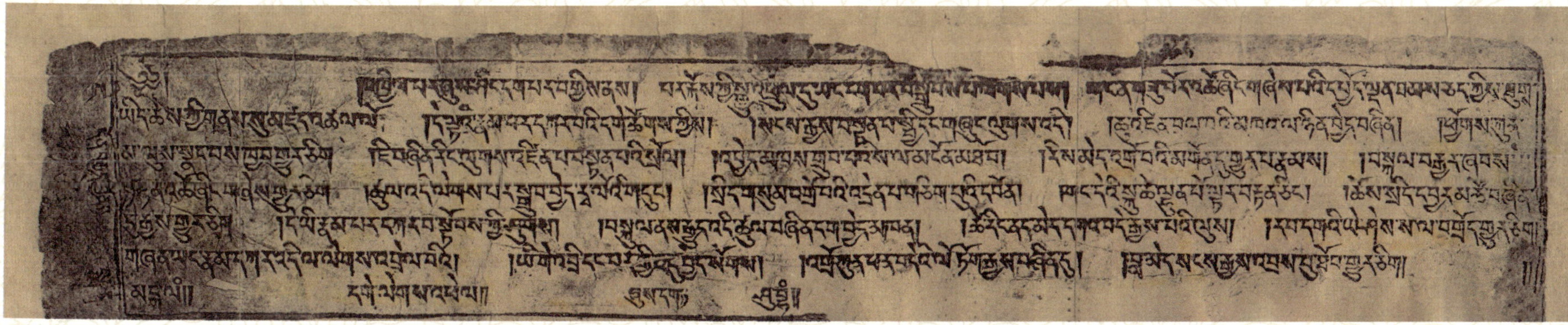

རྒྱུད་བཞི་པོ་ཏ་ལའི་པར་མ།

གཞུང་འདི་དུས་རབས་བརྒྱད་པར་གཡུ་ཐོག་རྙིང་མ་ཡོན་ཏན་མགོན་པོས་རྩང་གཞི་མཛད་ཅིང་། དུས་རབས་བཅུ་གཉིས་པར་གཡུ་ཐོག་གསར་མས་ཡོངས་སུ་གྲུབ། དུས་རབས་བཅུ་བདུན་པར་རྒྱལ་མཆོག་ལྔ་པ་ཆེན་པོ་ངག་དབང་བློ་བཟང་རྒྱ་མཚོ་སོགས་ཀྱིས་པར་དུ་བཞེངས།

འདིའི་མཛད་པ་པོ་ནི། བདེ་གཤེགས་སྨན་གྱི་བླ་མའི་རྣམ་རོལ་གངས་ལྗོངས་སྨན་གྱི་སྟོན་པ་ཆེན་པོ་རྗེ་བཙུན་གཡུ་ཐོག་པ་གསར་རྙིང་གཉིས་ཏེ། གཡུ་ཐོག་རྙིང་མ་ཡོན་ཏན་མགོན་པོ་ནི། སྟོད་ལུང་སྐྱིད་སྣ་ད་ལྟ་ལྷ་ས་གྲོང་ཁྱེར་སྟོད་ལུང་བདེ་ཆེན་རྫོང་ཁོངས་ཞེས་པར་ཡབ་གཡུ་ཐོག་ཁྱུང་པོ་རྡོ་རྗེ་དང་། ཡུམ་རྒྱ་ས་ཆོས་ཀྱི་སྒྲོན་མེ་གཉིས་ཀྱི་སྲས་སུ་ས་སྤྲེལ་གྱི་ལོ་(སྤྱི་ལོ་༧༠༨ལོ་)སྤྲེལ་ཟླའི་ཚེས་༡༥ཉིན་ངོ་མཚར་གྱི་དགེ་ལྟས་དུ་མ་དང་བཅས་སྐུ་བལྟམས། དགུང་ལོ་གསུམ་ལ་ཡབ་ཀྱི་དྲུང་དུ་ཀློག་ཡིག་བསླབས་ཤིང་། དགུང་ལོ་ལྔ་ནས་གསོ་དཔྱད་གསན། དེ་རྗེས་ཆོས་རྒྱལ་མེས་ཨག་ཚོམ་གྱིས་བསམ་ཡས་སུ་སྤྱན་དྲངས། བྲང་ཏི་རྒྱལ་མཉེས་མཁར་ཕྱུག་སོགས་བོད་ཀྱི་སྨན་པ་དང་རྩོད་གླེང་གནང་བས་གང་གི་མཁྱེན་དཔྱོད་ལ་རྒྱལ་པོ་ཡབ་སྲས་དད་པར་གྱུར་ཏེ་སྐུའི་བླ་སྨན་མཛད།

དགུང་ལོ་ཉི་ཤུ་ལོན་པའི་ཚེ་བསམ་ཡས་སུ་ཕྱོགས་རིགས་སྨན་པ་དགུ་དང་ཕན་ཚུན་བགྲོ་གླེང་སྐབས་གཡུ་ཐོག་པའི་མཁྱེན་དཔྱོད་ཕུལ་དུ་ཕྱིན་པར་ཡ་མཚན་དང་དད་པ་སྐྱེས་ཏེ་ཞབས་སྤྱི་བོར་བླངས།

དགུང་ལོ་ཉི་ཤུ་རྩ་ལྔ་ནས་བལ་ཡུལ་བརྒྱུད་རྒྱ་གར་དུ་ལན་གསུམ་ཕྱིན། པཎ་ཆེན་ཙནྡྲ་དེ་ཝའི་དྲུང་ནས་གདམས་ངག་མང་པོ་ཞུས། རྒྱ་གར་གྱི་བླ་མ་བརྒྱ་རྩ་གཅིག་དང་མཇལ། ཕྱི་ནང་རིག་གནས་དང་གདམས་པ་མང་པོ་ཞུས་སྣར་བོད་དུ་ཕེབས། དགུང་ལོ་ང་ལྔ་ལ་སློབ་མ་བདེ་བ་དཔལ་ཕྱུག་ཕྱིར་ཁྲིད་ནས་ཀོང་པོ་སྨན་ལུང་དུ་ཕྱིན་པས་སློབ་མ་སུམ་བརྒྱ་ཙམ་འདུ་བ་བྱུང་། དེ་རྣམས་ལ་རྒྱུད་བཞི་ཚ་ལག་ཁ་སྐོང་དང་བཅས་པ་གནང་བས་སྨན་པ་འབུམ་རམས་པ་བྱ་བ་ལྔ་བཅུ། སྨན་པ་རབ་འབྱམས་པ་བྱ་བ་ལྔ་བཅུ། སྨན་པ་དཀའ་བཅུ་བ་བྱ་བ་བརྒྱ་ཙམ་བྱུང་སྟེ་དགུང་ལོ་དྲུག་ཅུ་རེ་ལྔ་བར་བཞུགས་སོ།།

དེ་ནས་དར་རྩེ་མདོ་དང་། རི་བོ་རྩེ་ལྔ་སོགས་ལ་ཕེབས་ནས་འགྲོ་བ་མང་པོའི་སྲོག་བསྐྱབས་ཤིང་ཕྱིར་འཁོར་ནས་དཔོན་སློབ་སྟོང་ཙམ་གྱིས་ཀོང་པོའི་སྨན་ལུང་དུ་སྨན་གྱི་དགོན་པ་ལྷ་ན་སྡུག ཅེས་བྱ་བ་ཕྱག་བཏབ་སྟེ་སྨན་པའི་རིགས་སུ་གྱུར་པའི་བྱ་བྲལ་བ་ཐམས་ཅད་འཚང་ཉན་གྱིས་སྒྲོ་འདོགས་ཆོད་པ་བྱུང་། དེ་མིན་སློབ་མའི་ནང་བྱ་ཡུལ་གྱི་མདའ་མི་སྨན་བཙུན་ཞེས་པ་བུད་མེད་སྨན་པ་ཞིག་ཀྱང་ཡོད། དགུང་ལོ་གྱ་ལྔ་ལ་དཔོན་སློབ་རགས་བསྡུས་ཤིག་ཙནྡ་རིར་ཕྱིན། རྡོ་རྗེ་མཚོ་མོ་ཁབ་ཏུ་བཞེས་པས་རིམ་གྱིས་སྲས་འབུམ་སེང་དང་། དཔལ་འབུམ། དཀའ་དཀའ་གསུམ་འཁྲུངས། སྐུ་ཚེ་འདིར་རྒྱ་གར། རྒྱ་ནག་ཙམ་མ་ཟད་བོད་ཀྱི་ས་གནས་མང་པོར

ཕེབས། ཉེ་རིང་མེད་པར་སྨན་སྦྱིན་གནང་། གསོ་དཔྱད་སྐོར་གྱི་གཞུང་མང་པོ་མཛད། མཐར་དགུང་ལོ་བརྒྱ་དང་ཉེར་ལྔ་བཞེས་དུས་གཟུགས་སྐུ་ཆོས་དབྱིངས་སུ་ཐིམ་མོ།།

གཡུ་ཐོག་གསར་མ་ཡོན་ཏན་མགོན་པོ་ནི། སྔར་གྱི་གཡུ་ཐོག་རྙིང་མའི་རིགས་ལས་མཆེད་པའི་གདུང་རབས་བཅུ་གསུམ་པ་ན། གཙང་ཉང་སྟོད་ཀྱི་སའི་ཆ་སྒོ་བཞི་རེ་ཐང་དུ་ཡབ་གཡུ་ཐོག་ཁྱུང་པོ་རྡོ་རྗེ་དང་། ཡུམ་པདྨ་འོད་ལྡན་གྱི་སྲས་སུ་དགེ་ལེགས་ཀྱི་མཚན་མ་བསམ་གྱིས་མི་ཁྱབ་པ་དང་བཅས་དུས་རབས་བཅུ་པའི་ནང་སྐུ་འཁྲུངས། ཆུང་ངུ་ནས་བག་ཆགས་བཟང་པོའི་སྣང་བས་སྨན་གྱི་དོན་འཛིན་ལ་སོགས་པ་འཁྲུལ་བ་མེད་པར་མཁྱེན།

དགུང་ལོ་བཅུ་གཉིས་ཀྱི་སྐབས་སུ་མང་མཁར་ཚ་ལུང་པ་རོག་སྟོན་དཀོན་ཅོག་སྐྱབས་སྒོ་བཞི་རེ་ཐང་དུ་ཕྱིན་དུས་རྒྱས་པ་འབུམ་དང་། ཧ་སྨ་སྲབ་པ་བཅས་འབུལ་བ་གྱ་ནོམས་པ་ཕུལ་ཏེ་དཔལ་ལྡན་རྒྱུད་བཞི་རྫོགས་པར་ཞུས་ནས་རེ་ཞིག་ཅིག་བརྒྱུད་ཀྱི་བཀའ་རྒྱ་མ་བཀྲོལ་བར་རང་གི་ཟབ་བཞེས་སུ་མཛད། སྔ་ཕྱིར་རྒྱ་གར་དུ་ལན་དྲུག་དང་། དེ་དུས་སིཧླ་ལ་དང་གསེར་གླིང་ཚུན་ཆད་ལ་ཕེབས། རྫུ་འཕྲུལ་གྱི་བཀོད་པ་བསྟན་པ་བསམ་ལས་འདས་ཤིང་བརྟན་གཡོའི་དངོས་པོ་ཀུན་ལག་མཐིལ་དུ་སྐྱུ་རུ་ར་བཞག་པ་བཞིན་གཟིགས་ཏེ། བཀའ་འགྱུར་དང་བསྟན་འགྱུར་ཐུགས་ཐོག་ནས་འཆད་པ་དང་། རྒྱ་གར་རྡོ་རྗེ་གདན་དུ་པཎ་ཆེན་བརྒྱ་ཕྲག་དུ་མའི་ཚོགས་དཔོན་མཛད། སྐུ་ཚེའི་སྟོད་དུ་ཡན་ལག་བརྒྱད་པ་ཁོ་ནའི་འཕྲིན་ལས་བསྐྱངས། དེ་ནས་རྩ་དཔྱད་རིག་པ་རང་གསལ་སྒྲེ་ཚན་ལྔ་པ་དང་། ལག་ལེན་པོད་ཚུང་། རྒྱུད་ཚུང་བདུད་རྩི་སྙིང་པོ། ཤོག་དྲིལ་སྐོར་གསུམ། ལྡེ་མིག་སྐོར་དྲུག་སོགས་སྨན་གཞུང་མང་པོ་བརྩམས་པར་མཛད། སློབ་མའི་གཙོ་བོ་འབལ་སྨན་ཉི་མ་དཔལ། རྗེ་ཡེ་ཤེས་གཟུངས། སྟོན་པ་ཨ་ཆོས། ཤག་རམ་པ་ཉི་མ་དཔལ། གཡུ་ཐོག་འབུམ་སེང་དང་། བསོད་སེང་། སུམ་སྟོན་ཡེ་ཤེས་གཟུངས། དགེ་བཤེས་རོག་ཆུང་རྣམས་ཡིན་ནོ།།

རྒྱུད་བཞི་པོ་ཏ་ལའི་པར་མ་ནི། ཁོང་རྣམ་གཉིས་ཀྱི་ཚད་དུ་བྱུང་བའི་རྣམ་དཔྱོད་དང་བླ་ན་མེད་པའི་ཐུགས་སྐྱེད་ལ་བརྟེན་ནས་བྱུང་བའི་ཡུལ་གངས་ཅན་པའི་གསོ་བ་རིག་པའི་རྩ་བར་གྱུར་པའི་གཞུང་ལུགས་ཆེན་མོ་དཔལ་ལྡན་རྒྱུད་བཞི་ལ། སྔ་ཕྱིར་བཤུ་འབྲི་བྱས་པའི་བྲིས་མ་དང་པར་ཤིང་བརྐོ་བའི་སྲོལ་དར་ནས་ཤིང་པར་ཁག་བྱུང་བའི་གྲས་སུ་པོ་ཏ་ལའི་པར་མ་སྔ་རྗེས་གཉིས་བྱུང་བ་ལས་འདི་ནི་དང་པོ་སྟེ། པར་མ་འདིའི་མན་ངག་རྒྱུད་ཀྱི་པར་བྱང་ལས། ཚེ་ཡི་རིག་བྱེད་དྲན་ཤེས་ཚངས་པའི་རྒྱུད། །གཙུག་ལག་གཉིས་པ་ཤེས་པའི་རྣམ་དཔྱོད་མིག །དཀྱུས་རིང་གཞུང་བརྒྱའི་མཐའ་འཛལ་བྱུང་ངོས་པའི། །སྟོན་མཚན་ཟླ་འདྲའི་ལྷག་བསམ་གྱིས་བསྐུལ་ཚེ། །རྒྱུད་བཞིའི་འཆི་མེད་གཙུག་ཏོར་རིག་ཙམ་གྱིས། །ལྷ་གཅིག་རྗེ་ཡི་ལུས་སུ་འགྱུར་བྱེད་པའི། །གཞན་ཕན་དབང་གི་རྒྱལ་པོའི་གཏེར་གྱི་སྒོ། །གནམ་བསྐོས་རྒྱལ་ཁབ་པོ་ཏ་ལ་ནས་སྤེལ། །ཞེས་དང་། ཕྱི་མ་རྒྱུད་ཀྱི་པར་བྱང་ལས། ཟུར་སྨན་ལེགས་བཤད་འཚོལ་དེས

ཞུས་ཆེན་བགྱིས། །རྣམ་དག་བགྲང་བྱའི་ཁྱུར་ལྷེས་མི་གསལ་བ། །སྣོད་མར་མཆོད་སྦྱིན་བརྒྱ་ཕྲག་འབྱེད་པའི་པར། །ནད་སེལ་སྨན་གྱི་བདུད་རྩི་ཆེ་འདི་བསྒྲུབ། །ཞེས་གསུངས་པ་ལྟར། རྒྱལ་མཆོག་ལྔ་པ་ཆེན་པོ་ངག་དབང་བློ་བཟང་རྒྱ་མཚོའི་བླ་སྨན་པ་ཆེན་པོ་བྱང་དར་ནང་སོ་དར་རྒྱས་ཀྱིས་ཟུར་མཁར་བ་བློ་གྲོས་རྒྱལ་པོས་ཞུས་དག་མཛད་པའི་གྲ་ཐང་པར་མ་འགྲོ་དོན་ཆེས་ཆེན་བགྲེས་ཟད་སོང་ནས་པར་གཞི་མི་གསལ་བར་གྱུར་པ་ལ་དམིགས་ཏེ། རྒྱལ་མཆོག་ལྔ་པ་ཆེན་པོར་པར་གཞི་དེ་ཉིད་གསར་དུ་བསྒྲུན་རྒྱུའི་གསོལ་བ་བཏབ་པ་ལྟར་བཀའ་ཡི་གནང་བ་བསྐྱལ་ཅིང་གཞུང་ས་དགའ་ལྡན་ཕོ་བྲང་ནས་མཐུན་རྐྱེན་སྦྱར་ནས། གྲ་ཐང་རྒྱུད་བཞི་པར་རྙིང་སོར་བཞག་བཅོས་བསྒྲད་མེད་པའི་ཐོག་རྒྱལ་དབང་མཆོག་ནས་ལྷག་ཞུས་དང་པར་བྱང་མཛད་དེ་རབ་བྱུང་བཅུ་གཅིག་པའི་ཆུ་ཕོ་སྟག（སྤྱི་ལོ་༡༨༨༣）ལོར་པར་དུ་བསྒྲུབས་ཤིང་། ཕོ་བྲང་པོ་ཏ་ལའི་ཤར་ངོས་ཀྱི་པར་ཁང་དགའ་ལྡན་ཕུན་ཚོགས་གླིང་དུ་བཞུགས་སུ་གསོལ་བས་འགའ་ཞིག་གིས་དགའ་ལྡན་ཕུན་ཚོགས་གླིང་གི་པར་མ་ཞེས་ཀྱང་ཟེར།

ནང་དོན་གཙོ་བོ་ནི། དཔལ་ལྡན་རྩ་བའི་རྒྱུད་ཀྱི་ལེའུ་དྲུག་གིས་རྒྱུད་སྤྱིའི་གླེང་གཞི་གླེང་སློང་དང་། གནས་ལུགས་ནད་གཞི། ངོས་འཛིན་རྟགས། གསོ་བྱེད་ཐབས་བཅས་བསྟན་པ་མ་ཟད། བཤད་རྒྱུད་གནས་བཅུ་གཅིག་གིས་གསོ་བྱ་ལུས་ནད། གསོ་བྱེད་གཉེན་པོ་བཞི། ཇི་ལྟར་གསོ་བའི་ཐབས་ནད་ངོས་བཟུང་བ་དང་བཅོས་ཚུལ། གསོ་བ་པོ་སྨན་པའི་སྒོ་གསུམ་ཀུན་སྤྱོད་བཅས་བསྟན་པ་དང་། མན་ངག་རྒྱུད་སྐབས་བཅོ་ལྔས་ལུས་སྤྱི་བོའི་གཙུག་ནས་རྐང་མཐིལ་ཡན་ཆད་ཀྱི་ནད་ཀྱི་རིགས་སུ་གྱུར་པའི་རྒྱུ་རྐྱེན་དབྱེ་བ་རྟགས་བཅོས་སོགས་རྒྱས་པར་བསྟན་པ། ཕྱི་མ་རྒྱུད་མདོ་བཞིས་རྩ་ཆུའི་བརྟག་ཐབས་དང་། ཞི་སྦྱོངས་དཔྱད་ཀྱི་ལག་ལེན་རྒྱས་པར་བཀྲོལ་བ། རྒྱུད་སྤྱིའི་མཇུག་དོན་དང་རྒྱུད་ཡོངས་སུ་བདད་པའི་ཚུལ་བཅས་བསྟན་པ་མ་ཟད། མཇུག་ཏུ་པར་མ་འདི་ཉིད་ཇི་ལྟར་བཞེངས་པའི་ཚུལ་དང་པར་བྱང་སྨོན་ཚིག་བཅས་བསྟན་ཡོད་པའོ། །

མ་དཔེ་འདི་ནི་བོད་རང་སྐྱོང་ལྗོངས་སྨན་རྩིས་ཁང་གི་རིག་གཞུང་ཞིབ་འཇུག་གླིང་དུ་བཞུགས་པའི་དཔེ་རྙིང་ཤིང་པར་ཞིག་སྟེ་རྒྱུད་བཞི་ཆ་ཚང་ཚྭོན་ལྡེབ་མ་༩༠༡དང་ལྡེབ་མ་རེའི་རིང་ཚད་༥༣.༣༩cmམཐོ་ཚད་༩.༥cmབཅས་ཡོད་པ། ཆད་ལྷག་དང་རལ་སྐྱོན་མེད་པར་བཞུགས་པ་ལགས་སོ། །

《四部医典》布达拉宫版

《四部医典》布达拉宫版于17世纪由五世达赖喇嘛刊刻而成。《四部医典》由宇妥·宁玛云丹贡布撰著，后由其第十三代后裔宇妥·萨玛云丹贡布进行全面的修订。宇妥·宁玛云丹贡布于708年猴月十五日，在前藏堆龙·吉那即现今的西藏堆龙德庆县境内出生，其父亲宇妥·琼沃多吉，母亲嘉萨曲珍。3岁起随父学习藏文拼读书写。5岁随父听医理受“甘露化药”及“药师佛修习法”等佛教密乘之开许仪轨。10岁时被赞普美阿匆召至桑耶寺应试，与昌迪·杰涅卡普等吐蕃名医辩论，皆获全胜，逐列为西藏九大名医之首，任美阿匆和赤松德赞两朝“御医”。25岁后，3次赴印度，拜班钦·旃陀罗罗提婆等名医为师，听受《四续补篇·珍珠鬘》及《刀针关键锁钥》等多部医学论著；赴五台山，从文殊圣者请受《配方宝鬘》及《内科举义》等教言。返藏后，以西藏医学为基础，博采印度医学及译师白若杂纳所译他方医书精义，撰成名著《四部医典》。又为尼泊尔国王哈答治愈寒疾卜犯之病等，毕生专事弘扬医道。生3子，绷僧、拜绷及噶噶。造就工布德杰等弟子遍于西藏。享年125岁。

《四部医典》布达拉宫版先后刊刻有两种版本，此刻板是由五世达赖喇嘛阿旺洛桑嘉措应其“御医”香鄂·囊索达杰提出，由苏喀·洛追杰布修订刊刻的。由于扎唐版刻本因常年印刷而磨损严重，刻本的文字模糊不清等原因，需重新刻一部，因而出资并提笔书写刻本名称和后记，1662年在布达拉宫刊刻完成。由于此刻板的母本藏于布达拉宫东宫噶丹彭措林，因此亦有“噶丹彭措林版”之称。

四部医典即根本部、论述部、秘诀部和后续部，其中根本部以六个章节总的概括了基础理论、生理和病理、疾病的诊断方法，治疗疾病的原则和方法等内容。论述部通过十一论详述了人体的孕育过程、组织胚胎、生理解剖、疾病的发病机理机制、治疗疾病的四大疗法、治疗原则和方法、医生的职责及伦理相关的内容。秘诀部通过十五篇详述了人体从头到脚的所有疾病的病因、分型、症状及治疗等内容。后续部主要讲述了藏医诊断学之脉诊、尿诊、藏医外治疗法、结语诫言等内容。另外在后跋中记载了该木刻本刊刻经历和祝词。

此木刻本的原本印书现存于西藏自治区藏医院藏医药研究院内，全书共401叶。单叶规格：长度为52.34厘米，宽9.5厘米。全书保存完好，无腐蚀损毁。

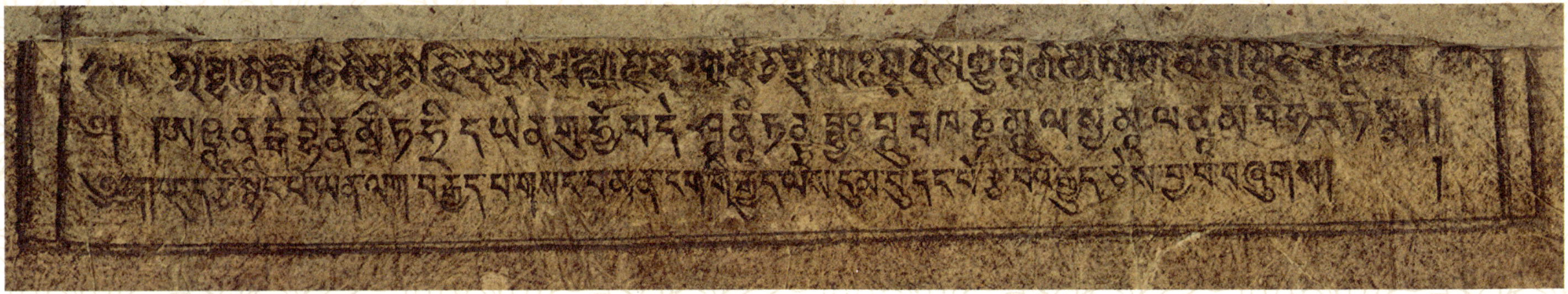

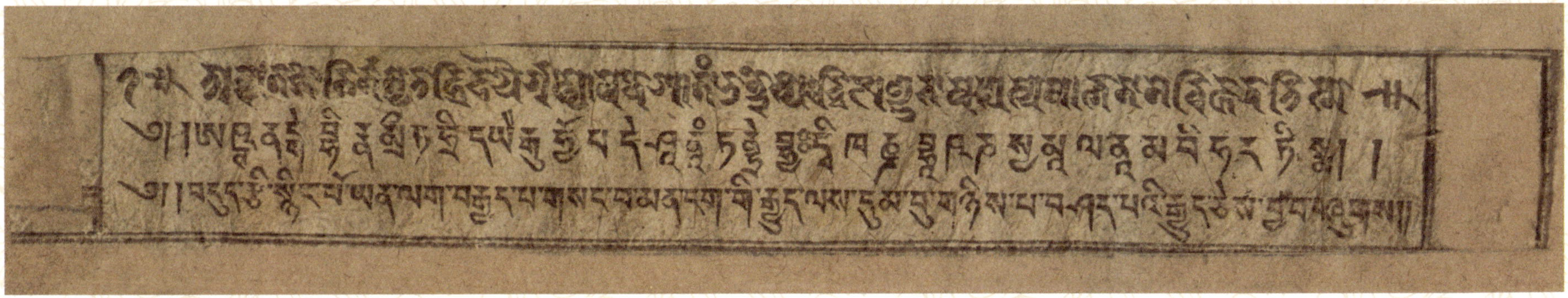

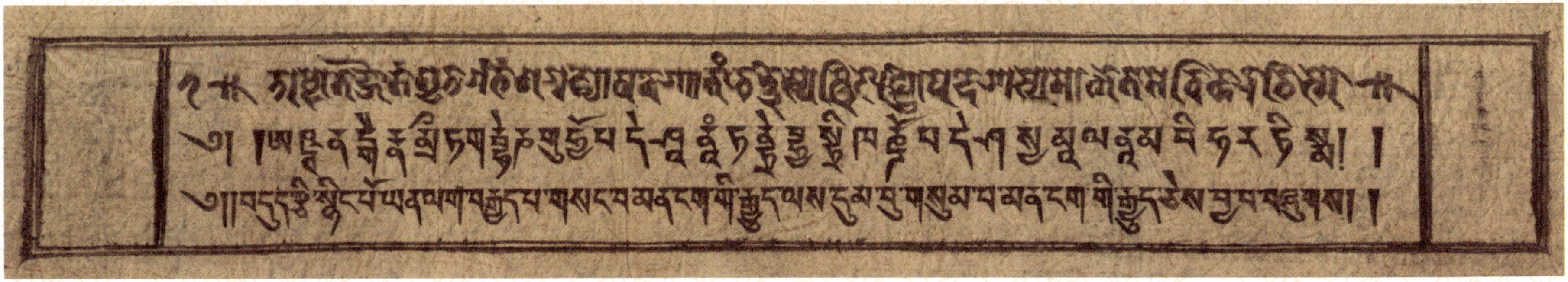

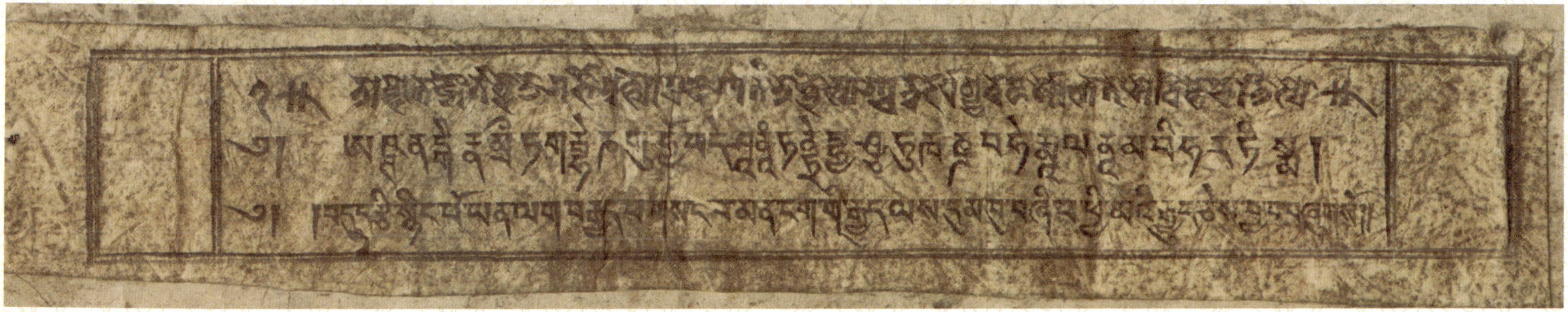

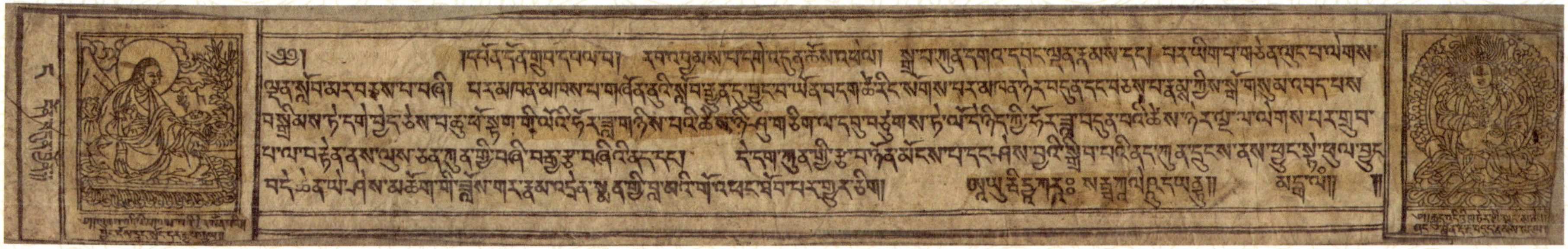

རྒྱུད་བཞི་ལྷུགས་པོ་རིའི་པར་མ།

གཞུང་འདི་ནི་དུས་རབས་བརྒྱད་པར་གཡུ་ཐོག་རྙིང་མ་ཡོན་ཏན་མགོན་པོས་རྨང་གཞི་མཛད་ཅིང་། དུས་རབས་བཅུ་གཉིས་པར་ཡོངས་སུ་གྲུབ། དུས་རབས་བཅུ་དགུ་པར་བླ་སྨན་ཨོ་རྒྱན་བསྟན་འཛིན་སོགས་ཀྱིས་པར་དུ་བཞེངས།

གཞུང་འདིའི་མཛད་པ་པོ་ནི་བདེ་གཤེགས་སྨན་གྱི་བླ་མའི་རྣམ་རོལ་གངས་ལྗོངས་སྨན་གྱི་སྟོན་པ་ཆེན་པོ་རྗེ་བཙུན་གཡུ་ཐོག་པ་གསར་རྙིང་གཉིས་ཏེ། གཡུ་ཐོག་རྙིང་མ་ཡོན་ཏན་མགོན་པོ་ནི། སྟོད་ལུང་སྐྱིད་སྨད་ལྷ་ལྷས་གྲོང་ཁྱེར་སྟོད་ལུང་བདེ་ཆེན་རྫོང་ཁོངས་ཞེས་པར་ཡབ་གཡུ་ཐོག་ཁྱུང་པོ་རྡོ་རྗེ་དང་། ཡུམ་རྒྱ་ས་ཆོས་ཀྱི་སྒྲོན་མེ་གཉིས་ཀྱི་སྲས་སུ་ས་སྤྲེལ་གྱི་ལོ་(སྤྱི་ལོ་༧༠༨ལོ)སྤྲེལ་ཟླའི་ཚེས་༡༥ཉིན་ངོ་མཚར་གྱི་དགེ་ལྟས་དུ་མ་དང་བཅས་སྐུ་བལྟམས། དགུང་ལོ་གསུམ་ལ་ཡབ་ཀྱི་དྲུང་དུ་ཀློག་ཡིག་བསླབས་ཤིང་། ལྔ་ནས་གསོ་དཔྱད་གསན། དེ་རྗེས་ཆོས་རྒྱལ་མེས་ཨག་ཚོམ་གྱིས་བསམ་ཡས་སུ་སྤྱན་དྲངས། ཐང་ཏེ་རྒྱལ་མཉེས་མཁར་ཕྱག་སོགས་བོད་ཀྱི་སྨན་པ་དང་རྩོད་གླེང་གནང་བས་གང་གི་མཁྱེན་དཔྱོད་ལ་རྒྱལ་པོ་ཡབ་སྲས་དད་པར་གྱུར་ཏེ་སྐུའི་བླ་སྨན་མཛད། དགུང་ལོ་ཉི་ཤུ་ལོན་པའི་ཚེ་བསམ་ཡས་སུ་ཕྱོགས་རིགས་སྨན་པ་དགུ་དང་ཕན་ཚུན་བགྲོ་གླེང་སྐབས་གཡུ་ཐོག་པའི་མཁྱེན་དཔྱོད་ཕུལ་དུ་ཕྱིན་པར་ཡ་མཚན་དང་དད་པ་སྐྱེས་ཏེ་ཞབས་སྤྱི་བོར་བླངས། དགུང་ལོ་ཉི་ཤུ་རྩ་ལྔའི་རྗེས་བལ་ཡུལ་བརྒྱུད་རྒྱ་གར་དུ་ལན་གསུམ་ཕྱིན། པཎ་ཆེན་ཙནྡྲ་དེ་ཝ་སོགས་རྒྱ་གར་གྱི་བླ་མ་མང་པོའི་ཞབས་ལ་གཏུགས་ནས་གདམས་ངག་མང་པོ་ཞུས་ཏེ་བོད་དུ་ཕེབས། དགུང་ལོ་ང་ལྔ་ལ་སློབ་མ་བདེ་བ་དཔལ་ཕྱུག་ཕྱིར་ཁྲིད་ནས་ཀོང་པོ་སྨན་ལུང་དུ་ཕྱིན་པས་སློབ་མ་སུམ་བརྒྱ་ཙམ་འདུ་བ་བྱུང་། དེ་རྣམས་ལ་རྒྱུད་བཞི་ཆ་ལག་ཁ་སྐོང་དང་བཅས་པ་གནང་བས་སྨན་པ་འབུམ་རམས་པ་བྱ་བ་ལྔ་བཅུ། །སྨན་པ་རབ་འབྱམས་པ་བྱ་བ་ལྔ་བཅུ། སྨན་པ་དཀའ་བཅུ་བ་བྱ་བ་བརྒྱ་ཙམ་བྱུང་སྟེ་དགུང་ལོ་དྲུག་ཅུ་རེ་ལྔ་བར་བཞུགས་སོ། །དེ་ནས་དར་རྩེ་མདོ་དང་། རི་བོ་རྩེ་ལྔ་སོགས་ལ་ཕེབས་ནས་འགྲོ་བ་མང་པོའི་སྲོག་བསྐྱབས་ཤིང་ཕྱིར་འཁོར་ནས་དཔོན་སློབ་སྟོང་ཙམ་གྱིས་ཀོང་པོའི་སྨན་ལུང་དུ་སྨན་གྱི་དགོན་པ་ལྟ་ན་སྡུག་ཅེས་བྱ་བ་ཕྱག་བཏབ་སྟེ་སྨན་པའི་རིགས་སུ་གྱུར་པའི་བྱ་བྲལ་པ་ཐམས་ཅད་འཆད་ཉན་གྱིས་སྒྲོ་འདོགས་ཆོད་པ་བྱུང་། དེ་མིན་སློབ་མའི་ནང་བྱ་ཡུལ་གྱི་མདའ་མི་སྨན་བཙུན་ཞེས་པ་བུད་མེད་སྨན་པ་ཞིག་ཀྱང་ཡོད། དགུང་ལོ་གྱ་ལྔ་ལ་དཔོན་སློབ་རགས་བསྡུས་ཤིག་ཙཱ་རི་རར་ཕྱིན། རྡོ་རྗེ་མཚོ་མོ་ཁབ་ཏུ་བཞེས་པས་རིམ་གྱིས་སྲས་འབུམ་སེང་དང་། དཔལ་འབུམ། དགའ་དགའ་གསུམ་འཁྲུངས། སྐུ་ཚེ་འདིར་རྒྱ་གར། རྒྱ་ནག་ཙམ་མ་ཟད་བོད་ཀྱི་ས་གནས་མང་པོར་ཕེབས། ཉེ་རིང་མེད་པར་སྨན་སྦྱིན་གནང་། གསོ་དཔྱད་སྐོར་གྱི་གཞུང་ལུགས་མང་པོ་མཛད། མཐར་དགུང་ལོ་བརྒྱ་དང་ཉེར་ལྔ་བཞེས་དུས་གཟུགས་སྐུ་ཆོས་དབྱིངས་སུ་ཐིམ་མོ། །གཡུ་ཐོག་གསར་མ་ཡོན་ཏན་མགོན་པོ་ནི། སྔར་གྱི་གཡུ་ཐོག་རྙིང་མའི་རིགས་ལས་མཆེད་པའི་གདུང་རབས་བཅུ་གསུམ་པ་ན། གཙང་ཉང་སྟོད་ཀྱི་སའི་ཆ་སྒོ

བཞི་རེ་ཐང་དུ་ཡབ་གཡུ་ཐོག་ཁྱུང་པོ་རྡོ་རྗེ་དང་། ཡུམ་པདྨ་འོད་ལྡན་གྱི་སྲས་སུ་དགེ་ལེགས་ཀྱི་མཚན་མ་བསམ་གྱིས་མི་ཁྱབ་པ་དང་བཅས་དུས་རབས་བཅུ་པའི་ནང་སྐུ་འཁྲུངས། ཆུང་ངུ་ནས་བག་ཆགས་བཟང་པོའི་སྣང་བས་སྨན་གྱི་ངོས་འཛིན་ལ་སོགས་པ་འཁྲུལ་བ་མེད་པར་མཁྱེན།

དགུང་ལོ་བཅུ་གཉིས་ཀྱི་སྐབས་སུ་མང་མཁར་ཚ་ལུང་པ་རོག་སྟོན་དཀོན་ཅོག་སྐྱབས་སྒོ་བཞི་རེ་ཐང་དུ་ཕྱིན་དུས་རྒྱས་པ་འབུམ་དང་། ཧ་སྒོ་སྲབ་པ་བཅས་འབུལ་བ་གྲུ་ནོམས་པ་ཕུལ་ཏེ་དཔལ་ལྡན་རྒྱུད་བཞི་རྫོགས་པར་ཞུས་ནས་རེ་ཞིག་ཚིག་བརྒྱུད་ཀྱི་བཀའ་རྒྱ་མ་བགྲོལ་བར་རང་གི་ཟབ་བཞེས་སུ་མཛད། སྔ་ཕྱིར་རྒྱ་གར་དུ་ལན་དྲུག་དང་། དེ་དུས་སིངྒ་ལ་དང་གསེར་གླིང་ཚུན་ཆད་ལ་ཐེབས། རྫུ་འཕྲུལ་གྱི་བགོད་པ་བསྟན་པ་བསམ་ལས་འདས་ཤིང་བརྟན་གཡོའི་དངོས་པོ་ཀུན་ལག་མཐིལ་དུ་སྐྱུ་རུ་ར་བཞག་པ་བཞིན་གཟིགས་ཏེ། བཀའ་འགྱུར་དང་བསྟན་འགྱུར་ཐུགས་ཐོག་ནས་འཆད་པ་དང་། རྒྱ་གར་རྡོ་རྗེ་གདན་དུ་པཎ་ཆེན་བརྒྱ་ཕྲག་དུ་མའི་ཚོགས་དཔོན་མཛད། སྐུ་ཚེའི་སྟོད་དུ་ཡན་ལག་བརྒྱད་པ་ཤོ་ཟའི་འཕྲིན་ལས་བསྒྱུངས། དེ་ནས་རྩ་དཔྱད་རིག་པ་རང་གསལ་སྒོ་ཚན་ལྔ་པ་དང་། ལག་ལེན་པོད་ཆུང་། རྒྱུད་ཆུང་བདུད་རྩི་སྙིང་པོ། ཤོག་དྲིལ་སྐོར་གསུམ། ལྡེ་མིག་སྐོར་དྲུག་སོགས་སྨན་གཞུང་མང་པོ་བརྩམས་པར་མཛད། སློབ་མའི་གཙོ་བོ་འབལ་སྨན་ཉི་མ་དཔལ། རྗེ་ཡེ་ཤེས་གཟུངས། སྟོན་པ་ཨ་ཆེས། ཤག་རམ་པ་ཉི་མ་དཔལ། གཡུ་ཐོག་འབུམ་སེང་དང་། །བསོད་སེང་། སུམ་སྟོན་ཡེ་ཤེས་གཟུངས། དགེ་བཤེས་རོག་ཆུང་རྣམས་ཡིན་ནོ། །བདེ་གཤེགས་སྨན་གྱི་བླ་མའི་རྣམ་རོལ་གངས་ལྗོངས་སྨན་གྱི་སྟོན་པ་ཆེན་པོ་རྗེ་བཙུན་གཡུ་ཐོག་པ་གསར་རྙིང་གཉིས་ཏེ། ཕོང་རྣམ་གཉིས་ཀྱི་མཛད་དུ་བྱུང་བའི་རྣམ་དཔྱོད་དང་བླ་ན་མེད་པའི་ཐུགས་སྐྱེད་ལ་བརྟེན་ནས་བྱུང་བའི་ཡུལ་གངས་ཅན་པའི་གསོ་བ་རིག་པའི་རྩ་བར་གྱུར་པའི་གཞུང་ལུགས་ཆེན་མོ་དཔལ་ལྡན་རྒྱུད་བཞི་ལ། སྔ་ཕྱིར་བཤུ་འབྲི་བྱས་པའི་བྲིས་མ་དང་པར་ཤིང་བཀོ་བའི་སྲོལ་དར་ནས་ཤིང་པར་ཁག་བྱུང་བའི་གྲས་ཀྱི་པར་མ་ཞིག་སྟེ། དེ་སྐད་དུ། གངས་རིའི་མགོན་པོ་ཞྭ་ནག་པད་དཀར་འཆང་། །ཐུབ་བསྟན་རྒྱ་མཚོའི་ཐུགས་བསྐྱེད་མཁའ་དབྱིངས་སུ། །སྙིང་རྗེ་ཆུ་ཡི་ཁུར་གྱི་རླབས་ཕྲེང་འཛུམ། །སྐྱེ་རྒུའི་གདུང་བ་སེལ་ལ་རིངས་པའི་ཚར། །གྲངས་མེད་རྒྱུན་གྱི་ཟློས་གར་འདི་བྱས་སོ། །འཕྲིན་ལས་རྣམ་བཞིའི་རྒྱུད་ཆེན་སེངྒེའི་སྒྲ། །གངས་ལྗོངས་རི་བོའི་སྤོ་ལ་མངའ་གསོལ་བ། །ཁྲི་སྲོང་རྣམ་རོལ་དེ་མོ་རྒྱལ་བས་བསྐྲུན། །ཕན་བདེའི་སྒོ་འཕར་འབྱེད་འདི་ཨེ་མ་ཧོ། །ཞེས་གསུངས་པ་ལྟར། རྒྱལ་མཆོག་སྐུ་ཕྲེང་བཅུ་གསུམ་པ་ཐུབ་བསྟན་རྒྱ་མཚོ་མཆོག་དགུང་གྲངས་བཅུ་གསུམ་བཞེས་པ་དང་། རྒྱལ་ཚབ་དེ་མོ་ཧོ་ཐོག་ཐུ་སྐུ་ཕྲེང་དགུ་པ་ངག་དབང་བློ་བཟང་འཕྲིན་ལས་རབ་རྒྱས་ཀྱིས་སྲིད་བསྐྱངས་ནས་བགྲང་བྱ་གསུམ་འདས་པ་རབ་བྱུང་བཅོ་ལྔ་པའི་ས་ཕོ་བྱི་བ（སྤྱི་ལོ་༡༨༨༨）ལོར། དེ་སྔོན་སྡེ་སྲིད་སངས་རྒྱས་རྒྱ་མཚོས་ཞུས་ཆེན་མཛད་ནས་པར་དུ་བཞེངས་པའི་པོ་ཏ་ལའི་པར་མ་དེ་འགྲོ་དོན་ཆེས་རྐྱེན་བགྲེས་ཟད་སོང་ནས་པར་གཞི་མི་གསལ་བ་དང་། པར་ཤིང་ཆག་པ། ཡིག་འབྲུ་ཡལ་བ་སོགས་ཉམས་ཆད་དུ་གྱུར་པར་བརྟེན། རྒྱལ་ཚབ་མཆོག་ནས་བཀའི་གནང་བ་བསྩལ་ཅིང་གཞུང་ས་རང་ནས་མཐུན་རྐྱེན་སྦྱར་ཏེ་པར་ཤིང་གསར་བཀྲོས་གནང་བ་དང་། ཐོག་མའི་ཞུས་དག་པ་ལྷུགས་རིའི་དགེ་རྒན་ལས་ཐོག་གཞན་ཕན་འོད་ཟེར་དང་འཚོ་བྱེད་རྡོ་རྗེ་རྒྱལ་མཚན་གཉིས་ཀྱིས་མཛད་ཅིང་། དེ་ལའང་ལྷག་ཆད་འཁྲུལ་པའི་སྐྱོན་འགའ་ཞིག་ཡོད་པར་གཟིགས་ཏེ་རབ་བྱུང་དེ་གའི་ཆུ་ཕོ་འབྲུག（སྤྱི་ལོ་༡༨༩༢）ལོར། གཞུང་ས་མཆོག་ནས་སླར་ཡང་ཞུས་དག་པར་བྱེད་དགོས་པའི་བཀའ་ཐེབས་པ་ལྟར། རྒྱལ་

བའི་ཟླ་སྨན་ཨོ་རྒྱན་བསྟན་འཛིན་མཆོག་དང་། ལྷུགས་རིའི་དགེ་ཟུར་དཔལ་ལྡན་ཕུན་ཚོགས། ལྷུགས་རིའི་དབུ་མཛད་དཀོན་མཆོག་དགེ་ལེགས་བཅས་ཀྱིས་ཞུས་དག་པར་མཛད་ཅིང་། ལྷུགས་རིའི་སློབ་དཔོན་ཆེན་པོ་མདོ་ཁམས་པ་སྐྱབས་རྗེ་ཧྨ་སེངྒེས་པར་བྱང་སྨོན་ཚིག་བསྒྲུལ་ནས། གངས་ལྗོངས་སྨན་པའི་གྲོང་ཁྱེར་ལྷུགས་རི་རིག་བྱེད་གླིང་དུ་བཞུགས་སུ་གསོལ་བ་ལགསོ། །

ནང་དོན་གཙོ་བོ་ནི། དཔལ་ལྡན་རྩ་བའི་རྒྱུད་ཀྱི་ལེའུ་དྲུག་གིས་རྒྱུད་སྡེའི་གླེང་གཞི་གླེང་སློང་དང་། གནས་ལུགས་ནད་གཞི། ངོས་འཛིན་རྟགས། གསོ་བྱེད་ཐབས་བཅས་བསྟན་པ་མ་ཟད། བཤད་རྒྱུད་གནས་བཅུ་གཅིག་གིས་གསོ་བྱ་ལུས་ནད། གསོ་བྱེད་གཉེན་པོ་བཞི། ཇི་ལྟར་གསོ་བའི་ཐབས་ནད་ངེས་བཟུང་བ་དང་བཅོས་ཚུལ། གསོ་བ་པོ་སྨན་པའི་སྒོ་གསུམ་ཀུན་སྤྱོད་བཅས་བསྟན་པ་དང་། མན་ངག་རྒྱུད་སྐབས་བཅོ་ལྔས་ལུས་སྤྱི་བོའི་གཙུག་ནས་རྐང་མཐིལ་ཡན་ཆད་ཀྱི་ནད་ཀྱི་རིགས་སུ་གྱུར་པའི་རྒྱུ་རྐྱེན་དབྱེ་བ་རྟགས་བཅོས་སོགས་རྒྱས་པར་བསྟན་པ། ཕྱི་མ་རྒྱུད་མདོ་བཞིས་རྩ་ཆུའི་བརྟག་ཐབས་དང་། ཞི་སྦྱོང་དཔྱད་ཀྱི་ལག་ལེན་རྒྱས་པར་བཀྲོལ་བ། རྒྱུད་སྡེའི་མཇུག་དོན་དང་རྒྱུད་ཡོངས་སུ་བཏད་པའི་ཚུལ་བཅས་བསྟན་པ་མ་ཟད། མཇུག་ཏུ་པར་མ་འདི་ཉིད་ཇི་ལྟར་བཞེངས་པའི་ཚུལ་དང་པར་བྱང་སྨོན་ཚིག་བཅས་བསྟན་ཡོད་པའོ། །ལྷུགས་རིའི་པར་ཤིང་དེ་ཉིད་རབ་བྱུང་བཅུ་དྲུག་པའི་མེ་ཕོ་རྟ（སྤྱི་ལོ་༡༩༥༩）ལོར་དུས་ཀྱི་འགྲོ་འགྱུར་ཆེན་པོའི་སྐབས་ཀྱང་ལྷུགས་པོ་རི་དང་སྨན་རྩིས་ཁང་གི་མཁས་དབང་རྣམས་ཀྱི་ཐབས་མཁས་ཐུགས་རྗེ་ལ་བརྟེན་ནས་སྲུང་སྐྱོབ་ཐུབ་པ་བྱུང་སྟེ། ད་ཆ་ལྗོངས་སྨན་རྩིས་ཁང་རིག་གཞུང་ཞིབ་འཇུག་གླིང་དུ་བཞུགས། དེ་ཉིད་ལྷུགས་རིའི་པར་མ་དངོས་ཡིན་ཚུལ་ལྷུགས་རི་བ་མཁས་དབང་བློ་བཟང་དབྱིག་གཉེན་དང་བསྟན་འཛིན་རབ་རྒྱས་སོགས་ཀྱིས་གསུངས།

མ་དཔེ་འདི་ནི་པར་ཤིང་དེ་ལས་རྒྱ་ཤོག་སྟེང་གསར་དུ་བཏབ་པའི་པར་མ་སྟེ། རྒྱུད་བཞི་ཆ་ཚང་ཕྱོགས་ལྡེབ་མ་༣༧༣དང་། ལྡེབ་མ་རེའི་རིང་ཚད་ལ་༥༥.༥༩cmམཐོ་ཚད་ལ་༡༠.༥༥cmབཅས་ཡོད་པའོ། །

《四部医典》药王山版

《四部医典》药王山版刻本是19世纪由“御医”奥尖丹增刊刻完成。《四部医典》是由宇妥·宁玛云丹贡布撰著。后由其第十三代后裔宇妥·萨玛云丹贡布进行全面的修订。宇妥·宁玛云丹贡布于708年猴月十五日，在前藏堆龙·吉那即现今的西藏堆龙德庆县境内出生，其父亲宇妥·琼沃多吉，母亲嘉萨曲珍。3岁起随父学习藏文拼读书写。5岁随父听医理，受“甘露化药”及“药师佛修习法”等佛教密乘之开许仪轨。10岁时被赞普美阿匆召至桑耶寺应试，与昌迪·杰涅卡普等吐蕃名医辩论，皆获全胜，逐列为吐蕃九大圣医之首，任美阿匆和赤松德赞两朝“御医”。25岁后，3次赴印度，拜班钦·旃陀罗罗提婆等名医为师，听受《四续补篇·珍珠鬘》及《刀针关键锁钥》等多部医学论著；赴五台山，从文殊圣者请受《配方宝鬘》及《内科举义》等教言。返藏后，以吐蕃医学为基础，博采印度医学及译师白若杂纳所译他方医书精义，撰成名著《四部医典》。又为尼泊尔国王哈答治愈寒疾下犯之病等，毕生专事弘扬医道。生3子，绷僧、拜绷及噶噶。造就工布德杰等弟子遍于西藏。享年125岁。

在达赖喇嘛图登嘉措13岁时，由第九世摄政王德木呼图克图阿旺洛桑赤列绕加摄政第3年，即藏历第十五饶迥土鼠年（1888年），鉴于第司·桑杰嘉措修订并刊刻的《四部医典》布达拉宫版因常年印刷而刻板断裂、磨损严重、字迹模糊等原因，提议重新刊刻，由药王山医学院的老师贤培维色和措奇（医圣）多吉坚才进行修订，他们在修订过程中发现有一些缺漏、错误等问题。基于以上原因于1892年，摄政王下令由奥尖丹增、药王山医学院院长贡却格勒、巴丹彭措等认真对照，审校布达拉宫版《四部医典》进行重新修订并刊刻完成《四部医典》药王山版，药王山医学院上师达玛桑格为刻本题写祝词，并存放于药王山医学院。

四部医典即根本部、论述部、秘诀部和后续部，其中根本部中以六个章节概括了基础理论、生理和病理、疾病的诊断方法、治疗疾病的原则和方法等内容。论述部通过十一论详述了人体的孕育过程、组织胚胎、生理解剖、疾病的发病机理机制、治疗疾病的四大疗法、治疗原则和方法、医生的职责及伦理等相关的内容。秘诀部通过十五篇详述了人体从头到脚底疾病的病因、分型、症状及治疗等内容。后续部主要讲述了藏医诊断学之脉诊、尿诊、藏医外治疗法、结语诫言等内容。另外在跋语中记载了该木刻本刊刻的历程和祝词。

该木刻版在各界人士的保护下至今保存完好，木刻原本现存于西藏自治区藏医院藏医药研究院，原本印本全书共363叶。单叶规格：长55.54厘米，宽10.55厘米。

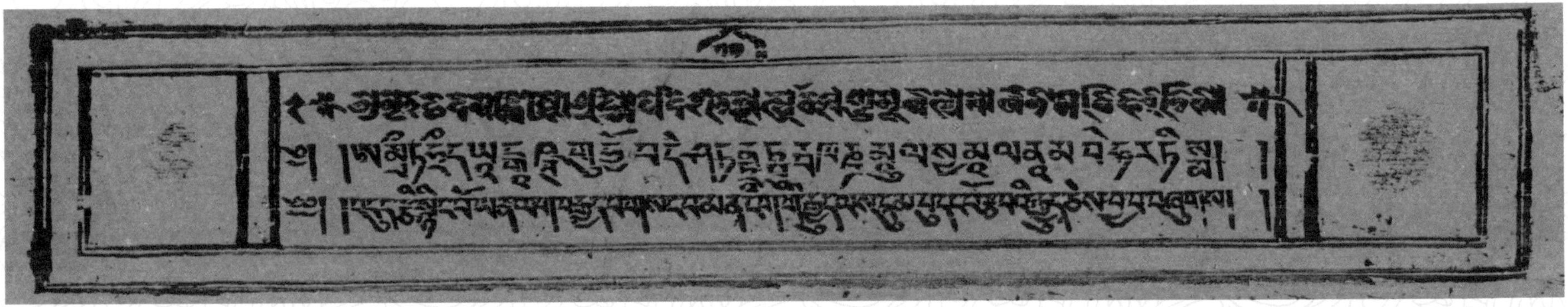

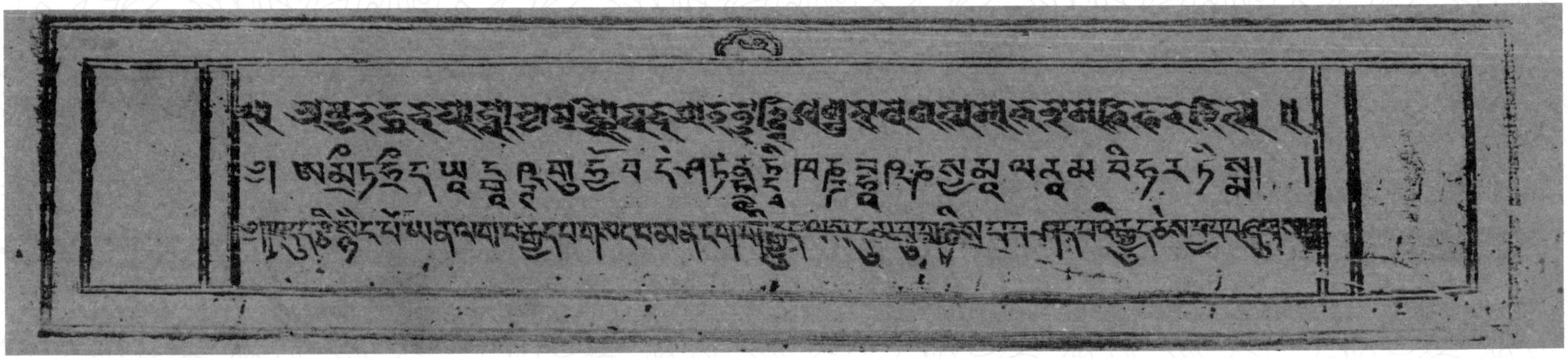

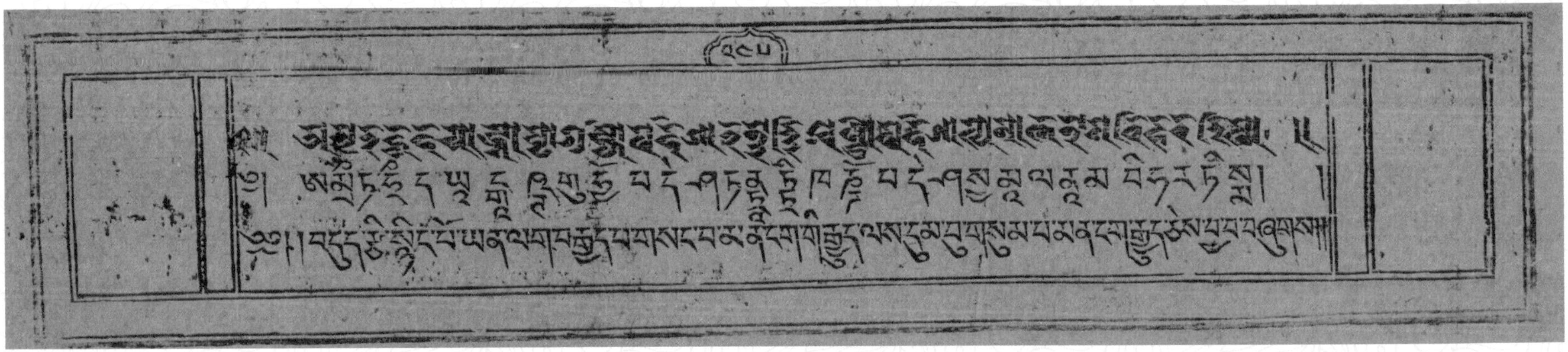

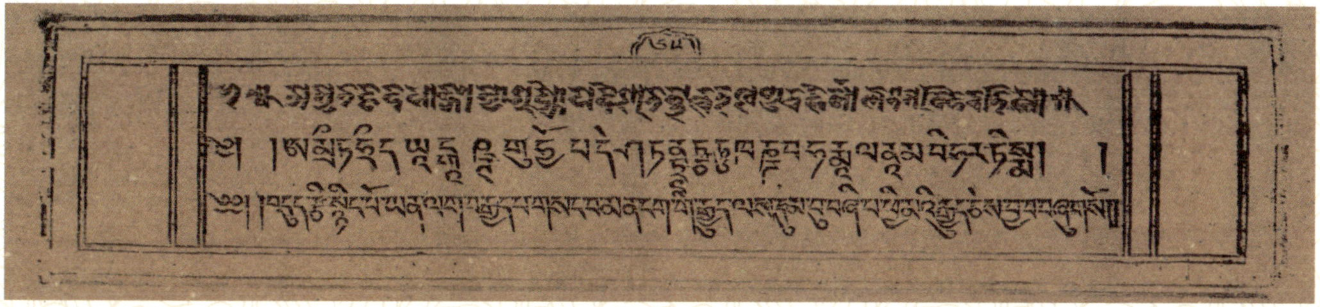

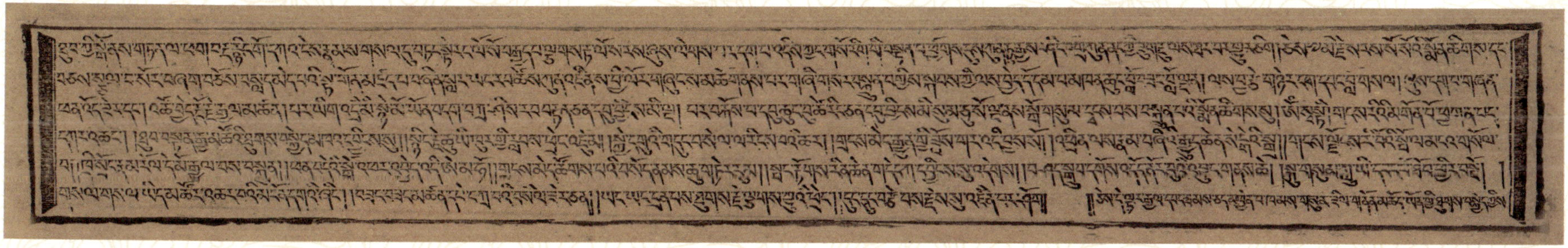

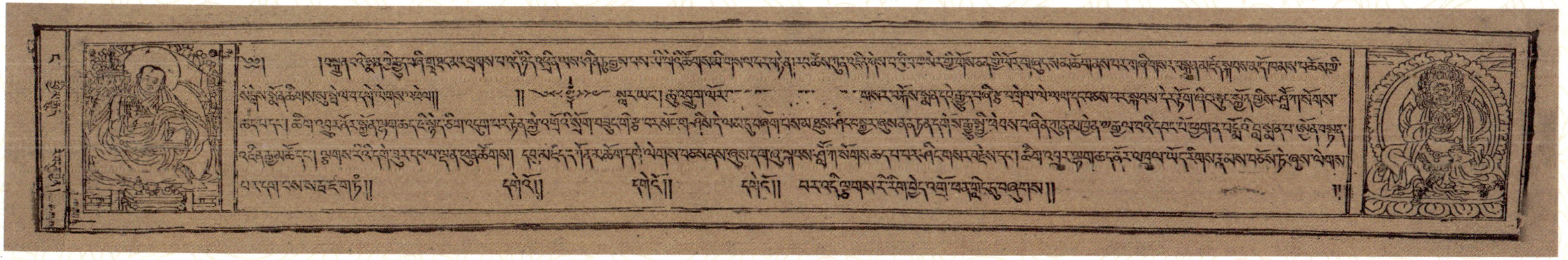

ལྷ་ལྡན་སྨན་རྩིས་ཁང་གི་རྒྱུད་བཞི་གསེར་བྲིས་མ།

དུས་རབས་བརྒྱད་པར་གཡུ་ཐོག་སྙིང་མ་ཡོན་ཏན་མགོན་པོས་རྒྱུད་གཞི་མཛད་ཅིང་། དུས་རབས་བཅུ་གཉིས་པར་གཡུ་ཐོག་གསར་མ་ཡོན་ཏན་མགོན་པོས་ཡོངས་སུ་གྲུབ།

གཡུ་ཐོག་སྙིང་མ་ཡོན་ཏན་མགོན་པོའམ་མཚན་གཞན་ལ་མ་ཧཱ་གུ་ཎ་དང་གུ་ཎ་ནཱ་ཐ་ཞེས་སུ་འབོད་པ་ནི་སྟོད་ལུང་སྐྱིད་སྣར་རྒྱ་གར་གྱི་རྒྱལ་པོ་བློ་གྲོས་ཆེན་པོའི་གདུང་བརྒྱུད་དུ་ཡབ་གཡུ་ཐོག་ཁྱུང་པོ་རྡོ་རྗེ་དང་། ཡུམ་རྒྱ་ས་ཆོས་ཀྱི་སྒྲོན་མེ་གཉིས་ཀྱི་སྲས་སུ་ས་སྤྲེལ་ལོ་སྤྱི་ལོ་༧༠༨ལོར་སྐུ་བལྟམས། དགུང་ལོ་བཅུ་པའི་དུས་ཆོས་རྒྱལ་མེས་ཨག་ཚོམ་གྱིས་སྤྱན་དྲངས་ཏེ་གསོ་དཔྱད་ལ་མཁས་མི་མཁས་ཉམས་སད་པས་བོད་སྨན་མཁས་པ་མི་དགུའི་གཙོ་བོར་གྱུར་ཞིང་རྒྱལ་པོའི་བླ་སྨན་ལ་དབང་བསྐུར། དགུང་ལོ་ཉེར་ལྔ་ནས་ཐེངས་གསུམ་རྒྱ་གར་ལ་ཐེབས་ནས་སློབ་དཔོན་པཎ་ཆེན་ཙནྡྲ་དེ་ཝ་དང་མཁས་པ་ཆེན་པོ་མེ་དབང་སོགས་བླ་མ་བརྒྱ་ཙ་གཅིག་དང་མཇལ་ནས་དཔལ་ལྡན་རྒྱུད་བཞིའི་གབ་པ་གསལ་བྱེད་ཐོ་བྱང་དང་བཅས་པ་སོགས་གདམས་ངག་མང་པོ་ཐོབ་ནས་བོད་དུ་ཕེབས་ཏེ་དཔལ་ལྡན་རྒྱུད་བཞིའི་འཕྲིན་ལས་བསྐྱངས། དགུང་ལོ་ང་ལྔ་ཙམ་བཞེས་པའི་དུས་སློབ་མ་བདེ་བ་དཔལ་ཕྱུག་ཕྱིར་ཁྲིད་ནས་དཔོན་སློབ་སྟོང་ཙམ་གྱིས་ཀོང་པོའི་སྨན་ལུང་བྱ་བར་སྨན་གྱི་དགོན་པ་ལྷ་ན་སྡུག་བྱ་བ་བཏབ་སྟེ་སློབ་མ་སུམ་བརྒྱ་ཙམ་འདུ་བ་བྱུང་བ་རྣམས་ལ་རྒྱུད་བཞི་ཆ་ལག་ཁ་སྐོང་དང་བཅས་པ་གནང་ནས། རིག་གནས་ཕྱི་ནང་ལ་ལེའུ་བརྒྱ་དང་སོ་གསུམ་དང་། རྒྱུད་འགྲེལ་སྟོང་དང་ཙ་གཅིག་ལ་ལེའུ་ཆིག་སྟོང་སུམ་བརྒྱ། རོ་བཀྲ་འཕྲུལ་གྱི་མེ་ལོང་ལ་ལེའུ་ཉེར་ལྔ། སྐར་རྩིས་རི་བོ་རྟུལ་འབེབས་ལ་ལེའུ་དྲུག་ཅུ། རྒྱུད་བཞིའི་ཐེམ་ཡིག་སོགས་སྨན་རྩིས་པོ་ཏི་བཅུ་ཕྲག་གཉིས་ལྷག་མཛད་དེ། དགུང་ལོ་བརྒྱ་དང་ཉི་ཤུ་རྩ་ལྔ་སྟེ་སྤྱི་ལོ་༨༣༣ལོའི་བར་འགྲོ་དོན་རྒྱ་ཆེར་བསྐྱངས་ནས་སྐུ་ལུས་མ་སྤང་པར་གཤེགས།

གསེར་བྲིས་མ་འདི་དགའ་ལྡན་ཕུན་ཚོགས་གླིང་གི་པར་མ་གཞིར་བཅས་ནས་རབ་བྱུང་བཅུ་དྲུག་པའི་ཆུ་ཕོ་རྟ་སྟེ་སྤྱི་ལོ་༡༨༩༣ལོར་བོད་ལྗོངས་སྨན་རྩིས་ཁང་གི་དབུ་འཛིན་མཁྱེན་རབ་ནོར་བུས་ཡང་བསྐྱར་པར་དུ་བཞེངས་ཤིང་སྤྲུལ་སྐུ་འཇམ་དབྱངས་མཁྱེན་རབ་སྣན་གྲགས་དྲི་མེད་ལེགས་པའི་བློ་གྲོས་ཀྱིས་ལོ་དེའི་བོད་ཟླ་བཞི་པའི་ཚེས་བཅུ་ལ་སྨོན་ཚིག་བསྩལ་བ་ཞིག་ཡིན་ཞིང་། ནང་དོན་ལ་རྒྱུད་ཆེན་པོ་བཞི་དང་ལེའུ་བརྒྱ་དང་ལྔ་བཅུ་དྲུག་གིས་གྲུབ་པ་ལས། དཔལ་ལྡན་རྩ་བའི་རྒྱུད་ཀྱི་ལེའུ་དྲུག་གིས་རྒྱུད་སྤྱིའི་གླེང་གཞི་གླེང་སློང་དང་། གནས་ལུགས་ནད་གཞི། ངོས་འཛིན་རྟགས། གསོ་བྱེད་ཐབས་བཅས་བསྟན་པ་དང་། བཤད་རྒྱུད་གནས་བཅུ་གཅིག་གིས་གསོ་བྱ་ལུས་ནད་དང་། གསོ་བྱེད་གཉེན་པོ་བཞི། ཇི་ལྟར་གསོ་བའི་ཐབས་ནད་ངོས་བཟུང་བ་དང་བཅོས་ཚུལ། གསོ་བ་པོ་སྨན་པའི་སྒོ་གསུམ་ཀུན་སྤྱོད་བཅས་བསྟན། མན་ངག་རྒྱུད་སྐབས་བཅོ་ལྔས་ལུས་སྤྱི་བོའི་གཙུག་ནས་རྐང་མཐིལ་ཡན་ཆད་ཀྱི་ནད་ཀྱི་རིགས་སུ་གྱུར་པའི་རྒྱུ་རྐྱེན་དབྱེ་བ་རྟགས་བཅོས་སོགས་རྒྱས་པར་བསྟན། ཕྱི་མ་རྒྱུད་མདོ་བཞིས་རྩ་ཚུའི་

བརྟག་ཐབས་དང་། ཞི་སྦྱོངས་དཔྱད་ཀྱི་ལག་ལེན་རྒྱས་པར་བཀྲོལ་བ། རྒྱུད་སྤྱིའི་མཇུག་དོན་དང་རྒྱུད་ཡོངས་སུ་བཏད་པའི་ཚུལ་བཅས་བསྟན་པ་མ་ཟད། མཇུག་ཏུ་གསེར་བྲིས་མ་འདི་ཉིད་ཇི་ལྟར་བཞེངས་པའི་ཚུལ་དང་མཇུག་བྱང་སྨོན་ཚིག་བཅས་བཀོད་ཡོད།

གསེར་བྲིས་མ་འདི་ལ་མ་དཔེ་གཞེངས་དང་བསྡུར་ན་ཚིག་དོན་གྱི་ཆ་ལ་མི་འདྲ་སའི་ཁྱད་ཆོས་མང་པོ་ཡོད་དེ། དཔེར་ན་བཤད་རྒྱུད་ཀྱི་ལེའུ་བཅུ་གཉིས་པར་བུད་མེད་ནད་ལ་ཚབས་བཅུ་མངལ་སྐྲན་དགུ། ལེའུ་ཉེར་གཅིག་པར་བཙོད་དང་བྲ་རྐང་འབྲུ་གཙོད་སྨན་སྡེ་ཡིན། །ཞེས་དང་། མན་རྒྱུད་ཀྱི་ལེའུ་ཞེ་གཅིག་པར་བཅུ་གཅིག་པ་དང་ལོང་ཐེར་ལྷེ་འོག་བསྲེག །ལེའུ་དོན་གཉིས་པར་རྨེན་བུ་སྲོག་རྩ་འོ་རས་སྲིན་ཐོལ་བརྒྱད། །ལེའུ་དོན་བཞི་པར་ཐལ་བའི་ནད་བརྒྱད་བཞི་བཅུ་གཉིས་སུ་འགྱུར། །ཞེས་པ་ལྟ་བུ་དང་། གཞན་ད་དུང་བཀའ་དྲིན་ལ་བཀའ་དྲིང་དང་། ཐོ་རངས་ལ་ཐོ་རང་། གླད་པ་ལ་གླད་པ་ལྟ་བུའི་གནའ་བོའི་གསོ་རིག་གི་བརྡ་ཆད་རྙིང་བའི་སྐོར་ཡང་ཤིན་ཏུ་མང་བས། དཔལ་ལྡན་རྒྱུད་བཞིར་ཞིབ་འཇུག་བྱེད་མཁན་དང་པར་གཞི་མི་འདྲ་བའི་འཕེལ་རིམ་ཞིབ་རྟོགས་བྱེད་འདོད་པ་རྣམས་ལ་རིན་ཐང་ངེས་ཅན་ཞིག་ལྡན་ནོ། །

ད་ལྟ་ཉར་ཚགས་གནང་བའི་མ་དཔེ་ལ་བྲུར་མཁར་བློ་གྲོས་རྒྱལ་པོས་དུས་རབས་བཅུ་གསུམ་ནང་ཞུ་དག་མཛད་པའི་གྲྭ་ཐང་པར་མ་དང་། ལྷུན་སྟེངས་བདུད་རྩི་འགྱུར་མེད་ཀྱིས་དུས་རབས་བཅུ་དྲུག་པར་ཞུ་དག་མཛད་པའི་རྟག་བརྟན་པར་མ། དུས་རབས་བཅུ་དྲུག་པའི་ནང་སྡེ་སྲིད་སངས་རྒྱས་རྒྱ་མཚོས་ཞུས་དག་མཛད་པའི་ལྷུགས་པོ་རིའི་པར་མ། རབ་བྱུང་བཅུ་གཉིས་པའི་ཚུ་སྣང་ལོར་སྡེ་དགེ་བསྟན་པ་ཚེ་རིང་མཆོག་ནས་པར་དུ་བསྐྲུན་པའི་སྡེ་དགེའི་པར་མ། དུས་རབས་བཅུ་དགུ་པའི་ནང་དགེ་སློང་བློ་བཟང་རྣམ་རྒྱལ་དང་དགེ་ཚུལ་བློ་བཟང་ཡར་འཕེལ་གཉིས་ནས་ཞུས་དག་མཛད་པའི་སྐུ་འབུམ་པར་མ་སོགས་བཅུ་ཕྲག་གཅིག་ལྷག་བཞུགས་ལ། ཐེངས་འདིའི་མ་དཔེ་ནི་རབ་བྱུང་བཅུ་དྲུག་པའི་ཆུ་ཕོ་རྟ་ཡི་ལོར་མཁས་དབང་མཁྱེན་རབ་ནོར་བུའི་གཙོ་སྐྱོང་འོག་བྲིས་པའི་ལྷ་ལྡན་སྨན་རྩིས་ཁང་གི་རྒྱུད་བཞི་གསེར་བྲིས་མའོ། །ཤོག་གྲངས་༣༧༢ རིང་ཚད་༡༡༥.༧cm མཐོ་ཚད་༢༡.༧༩cm གསེར་བྲིས་དབུ་ཅན་མ་ཞིག་གོ། །

《四部医典》金汁版

《四部医典》是由宇妥·宁玛云丹贡布撰著。后由其第十三代后裔宇妥·萨玛云丹贡布进行全面的修订。宇妥·宁玛云丹贡布于 708 年猴月十五日在前藏堆龙·吉那即现今的西藏堆龙德庆县境内出生，父名宇妥· 琼沃多吉，母名嘉萨曲珍。3 岁起随父学习藏文拼读书写，5 岁随父听医理，受“甘露化药”及“药师佛修习法”等佛教密乘之开许仪轨。10 岁时被赞普美阿匆召至桑耶寺应试，与昌迪·杰涅卡普等西藏名医辩论，皆获全胜，逐列为吐蕃九圣名医之首，任美阿匆和赤松德赞两朝御医。25 岁后，3 次赴印度，拜班钦·旃陀罗提婆等名医为师，听受《四续补篇·珍珠鬘》及《刀针关键锁钥》等多部医学论著；赴五台山，从文殊圣者请受《配方宝鬘》及《内科举义》等教言。返藏后，以吐蕃医学为基础，博采印度医学及译师白若杂纳所译他方医书精义，撰成名著《四部医典》。又为尼泊尔国工哈答治愈寒疾下犯之病等，毕生专事弘扬医道。生 3 子，绷僧、拜绷及噶噶。造就工布德杰等弟子遍于西藏。享年 125 岁。

《四部医典》金汁版以噶丹彭措林版为母本，于 16 世纪水马年即 1942 年由西藏自治区藏医院院长钦绕诺布重新刊刻。于次年 4 月由活佛嘉央钦绕年扎智美乐贝洛智提笔贺词。

四部医典即根本部、论述部、秘诀部和后续部，其中根本部中以六个章节概括了基础理论、生理和病理、疾病的诊断方法、治疗疾病的原则和方法等内容。论述部通过十一论详述了人体的孕育过程、组织胚胎、生理解剖、疾病的发病机理机制、治疗疾病的四大疗法、治疗原则和方法，医生的职责及伦理等相关的内容。秘诀部通过十五篇详述了临症各种疾病的病因、病种、症状及治疗等内容。后续部主要讲述了藏医诊断学之脉诊、尿诊、藏医外治疗法、结语诫言等内容。金汁版，与母本比较，在词义方面有许多不同之处，例如：论述部第十二章中妇科疾病分为十八种及九大肿瘤等临症内容，且有许多古藏文的名词，词汇较多，因此对《四部医典》的不同版本及其演变进程等具有重要的价值。

目前收藏的母本有苏喀· 洛追杰布于 13 世纪修订的扎唐版、伦丁· 堆孜久美于 16 世纪修订的达丹版、16 世纪由第司·桑杰嘉措刊刻的约十山版，藏历第十二饶迥的水牛年由德格· 丹巴才朗刊刻的德格版，19 世纪由比丘洛桑南杰和沙弥洛桑雅培二人修订刊刻的塔尔寺版等十几种版的刻本。本书是藏历第十二饶迥水马年由钦绕诺布主持手写的拉萨门孜康的《四部医典》金汁版。

全书共 372 叶。单叶规格：长 115.7 厘米，宽 21.74 厘米。

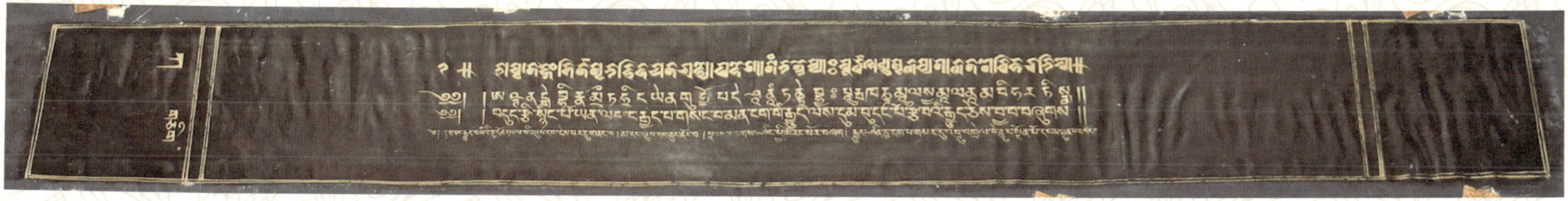

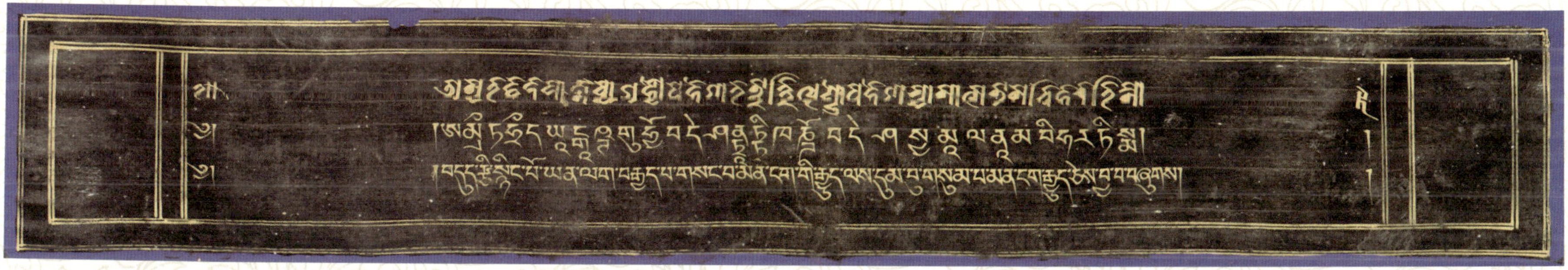

སྨན་དཔྱད་ཟླ་བའི་རྒྱལ་པོ་བཞུགས་སོ།།

དུས་རབས་བརྒྱད་པ་ནས་བཅུ་གཅིག་བར་དུ་མཁས་མང་འདུས་པས་མཛད།

བོད་ཀྱི་གསོ་དཔྱད་གཞུང་རྙིང་གྲགས་ཅན་སྨན་དཔྱད་ཟླ་བའི་རྒྱལ་པོའམ་སོ་མ་ར་ཛའི་བྱུང་དུས་སྐོར་ལ་སྔ་སྲིད་སངས་རྒྱས་རྒྱ་མཚོས་ཁྲི་ལྡེ་གཙུག་བརྟན་སྐབས་སུ་བྱུང་བར་འདོད་པ། ཟུར་མཁར་བློ་གྲོས་རྒྱལ་དང་སྡེ་དགེ་དཔར་མ། རྙི་ལའི་དཔར་མ་བཅས་ཀྱི་མཇུག་བྱང་དུ་འཕྲུལ་གྱི་རྒྱལ་པོ་ཁྲི་སྲོང་ལྡེ་བཙན་སྐབས་སུ་བྱུང་བར་འདོད། མཛད་པ་པོའི་སྐོར་ལ་ཡང་རྒྱ་ནག་ཧྭ་ཤང་མ་ཧཱ་ཡ་ན་དང་། བཻ་རོ་ཙ་ན་གཉིས་ཀྱིས་བསྒྱུར་བར་འདོད་པ། ཧ་ཤང་མ་ཧཱ་ཀྱིན་དང་རྒྱ་ཕྲུག་གར་མཁན། ཕྱོག་ལ་སྨོན་འབར། ཁྱུང་པོ་དམ་ཚུགས་བཅས་ཀྱིས་བསྒྱུར་བར་འདོད་པ་སོགས་རྒྱ་གར་ནས་འགྱུར་བར་འདོད་པ་དང་རྒྱ་ནག་ནས་འགྱུར་བར་འདོད་པ། བོད་རང་གི་མཁས་པས་བརྩམས་པར་འདོད་པ་སོགས་འདོད་ཚུལ་མང་པོ་མཆིས་ཀྱང་། དོན་དུ་གཞུང་འདི་ནི་རྒྱ་གར་དང་རྒྱ་ནག །ཧ་ཐེག་བཅས་ལུགས་ཆེན་གསུམ་གྱི་དགོངས་བཅུད་བསྡུས་ཏེ། བོད་རང་གི་གསོ་རིག་གི་དགོངས་པ་དང་བསྟུན་ནས་ཕྱི་ལོའི་དུས་རབས་བརྒྱད་པ་ནས་བཅུ་གཅིག་བར་གྱི་མཁས་པ་མང་པོ་ཞིག་གི་བློ་གྲོས་ཀྱི་རྩལ་ལས་འཁྲུངས་ཤིང་བསྙོན་སྤེལ་དང་བཅོས་སྒྲིག་གང་མང་མཛད་ནས་གྲུབ་པ་ཡིན་འདུག །

ནང་དོན་གཙོ་བོ་གཞུང་འདི་ལོ་རྒྱུས་ཀྱི་འཕེལ་རིམ་ཁྲོད་བསྒྱུར་བཅོས་གང་མང་བྱུང་ཡོད་སྟབས་ལེའུའི་གྲངས་ལའང་འདོད་ཚུལ་མི་འདྲ་བ་འགའ་བྱུང་ཡོད་པ་ནི་ཟུར་མཁར་བློ་གྲོས་རྒྱལ་པོས་ལེའུ་བརྒྱ་དང་བཅོ་ལྔ། སྡེ་སྲིད་སངས་རྒྱས་རྒྱ་མཚོ་དང་སུམ་པ་མཁན་ཆེན་ཡེ་ཤེས་དཔལ་འབྱོར་གཉིས་ཀྱིས་ལེའུ་བརྒྱ་དང་བཅུ་གཉིས། མངའ་རིས་ཆོས་སྐྱོང་དཔལ་བཟང་གིས་ལེའུ་བཅུ་གཅིག་ཅན་དུ་འདོད། ད་ཡོད་ཀྱི་མ་ཡིག་སྡེ་དགེ་དཔར་མ་འདི་ལ་ལེའུ་བསྡོམས་བརྒྱ་དང་བཅུ་གསུམ་ཡོད་དེ། གཞུང་ལུགས་གཙོ་བོར་སྟོན་པའི་ལེའུ་ལྔ་བཞི་དང་ནད་ཐོག་ལག་ལེན་སྐོར་ལ་ལེའུ་སོ་དགུ། སྦྱོར་བ་སྨན་གྱི་ལེའུ་བཅུ་བདུན། དེ་མིན་གཞན་ཁ་ཐོར་ལྷ་བུ་ལེའུ་གསུམ་བཅས་ཡོད། གཞུང་འདིའི་ནང་ལུས་ཁམས་ཀྱི་ཆགས་ཚུལ་དང་གནས་ལུགས། ནད་གཞིའི་འབྱུང་རྐྱེན། རྩ་ཆུ་སོགས་ངོས་འཛིན་བརྟག་ཐབས། གསོ་ཚུལ་དང་གསོ་ཐབས། སྨན་གྱི་རོ་ནུས་ཞུ་རྗེས། ངོ་བོ་ཀྲུང་སེལ། ནད་རིགས་ཐེ་བྲག་སོ་སོའི་རྒྱུ་རྐྱེན་དང་། དབྱེ་བ། རྟགས་བཅོས། ཐང་ཕྱེ་སོགས་ཞི་སྦྱོང་གི་ལག་ལེན། རྩ་རིགས་ཆག་བཅིང་གི་རྟགས་བཅོས། གཏར་བསྲེག་དཔྱད་སྡེ་སོགས་བོད་ཀྱི་གསོ་བ་རིག་པའི་གཞུང་ལུགས་དང་ནད་ཐོག་ལག་ལེན། སྨན་རྫས་རིག་པ་སོགས་དཀྱུས་གཅིག་ཏུ་ཕྱོགས་བསྡོམས་བྱས་ནས་བསྟན་ཡོད། བརྗོད་དོན་ཡང་གསོ་རིག་ཁོ་ན་ཙམ་མ་ཡིན་པར་དཀར་ནག་རྩིས་དང་མཚན་ཉིད་རིག་པ། སྔ་དཔྱད་རིག་པ། དམངས་སྲོལ། ལོ་རྒྱུས་བཅས་ཀྱི་དགོངས་པའི་བཅུད་བླངས་པ་ལས་གྲུབ་པ་ཞིག་ཡིན།

གཞུང་འདིའི་མ་ཡིག་སྐོར་ལ་དེང་སྐབས་མཇལ་ཐུབ་པ་ཁྲིས་མ་གཉིས་དང་དཔར་མ་གཉིས་སྟེ་སྡེ་དགེ་དཔར་མ་དང་རྙི་ལའི་དཔར་མ་གཉིས་ཡོད་པ་རེད། མ་ཡིག་ཁྲིས་མ་གཉིས་ལས་

ལེའུ་བརྒྱ་དང་བཅུ་གཉིས་ལྡེབས་མ་༢༠༡ཅན་ལོ་ཟླ་བ་ཚོས་ཀྱི་ཤེས་རབ་ཀྱིས་བསྒྱུར་བར་གསུངས་པ་ཞིག་དང་ལེའུ་བརྒྱ་དང་བཅུ་གཅིག་ལྡེབ་མ་༡༧༡ཅན་བཻ་རོ་ཙ་ནས་བསྒྱུར་བར་གསུངས་པ་ཞིག་བཅས་ཕོ་བྲང་པོ་ཏ་ལར་ཉར་ཚགས་གནང་ཡོད། སྟེ་དགེ་པར་མ་དེ་ཆ་ཚང་བར་ཡོད་དེ། དཔར་ཤིང་དེ་ཕལ་ཆེར་དུས་རབས་བཅུ་བདུན་པ་སི་ཏུ་བསྟན་པའི་ཉིན་བྱེད་ཀྱི་སྐབས་སུ། ས་སྐྱོང་བློ་གྲོས་རྒྱལ་མཚན་གྱི་སྦྱིན་བདག་མཛད་དེ་དཔར་དུ་བསྐྲུན་པ་ཡིན་འདུག །མ་ཡིག་ལག་བྲིས་མ་དང་བསྡུར་ན་སྡེ་དགེ་དཔར་མ་འདི་ལ་ལེའུ་གཅིག་གི་ལྷག་པ་འདུག །འདིར་བཀོད་པའི་མ་ཡིག་ཕྱག་བྲིས་མ་འདི་ནི་ཕོ་བྲང་པོ་ཏ་ལར་བཞུགས་སུ་གསོལ་བའི་ལྡེབ་མ་༡༧༡ཅན་དེ་ཡིན་ལ། དཔེ་གཟུགས་སྣ་རིང་། རིང་ཚད་ལ་༦༥cmདང་མཐོ་ཚད་ལ་༨.༥cmཡོད་པ། ཡིག་གཟུགས་དཔེ་ཚུགས་ཀྱིས་བཞེངས་པའི་ཕྱག་དཔེ་སྙིང་ཉམས་དོད་པ་ཞིག་གོ། །

《月王药诊》

公元8—11世纪由众学者集体完成的《月王药诊》（《索玛惹扎》）是西藏历史中的早期医学论著。15世纪时期的藏医药大师苏喀·洛追杰波认为此论著成书于赤松德赞时期。同样的观点，记述于德格版和德里版的题记处。而著名学者第司·桑杰嘉措认为该著作成书于第37代吐蕃赞普赤德祖赞时期。关于著译者，众说纷纭，有人认为是汉地的和尚摩诃衍那、大译师白若杂纳合译以及汉地的甲珠嘎跟、马哈金、藏地的久拉敏巴、琼波汤祖等翻译而成。另外一些学者认为从梵文翻译和古汉文翻译以及藏族学者编著而成的等几种不同说法。其实此著作是吸取古印度、汉地、古波斯三地的医学之精要与藏医学实践和理论相融合，于公元8—11世纪期间由众多藏医药学者经多年经验与实践汇编而成。

此论著在历史的进程中经过多次修改，导致其篇目与章节说法不 。著名藏医药人师宿喀·洛追杰波认为该著作有108章。第司·桑杰嘉措与松巴堪钦·益西班觉两位大学者认为是112章。阿里学者却迥白桑认为是11章。现存的德格版有113章，该版本内容的理论部分有54章，临床实践方面有39章，药物配方有17章，其他的零散内容有3章。此书内容包括身体的组成部分，病根的由来，切脉检尿法，疗法与疗效，药效药味、疑难杂症、病因、种类、诊治、伤口治疗、骨折固定、汤粉制作、放血治疗等医学临床实践及药材理论等一系列总结而成。全文并非单一的医学理论，还涉及天文历算、哲学、风水学、民俗、历史等各种资料。

该书目前存世有两种木刻版和两种手抄本。其中木刻版存放于四川德格印经院和印度德里。其中一个手抄本署名有白若杂纳大译师翻译并收藏于布达拉宫，共有111章171叶。另外一个手抄本由大译师曲吉西绕翻译，共有112章201叶。德格版的《月王药诊》堪称足本，此木刻雕板雕刻于17世纪大学者司徒·丹贝宁切时期，由萨窘洛追坚赞出资雕刻而成。与写本相比较德格版多出一个章节，其他章节也有不少添加的成分，但其内容最为完善。德格版雕刻时经官方多加审校堪称善本。此处所述古籍写本《月王药诊》收藏于布达拉宫。装帧形式为长条梵夹装。单叶规格：长45厘米，宽6.5厘米。是柏粗体写本，藏纸。

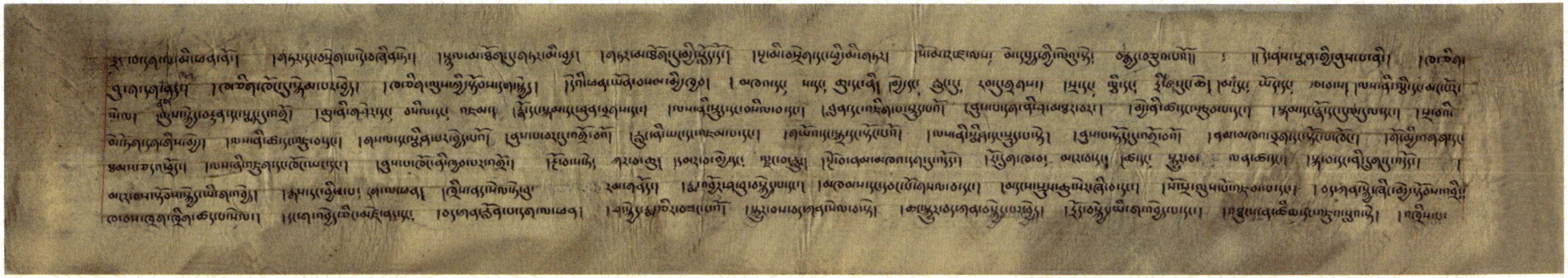

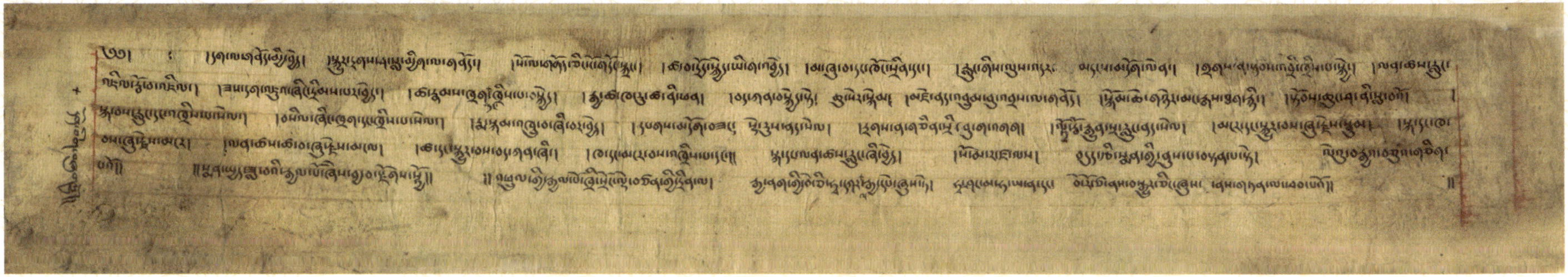

གཉིས་པ། རྒྱུད་གཞུང་གི་འགྲེལ་རིགས།

二、典籍注释类

ཡན་ལག་བརྒྱད་པའི་སྙིང་པོ་བསྡུས་པོའི་འགྲེལ་པ་ཟླ་ཟེར།

ཁ་ཆེ་ཟླ་བ་མངོན་དགས་མཛད་ཅིང་། དུས་རབས་བཅུ་གཅིག་པའི་སྤྱི་ལོ་༡༠༡༧ལོ་ཙམ་ལ་ལོ་ཆེན་རིན་ཆེན་བཟང་པོས་བོད་ཡིག་ཏུ་བསྒྱུར་བ་ཡིན། འདིའི་མཛད་པ་པོ་ནི་ཁ་ཆེ་ཟླ་བ་མངོན་དགའ་འམ་སློབ་དཔོན་ཟླ་བ་མངོན་དགའ་སྟེ། སློབ་དཔོན་པ་ཎྜི་ཏ་ཞེས་ཀྱང་གྲགས་པ་ཁ་ཆེ་མཁས་པ་མང་པོས་སྔགས་སུ་བྲམ་ཟེ་སློབ་དཔོན་པ་ཎྜི་ཏ་... དགའ་ཞེས་པའི་བྲམ་ཟེ་རྒྱ་གར་ནུབ་ཕྱོགས་ཁ་ཆེ་ཡུལ་གྱི་གྲོང་ཁྱེར་ཞིག་ཏུ་སྐུ་འཁྲུངས། ཁོང་གི་བརྩམས་ཆོས་གཙོ་བོ་རང་གི་མེས་པོར་གྱུར་པ་དཔལ་ལྡན་པ་ཎྜི་ཏ་ཀྱི་སྙིང་པོ་བསྡུས་པ་ལ་རྒྱས་འགྲེལ་ཚིག་དོན་ཟླ་ཟེར་དེའི་སྨན་མིང་ཟུར་བཀོལ་སྦྲ་སྦྱོར་ངེས་པ་བཅས་ཡོད་དོ། །

འགྲེལ་པ་འདི་ཉིད་སྒྱུར་པ་པོ་ནི་ལོ་ཆེན་རིན་ཆེན་བཟང་པོ་སྟེ། ཁོང་ནི་མེ་མཁའ་རྒྱ་མཚོའི་འདས་ལོ་སུམ་བརྒྱ་སོ་ལྔ་པ་ས་ཕོ་རྟ（སྤྱི་ལོ་༩༥༨）ལོར་མངའ་རིས་གུ་གེའི་ཡུལ་དུ་འཁྲུངས། ཁོང་གིས་ཡན་ལག་བརྒྱད་པ་རྩ་འགྲེལ་དང་འགྲེལ་པ་ཟླ་ཟེར་འདི་ཉིད་བསྒྱུར། བསྟན་པ་ཕྱི་དར་ལ་པཎྜི་ཏ་འདི་ཉིད་བཀའ་དྲིན་ཤིན་ཏུ་ཆེ་ཞིང་དགུང་ལོ་དགུ་བཅུ་གོ་བརྒྱད་བར་དུ་བསྟན་འགྲོའི་དོན་མཛད་ནས་རབ་བྱུང་དང་པོའི་ཤིང་ལུག（སྤྱི་ལོ་༡༠༥༥）ལོར་ཞི་བར་གཤེགས།

གཞུང་འདིའི་ནང་དོན་གཙོ་བོ་ནི། ཚེ་རིང་བར་འདོད་པའི་གང་ཟག་དག་གིས་ཇི་ལྟར་གསོ་བ་རིག་པ་བསླབ་ཚུལ་དང་། ནད་མི་འབྱུང་བའི་ཆེད་དུ་རྒྱུན་དུ་འཇུག་པའི་བྱ་བ་སྤྱོད་ལམ་དང་འཚོ་བ་ཟས་ཀྱི་སྐོར། ནད་གསོ་བའི་གཉེན་པོ་ཟས་སྤྱོད་སྨན་དཔྱད་བཞིའི་བསྟེན་ཚུལ་ཤེས་པ་ལ་གསོ་བྱེད་ཐབས་ཀྱི་སྐོར། འགྲོ་དྲུག་གཙོ་བོར་གྱུར་པའི་མི་ལུས་ཀྱི་ཆགས་ཚུལ་དང་གནས་ལུགས། མཚན་ཉིད་བྱེད་ལས། གཉན་པའི་གནད་སོགས་ཤེས་པ་ལ་གྲུབ་པ་ལུས་ཀྱི་སྐོར། རྣམ་གྱུར་ནད་ཀྱི་ངོ་བོ་ཇི་བཞིན་རྟོགས་པ་ལ་ནད་ཀྱི་རྒྱུ་རྐྱེན་དང་ཞུགས་ཚུལ། དབྱེ་བ། མཚན་ཉིད་ལ་སོགས་འཕེལ་འགྲིབ་ནད་ཀྱི་སྐོར། ནད་རྟགས་ཐམས་ཅད་གསལ་བར་མ་འདྲེས་པར་རྟོགས་ཐུབ་པ་ལ་ངོས་བཟུང་རྟགས་ཀྱི་སྐོར། གཉེན་པོ་སྨན་ངོ་ཤེས་པ་ལ་སྨན་གྱི་ངོས་འཛིན་དང་རོ་ནུས་ཞུ་རྗེས་སོགས་སྦྱོར་བ་སྨན་གྱི་སྐོར། ནད་རིགས་གང་བྱུང་བ་གསོ་བར་བྱེད་པ་ལ་གསོ་བྱེད་ཐབས་ཀྱི་སྐོར་སོགས་མ་གཞུང་ཡན་ལག་བརྒྱད་པའི་སྙིང་པོ་བསྡུས་པའི་དོན་གྱི་གོ་རིམ་ལྟར་སློབ་མ་རྣམས་ཀྱིས་རྟོགས་སླ་བའི་ཕྱིར་རྩ་བ་དང་འགྲེལ་པ་ཟུང་མ་དཔེ་བྲིས་མ་དབུ་མེད་འདིའི་ནང་བཏྲ་སྙིང་དཔེར་ན་མྱིག་དང་། མྱིད། རྫོགས་ཞེས་པ་ལྟ་བུ་ཡོད་པ་ཡིག་གཟུགས་དང་བཏྲ་དག་གཉིས་ཀའི་ཆ་ནས་སྙིང་ཉམས་ལྡན་པ་སྣ་རིང་ལྡེབ་མ་༡༣༣རིང་ཚད་༤༡.༥༧cmམཐོ་ཚད་༡༠.༥༧cmབཅས་ཡོད་ཅིང་། སྨན་སྣ་ནས་གཏོང་བའི་ཚོག་དང་། སྨན་གྱི་དུད་པ་གཏོང་བའི་ཚོག་བཅས་མཇུག་གི་ལེའུ་གཉིས་ཚང་མེད་པ། དབུ་ཤོག་དང་ཤོག་ངོས་༢༢པ་དང་༢༧པ་མ་ཚང་བ། ལྡེབ་༩༧པའི་རྒྱབ་ཤོག་ཏུ་ཚིགས་བཅད་ཉེར་བཞི་བྲིས་འཕྲོ་ལས་པ་བཅས་སྡེ་དགེ་སྨན་རྩིས་ཁང་དུ་བཞུགས་པ་ལགས་སོ། །༢༠༡༨ལོར་དེབ་གཟུགས་ཐོག་གངས་ལྗོངས་སྨན་རྩིས་རིག་མཛོད་ཆེན་མོའི་ནང་འཁོད་ཡོད་དོ། །

《八支精要注释 · 词义月光》

该书原著作者是卡其 · 达瓦翁嘎大师，其父亲为恰巴翁嘎，恰巴翁嘎是天竺大圣者巴沃大师的弟子，大师编著有《八支精要》。卡其·达瓦翁嘎，如名所示，出生于天竺的卡其即古代克什米尔一带。其主要著作是祖父柏丹 · 巴沃的《八支精要》的注释《〈八支精要〉注释 · 月光论》及其附录药名集，这部天竺医学有名的著作，由西藏后弘期著名的大译师仁青桑布译成藏文。

仁青桑布于土马年（958 年）出生于西藏阿里古格地方，为藏传佛教后弘期的兴起做出了重要贡献。木羊年(1055 年)圆寂，享年 98 岁。

该书讲述了若想长寿无病，要学好医书；若想预防疾病，要学好饮食起居；若想诊治疾病，学好饮食疗法、起居疗法、药物疗法、器械疗法等四种治疗方法。同时也讲述了人体胚胎、生理知识、躯体组织、定义、结构、功能等，也介绍了人体的组织功能正常的情况下，其病因、病原、病类、症状等。分析了人体基元病变的状况下，其具体疾病的症状、病因、诊断、治疗等详细内容。药物学方面，简述了药物的鉴别、性、味、作用、药效等。治疗学方面，介绍了各类病症的治疗方法等。为后继弟子们结合《八支精要》基本理论，简述了如何学习医经理论，以八支精要理论顺序，通俗易懂、深入浅出地注解了《八支精要》基本理论。

该书原本现收藏于四川德格县藏医院，是一部手抄本，书中保留有诸多古藏文词语，字体古雅。为长条状藏纸，共 233 叶，单叶规格长 62.57 厘米，宽 10.57 厘米，书中缺失鼻疗法与熏疗法两章，缺首叶和第 22 叶、第 23 叶，第 43 页背面的 24 句词内容不全。该书于 2016 年，由中国藏学出版社列入《雪域藏医药历算大典》，影印出版。

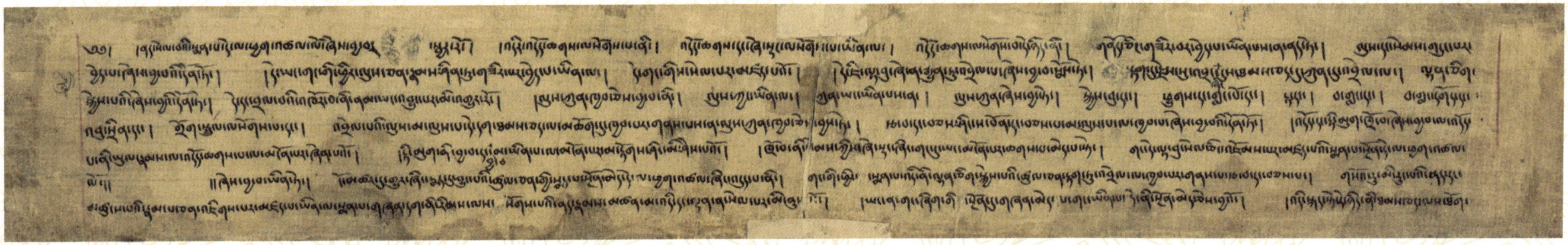

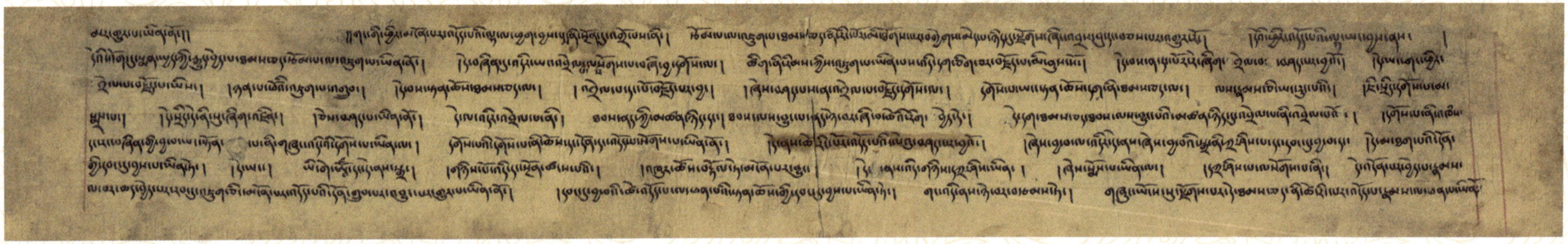

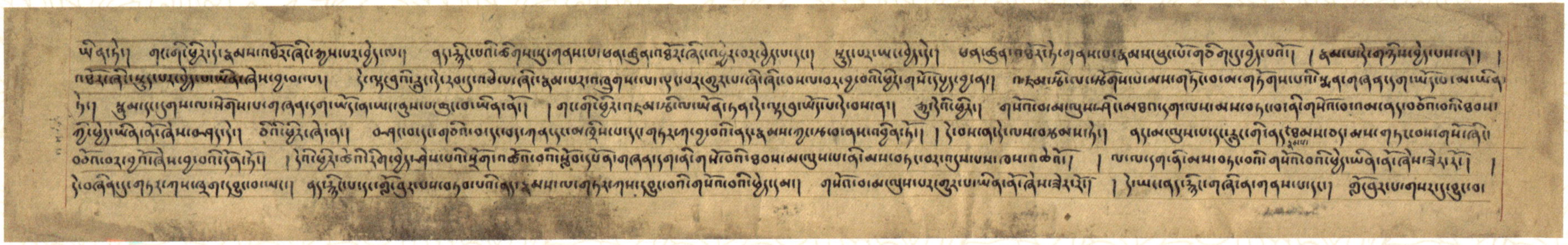

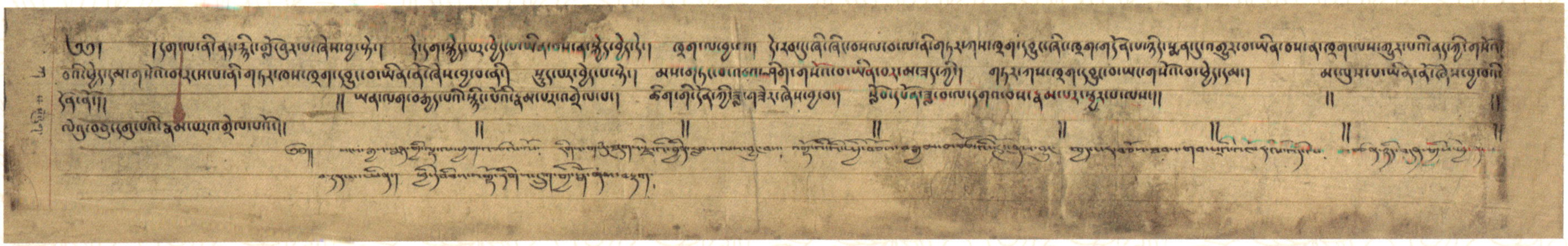

མན་ངག་བྱེ་བ་རིང་བསྲེལ་མ་བུ།

སྤྱི་ལོའི་དུས་རབས་༡༥པའི་ནང་ཟུར་མཁར་མཉམ་ཉིད་རྡོ་རྗེས་མཛད།

གཞུང་འདིའི་མཛད་པ་པོ་ནི་རབ་བྱུང་བདུན་པའི་ས་ལུག (སྤྱི་ལོ་༡༤༣༩) ལོར་ཡབ་རིག་འཛིན་ཕུན་ཚོགས་དང་། ཡུམ་ཀུན་མཁྱེན་རྣམ་རྒྱལ་གྱི་ལྷམ་མོ་གཉིས་ཀྱི་སྲས་སུ་ཤར་དྭགས་པོ་ལ་ཐོག་ཟུར་མཁར་དུ་འཁྲུངས། ཡབ་རིག་འཛིན་ཕུན་ཚོགས་དང་སྨན་སྟོན་དབང་ཕྱུག་སོགས་མཁས་དབང་དུ་མ་བསྟེན་ནས་ཡི་གེ་འབྲི་ཀློག་གིས་མཚོན་ཐུན་མིན་དང་ཐུན་མོང་གི་རིག་གནས་སྤྱི་དང་། ཁྱད་པར་གསོ་བ་རིག་པ་རྩལ་དུ་ཐོན་པར་སྦྱངས། གསུང་རྩོམ་ལ་དཔལ་ལྡན་རྒྱུད་བཞིའི་འགྲེལ་ཆེན་བོད་ཤེལ་ཕྲ་མོ་སོགས་མང་དུ་བརྩམས། དགུང་ལོ་སོ་བདུན་པ་རབ་བྱུང་བརྒྱད་པའི་ཤིང་ལུག (སྤྱི་ལོ་༡༤༧༥) ལོར་གཟུགས་སྐུ་ཆོས་དབྱིངས་སུ་ཐིམ་པའི་ཚུལ་མཛད།

ནང་དོན་གཙོ་བོ་ནི། ནད་ཀྱི་བརྟག་ཐབས་དང་། གསོ་ཐབས། དེ་ལས་འཕྲོས་པའི་ཡན་ལག་བཅས་ས་བཅད་ཆེ་བ་གསུམ་ལས། དང་པོ་ནད་ཀྱི་བརྟག་ཐབས་ལ་རྩ་ཆུ་དང་། མདེའུ་ཉལ། སློ་རྟག །སྐྲངས་པ་བཅས་ལ་བརྟག་པའི་ཐབས་དང་། གཉིས་པ་གསོ་ཐབས་ལ་ཉེས་གསུམ། ལྷན་འདུས། ཚ་གྲང་། ཁྲག །ཆུ་སེར། གཉན་སྲིན། གཟེར་ནད། རྨ། དུག་ནད། ཐོར་བུའི་ནད་བཅས་ནད་རིགས་བཅོ་ལྔའི་གསོ་ཐབས་ཀྱི་ལག་ལེན་རྣམས་དཔེ་ཚན་ཆུང་བ་བརྒྱ་དང་དོན་དགུར་ཕྱེ་ནས་བསྟན་པ་དང་། དེ་ལས་འཕྲོས་པའི་ཡན་ལག་ལ་གདོན་བཤལ་གྱི་སྐོར་དང་། ཁོང་སྲུང་། རིམས་སྲུང་སོགས་ནད་སྲུང་བའི་སྐོར་དང་། ཟས་སྐོམ་གྱི་སྤང་བླང་། གཙང་སྦྲ་བཞི་དང་དྭངས་མ་ལེན་པའི་རྩ་དཀྲུའི་ངོས་འཛིན། ཙོང་ཞི་རིགས་ལྔའི་ངོས་འཛིན། ཟུར་མཁར་བའི་ཕྱོས་སྦྱོར་འགའ་ཞིག་སོགས་ཚན་ཆུང་སོ་གཅིག་སྟེ་ཁྱོན་བསྡོམས་དཔེ་ཚན་ཆུང་བ་ཉིས་བརྒྱ་དང་བཅུ་ཙམ་བསྟན་ཡོད།

འདིའི་མ་དཔེ་ནི་ལྗོངས་སྨན་རྩིས་ཁང་རིག་གཞུང་ཞིབ་འཇུག་ཁང་དུ་ཉར་ཚགས་གནང་བའི་བྲིས་མ་སྣ་འབྲིང་ཞིག་ཡིན། དེར་ཁྱོན་ལྡེབ་མ་༢༣༣ཡོད་པ་ལས་ལྡེབ་མ་༣༩པ་ཆད། ལྡེབ་མ་རེའི་རིང་ཚད་ལ་༤༧cmམཐོ་ཚད་ལ་༨.༡cmདང་བཅས་ཡོད། དེ་དག་ལ་རལ་སྐྱོན་སོགས་མེད་པར་ཆ་ཚང་བར་བཞུགས།

བྱེ་བ་རིང་བསྲེལ་གྱི་དཀར་ཆག་མཁས་པའི་ཡིད་འཕྲོག་གི་ལྷན་ཐབས་དད་ལྡན་སྐྱིམ་པའི་མེ་ཏོག་ཅེས་པ་དེ་ནི་ཟུར་མཁར་བློ་གྲོས་རྒྱལ་པོ་མཆོག་ནས་མཛད་པ་ཡིན།

གཞན་ཡང་འདིའི་མཇུག་ཏུ་ཟུར་མཁར་བའི་ཁྱད་ཆོས་བུ་ཡིག་ལྡེབ་ཐུང་དཀར་ཆག་དང་བཅས་པ་ཁ་སྐོང་བྱས་ཡོད་པ་དེར་ལྡེབ་གྲངས་༣༣དང་། ལྡེབ་མ་རེའི་རིང་ཚད་ལ་༤༦.༥cmམཐོ་ཚད་ལ་༨.༥cm ཡོད།

ཟུར་མཁར་བའི་ཁྱད་བཙོས་བྱེ་བ་རིང་བསྲེལ་གྱི་བུ་ཡིག་ནང་གཙུག་ཕཤལ་གྱི་མན་ངག་མགོ་སྐྱོན་ཀུན་སེལ་དང་། མགོ་སྲིན་གསོ་བ་ཡ་མ་དྲུང་འདྲེན། འདང་འཆིངས་འཕྲུལ་གྱི་རྒྱ་མདུད། མདེའུ་ཉལ་བརྟག་ཐབས། ལྷ་བཙོས་ཤ་ལྷག་སྤུར་འཇོམས་སོགས་ནས་སྐད་སྨན་རྒྱལ་པོ་འཛམ་གླིང་འབྱུག་སྒྲ་ཞེས་པའི་བར་ཁྱོན་ནང་གསེས་ལེ་ཚན་བཞི་བཅུ་ཙམ་གྱི་དཔལ་ལྡན་ཟུར་མཁར་བའི་ཁྱད་པར་གྱི་བཙོས་ཐབས་ཟབ་མོ་རྣམས་རེ་རེ་བཞིན་བསྟན་པའོ། །

《千万舍利子母卷》

该书于15世纪由苏喀尔·年尼多吉撰写。

苏喀尔·年尼多吉于藏历第七饶迥土羊年（1439年）出生于夏尔塔布之拉托苏喀尔地方。父名仁增平措，母为贡钦朗杰之女。自幼从父亲及曼顿旺秋等学者学习藏文拼读及医学等十明学科，其中尤精医学。著作有《〈四部医典〉广疏》等多部。37岁即藏历第八饶迥木羊年去世。

该书主要内容包含疾病的诊断、治疗及其他三大部分。诊断部分包括脉诊、尿诊、底郭聂、肺化脓、肿胀等病状的诊断。治疗部分包括三毒、二合或三合疾病、热病寒病、血液黄水、炎症虫病、剧痛、创伤、中毒、散症等15种疾病，分179种方法予以介绍。与此相关的其他部分，则介绍了魔邪腹泻、防病防疫、饮食禁忌、四种沉疴、吸收精华之九脉的确认、五类寒水石之确认、苏喀尔式制香方等，共计210篇。

该书现收藏于西藏自治区藏医院，属于藏式长条中幅写本，共计233叶，缺第34叶。单叶规格：长41厘米，宽8.1厘米。

《〈秘诀千万舍利〉目录·智者慕乐之补遗·信众手中花》，作者为苏喀尔·洛追杰布。

《苏喀派特色子书》及目录，共计22叶。单叶规格：长46.5厘米，宽9.5厘米。

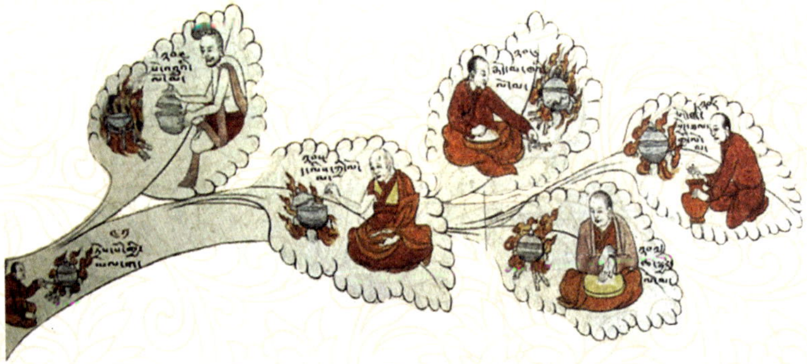

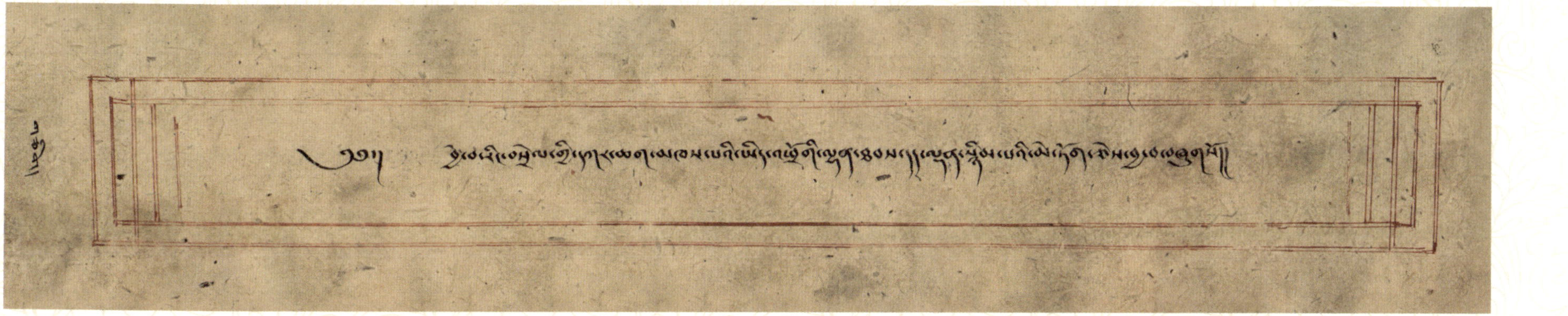

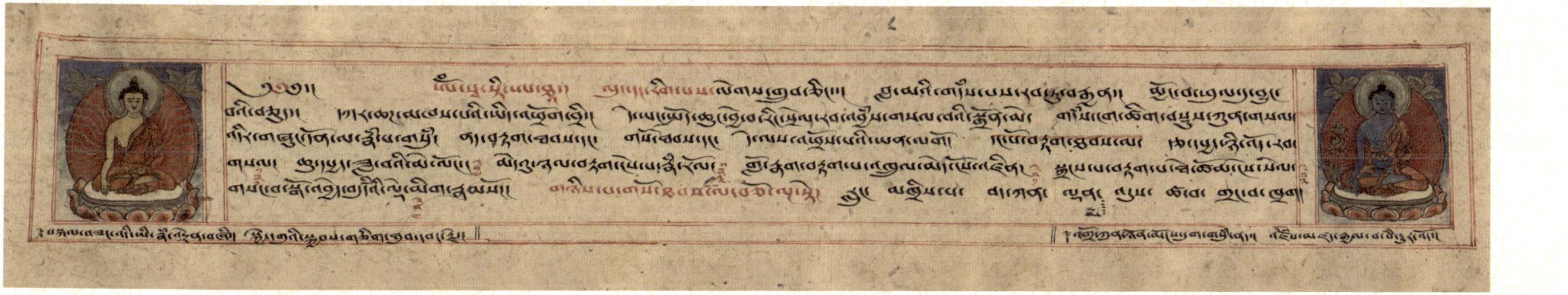

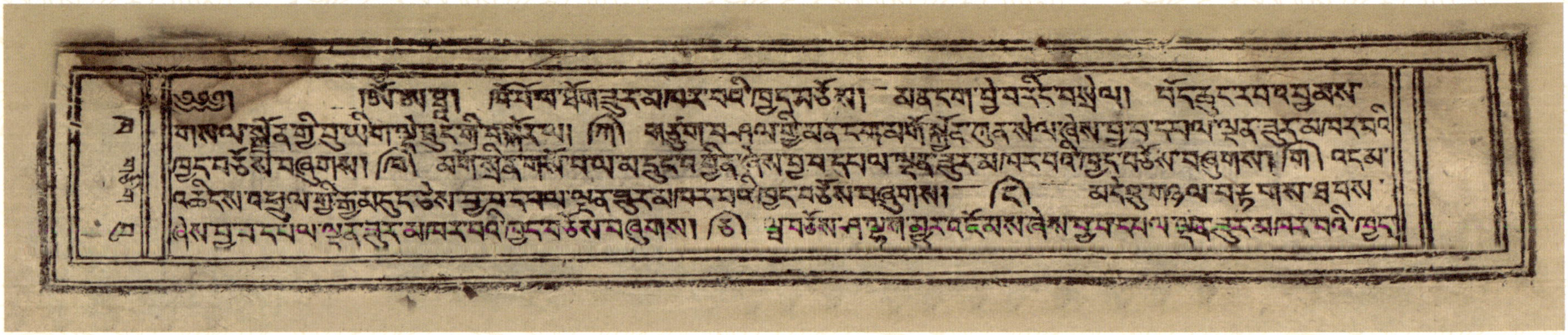

ཡན་ལག་བརྒྱད་པ་བཀའ་མཆན་ཅན།

སྤྱི་ལོའི་དུས་རབས་བརྒྱད་པ་ཙམ་ལ་སློབ་དཔོན་པ་སོལ་གྱིས་མཛད་པ་དང་། རྒྱ་གར་གྱི་མཁན་པོ་ཛ་ནར་ཛྙ་ན་དང་ཞུ་ཆེན་གྱི་ལོ་ཙཱ་བ་དགེ་སློང་རིན་ཆེན་བཟང་པོ་གཉིས་ཀྱིས་སྤྱི་ལོ་༡༠༡༣ཙམ་ལ་བོད་ཡིག་ཏུ་བསྒྱུར།

འདིའི་མཛད་པ་པོ་སློབ་དཔོན་དཔའ་བོ་ནི་དཔལ་མགོན་འཕགས་པ་ཀླུ་སྒྲུབ་ཀྱི་སློབ་མའི་ཐུ་བོའི་གྲས་ཤིག་སྟེ། རྒྱ་གར་ཤར་ཕྱོགས་སུ་འཁྲུངས། ཐོག་མར་ཕྱི་པ་མུ་སྟེགས་པའི་ཆོས་རྒྱུན་བཟུང་ཡང་བར་དུ་ནང་པའི་ཆོས་སྐོར་ཞུགས་ནས་མཐའ་མར་ལྟ་བ་དང་རྟོགས་པའི་གདིང་ཉེད་དེ་ཆོས་དང་རིག་གནས་ཀུན་ལ་མཁས་པ་ཆེན་པོར་གྱུར། ཆུང་དུས་ནས་རང་གི་ཡབ་ལས་གསོ་རིག་སྐོར་བསླབས་པས་ཚེགས་མེད་དུ་མཁྱེན་པས་ཡབ་ཀྱིས། ཀ་ལི་ཀ་ནི་དམག་གི་བདག །དཔལ་ལྡན་དཔའ་བོ་སྨན་གྱི་བདག །ཅེས་བསྔགས་བརྗོད་ཀྱི་མེ་ཏོག་ཡང་ཡང་འཐོར་བས་དཔའ་བོ་ཞེས་པའི་མཚན་སྙན་ཐོབ། མཚན་གཞན་ལ་གསུང་སྐད་སྙན་པས་རྟ་དབྱངས་དང་ཐོག་མར་ཡབ་ཡུམ་གྱི་ངག་ལ་མ་གསན་པས་ཕ་གོལ་ལམ་མ་གོལ། ཕྱིས་ཡབ་ཡུམ་གྱི་བཀའ་བཞིན་བསྒྲུབས་པས་པ་སོལ་ལམ་མ་སོལ་དུའང་གྲགས། གཞན་དཔལ་ཅན་དགེ་བ་ཐུབ་རྒྱལ་ནག་པོ་སོགས་ཀྱང་མཚན་གྱི་རྣམ་གྲངས་ཡིན། འདི་པས་གསོ་དཔྱད་ཀྱི་བསྟན་བཅོས་སྐོར་ལ་ཡན་ལག་བརྒྱད་པའི་སྙིང་པོ་བསྡུས་པ་ཞེས་པ་དང་དེའི་རང་འགྲེལ་དང་བཅས་པ་མཛད།

གཞུང་འདི་ནི་སྤྱི་ལོའི་དུས་རབས་བཅུ་གཅིག་པའི་ནང་ལྷ་བླ་མ་ཡེ་ཤེས་འོད་ཀྱི་མཐུན་རྐྱེན་ལ་བརྟེན་ནས་རྒྱ་གར་གྱི་མཁན་པོ་ཛ་ནར་ཛྙ་ན་དང་། ཞུ་ཆེན་གྱི་ལོ་ཙཱ་བ་དགེ་སློང་རིན་ཆེན་བཟང་པོས་བསྒྱུར་ཅིང་ཞུས་ཏེ་གཏན་ལ་ཕབ་པའོ། །

བཀའ་མཆན་འདི་ནི་སྤྱི་ལོའི་དུས་རབས་བཅུ་གཉིས་ཀྱི་དུས་མཇུག་གམ་བཅུ་གསུམ་གྱི་ནང་དུ་ཕྱི་མོ་ལས་ཞལ་བཤུས་ལེགས་པར་བྱས་པ་དང་སྦྲགས་གཡུ་ཐོག་དང་ཆེར་རྗེ་ཞིག་པོའི་མཆན་ལས་འཁྲུལ་བ་མེད་པར་དག་ཐེར་ཐེངས་མང་གནང་སྟེ། དུས་རབས་བཅུ་གཉིས་པའི་མཇུག་ནས་བཅུ་གསུམ་པའི་བར་དུ་སྙིང་པོ་བསྡུས་པ་ལ་རྗེ་ཆེའི་མཆན་རྣམས་ཡོངས་སུ་གྲུབ་པའི་གཞུང་ཞིག་ཡིན་ཏེ། མཇུག་བྱང་དུ། རྒྱ་གར་གྱི་མཁན་པོ་ཛ་ནར་ཛྙ་ན་དང་། ཞུ་ཆེན་གྱི་ལོ་ཙཱ་བ་དགེ་སློང་རིན་ཆེན་བཟང་པོས་བསྒྱུར་ཅིང་ཞུས་ཏེ་གཏན་ལ་ཕབ་པའོ། །འདི་ནི་འགྱུར་ཤིན་ཏུ་དག་པ་ཡིན་ཏེ་ལོ་ཙཱ་བ། པཎྜི་ཏའི་བཞི་བསྒྱུར་ལ་མཁས་པ་གཡུ་ཏོག་རྒྱལ་ཚས་དག་ཏར་མང་པོ་བྱས་པའི་ཕྱག་དཔེ་ལ་ཞལ་བཤུས་པ་ཡིན་ཞིང་། གཞུང་འདི་ཉིད་ཀྱི་ནག་མཆན་རྣམས་གཡུ་ཐོག་མགོན་པོའི་མཆན་ཡིན་ལ། དེའི་རྒྱ་མཚན་ཀུང་གོང་གི་ནག་མཆན་ལས་ཁོ་བོས་བྱས་པའི་ལེའུ་དང་པོར་བལྟ་བར་བྱའོ་ཞེས་གསལ་བས་སོ། །མཆལ་མཆན་འདི་ཆེར་རྗེ་ཞིག་པོས་བཏབ་པའི་མཆན་འཁྲུལ་མེད་ཡིན་ཏེ། མཆན་འདི་ཉིད་ལས་ཁོ་བོས་རྟོགས་པའི་རང་ལུགས་ནི་བདུད་རྩི་ཐིགས་པ་ལྟར་བལྟ་བར་བྱའོ། །ཞེས་པས་གསལ་ལོ། །མཆལ་མཆན་འདི་ཆེར་རྗེ་ཞིག་པོའི་ཕྱག་དཔེ་ལ་ཕྱི་མོ་བྱས་ནས་མང་ཡུལ་ལན་སྟེ་གླང་ལུང་ཕུག་ཏུ་བྲིས་ཞེས་པའི་ཕྱི་མོ

ལས་ཞལ་བཤུས་ལེགས་པར་བྱས་པ་ཡིན་པས་ཀུན་གྱིས་ཐུགས་ཆེས་པར་མཛད་དོ། །གཞན་ཡང་ཆེར་རྗེའི་མཚན་ཡིན་ཟེར་བའི་དཔེ་དག་པ་རྣམས་ལས་ཞུ་དག་ཀྱང་ལེགས་པར་བགྱིས་པ་དེའོ། །ཞེས་གསུངས་པ་ལྟར་ན། འདིའི་ནང་གི་གཡུ་ཐོག་ནི་གཡུ་ཐོག་གསར་མ་ཡོན་ཏན་མགོན་པོ་ཡིན་པ་གཏན་འཁེལ་བ་ཡིན་ཏེ། དེ་ཡང་གོང་སྤྲུལ་གྱི་ཤེས་བྱ་ཀུན་ཁྱབ་ལས། ཕྱི་དར་རྒྱ་གཞུང་སྨྲ་རྗེས་བསྒྱུར་མང་ཡང་། །རིན་ཆེན་བཟང་པོས་བརྒྱུད་པ་སྤེལ་བ་ལས། །སྤྱི་རྫིང་སྨན་པ་བཞི་ལས་ལེགས་བརྒྱུད་དེ། །ཞང་ཞིག་དར་མགོན་གཡུ་ཐོག་པ་ལ་སོགས། །བོད་ཀྱི་གཞན་ཕན་ཅན་རྣམས་ཐོག་མར་གྱེས། །ཞེས་གཡུ་ཐོག་གསར་མ་དང་། ཆེར་རྗེ། དར་མགོན་སོགས་ཀྱང་ལོ་ཆེན་འདིའི་སློབ་བརྒྱུད་ཡིན་པར་གསུངས་པ་གསལ་པོར་རྟོགས་ཐུབ་བོ། །

ནང་དོན་གཙོ་བོ་ནི། ཐོག་མར་མི་ལུས་ཇི་ལྟར་ཆགས་ཚུལ་དང་། ཆགས་ནས་སྐྱེས་ཟིན་པའི་མི་ལུས་ཀྱི་དོན་སྡོད། ཤ་ཁྲག་རུས་པ། རྩ་དང་ཆུ་རྒྱུས་སོགས་ཀྱི་གནས་ལུགས་དང་མཚན་ཉིད། བྱེད་ལས། ནང་གི་དབྱེ་བ། མཐར་འཇིག་པའི་ལྟས་བཅས་གྲུབ་པ་ལུས་ཀྱི་གནས་ལུགས་རྒྱས་པར་བཤད་ཡོད་པ་དང་། ནད་ཀྱི་རྒྱུ་རྐྱེན། འཇུག་ཚུལ། མཚན་ཉིད། ནད་རིགས་ཀྱི་དབྱེ་བ། ནད་ཀྱི་རྟགས། ནད་ངོས་ཇི་ལྟར་འཛིན་པའི་ཚུལ། འཕེལ་འགྲིབ་ནད་ཀྱི་གནས་ཚུལ་རྒྱས་པར་བསྟན་ཡོད་ལ། བཅོས་ཐབས་ཐད་ཟས་སྤྱོད་སྨན་དཔྱད་བཞིའི་ཕན་གནོད་ཀྱི་ཚུལ་བཅས་གསོ་བྱེད་ཐབས་ཀྱི་རང་བཞིན་གསལ་རྒྱས་ཇོགས་པར་བསྟན་ཡོད་པ་མ་ཟད། སྨན་ངོས་འཛིན་སྟངས་དང་། སྨན་སྦྱོར་བྱེད་སྟངས་སོགས་ཀྱང་བསྟན་ཡོད་པས་གསོ་རིག་གཞུང་གི་རྣམ་བཤད་ཤིན་ཏུ་གལ་ཆེ་བ་ཞིག་ཡིན་ནོ། །

ཡན་ལག་བརྒྱད་པའི་སྙིང་པོ་བསྡུས་པ་ཞེས་པའི་གཞུང་འདི་ཉིད་སྔ་ཕྱིར་མི་རིགས་དཔེ་སྐྲུན་ཁང་གིས་དཔར་བསྐྲུན་འགྲེམས་སྤེལ་ཐེངས་གཉིས་ཙམ་གནང་ཡོད་རུང་། དེ་དག་ནི་གཞུང་གི་རྩ་བ་ཙམ་ལས་རྩ་ཆེའི་གཡུ་ཐོག་གི་ནག་མཚན་དང་ཆེར་རྗེའི་མཆན་མཆན་ཤིན་ཏུ་ཡང་དག་ཅིང་རྒྱས་པ་འདི་འདྲ་བ་ཞིག་གཏན་ནས་མཐོང་རྒྱུ་མེད་པ་ནི་ཀུན་གྱི་མཐོང་ཆོས་ལགས།

མ་དཔེ་འདི་ནི་ད་ལྟ་བོད་ལྗོངས་སྨན་རྩིས་ཁང་རིག་གཞུང་ཞིབ་འཇུག་གླིང་དུ་ཉར་ཚགས་ལེགས་པར་གནང་བའི་བྲིས་མ་དཔེ་རྙིང་སྣ་རིང་ཞིག་ཡིན་པ་དང་། ཁྱོན་ལྡེབ་མ་༥༥༥དང་། ལྡེབ་མ་རེའི་རིང་ཚད་༣༩.༧cmདང་མཐོ་ཚད་ལ་༡.༠༩cmཡོད་ཅིང་། ཡིག་གཟུགས་ལེགས་ཤིང་འབྲུ་གསལ་བ། མཆན་མཆན་དང་ནག་མཚན་གྱི་འབྲུ་གསལ་ལ་ལོ་རྒྱུས་ཀྱི་རིན་ཐང་གཞལ་དུ་མེད་པ་དེ་རང་ངོ་། དེ་ཉིད་༢༠༡༨ལོར་པར་གཟུགས་ཐོག་ཀྲུང་གོ་བོད་རིག་པ་དཔེ་སྐྲུན་ཁང་ནས་པར་སྐྲུན་བྱས་པའི་གངས་ལྗོངས་སྨན་རྩིས་རིག་མཛོད་ཆེན་མོའི་གསོ་རིག་པོད་བརྒྱད་པ་དང་དགུ་པ་གཉིས་སུ་འཁོད་ཡོད་དོ།

《八支精要注批本》

《八支精要》于 8 世纪左右由印度大学者巴沃所著，之后由印度堪布杂纳达纳与大译师仁青桑布于 1013 年翻译成藏文。

该论著的作者巴沃为龙树大师得意门生。出生于印度东部。最初信奉外道后笃信佛教，最终在佛教文化方面造诣颇深并成为一代大师。因出生于医学世家，自幼随父亲学医并成为一名医学大师。被父亲称颂为“噶里噶为军之王，圣者巴沃药之王”。世人称他为巴沃大师，又因音色清丽而被称之为“马鸣大师”。幼时因年少无知不与父母言听计从，故称“帕古、玛古（逆子之意）”，成人后感悟父母用心良苦便言听计从，被称为“帕库、玛库（孝子之意）”；也曾用“白钦格瓦图杰纳布”等称谓。他撰写的医学论著主要有《简明八支精要》及其注疏等。

此论著是 11 世纪在拉喇嘛益西沃的恩泽下由印度大师杂纳达纳与大译师仁青桑布翻译而成。

《八支精要注释》是在 12 世纪末或者 13 世纪初以母本为范本抄录，参考宇妥以及曲吉西布二位大师的注疏部分几经校对而成，并于 12 世纪末至 13 世纪初总结完成的一部大论。题记处写有印度大师杂纳达纳与大译师仁青桑布翻译而成。这是一部堪称经典的译本，由精通翻译与大小五明的学者大译师宇妥杰策精校，并以此为母本传抄而成。此论著的墨注部分为宇妥云丹贡布的亲笔注释，该内容中写有“请参照本人第一部分内容的墨批注部分，朱批部分为曲吉西布大师亲笔注释”。书中写有“此乃吾之见解，恰似甘露之滴，请阅之”。朱批部分依照曲吉西布大师原著抄录于芒域兰德朗隆普地方。并以此为母本抄录而成，故可信之。另外参考被称之为曲吉西布大师所注疏的几部善本而对此进行了精校。本文出现的宇妥可确定为新宇妥。贡珠大师在《知识总汇》中曾写有：“后弘梵典先后译著多，仁青桑布所传八支之，普兰四位明医相传承，传至医圣云丹贡布处，恩泽汇集雪域众生灵。”由此可确定宇妥云丹贡布、曲吉和塔贡等大师皆为大译师的传承弟子。

该论著的主要内容有：人体最初在母体内形成过程及出生后的脏腑、血液、肉体、精髓，脉象等生理原理、作用及内外的分类、最终躯体衰退等现象详细介绍；关于疾病病因、病原、病症、疾病的分类、性质、诊断等详细阐述；关于治疗由食疗、起居疗法、药物疗法、器械疗法等四种内容的翔实论证。《八支精要注释》由西藏人民出版社出版，但这些已出版的内容中未刊登两位大师的亲笔批注。此次出版的长条写本堪称经典与善本。

母本为西藏自治区藏医院文献研究所收藏的长条梵夹装写本，共有 555 叶。单叶规格：长 39.7 厘米，宽 8.09 厘米。字迹清晰美观，墨批与朱批也非常清晰，具有很高的学术研究价值与文物收藏价值。

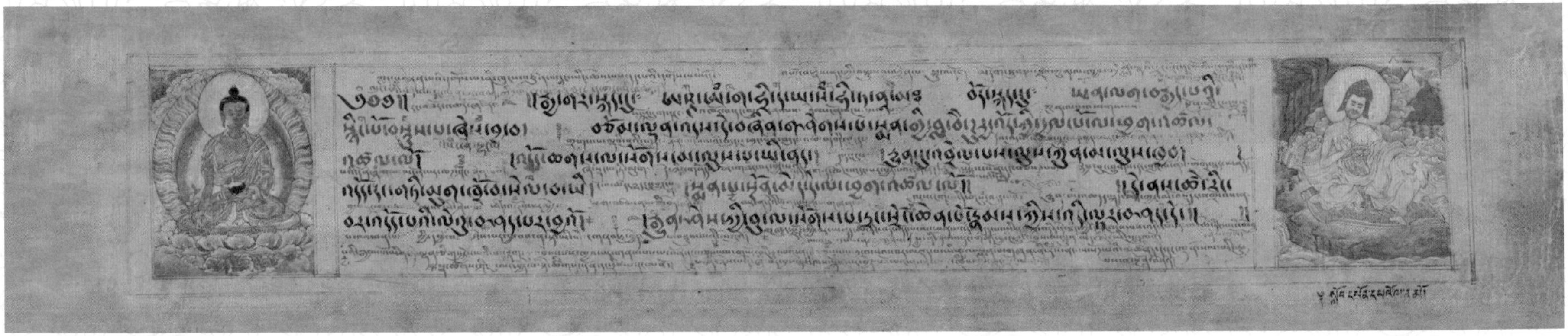

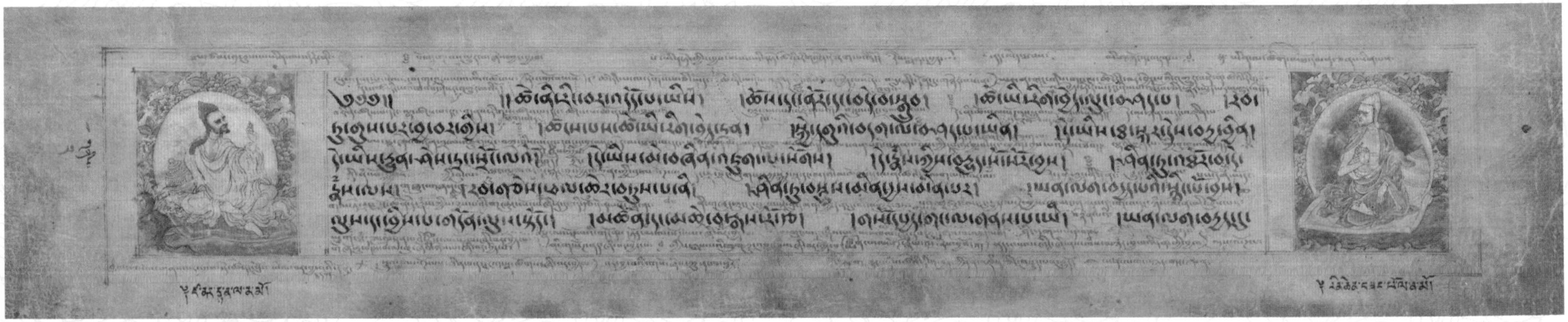

ཕྱི་རྒྱུད་ཀྱི་འགྲེལ་པ་ཚིག་དོན་རབ་ཏུ་གསལ་བ་ཡིད་བཞིན་ནོར་བུ།

སྤྱི་ལོའི་དུས་རབས་༡༥པར་བྱང་པོ་པཎ་ཆེན་རྡོ་རྗེ་ཕ་ལམ་མཆོག་གིས་མཛད་ཅིང་། བོད་རབ་བྱུང་༡༦པའི་ཆུ་ཁྱི་སྟེ་༡༩༨༢ལོར་སྨན་རྩིས་ཁང་གིས་གཙང་བཤུས་བྱས།

བྱང་པོ་པཎ་ཆེན་རྡོ་རྗེ་ཕ་ལམ་མམ་མཚན་གཞན་ཏཱི་ཤན་ཀ་ར་རྡོ་རྗེ་ཕ་ལམ་མཆོག་ནི། སྤྱི་ལོའི་དུས་རབས་༡༥པའི་སྨད་དུ་ལྷོ་ཕྱོགས་བྱང་ཡུལ་དུ་སྐུ་འཁྲུངས། ཆུང་དུས་ནས་བཤེས་གཉེན་མང་པོ་བསྟེན་ཏེ། མདོ་སྔགས་རིག་གནས་ཀུན་ལ་ཐོས་བསམ་རྒྱ་ཆེར་གནང་། གསོ་རིག་ལ་དད་མོས་ཆེ་བས་ཟུར་ལུགས་ཀྱི་བཞེད་པ་གཙོར་བཟུང་ནས་སྦྱངས། མཁས་པ་ཆེན་པོར་གྱུར། ཀརྨ་སྐུ་ཕྲེང་བདུན་པ་ཆོས་གྲགས་རྒྱ་མཚོས་ཀྱང་བྱང་པོ་པཎ་ཆེན་ཞེས་མཚན་སྙན་གཞེངས་བསྟོད་གནང་། སྐུ་ཚེ་ཧྲིལ་པོར་གསོ་རིག་གི་བསྟན་པ་གཙིགས་འཛིན་གྱིས་འཆད་རྩོད་རྩོམ་གསུམ་མཛད། ལྷོ་རྒྱུད་དུ་གསོ་རིག་གི་བསྟན་པ་དར་བར་མཛད། གསུང་རྩོམ་ནི་རིག་གནས་སྤྱིའི་སྐོར་དང་། གསོ་བ་རིག་པའི་སྐོར་ལ་རྒྱུད་བཞི་གའི་འགྲེལ་པ་དང་། ཡོག་འབུགས་ལེགས་པར་བཤད་གསེར་གྱི་སྙེ་མ། བྱེ་བ་རིང་བསྲེལ་གྱི་དཀར་ཆག་སོགས་མཛད་ཅེས་སྡེ་སྲིད་ཡོག་འབུགས་ནང་དུ་གསལ། རྗེ་འདིའི་རྣམ་ཐར་རྒྱས་པ་མ་མཐོང་རུང་། འགྲེལ་པ་འདིའི་མཇུག་བྱང་དུ། སྨན་སློམ་རྡོ་རྗེ་རྒྱལ་མཚན་ནི། དགས་པོ་གྲོ་ལུང་དུ་བྱོན་པའི་སྨན་པ་མཁས་པ་ཞིག（མ་དཔེའི་ལྡེབ་མ་༡༩༩པར་གཟིགས་པར་འཚལ།） ཅེས་གསུངས་ཤིང་། ཟུར་མཁར་བློ་གྲོས་རྒྱལ་པོས། རྗེ་འདི་མཁྱེན་པ་ཧ་ཅང་ཆེ་བའི་དབང་གིས་སྟོད་ཤའི་དྲི་ཚིག་ནང་དུ། གངས་རིའི་ཁྲོད་འདིར་གསོ་རིག་སྨྲ་བ་ལ། །འགྲན་མེད་གྲུབ་པའི་ས་ལ་ཞབས་བཀྲན་པ། །འཇམ་དབྱངས་ཆོས་རྗེ་བྱང་པོ་པཎྜི་ཏ། །ཡིད་བཞིན་ནོར་འདྲ་སྙིང་ནས་རྒྱལ་གྱུར་ཅིག །ཅེས་པའི་བསྔགས་བརྗོད་བླ་ན་མེད་པ་མཛད། བརྒྱུད་འཛིན་སློབ་མ་འཕྱོངས་རྒྱས་ངག་དབང་ཀུན་རྡོར་སོགས་བུ་སློབ་མང་པོ་མཆིས་པར་གཞུང་དང་ལག་ལེན་མན་ངག་མཐའ་དག་འཆད་ཉན་བཟང་པོས་བསྐྱངས་ཏེ་གསོ་དཔྱད་ཀྱི་བསྟན་པ་སྤྲིན་བྲལ་ཉི་འོད་བཞིན་རྒྱས་པར་མཛད་དོ། །

གཞུང་འདིའི་མཛད་བྱང་ལས། རང་གི་བུ་སློབ་མང་པོ་དང་། ཁྱད་པར་འཕྱོང་རྒྱས་པ་འཚོ་བྱེད་ཀུན་རྡོར་གྱིས་བསྐུལ་ཞིང་། ཡི་གེ་པ་བྱས་ནས་རྒྱ་གར་གྱི་འབྲུ་མ་བུའམ་ལོ། ས་པོ་སྟག་ལོར་ཟླ་བ་བདུན་པའི་ཆོས་གྲངས་བཟང་པོ་གསུམ་པ་ཆུང་གི་ཁམས་སྟོན་པར་ཤར་བའི་དུས། ཙྪ་རི་ཏྲའི་ནུབ་ཕྱོགས་ཀྱི་སྒོ། དྭང་བྱ་ཡུལ་འབྲས་གཞོང་གི་སྦུང་། སྨན་ཁར་ཕན་བདེའི་གླིང་དུ་རིག་གནས་ལྔ་ལ་བློ་སྦྱངས་པ་བྱང་པོ་པཎྜི་ཏ། མིང་གཞན་ཏཱི་ཤན་ཀ་ར་རྡོ་རྗེ་ཕ་ལམ་སྦྱར་བའོ། །ཞེས་གཞུང་འདི་ཉིད་མཛད་པར་བསྐུལ་བ་པོ་འཕྱོང་རྒྱས་འཚོ་བྱེད་ཀུན་རྡོར་གཙོས་པའི་རང་གི་བུ་སློབ་མང་པོ་དང་། མཛད་པ་པོ་བྱང་པོ་པཎ་ཆེན་རྡོ་རྗེ་ཕ་ལམ་ཡིན་པ་གསལ་བར་བཀོད་འདུག །གཞུང་འདི་བརྩམས་པའི་དུས་ཚོད་ཐད་གཞུང་གི་མཇུག་བྱང་དུ། རང་གི་བུ་སློབ་མང་པོ་དང་། ཁྱད་པར་འཚོང་རྒྱས་འཚོ་བྱེད་ཀུན་རྡོར་གྱིས་བསྐུལ་ཞིང་། ཡི་གེ་པ་བྱས་ནས་རྒྱ་གར་གྱི་འབྲུ་མ་བུའམ་ལོ། ས་པོ་སྟག་ལོར་ཟླ་བ་བདུན་པའི་ཆོས་གྲངས་བཟང་

པོ་གསུམ་པ་ལྷུང་གི་ཁམས་སྐྱོ་པར་ཤར་བའི་དུས། ཙཱ་རི་ཏྲའི་ནུབ་ཕྱོགས་ཀྱི་སྒོ། དྭང་བྲ་ཡུལ་འབྲས་གཤོང་གི་སྟུང་། སྨན་ཁར་ཕན་བདེའི་གླིང་དུ་རིག་གནས་ལྟ་ལ་བློ་སྦྱངས་པ་བྱར་པོ་པཎྜི་ཏ། མིང་གཞན་ཛཻ་ཤན་ཀ་ར་རྡོ་རྗེ་ཕ་ལམ་སྦྱར་བའོ། །ཞེས་གསལ་བར་འཁོད་པ་སོགས་ལ་དཔྱད་ན། ཀརྨ་པ་ཆོས་གྲགས་རྒྱ་མཚོ་ནི་རབ་བྱུང་བརྒྱད་པའི་ཤིང་ཁྱི་སྟེ་སྤྱི་ལོ་༡༤༥༤ལོར་སྐུ་འཁྲུངས་པ་དང་། ཕོང་གི་བླ་སྨན་ནི་བྱར་པོ་པཎ་ཆེན་ཉིད་ཀྱི་ཡབ་ཡིན་པ་དང་། ཕོང་གིས་གོང་དུ་བསྟན་པ་ལྟར་སྐྱེམ་པ་ཚེ་འབུམ་གྱི་ཞབས་ལ་གཏུགས་ཡོད་པ་དང་། སྐྱེམས་པ་ཚེ་འབུམ་ནི་སྐྱེམས་པ་ཚེ་དབང་གི་ཡབ་ཡིན་པ་མེས་ཞལ་དུ་འཁོད་པ་ལྟར་ན་བྱར་པོ་པཎ་ཆེན་དང་སྐྱེམས་པ་ཚེ་དབང་གཉིས་དུས་མཉམ་པ་ཡིན་པ་དང་། སྐྱེམས་པ་ཚེ་དབང་གིས་བཤད་རྒྱུད་འགྲེལ་པ་བརྩམས་པའི་དུས་ཚོད་ནི་སྤྱི་ལོ་༡༤༧༩ལོར་བརྩམས་ཞེས་གཞུང་གི་མཇུག་ཏུ་འཁོད་པ་དང་། སྐབས་བབས་གཞུང་འདི་ཉིད་ཀྱི་མཇུག་བྱང་དུ། ས་ཕོ་སྟག་ལོར་ཟླ་བ་བདུན་པའི་ཚེས་གྲངས་བཟང་པོ་གསུམ་པ་ལྷུང་གི་ཁམས་སྐྱོ་པར་ཤར་བའི་དུས་ཞེས་གསུངས་པར་གཞིགས་ན། འདི་ནི་ཟུར་མཁར་མཉམ་ཉིད་རྡོ་རྗེ་དང་ཀརྨ་སྐུ་ཕྲེང་བདུན་པ་སྐུ་འཁྲུངས་པ་ནས་བརྩིས་པའི་ས་ཕོ་སྟག་ལོ་སྟེ། སྤྱི་ལོ་༡༤༥༨དང་། ༡༥༡༨ལོ། ༡༥༧༨ལོ་བཅས་ལ་འཁེལ་བས། གོང་གི་སྐྱེམས་པའི་བཤད་རྒྱུད་འགྲེལ་པ་བརྩམས་པའི་དུས་ཀྱི་སྔ་ཕྱི་དང་། ཀརྨ་སྐུ་ཕྲེང་བདུན་པ་འཁྲུངས་འདས་ཀྱི་ལོ་ཚིགས་སོགས་གོང་གི་གནད་དོན་དེ་དག་དང་བསྡུར་ན། གཞུང་འདི་ནི་སྤྱི་ལོ་༡༥༡༨ལོའི་ཟླ་བ་༧པར་བརྩམས་པའི་གཞུང་ཞིག་ཡིན་པར་འདོད་དོ། །

འདིའི་ནང་དོན་གཙོ་བོ་ནི། གསོ་རིག་ཀུན་གྱི་གཙུག་རྒྱན་དཔལ་ལྡན་རྒྱུད་བཞི་ལས་ཕྱི་མ་འཕྲིན་ལས་རྒྱུད་ཀྱི་གཞུང་དོན་གྱི་དགོངས་པ་ཚད་མར་བཀྲལ་ཞིང་། ཟུར་མཁར་དང་། བྲང་ཏི། གཡུ་ཐོག །བྱང་པའི་གསུང་སོགས་ཀྱི་ལུང་ཁུངས་དག་པ་རྣམས་གཞིར་བཞག་ཅིང་། མཛོད་པ་པོ་ཉིད་ཀྱི་ལག་ལེན་མྱོང་བ་ཅན་རྣམས་ལྷུག་པར་བཀྲོལ་ཏེ་ལུང་རིག་གི་ངེས་པ་ཅན་དུ་བྱས་པའི་འགྲེལ་པ་ཤིན་ཏུ་གསལ་བ་ཞིག་གོ། །

ད་ལྟ་ཉར་ཚགས་གནང་བའི་མ་དཔེ་ནི་བོད་རང་སྐྱོང་ལྗོངས་སྨན་རྩིས་ཁང་གིས་རབ་བྱུང་བཅུ་དྲུག་པའི་ཆུ་ཁྱི་སྟེ་༡༩༨༢ལོར་གསར་བཤུས་བྱས་པའི་བྲིས་མ་སྣ་འབྲིང་ཞིག་ཡིན་ཞིང་། ཡིག་གཟུགས་ལེགས་ཤིང་འབྲུ་གསལ་བ། ཤོག་གྲངས་ཆད་ལྷག་སོགས་མེད་པ་ཞིག་ཡིན། ལྡེབ་མ་༡༩༥ རིང་ཚད་༤༠.༢༨cm ཞེང་ཚད་༡༠.༤cm

《〈后续〉注释 · 词义明释如意宝》

该书于 15 世纪由切尔布 · 班钦多吉帕朗撰写。

切尔布 · 班钦多吉帕朗，别名孜宛噶热 · 多吉帕朗，出生于西藏南部切尔域地方。自幼广泛学习文化及显密佛学知识，尤其倾心于藏医学，主攻苏喀尔派藏医，成为一代宗师。七世噶玛巴 · 曲扎切措称其为“切尔布班钦”（意即来自切尔布地方的五明大学者）。

切尔布 · 班钦多吉帕朗通过讲、辩、著等学者三业全身心致力于藏医学在西藏南部的发展与兴盛。第司 · 桑杰嘉措《藏医源流史》记载，切尔布班钦著有《知识总论》《〈四部医典〉注释》《藏医流源史 · 善说金穗》《〈十万舍利〉纲要》等医学著作。未见切尔布班钦的传记，此本《〈后续〉注释 · 词义明释如意宝》之后跋记载：“曼贡 · 多吉坚参系达布卓龙地方之名医。”苏喀尔 · 洛追加布曾称赞道：“雪域之内无与伦比的名医高士，修成非凡果位者，文殊尊者切尔布班智达，衷心地希望这位如同如意至宝的大智者，无往而不胜。”

切尔布班钦育有琼结 · 阿旺贡多等多名弟子，且给他们传授了大量的医学知识和临床经验秘诀等，大大地推动了藏医学的发展，藏医学传承得到了发扬光大。

该书后跋中记载，这部注释本是应琼结人措杰贡多等众多弟子的要求并担任誊写人员的情况下完成的。时间为土阳虎年七月第三桑布之日，地点为扎日山西口，……曼卡尔潘德林，由浸染五明学说的切尔布班智达，或别称为孜宛噶热 · 多吉帕朗完成撰写。

七世噶玛巴 · 曲扎切措出生于藏历第八饶迴土狗年（1454 年），其“御医”为切尔布班钦之父。切师班钦之父早年师从金巴 · 才奔。《祖先口述》载明，此金巴即金巴 · 才旺之父。如此，基本上可以确定切尔布班钦与金巴才旺同代。金巴才旺完成《〈论说续〉注释》的时间为 1479 年。那么，从苏喀尔 · 年尼多吉和七世噶玛巴出生年份推算，后跋所示土狗年分别可能是 1458 年、1518 年或 1578 年。根据金巴才旺完成其著的时间及七世噶玛巴生卒年份判断，最终确认年份极可能是 1518 年，而《〈后续〉注释 · 词义明释如意宝》这部医著就是当年七月份完成撰写的。

该书主要是针对《四部医典》之分续《后续》的内容，在严格遵从苏喀、昌迪、宇妥、强巴等诸辈宗师论说传承的基础上，结合自己的学习心得及临床实践进行了详尽的解释。这一注疏本，在立足于前贤诸师坚实的理论基础和逻辑结构之上，做到了阐明词义通俗易懂，讲解原理深入浅出，堪称经典。

该书现由西藏自治区藏医院收藏，系写本，藏式中幅长条书，无缺页。此版本为藏历第十六饶迥水狗年（1982 年）誊写本。共有 195 叶，单叶规格：长 40.28 厘米，宽 10.4 厘米。

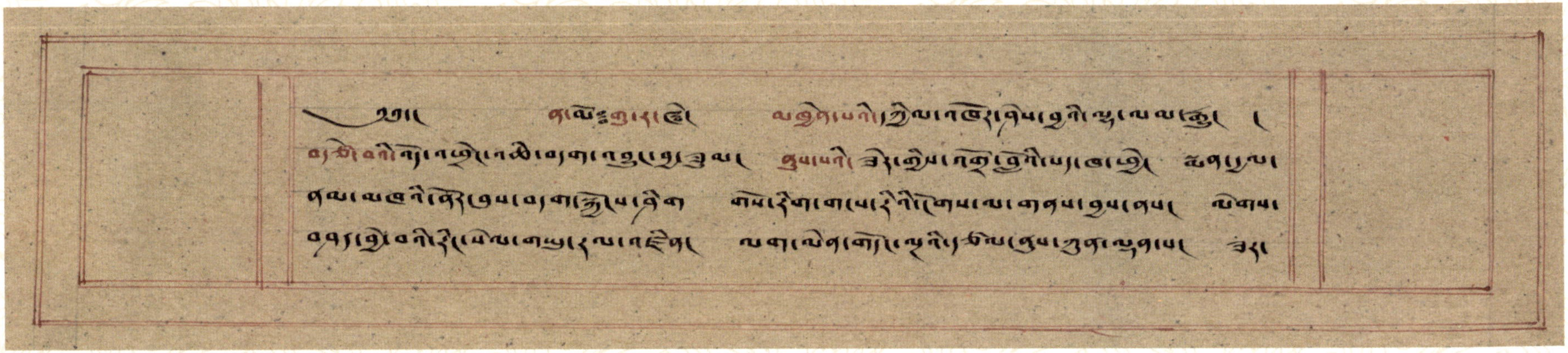

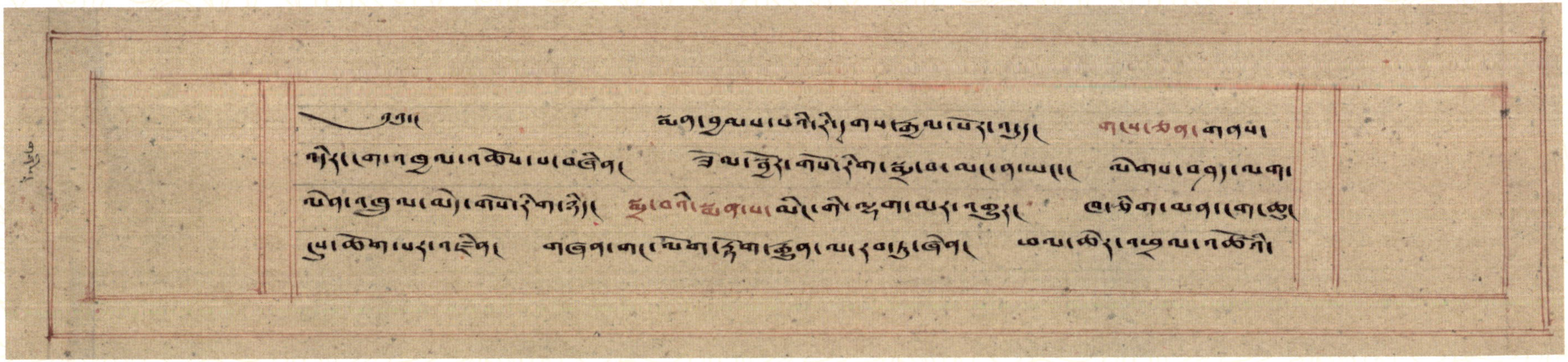

གསོ་བ་རིག་པའི་མན་ངག་ཀུན་གྱི་གཅེས་བསྡུས་ཕན་བདེའི་སྙིང་པོ།

སྤྱི་ལོའི་དུས་རབས་༡༧གཡས་གཡོན་དུ་འབྲི་གུང་ཚེ་དབང་བརྟན་པས་མཛད།

གཞུང་འདི་འབྲི་གུང་ཚེ་དབང་བརྟན་པའམ་དཀོན་མཆོག་འགྲོ་ཕན་དབང་པོས་མཛད། ཁོང་ནི་དབུ་རུའི་གཞུ་སྟོད་དུ་རབ་བྱུང་བཅུ་གཅིག་པའི་ལྕགས་ལུག（སྤྱི་ལོ་༡༦༣༡）ལོར་འཁྲུངས། དམ་པ་འདི་ཉིད་སྐུ་གཞོན་ནུའི་སྐབས་ནས་རིག་གནས་སྤྱི་དང་ཡང་སྒོས་གསོ་བ་རིག་པ་སློབ་པར་མགོན་པོ་འབྲི་གུང་པ་གསང་སྔགས་ཀྱི་རིག་པ་འཛིན་པ་ཆོས་ཀྱི་གྲགས་པའི་ཞབས་པད་ཡུན་རིང་དུ་བསྟེན་ནས་ཚད་དུ་བྱུང་ལ་སྙན་པའི་གྲགས་པ་ཕྱོགས་ཀུན་ཏུ་ཁྱབ་པར་གྱུར། དགུང་ལོ་སུམ་ཅུ་སོ་གཅིག་ལ་སོན་སྐབས་འབྲི་གུང་ཆོས་གྲགས་དགོངས་པ་རྫོགས་ནས་ལོ་གཉིས་སོང་བའི་དུས་སུ་སློབ་དཔོན་གྱི་དགོངས་རྫོགས་ལ་རྗེས་དྲན་ཞུ་བ་དང་། མཐོང་བརྒྱུད་ཕྱག་ལེན་རྣམས་མི་ཉམས་གོང་འཕེལ་གྱིས་འགྲོ་ཕན་རྒྱ་ཆེ་ཡོང་ཆེད་འབྲི་གུང་གཅེས་བསྡུས་ཞེས་སུ་གྲགས་པའི་སྨན་དཔེ་གསར་རྩོམ་མཛད། དེ་ནས་གཙོ་བོ་འབྲི་གུང་ཆོས་གྲགས་ཀྱི་གསུང་རྒྱུན་རྣམས་དང་། རྒྱུད་བཞིའི་བཀའ་མཆན་དུ་བཏབ་པའི་ཟབ་གནད། གཡུ་ཐོག་སྙིང་ཐིག །མན་ངག་ཤོག་དྲིལ་སྐོར་གསུམ། བྲང་ཏིའི་གསེར་བྲེ། དངུལ་བྲེ། མཁས་གྲུབ་ཨོ་རྒྱན་པའི་དངུལ་ཆུ་གྲུབ་པའི་བསྟན་བཅོས། འབུམ་ཁུ་ཚུར། བྱེ་བ་རིང་བསྲེལ། ཉམས་ཡིག་བརྒྱ་རྩ། མན་ངག་ཀུན་གྱི་སྙིང་པོ་བསྡུས་པ་སོགས་པ་དང་། ཐ་ན་སྐབས་དེའི་སྨན་པ་མཁས་པ་ཁ་ཤས་ཀྱི་སྨན་སྦྱོར་ཟབ་པ་སྣ་རེ་ཡན་ཆད་དངོས་དང་བརྒྱུད་པའི་སྒོ་ནས་འབད་པ་དུ་མས་དོན་གཉེར་མཛད། གཞན་ལྷག་པར་འབྲི་གུང་གཅེས་བསྡུས་ཀྱི་བླ་མའི་ཞལ་རྒྱུན་གྱི་ཟིན་བྲིས་དང་། གཉན་རིམས་མཁྲིས་པ་རྩར་རྒྱུགས་ཀྱི་བཅོས་ཚུལ་མདོར་བསྡུས་ཞལ་ལུང་བདུད་རྩིའི་ཆུ་རྒྱུན། འབམ་བཅོས་ཚེ་འཛིན་སྲོག་སྐྱོབ། འབམ་བཅོས་གཅེས་པའི་གནད་བསྡུས་ཞེས་པ་ལ་སོགས་མང་དག་བརྩམས་པར་མཛད། སྐུ་ཚེ་དེ་ཙམ་བཞུགས་པའི་སྐོར་གསལ་པོ་མ་ཤེས་ཀྱང་། རྒྱ་ནག་གི་བཅོས་འཕྲུལ་གྱི་ཐེམས་ཚང་ཞེས་པའི་མཇུག་བྱང་དུ། དཀོན་མཆོག་འགྲོ་ཕན་དབང་པོས་རང་ལོ་རེ་གཅིག་པ་རབ་བྱུང་ཞེས་པ་ལྕགས་པོ་རྟའི་ལོའི་ཧོར་ཟླ་ལྔ་པའི་ཚེས་བཅོ་བརྒྱད་ཀྱི་ཉིན་དགུང་གི་ཐུན་མཚམས་སུ་བྲིས་ཞེས་གསལ་བས་སྐུ་ཚེ་ཅུང་རིང་ཙམ་བཞུགས་པ་འདྲ། རྗེས་འཇུག་སློབ་མའི་གྲས་སུ་གཙོ་བོ་དཔོན་ཚང་ཡེ་ཤེས་ཞེས་པ་སྨན་དཔྱད་ལ་ཤིན་ཏུ་མཁས་པ་སོགས་བྱུང་ནས་རྒྱུན་མ་ཆད་པར་འགྲོ་དོན་བསམ་གྱིས་མི་ཁྱབ་པའི་མཛད་པ་བཟང་པོས་དུས་འདའ་བ་བྱུང་།

ནང་དོན་གཙོ་བོ་ནི། རྗེ་བཙུན་གཡུ་ཐོག་པ་དང་བྱང་ཟུར་གཉིས་སོགས་སྔོན་བྱོན་མཁས་པའི་ཉམས་ཡིག་དང་སྟུད་པོད་དུ་མའི་ནང་ནས་ཉེར་མཁོའི་སྨན་གྱི་སྦྱོར་སྡེ་གྲགས་ཤིང་གྲུབ་པ་དུ་མ་ཕྱོགས་གཅིག་ཏུ་བསྡུས་པའི་སྙིང་། རྗེ་ཧྲུཾ་ཀ་རའི་དགོངས་བཞེད་ཀྱི་མན་ངག་ཟབ་གནད་ཅན་དུ་མས་ཟུར་བརྒྱན་པ་ཞིག་སྟེ། འདི་ནི་ཀུན་གྱིས་ཚད་མར་འཛིན་པའི་གཅེས་བསྡུས་གྲགས་ཅན་ཞིག་ཡིན། མ་དཔེའི་ནང་གི་སྦྱོར་བ་མང་པོའི་གབ་མིང་དང་བསྡུས་

མིང་བཟ་ཡིག་འགའ་ཞིག་ལ་ཟུར་མཆན་བཀོད་པ་དང་། དེ་ཡང་སྔོར་མིང་དང་གལ་ཆེའི་གནད་ཁག་ལ་སྣག་ཚ་དམར་པོས་བྲིས་པ་དང་། གཞན་ཡང་གཞུང་འདིའི་ནང་དུ་ཆུང་ནད་ལྟེ་སྨྱུང་མགོའི་བཅོས་ཐབས་དཔལ་ལྡན་ཟུར་མཁར་བ་མཉམ་ཉིད་རྡོ་རྗེའི་ལུགས་ཞེས་པ་ཤོག་ལྷེ་བཅུ་ལ་ལྷ་བརྒྱད་ཡོད་པ་ཞིག་མཉམ་དུ་འཁོད་ཡོད་དོ།

གཞུང་འདིའི་མ་དཔེ་བྲིས་མར་ཁྱོན་ཤོག་ལྷེ་ཁྲངས་༧༥༢ཡོད་ཀྱང་ཤོག་ལྷེ་མང་པོ་ཆད་ཡོད། ཤོག་ལྷེ་རེའི་རིང་ཚད་ལ་༦༨.༣༩cmདང་། མཐོ་ཚད་ལ་༡༡.༥༨cmཡོད། ཕྱག་དཔེ་མགོ་འབྲེལ་མ་འདི་ཉིད་བོད་ལྗོངས་སྨན་རྩིས་ཁང་རིག་གཞུང་ཞིབ་འཇུག་ཁང་དུ་ཉར་ཚགས་བྱས་ཡོད་པ་དང་། དེའི་མ་ཡིག་གཞན་ཞིག་ཞོ་བྲང་པོ་ཏ་ལའི་དཔེ་མཛོད་ཁང་དུ་ཉར་ཚགས་བྱས་ཡོད། ཕྱག་དཔེ་འདིའི་དབུ་ཤོག་དང་། ཤོག་ལྷེ་དང་པོ། གཉིས་པ། གསུམ་པ་བཅས་ཚང་མེད་པར་ཤོག་ལྷེ་བཞི་པ་ནས་དབུ་ཚུགས་པ་དང་། བར་དུ་ཤོག་ལྷེ་༧༥ནས་༢༠དབར་ཆད་པ། ཤོག་ལྷེ་༡༩༠དང་། ཤོག་ལྷེ་༥༦དང་། ཤོག་ལྷེ་༥༩དང་། ཤོག་ལྷེ་༦༩བཅས་པ་ཡང་མེད་དོ། དེ་ཡང་ཕྱི་ངོས་གོས་ཆེན་ཁ་དོག་དམར་པོ་ཅན་གྱིས་གཏུམས་ཡོད།

《医学秘诀选集 · 利益精粹》

该书于 17 世纪左右由直贡 · 才旺丹巴撰写。

直贡 · 才旺丹巴，又称贡确 · 卓潘旺布，于藏历第十一饶迥铁羊年（1631 年），出生于卫茹徐堆。他自幼师从直贡派密宗传人曲吉扎巴大师系统学习了各种文化科目，尤其是医学。后来声名渐隆。至 31 岁，恩师直贡曲扎大师圆寂两周年，为纪念恩师及继承保护本派临床实践经验，编纂《直贡选集》。此后深入学习《〈四部医典〉注释之甚深义理》《宇妥心法》《诀窍三长卷》《昌迪〈金升〉》《银升》等典籍，此后攻读殊胜成就者乌金巴大师所著《水银洗炼法》，以及《拳头续》《验方百篇》《秘诀汇集心要》等，即便是当时名医研发出的一两剂验方，也绝不放过，细心学习实践，记载保护。

直贡 · 才旺丹巴著有《直贡选集 · 上师言教笔记》《炎症 · 赤巴侵入经脉病症的诊疗 · 上师言教甘露涓流》《象皮病之诊疗 · 护生救命》《象皮病诊治辑要》等。

直贡 · 才旺丹巴大师何时去世，相关文献缺乏记载。不过从一则后跋记载中见其已活到了六十多岁。《神奇渊薮》后跋中称："我，贡确 · 卓潘旺布，时年 61 岁，于称之为'热聂'的铁马年五月十八日中午写成。"

直贡 · 才旺丹巴弟子众多，其中佼佼者为本仓益西，其继承恩师遗志，终生致力于医学医疗事业，成就卓越。

该书主要内容在集中展示宇妥 · 云丹贡布大师和强巴派（北方派）、苏喀派诸大名医的诸多验方及其他选集类著作中记载的常用药方的基础上，结合其恩师直贡曲吉扎巴的诸多甚深诀窍之精义，予以重新组合调整优化。因而，众多名医视这部验方集是验方的典范之作。这部著作中对各验方的隐秘名号及数字代码均标示注释，予以解码。书中药方名称及其他重要信息均用醒目红字进行了标示。此外，此书内附《隆病杰江果诊治 · 具吉祥者苏喀尔 · 年尼多吉氏疗法》一册，共 58 叶。

该书收藏于西藏自治区藏医院，标示页码共 152 叶，可惜首叶及第 1 至 3 叶，第 15 叶至 20 叶，第 39 叶、58 叶、59 叶、79 叶均缺失。单叶规格：长 68.39 厘米，宽 33.58 厘米。有一红绸布包裹。

另一版本收藏于布达拉宫。

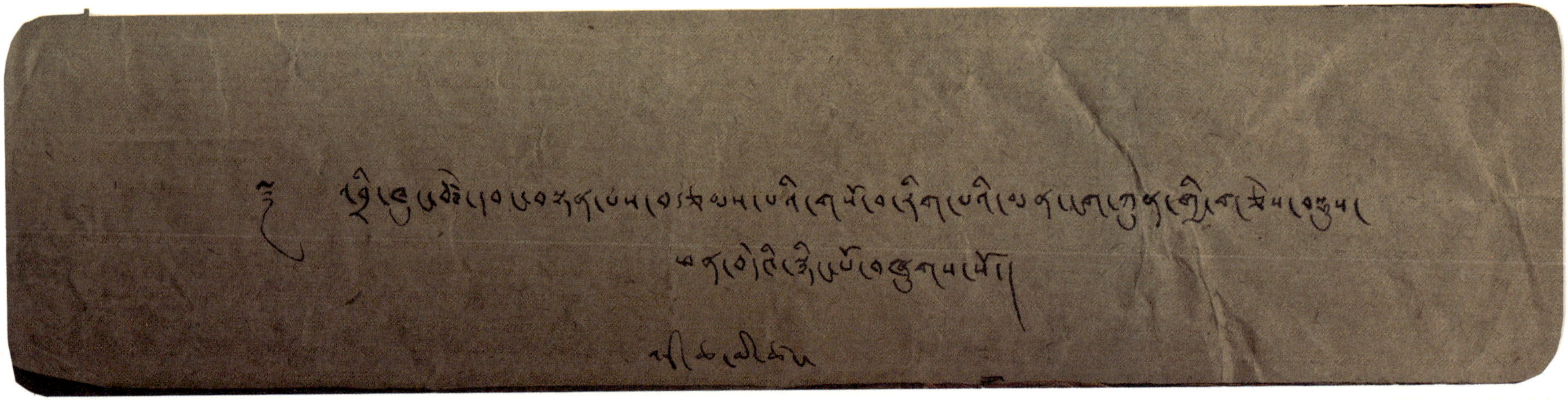

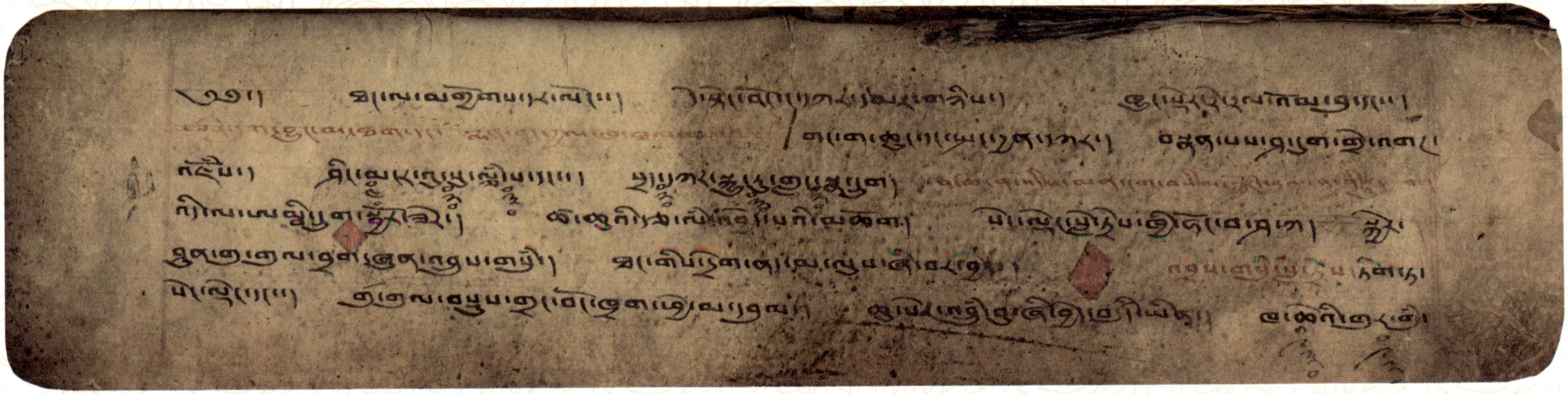

རྒྱུད་བཞིའི་གསལ་བྱེད་བཻཌཱུརྱ་སྔོན་པོ།

དུས་རབས་༡༧པར་སྡེ་སྲིད་སངས་རྒྱས་རྒྱ་མཚོས་མཛད།

མཛད་པ་པོ་མི་དབང་པཎྜི་ཏ་སྡེ་སྲིད་སངས་རྒྱས་རྒྱ་མཚོ་མཆོག་ནི། དབུས་གཙང་རུ་བཞིའི་ཡ་གྱལ་དབུ་རུ་ལྷ་སའི་བྱང་ཕྱོགས་ཞང་བྲན་གྲོང་སྨད་གཞིས་ཀར་ཡབ་མཚུར་སྔོན་དབང་གི་རྡོ་རྗེའི་གདུང་རྒྱུད་ཨ་སུག་དང་ཡུམ་བུ་ཁྲིད་རྒྱལ་མོ་གཉིས་ཀྱི་སྲས་སུ་རབ་བྱུང་བཅུ་གཅིག་པའི་ཆུ་མོ་སྦྲུལ་（སྤྱི་ལོ་༡༦༥༣）ལོར་སྐུ་བལྟམས། ༧རྒྱལ་མཆོག་ལྔ་པ་ཆེན་པོ་ནས་ཐུགས་བརྩེ་བ་ཆེན་པོས་རྗེས་སུ་བཟུང་སྟེ་ནང་རིག་པ་གཙོ་བོར་གྱུར་པའི་བཅུ་ཕྲག་རིག་པའི་གནས་ཀྱི་གཞུང་དང་གདམས་ཟབ་དུ་མ་བུམ་པ་གང་བྱོའི་ཚུལ་དུ་བསྐྱལ་བར་མཛད་པ་དང་། སྐྱེས་ཆེན་དམ་པ་དུ་མའི་དྲུང་ནས་རིག་པའི་གནས་མཐའ་དག་གསན་བསམ་མཐར་ཕྱིན་པར་གནང་བས་བཅུ་ཕྲག་རིག་པའི་གནས་ལ་མངའ་དབང་བསྒྱུར་བའི་མཁས་པཎྜི་ཏ་ཆེན་པོའི་གོ་འཕང་བརྙེས། རྗེ་འདི་ཉིད་ཀྱིས་ཆོས་སྲིད་གཉིས་ཀར་ལོ་རྒྱུས་ཐོག་སུས་ཀྱང་བསྐྱུན་དུ་མེད་པའི་མཛད་རྗེས་རླབས་པོ་ཆེ་བཞག་ཡོད་པ་དང་། ཁྱད་པར་དུ་གསོ་རིག་བསྟན་པ་གསལ་བར་བྱེད་པའི་གསུང་རྩོམ་གཙོ་བོར་དཔལ་ལྡན་རྒྱུད་བཞིའི་འགྲེལ་ཆེན་སྨན་བླའི་དགོངས་རྒྱན་རྒྱུད་བཞིའི་གསལ་བྱེད་བཻཌཱུརྱ་སྔོན་པོ་འདི་དང་། མན་ངག་ལྷན་ཐབས། གསོ་རིག་ཁོག་འབུབས་དྲང་སྲོང་དགྱེས་པའི་དགའ་སྟོན། རྩིས་ཀྱི་བསྟན་བཅོས་བཻཌཱུརྱ་དཀར་པོ་དང་དེའི་འཕྲུལ་སྣང་གཡའ་སེལ། བླང་དོར་གསལ་བར་སྟོན་པའི་ཁྲིམས་ཡིག་དྭངས་ཤེལ་མེ་ལོང་། དགའ་ལྡན་ཆོས་འབྱུང་བཻཌཱུརྱ་སེར་པོ་སོགས་ལེགས་པར་བཤད་པའི་བསྟན་བཅོས་སྣ་ཚོགས་པོད་ཆེན་ཉི་ཤུ་ལྷག་ཙམ་བསྟན་འགྲོའི་གསོས་སུ་བསྩལ། དགུང་ལོ་ང་གསུམ་བཞེས་པ་རབ་བྱུང་བཅུ་གཉིས་པའི་ཤིང་མོ་བྱ་（སྤྱི་ལོ་༡༧༠༥）ལོའི་ཟླ་བ་དྲུག་པའི་ཚེས་བཅོ་བརྒྱད་ཉིན་སྟོད་ལུང་སྣང་རྩེར་ཡིད་སྨྲུབས་བདག་པོར་སྐུ་ཚེ་འདས་པ།

འདིའི་ནང་དོན་གཙོ་བོ་ནི། རྩ་རྒྱུད་དང་བཤད་རྒྱུད་བཅས་རྒྱུད་གཉིས་ཀྱི་ཚིག་དོན་ཕལ་ཆེ་བར་འབྲུ་སྣོན་གྱི་ཚུལ་དུ་འགྲེལ་བརྗོད་གནང་ཡོད་པ་དང་། རྒྱུད་འགྲེལ་གཞན་ལྟར་དགག་སྒྲུབ་མང་པོ་དང་རྟོགས་སླ་བར་འགྲེལ་བརྗོད་མང་པོ་གནང་བ། དཀའ་གནད་དང་དོགས་གནད་ཅན་རང་སར་ལུས་པའི་སྐོར་ལ་སྙིང་པོ་བསྡུས་པ་དང་འགྲེལ་པ་ཟླ་ཟེར། དགའ་བོ་མངལ་འཇུག་གི་མདོ། རྡོ་རྗེ་ཕྲེང་བ་སོགས་ཀྱི་ལུང་འདྲེན་དང་སྡེ་སྲིད་རིན་པོ་ཆེ་ཁོང་གི་ཉམས་དཔྱོད་ཀྱི་རིག་པར་བརྟེན་ནས་བརྩམས་པའི་རྒྱུད་འགྲེལ་གཞུང་འདི་བློ་རབ་འབྲིང་ཐ་གསུམ་སུ་ཡིན་ཡང་ལན་གཅིག་གཟིགས་པས་རྒྱུད་དོན་ལྟ་རྟོགས་འཕེལ་བའི་དམིགས་བསལ་ཁྱད་ཆོས་ལྡན། ལྷག་པར་སྨན་གྱི་གྲོང་ཁྱེར་ལྟ་ན་སྡུག་གི་ངོས་འཛིན་དང་། སོ་སོའི་གནས་ཡུལ་གྱི་ཁྱད་པར། བཤད་རྒྱུད་ལེའུ་ཉི་ཤུ་སྨན་གྱི་ནུས་པ། ཁྱབ་བྱེད་རླུང་ནི་སྙིང་དང་སྲོག་འཛིན་རླུང་ནི་མགོ་ལ་གནས་པ་ལུང་རིགས་ཀྱིས་གཏན་ལ་ཕབ་པ། ཀ་རཀྵ་དང་ཏ་ཙ། པ་ཏོ་ལ་ལྟ་བུའི་སྨན་རྫས་གང་མང་ཞིག་གི་ངོས་འཛིན་དང་ལག་ལེན་རིམ་པ་སོགས་གསལ་

བོར་བཟོད་ཡོད་པས། ད་བར་མཁས་དབང་རིམ་བྱོན་མང་པོས་ཚད་མར་འཛིན་ཞིང་རྗེ་བཙུན་གཡུ་ཐོག་པའི་ཐུགས་དགོངས་རྣལ་མ་རྟོགས་པར་མེད་དུ་མི་རུང་བའི་གཞུང་འགྲེལ་བསྟན་བཅོས་གལ་ཆེན་ཞིག་ཏུ་མངོན།

འདིའི་ཐུན་མིན་ཁྱད་ཆོས་ནི། གཞན་དང་མི་འདྲ་བའི་མཚན་བྱང་ཡོད་པ་སྟེ་གསོ་བ་རིག་པའི་བསྟན་བཅོས་མེས་པོའི་དགོངས་རྒྱན་ཞལ་ལུང་གསལ་བྱེད་བཻཌཱུརྻ་སྔོན་པོའི་མལླི་ཀ་ཞེས་པར་བལྟས་པས་སྡེ་སྲིད་རིན་པོ་ཆེ་ཡོང་གིས་གཞི་གང་ལ་བཅོལ་ནས་བཻཌཱུརྻ་སྔོན་པོ་བརྩམས་གནང་བ་རྟོགས་ཐུབ། རྒྱུད་རེ་རེའི་ནང་དོན་རྫོགས་པར་བསྟན་ཚར་རྗེས་མཇུག་བྱང་བཀོད་ཡོད་པ་ལས་བཻ་སྔོན་གཞུང་གཞན་ལྟར་པར་བྱང་སྨོན་ཚིག་མི་གསལ་བས་རྙིང་ཉམས་ཟོད། ཁྱད་པར་དུ་མཁས་དབང་གོ་འཇོ་དབང་འདུས་མཆོག་གིས་དཔེ་ཆ་འདི་ཉིད་བཻ་སྔོན་ཞིང་པར་མ་གྲུབ་གོང་གི་དཔེ་ཆ་སྔ་ཤོས་དེ་མིན་ནམ་སྙམ་པའི་དགོངས་པ་ཡོད་ཚུལ་གསུངས།

མ་དཔེ་བྲིས་མ་ཁྱོན་ལྡེབ་མ་༡༩༩ཡོད་པ་དང་། ལྡེབ་མ་རེའི་རིང་ཚད་ལ་༦༥.༥cmདང་མཐོ་ཚད་ལ་༧.༥cmཡོད་པ་བོད་ལྗོངས་བོད་ལུགས་གསོ་རིག་སློབ་ཆེན་གྱི་རྟེན་མཛོད་ཁང་དགེ་རྒན་ཆེན་མོ་གོ་འཇོ་དབང་འདུས་མཆོག་གིས་ཉར་ཚགས་གནང་བའི་བྲིས་མ་དེ་རང་ངོ་། །

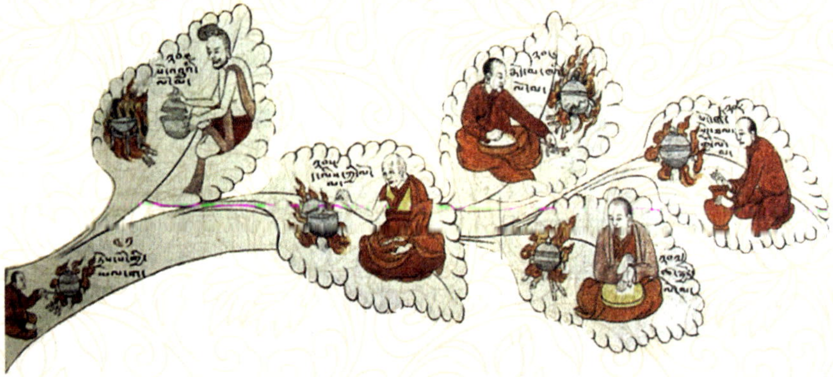

《〈四部医典〉注解蓝琉璃》

该书于17世纪由第司·桑杰嘉措所著。

第司·桑杰嘉措于藏历第十一饶迥水蛇年（1653年）出生于拉萨市北郊之娘热地方的大贵族仲麦巴家中，父名阿苏，母名布赤甲姆。他深受五世达赖喇嘛垂爱，受到精心栽培，学习了以内明学为主的十明学精髓内容，并取得了优异的成绩。先后师从众多大成就者，成为一名通晓教义、谙熟医理、才华横溢、多才多艺的学者。他在藏族文明进程史上留下了不朽的功勋，尤其是对藏医药方面做出了特殊的贡献，著有《蓝琉璃》这部通俗易懂、颇具权威的《四部医典》解释本大论，另有《诀窍论补遗·斩除非命死绳利剑》《医学概论·吠琉璃镜·宴仙喜筵》《浦派历算嘉言》（又称《白琉璃》）《白琉璃除锈释疑问答》《法典明鉴》《格鲁派教法史黄琉璃》等20多部有关藏族历史、宗教、文化、医学、医药、天文、历算、法律的著作。藏历第十二饶迥木鸡年（1705年）六月十八日圆寂。

《〈四部医典〉注解蓝琉璃》主要内容是对宇妥·云丹贡布所著的《四部医典》之《根本续》和《论说续》进行了逐字逐句式的解释，还和其他注释本一样进行了深入的学术检视。为了方便理解进行了很多注解，对存在的疑难问题，从《八支药方》《医学注释·皎月光辉》《阿难入胎经》等处引经据典，是一部任何天资聪慧或者资质平凡的人看了都能明白其内容的一部通俗注释本点，尤其是对药都善见城及其各区域特色的认识、《释续》二十章药物功能，明确了“遍行风于心、持命风于头部”，详细描述了芡实、芫荽和芽葱等药物的辨别及实践过程等，成为迄今为止历任专家学者认识和传承宇妥·云丹贡布正确思想的不可或缺的重要的注解论著。

从该书拥有特别的书名——《医学论彰显祖先意饰遗教之光明蓝琉璃》可以看出第司·桑杰嘉措是以什么为蓝本著成《蓝琉璃》。不同于其他版本每个章节结束后的祝词，该书在每个章节内容结束后写有后跋，更显古朴。另外，贡觉·旺堆专家认为该著作可能是蓝琉璃木刻版之前最古老的著作。原手写版共计344叶。单叶规格：长45.5厘米，宽7.5厘米。由藏医药学专家贡觉·旺堆从西藏藏医药大学图书馆提供。

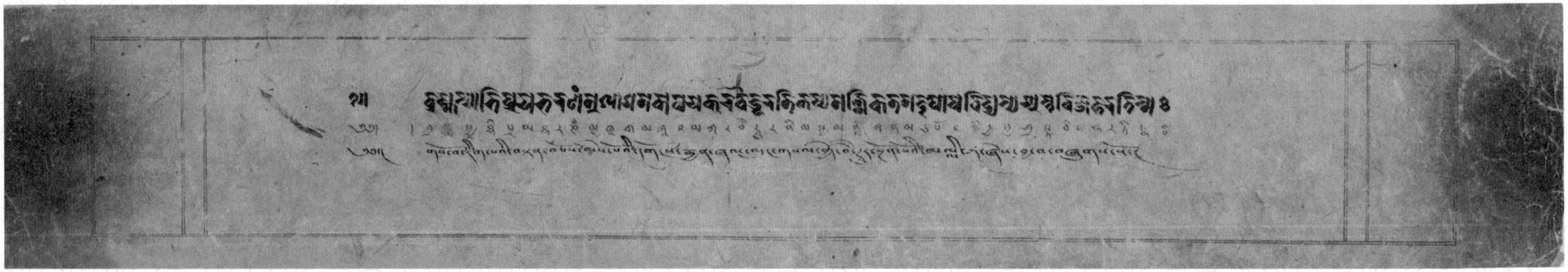

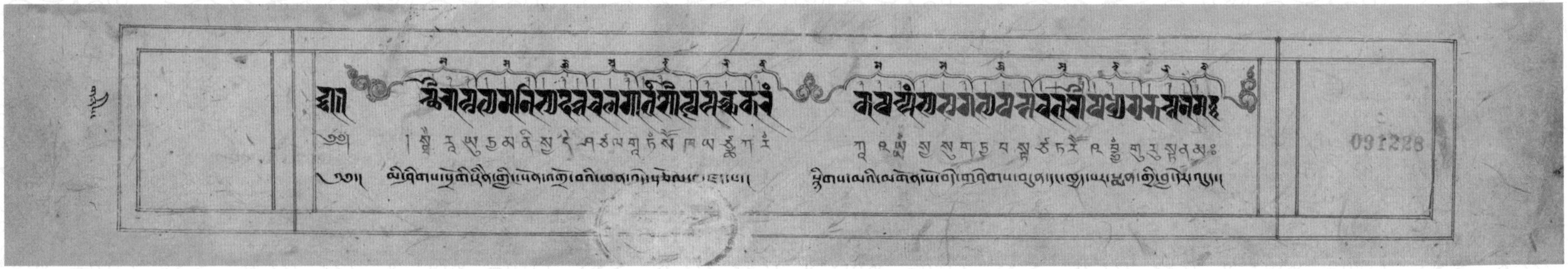

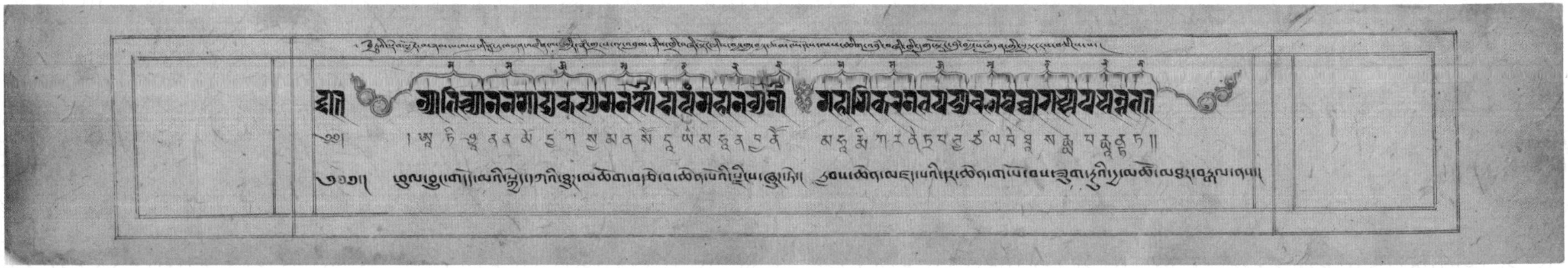

བཤད་རྒྱུད་འགྲེལ་པ་བདུད་རྩིའི་ཆུ་རྒྱུན།

དུས་རབས་བཅུ་བཞི་པའི་ནང་དུ་བྱང་པ་རྣམ་རྒྱལ་གྲགས་བཟང་མཆོག་ནས་མཛད།

གཞུང་འདིའི་མཛད་པ་པོ་བྱང་པ་རྣམ་རྒྱལ་གྲགས་བཟང་མཆོག་ནི། བྱང་ངམ་རིང་ཞེས་པར་གྲུའི་གྲུང་ཆོས་གྲགས་དཔལ་བཟང་དང་། ཡུམ་སི་ཏུ་ཆོས་རིན་པའི་སྲས་མོ་འབུམ་སྐྱོང་རྒྱལ་མོ་གཉིས་ཀྱི་སྲས་སུ་བོད་རབ་བྱུང་བདུན་པའི་ཤིང་ཕག（སྤྱི་ལོ་༡༣༩༥）ལོར་སྐུ་བལྟམས། སྐུ་ཆུང་དུས་ཀྱི་མཚན་ལ་རྒྱ་ནུག་དར་མ་རིག་འཛིན་ཞེས་གསོལ། བྱང་པ་རྣམ་རྒྱལ་གྲགས་བཟང་ནི་སྐུ་ཆུང་ངུའི་དུས་ནས་རང་བཞིན་གྱི་རྣམ་དཀར་དགེ་བའི་ཕྱོགས་སུ་སྤྲོ་བ་ཞིག་ཡིན་པས་ཡི་གེ་འབྲི་ཀློག་སོགས་དགུང་ལོ་བཞི་ལྔ་ནས་ཀྱང་ཆོགས་མེད་དུ་མཁྱེན། དེ་ནས་རིམ་བཞིན་རང་ཉིད་ཀྱི་ཡབ་དང་པཎ་ཆེན་ནགས་ཀྱི་རིན་ཆེན། བོ་དོང་པཎ་ཆེན་ཕྱོགས་ལས་རྣམ་རྒྱལ་སོགས་ཡོངས་གྲགས་ཀྱི་སློབ་དཔོན་མང་དུ་བསྟེན་ནས་རིག་གནས་སྤྱི་དང་མདོ་རྒྱུད་ལ་མངའ་བརྙེས། གསོ་རིག་ལ་མཆོག་ཏུ་མཁས་པར་གྱུར་པས་ཡན་ལག་བརྒྱད་པའི་སྙིང་པོ་བསྡུས་པ་ཡིད་བཞིན་ནོར་བུ་རིན་པོ་ཆེ་ཞེས་ལེའུ་བརྒྱ་དང་ཉི་ཤུ་ཡོད་པ་ཞིག་དང་། རྩ་རྒྱུད་ཀྱི་བཤད་པ་རྒྱུད་དོན་གསལ་བྱེད་སྒྲོན་མ། ཏིཀྐ་ཚང་དོན་གསལ། ཕྱི་རྒྱུད་ཀྱི་དཀའ་འགྲེལ་དགོས་འདོད་ཀུན་འབྱུང་། སྨན་གཞུང་རིན་ཆེན་སྒྲོམ་བུ་སོགས་གསོ་རིག་བསྟན་བཅོས་མང་དུ་མཛད། ལྷག་པར་གསོ་རིག་སྤྱི་དང་དཔལ་ལྡན་རྒྱུད་བཞིའི་དཀའ་གནད་ཀྱི་མདུད་པ་བཀྲོལ་ཏེ་བྱང་ལུགས་ཀྱི་སྲོལ་གཏོད། བསྟན་པ་དང་འགྲོ་བའི་དོན་རྒྱ་ཆེན་པོ་མཛད་ནས་མཐར་དགུང་གྲངས་གྱ་གཅིག་བཞེས་པ་རབ་བྱུང་བརྒྱད་པའི་ཤིང་གླང（སྤྱི་ལོ་༡༤༧༥）ལོར་དགོངས་པ་ཆོས་དབྱིངས་སུ་ཐིམ་པའི་ཚུལ་བསྟན། དམ་པ་ཁོང་གི་སློབ་བརྒྱུད་ནི་གསོ་དཔྱད་ཀྱི་སློབ་མའི་མཆོག་གྱུར་དང་བླ་སྨན་ཟུང་དུ་འབྲེལ་བ་མིའི་ཉི་མ་མཐོང་བ་དོན་ལྡན་དང་ལྷུན་སྡིངས་པ་ལེགས་གྲུབ་དཔལ་བ་སོགས་རྒྱུན་འཛིན་པ་གྲངས་ལས་འདས་པ་ཡོད།།

ནང་དོན་གཙོ་བོ་ནི། བརྗོད་བྱ་ནང་གསེས་ལྔའི་སྒོ་ནས་མཛད་པ་པོའི་དགོངས་བཅུད་མ་ལུས་ཡོངས་སུ་བསྟན་ཡོད་དེ། དང་པོར་འཇིག་རྟེན་གྱི་ཁམས་འདིར་མཚན་དཔེའི་བརྒྱན་གྱིས་སྤྲས་པའི་ཟས་གཙང་སྲས་ལྷུམས་སུ་ཞུགས་པ་དང་། སྐུ་བལྟམས་པ། ཐོག་མར་གདུལ་བྱའི་དོན་དུ་བདེན་པ་བཞིའི་ཆོས་ཀྱི་འཁོར་ལོ་བསྐོར་བའི་ཚུལ་སོགས་བསྟན་ཡོད། གཉིས་པར་བོད་ཀྱི་གསོ་བ་རིག་པའི་དཔལ་ལྡན་རྒྱུད་བཞི་བཀའ་དང་བསྟན་བཅོས་གཉིས་ལས་གང་གི་ཁུངས་ཡིན་པ་བསྟན་པ། གསུམ་པར་སྐབས་བབ་བཤད་རྒྱུད་འདི་ཉིད་བཀའ་དང་བསྟན་བཅོས་གང་ཡིན་པ་ལུང་རིགས་གཉིས་ཀྱིས་གསལ་བཤད་བྱས་ཡོད། བཞི་པར་བཤད་པའི་རྒྱུད་འདི་ཡང་དག་པར་རྫོགས་པའི་སངས་རྒྱས་ཤཱཀྱ་ཐུབ་པ་དེ་བཞིན་གཤེགས་པས་གནས་གང་དུ་ཇི་ལྟར་གསུངས་པའི་ཚུལ་བསྟན་ཡོད། ལྔ་པར་གཞུང་དོན་དངོས་བསྟན་པར་བྱ་བ་ལ། བཤད་པའི་རྒྱུད་ཀྱི་བརྗོད་བྱ་ཡན་ལག་བརྒྱད་བརྗོད་བྱེད་གནས་བཅུ་གཅིག་གི་སྒོ་ནས་བསྟན་པར། ཐོག་མར་བཤད་རྒྱུད་སྡོམ་ཚིག་གི་ལེའུ་དང་པོ་ནས་སོ་གཅིག་པ་གསོ་བ་པོ་སྨན

པའི་ལེའུའི་བར་གྱི་རྒྱུད་དོན་རྒྱ་ཆེར་འགྲེལ་ཡོད། དཔལ་ལྡན་རྒྱུད་བཞིར་ཚིག་འགྲེལ་དོན་འགྲེལ་མང་དག་ཅིག་སྔོན་ཕྱིན་དམ་པས་མཛད་ཡོད་ཀྱང་། བཤད་པའི་རྒྱུད་ཀྱི་རྒྱ་ཆེར་འགྲེལ་པ་བདུད་རྩིའི་ཆུ་རྒྱུན་འདི་ཉིད་བརྩམས་དགོས་པའི་རྒྱུ་མཚན་ནི། གཞུང་འདིའི་མཛད་བྱང་དུ། རྒྱུད་བཞིའི་ནང་ནས་དཔལ་ལྡན་བཤད་པའི་རྒྱུད་ཀྱི་གསོ་རིག་གི་ཤོག་སྒྲི་འགྲེལ་པར་བྱེད་པའི་རྒྱུད་དོན་ཟབ་མོ། ཚིག་ཤིན་ཏུ་ཉིངས་པ་འདུག་པ་སྔོན་ཆད་བྱུང་བའི་མཁས་པ་རྣམས་ཀྱིས་ཀྱང་། གལ་ཆེ་བའི་རྒྱུད་དོན་འགའ་རེ་མ་རྟོགས་པ་དང་། འགའ་རེ་ལོག་པར་བཤད་པ་དང་། ཚིག་དོན་ཚང་བར་མ་བཤད་འདུག་པས་ཞེས་གསུངས་པས་གསལ་ལོ། །འགྲེལ་ཆེན་འདི་ནི་དུས་རབས་༡༥པའི་ཆུ་ཕོ་རྟའི་ལོ་ཁྲིམས་ཀྱི་ཟླ་བའི་ཡར་ཚེས་ཀྱི་དགའ་བ་གཉིས་པ་ལ་（ཕྱིས་སུ་བཀོད་པའི་ལྷུགས་སྨྱུག་མཆན། སྤྱི་ལོ་༡༤༧༣སྟེ་རྩོམ་པ་པོ་དགུང་ལོ་༧༨ཐོན་ཐེབས་པའི་སྐབས་རེད།）རྫོགས་པར་མཛད་པ་མཇུག་བྱང་ལས་གསལ།

གཞུང་འདིའི་མ་དཔེ་སྣ་འབྲིང་ལ་ཕྱིན་བསྡོམས་ལྡེབ་གྲངས་༩༧༨དང་། རིང་ཚད་ལ་༣༥.༡cmམཐོ་ཚད་ལ་༧.༩༨cmཡོད་པ་གང་ཞིག་ཤོག་རལ་དང་ཆད་ལྷག་མེད་ལ། ཡི་གེ་གསལ་ཞིང་ལྟ་བདེ་བ་ཞིག་ཡིན། དེ་ཡང་བོད་རང་སྐྱོང་ལྗོངས་སྨན་རྩིས་ཁང་གི་རིག་གཞུང་ཞིབ་འཇུག་གླིང་དུ་ཆ་ཚང་བར་བཞུགས་ཡོད་དོ།

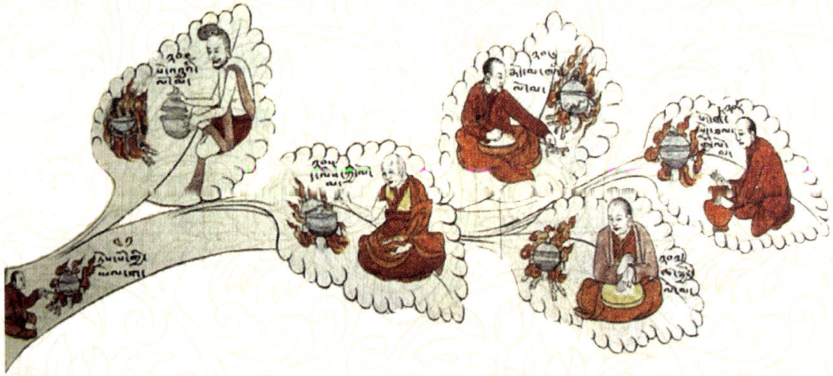

《〈释续〉大注释 · 甘露源》

《〈释续〉注释•甘露源》于 14 世纪由强巴•朗杰扎桑撰写。强巴•朗杰扎桑于藏历第七饶迥土猪年（1395 年）在昂仁地方出生。父亲是贵贡 • 曲扎白桑，母亲为司徒 • 曲仁之女奔炯嘉姆。幼名嘉如 • 达尔玛仁增，自幼心倾善行善念，五六岁便学会了文字拼读书写。随后，师从自己的父亲和大学者班钦 • 那吉仁青以及博顿班钦 • 却列朗杰等知名学者学习共通学科和续密显宗等佛教文化，并达到了娴熟自如、炉火纯青的境界。其中，尤其精通医学，撰成诸多医学著作。主要有：《〈释续〉注释 • 甘露源》《八支心要简编 • 如意至宝》（一百二十品）《〈根本续〉阐发 • 能明续义灯》《小注明义》《〈后续〉释难 • 成就如意》《医典宝匣》等。强巴 • 朗杰扎桑一生致力于医学，长期致力于《四部医典》的释义、阐发及应用等，破解了诸多医学难题，开创了藏医药学北方学派，对医学发展、对众生福祉之积累做出了巨大的贡献。强巴 • 朗杰扎桑于藏历第八饶迥木牛年（1475 年）逝世，享年 81 岁。他曾培育众多弟子，其中佼佼者有弥益尼玛通瓦顿丹、伦丁巴 • 勒珠柏瓦等。

该书主要内容分为五个部分：一、世尊投胎、降生南瞻部洲，并首次传播佛法，宣讲“四谛”教义；二、解答“《四部医典》属于佛语抑或论典”这个论题；三、通过引经据典和逻辑论证两种方法，论证解答了“《四部医典 • 释续》属于佛语抑或论典”这个论题；四、阐述了世尊在何地如何宣讲《四部医典 • 释续》的情形；五、正说本论，对《四部医典 • 释续》的要义八支、要点十一处，自第一节总义至第三十一节医者说等进行了详细的解说。作者为什么还要撰写这部《〈释续〉注释•甘露源》，作者在这部著作的后跋中提到，“尽管有众多前辈学者撰写《四部医典》注疏，对《四部医典》的词义进行了释义解说，充分体现了《四部医典》的宏大结构和甚深奥义，言词叙述绵密严谨，堪称典范。但是，对个别语句、词义的理解存在不深不透的问题，个别地方甚至出现了一些偏差、曲解的问题。”有鉴于此，特别撰写这部注释本，以期有修正之效果。

据后跋，《〈释续〉注释 • 甘露源》这部广疏，完成于 15 世纪水阳牛年“冲”月上溯第二个噶瓦。（原版本子上，有后人用钢笔书写：此年份即 1463 年，作者年值 68 岁。）

《〈释续〉注释 • 甘露源》形制系藏式中幅长条书，共计 478 叶。单叶规格：长 35.1 厘米，宽 6.49 厘米。无缺页、残页，字体清晰可辨，现藏于西藏自治区藏医院藏医药研究院文献所。

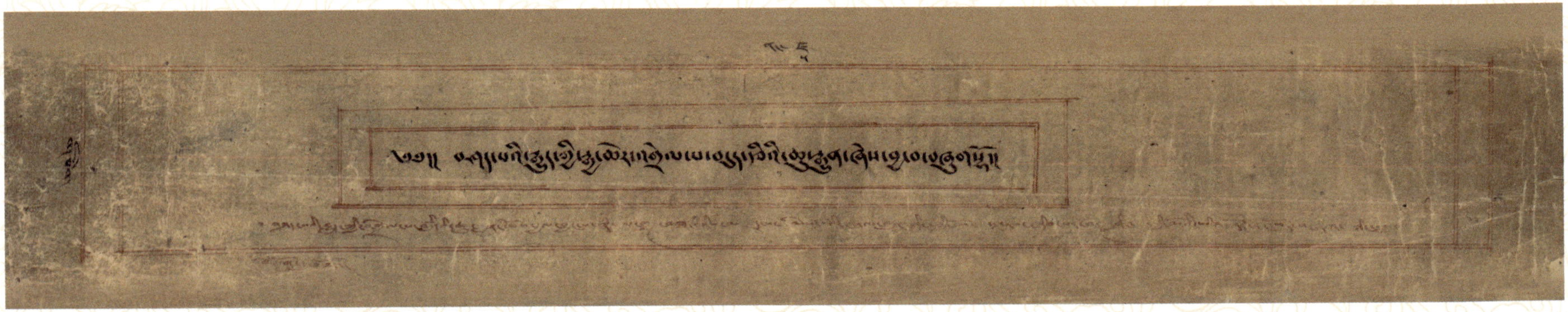

གསོ་བ་རིག་པའི་རྒྱུད་ལས་བཤད་པའི་རྒྱུད་ཀྱི་ལུས་ཐིག་བཻ་ཌཱུརྱའི་ཆུ་རྒྱུན།

སྤྱི་ལོའི་དུས་རབས་བཅུ་བདུན་པར་དར་མོ་སྨན་རམས་པ་བློ་བཟང་ཆོས་གྲགས་ཀྱིས་མཛད།

དར་མོ་སྨན་རམས་པ་བློ་བཟང་ཆོས་གྲགས་མཆོག་ནི་ལྷོ་ཁ་ཡར་ཀླུངས་ཤར་ནུབ་མཐིལ་གསུམ་ལས། ཤར་གྱི་ཆ་ཤམ་པོ་གངས་ཀྱི་ཉེ་ལོགས་གཞན་པ་སའི་གྲོང་ཁྱེར་དར་མོ་ཞེས་པར་རྒྱལ་མོ་གཡུ་སྒྲ་སྙིང་པོའི་རིགས་སུ་རབ་བྱུང་བཅུ་གཅིག་པའི་ས་སྟག་སྟེ་སྤྱི་ལོ་༡༦༣༨ལོར་བལྟམས། ཡབ་ཡུམ་གྱི་མཚན་དང་རྣམ་ཐར་ཞིབ་པ་མ་རྙེད། དང་པོའི་ཆེ་སྐྱིད་ཚལ་ཀླུ་སྡུག་གླིང་དུ་བཞུགས་ཤིང་། རྗེས་སུ་འབྲས་སྤུངས་ཕོ་བྲང་ནུབ་མར་གསོ་རིག་འགྲོ་ཕན་གླིང་གི་ཕོ་བཙུན་གྱི་གྲས་སུ་ཚུད་རྗེས་སྔ་ཕྱིར་ཉེ་ཐང་སྤྲུལ་སྐུ་བློ་བཟང་རྒྱ་མཚོ་དང་། དྲང་སྲོང་བསྟན་འཛིན་དར་རྒྱས་སོགས་སློབ་དཔོན་བཅུ་ཕྲག་ལྔ་ཙམ་གྱི་ཞབས་ལ་གཏུགས་ཤིང་། གསོ་དཔྱད་ལ་སྦྱང་བརྩོན་མཛད་པས་སྨན་རམས་པའི་མཚན་སྙན་ཐོབ། རྗེས་སུ་ལྷ་དབང་ལྷོག་གམ་ཤར་ཆེན་ལྷོག་ཏུ་སྨན་གྱི་སློབ་གྲྭའི་སློབ་དཔོན་དང་། རྒྱལ་བ་ལྔ་པ་ཆེན་པོའི་སྐུའི་བླ་སྨན་གནང་། གཙང་སྟོད་དང་མགོན་གྱི་བརྒྱུད་པ་དགེ་སློང་གཞན་ཕན་ལྷུན་གྲུབ་ཅེས་པ་གསོ་རིག་གི་སྦྱངས་སྟོབས་དང་། ཐོས་རྒྱ་ཆེ་བ་ཞིག་བྱུང་བར་བསྟན་རྒྱུན་ལ་བསམས་ནས་དཔོན་ཚང་བྱང་ངོས་པ་སྨན་རྒྱལ་ཆེ་དབང་། དཔོན་ཚང་དཀྱིལ་སྒེ་བ། ཆོས་རྗེ་ན་བཟའ་གླིང་པ། དྲུང་འཚོ་ལྷག་བསམ། དར་མོ་སྨན་རམས་སློབ་མ་དང་བཅས་སུམ་ཅུའི་སྐོར་ལ། ཡན་ལག་བརྒྱད་པའི་སྙིང་པོ་བསྡུས་པ་དང་། ཟིན་ཏིག་གཅེས་བསྡུས། གསེར་བྲེ། བྱང་པ་རིགས་ལྡན་རྣམ་རྒྱལ་གྲགས་བཟང་གིས་མཛད་པའི་བཤད་རྒྱུད་འགྲེལ་ཆེན་སོགས་ལུང་མན་ངག་དུ་མ་སྤེལ་དུ་བཅུག །བརྩམས་ཆོས་ལ་ཕྱི་རྒྱུད་ཆུ་མདོ་མན་གྱི་འགྲེལ་པ་དཀའ་གནད་རྡོ་རྗེའི་མདུད་འགྲོལ་རྣམ་གླིང་པཎ་ཆེན་དང་ཟུང་འབྲེལ་གྱིས་མཛད་པ། མན་རྒྱུད་འགྲེལ་པ་ལེགས་བཤད་གསེར་རྒྱན། བཤད་རྒྱུད་སྟོང་འགྲེམས་ལེགས་བཤད་གསེར་གྱི་ཐུར་མ། དེ་ལས་རྒྱས་པ་བཤད་རྒྱུད་ཀྱི་སྟོང་འགྲེམས་དང་རྩ་ཚིག་ཟུང་འབྲེལ་ཅན། རྣམ་བགྲ་གསེར་གྱི་གན་མཛོད། མན་ངག་བཀའ་རྒྱ་མ། བཅུད་ལེན་འཆི་གསོས་བདུད་རྩིའི་ཉིང་ཁུ་འདོད་ལྡན་དགའ་བསྐྱེད་མཐོང་བ་འཛུམ་ཤོར་ནོར་བུའི་བང་མཛོད། རིན་ཆེན་གྲང་སྦྱོར་གྱི་གསལ་བྱེད་འཆི་མེད་བདུད་རྩིའི་ཉིང་ཁུ། ལྷན་ཐབས་ཀྱི་གསང་སྨན་ངོས་འཛིན། མན་རྒྱུད་ཀྱི་དཀའ་འཕྲང་མུན་སེལ་སྒྲོན་མེ། བཤད་རྒྱུད་རྒྱང་སེལ་གྱི་འགྲེལ་པ་མེས་པོའི་དགོངས་རྒྱན་སོགས་སྨན་དཔེ་ཐུལ་བྱུང་མང་དག་མཆིས། ལྷག་པར་གོང་གསལ་རྣམ་བགྲ་གན་མཛོད་ཀྱི་ནང་དུ། བཤད་རྒྱུད་ལེའུ་བཞི་པ་ལུས་ཀྱི་གནས་ལུགས་སྐབས། ཉམས་པའི་དུམ་བུ་སུམ་བརྒྱ་དྲུག་ཅུའི་སྐོར་ལ་དཔྱད་པ་གནང་ཆེད་ཀླུ་སྡུག་གླིང་ཁའི་ནང་ཕོ་མོ་བཞིའི་ཕུང་པོར་གཤག་ལས་མཛད་དེ་ཉམས་པ་རེ་རེ་བཞིན་གཏན་ལ་ཕབ་པ་སོགས་གསོ་དཔྱད་ལ་སྐུ་དྲིན་ཆེ། མཐའ་མར་དར་མོ་སྨན་རམས་པ་སྐུ་ཚེ་ཇི་ཙམ་བཞུགས་པ་ཡིག་ཆ་མ་རྙེད་ཀྱང་གོང་གསལ་བཅུད་ལེན་འཆི་གསོས་བདུད་རྩིའི་ཉིང་ཁུ་འདོད་ལྡན་དགའ་སྐྱེད

མཐོང་བ་འཇམ་མགོན་ནོར་བུའི་བང་མཛོད་ཅེས་པའི་མཇུག་བྱང་དུ་དགུང་ལོ་དོན་གསུམ་ལ་ཕེབས་ཞེས་འཁོད་པས་ཕལ་ཆེར་དགུང་ལོ་མཐོ་པོ་བཞུགས་པ་འདྲ།

གཞུང་འདིའི་ནང་དུ་ཟུར་མཁར་མཉམ་ཉིད་རྡོ་རྗེ་དང་མི་ཕམ་རིན་པོ་ཆེ་སོགས་ཀྱིས་རྒྱུད་བཞིའི་ལུས་ཐིག་ཁུངས་ཐུབ་མཛད་ཡོད་པ་རྣམས་གཞི་བྱས་ནས་སློབ་དཔོན་རང་ཉིད་ཀྱི་གདམས་པ་ཟབ་མོའི་དགོངས་དོན་དང་། ཁྱད་པར་མིའི་ཕུང་པོར་དམར་ཁྲིད་ཕྱག་ལེན་དངོས་སུ་སྦྱོང་བས་ཐོན་པ་རྣམས་ཕྱོགས་གཅིག་ཏུ་བསྡུས་ནས་རྟོགས་སླ་བའི་སྒོ་ནས་བཀོད་ཡོད།

འདིར་བཀོད་པའི་མ་ཡིག་བོད་རང་སྐྱོང་ལྗོངས་སྨན་རྩིས་ཁང་དུ་ཉར་ཚགས་བྱས་པའི་ལག་བྲིས་མ་ཞིག་ཡིན་པ་དང་། ཤོག་ཡོངས་ལ་ལྷེབ་མ་༢༨ཡོད་པ་དང་མཇུག་བྱང་ཁྱུག་མ་ཚུགས་ཅན་ནས་འཁོད་པ་དེའི་རིང་ཚད་༥༡cmདང་མཐོ་ཚད་ལ་༧༡cmཡོད། དཔར་གཞི་གཞན་ཡོད་པ་གསལ་བར་མ་རྟོགས་སོ།།

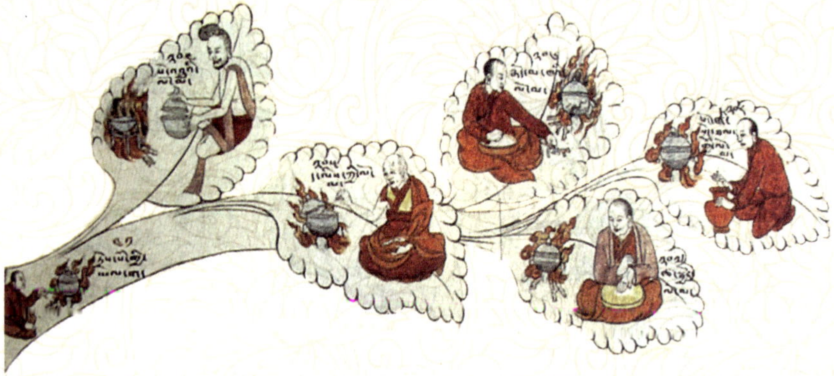

《〈四部医典·释续〉体腔区位图·琉璃水流》

该书于 17 世纪由达尔莫·曼让巴·洛桑曲扎撰写。

作者于藏历第十一饶迥土虎年（1638）出生于山南雅砻分霞、努、替（东部、西部、腹地）三处之“霞”即东部，雅拉香布雪山之侧，念巴萨地方达尔莫城。其祖辈上承至嘉姆·玉札宁波家族，父母姓名及详细生平缺乏记载。起初住在吉采·鲁固林，后入哲蚌寺西殿颇章医明利众院，成为“托尊”学僧。师从尼塘活佛·洛桑加措、长松·丹增达尔杰等五十余名名师，刻苦学习医学典籍，最终获得“曼让巴”（意即医明博学之士）称号。后来，出任布达拉宫拉旺角（或夏钦角）医明学校的导师，同时兼任五世达赖喇嘛的“御医”。

当时，有一位学承藏堆·达尔贡学派的比丘·贤潘伦珠，学习刻苦、悟性超群、学识渊博。洛桑曲扎考虑到这一谱系弥足珍贵，有必要进一步传承保护下去，遂命·贤潘伦珠给洛桑曲扎本人及本仓·强额巴·曼杰次旺、本仓·吉别瓦、曲杰·纳萨林巴、仲措拉桑等三十余名学子，讲述《八支心要集》《笔记精选》《秘诀金斗》，以及强巴·朗杰扎桑所著《〈四部医典·释续〉广疏》等诸多医学典籍及其相关秘诀、秘传等。

洛桑曲扎的著作有：与南林班钦合著的《〈四部医典·后续〉注释·开解难点金刚结》（“脉诊、尿诊”以下各章节）、《〈四部医典·秘诀续〉注释·善说黄金庄严》《〈四部医典·释续〉内容形象图解·善说黄金勺》《〈四部医典·释续〉内容形象图解增广版》（附有相应口诀）、《〈四部医典·释续〉广疏·辉煌金库》《秘诀甚密版》《养生论·甘露精华》《常觉药丸评述·甘露精华》《〈四部医典·秘诀续〉补遗记载的秘方及其认定》《〈四部医典·秘诀续〉释难·驱暗明灯》《〈四部医典·释续〉所记载的药物及其说明·祖先遗教》等多部优秀医学著作。

在撰写《〈四部医典·释续〉广疏·辉煌金库》时，洛桑曲扎为了确认《释续》中记载的“人体 360 块骨骼”之说，在鲁固林卡亲自解剖四具男女尸体，析出尸骨，一一核对、确认，为正确理解《四部医典》，为藏医学发展做出了巨大贡献。

因资料匮乏，有关洛桑扎巴的具体去世年份无从得知。其著作《养生论》后跋中提到写作该部著作时，作者年值 73 岁。

该书是作者在系统总结自己亲身解剖人体经验的基础上，参考苏喀尔·年尼多吉和米旁大师撰写的有关《四部医典》记载的人体度量著作撰写的，极其直观方便。

该书原本收藏于西藏自治区藏医院，藏式长条写本，共 26 叶。后跋字体为藏文行书。单叶规格：长 52 厘米，宽 12 厘米。

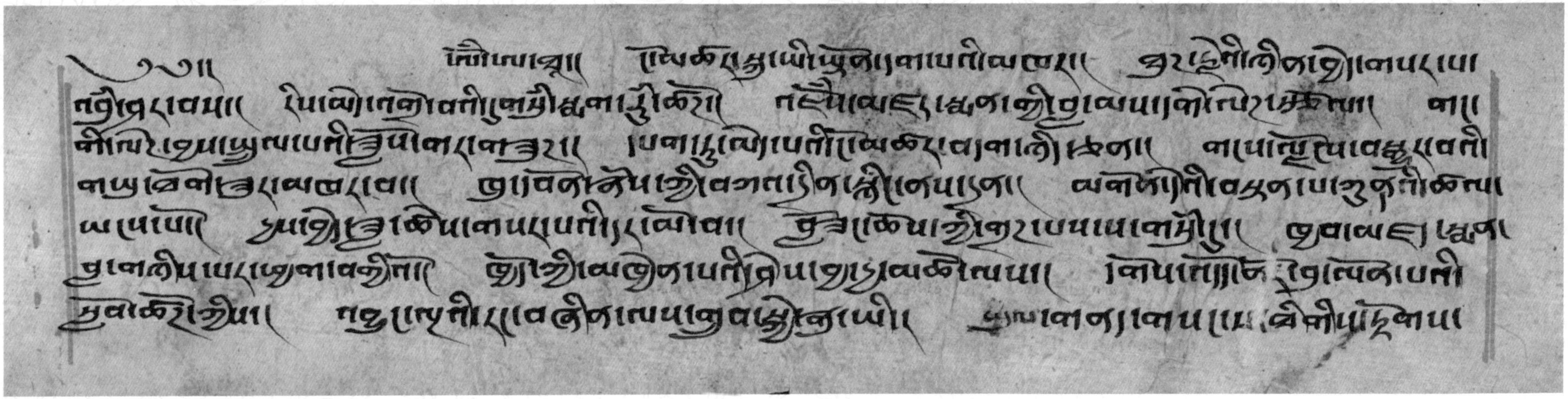

བཤད་རྒྱུད་ཀྱི་རྣམ་བཤད་ཚིག་དོན་ཉི་མ།

རབ་བྱུང་བརྒྱད་པའི་ས་ཕག་སྟེ་（སྤྱི་ལོ་༡༤༧༩）ལོར་སྐྱེམ་པ་ཚེ་དབང་རྒྱལ་པོས་མཛད།

གཞུང་འདིའི་མཛད་པ་པོ་ནི་ཟུར་ལུགས་སྨྲ་བའི་གཙུག་རྒྱན་ཨ་བོ་ཆོས་རྗེའི་དངོས་སློབ་ལག་ལེན་མཐར་ཕྱིན་སྐྱེམ་པ་ཚེ་འབུམ་རྗེ་རྗེའི་སྲས་སྐྱེམ་པ་ཚེ་དབང་ཡིན་ཅིང་། ཁོང་གིས་མཛད་པའི་མན་རྒྱུད་རྣམ་བཤད་བདེ་བའི་འདོད་འཇོའི་སྤྱར་བྱང་དུ། རང་ལོ་ང་བཞི་པ་རབ་བྱུང་གི་ཐ་སྐར་ཟླ་བའི་ཡར་ཚེས་ལ་རྩ་རི་རིན་ཕུག་སྨན་ལྗའི་ཕོ་བྲང་དུ་ཡོངས་སུ་གྲུབ་པར་བགྱིས་སོ། །ཞེས་དང་། བཤད་རྒྱུད་འགྲེལ་པ་ཚིག་དོན་ཉི་མའི་མཇུག་བྱང་ལྟར་ན་རབ་བྱུང་བརྒྱད་པའི་ས་ཕག་ལོར་བརྩམས་ཞེས་པ་སོགས་ལ་གཞིགས་ན་ཁོང་ནི་ཟུར་མཁར་བའི་སློབ་མའི་སློབ་མར་གྱུར་པ་ཞིག་ཡིན་པ་དང་། མན་རྒྱུད་རྣམ་བཤད་ནང་གསུངས་པའི་རབ་བྱུང་གི་ལོ་ཞེས་པ་ནི་མེ་ཡོས་ལོར་གོ་དགོས་པས། ཕལ་ཆེར་རབ་བྱུང་དགུ་པའི་མེ་ཡོས（སྤྱི་ལོ་༡༥༠༧）ལོར་འཁེལ་བར་སྣང་། བཤད་རྒྱུད་རྣམ་བཤད་རྩོམ་པར་མཛད་པའི་དུས་ནི་ས་ཕག（སྤྱི་ལོ་༡༤༧༩）ལོར་མཛད་པ་དཔོག་ཐུབ། དེ་ལྟར་ན་ཁོང་འཁྲུངས་པའི་ལོ་ནི་རབ་བྱུང་བརྒྱད་པའི་ཤིང་ཕྱི（སྤྱི་ལོ་༡༤༥༥）ལོར་ཡིན་པ་རྗེས་སུ་དཔོག་ནུས། ཁོང་ནི་བཙུ་ཕྲག་རིག་པའི་གནས་ལ་ནང་བྱན་ཆུབ་པ་དང་། ལྷག་པར་སྨན་དཔྱད་སྐོར་ལ་མཁྱེན་རྒྱ་ཤིན་ཏུ་ཆེ་བས་སྐད་གྲགས་ཅན་གྱི་རྒྱུད་བཞིའི་འགྲེལ་པ་དང་། ཁོང་གི་ཁྱད་ཆོས་སྨན་དཔྱད་ལག་ལེན་ཆེ་དབང་བརྒྱ་རྩ་ཞེས་པ་སྦྱོང་བརྩོས་མན་ངག་ཟབ་མོའི་དོན་རྣམས་ལྷུག་པར་བཀྲོལ་བ། གསོ་དཔྱད་ཀྱི་སྤྱི་དོན་ལེགས་བཤད་འདོད་འཇོ་སོགས་མང་པོ་ཞིག་ལྷུགས་རྩོམ་མཛད། སྨན་གཞུང་དེ་དག་མཛལ་དུས་མཛད་པ་པོ་ཁོང་ནི་དངོས་འབྲེལ་ཐུགས་བསྐྱེད་ཧ་ཅང་བཟང་ཞིང་། གཞན་ཕན་འགྲོ་དོན་ཁོ་ནས་དུས་འདའ་བའི་སྨན་པ་བླ་ན་མེད་པ་ཞིག་ཡིན་པའི་སྣང་ཚུལ་འགོག་མེད་དུ་འཆར་ངེས་སོ། །དཔེར་ན་བཤད་རྒྱུད་ཀྱི་འགྲེལ་པ་ཚིག་དོན་ཉི་མ་ཞེས་པའི་མཇུག་བྱང་ལས། དེང་སང་ཕལ་ཆེར་ཉུང་དུས་ཚོག་པར་འཛིན། །འགའ་ཞིག་རང་འཚོ་འཛིན་པའི་དྲེགས་པས་བཅིངས། །དེ་ཕྱིར་དྲི་དང་བསྐུལ་བར་བྱེད་པའང་མེད། །ཡི་གེའི་རྐྱེན་ཡང་རང་ཉིད་ཁོ་ནས་སོ། །ཞེས་རྒྱུད་བཞིའི་འགྲེལ་པ་ཟབ་རྒྱས་འདི་ལྟ་བུ་རྩོམ་འབྲི་གནང་དུས་ཁོང་གིས་དཀའ་ངལ་མང་པོ་ཁྱད་བསད་གནང་བ་གསལ་པོར་མཐོང་ཐུབ། ཡིན་ནའང་གཞུང་ལུགས་རྩོམ་པའི་དམ་བཅའ་བརྟན་པོ་འགྱུར་བ་མེད་པ་ཞིག་སྟོན་ནས་ཡོད་སྟབས་གནས་ཚུལ་གང་ཞིག་གིས་ཀྱང་བཟློག་ཐབས་མེད་པ་ནི་ཉིད་ཀྱི་གསུང་ལས། འོན་ཀྱང་དམ་པའི་གཞུང་ལུགས་དབྱིད་ཀྱི་དཔལ། །སྙིང་ལ་དྲན་པའི་དབྱར་གྱི་ལང་ཚོ་མ། །མ་བསྐུལ་བར་ཡང་ལེགས་བཤད་མེ་ཏོག་ཚལ། །དོན་བཟང་སྦྲང་རྩི་སྤྲེལ་འདི་སུ་ཡིས་བཟློག །ཅེས་གསུངས་པ་ལྟར་རོ། །

གཙོ་བོའི་ནང་དོན་ནི། གསོ་བ་རིག་པའི་གཞུང་ལུགས་ཐམས་ཅད་ཀྱི་ཡང་སྙིང་དཔལ་ལྡན་རྒྱུད་བཞིའི་བཤད་རྒྱུད་ཀྱི་དཀའ་གནད་བཀྲོལ་བའི་འགྲེལ་པ་གལ་ཆེན་ཞིག་སྟེ། དེ་ཡང་

བཤད་རྒྱུད་ཀྱི་རྣམ་བཤད་ཚིག་དོན་ཉི་མའི་ནང་གསོ་བྱ། གསོ་བྱེད། ཇི་ལྟར་གསོ་བ། གསོ་བ་པོ་སྟེ་རྩ་བ་མདོ་ཡི་གནས་དང་། གྲུབ་པ་ལུས་ཀྱི་གནས། འཕེལ་འགྲིབ་ནད་ཀྱི་གནས། བྱ་བ་སྤྱོད་ལམ་གྱི་གནས། འཚོ་བ་ཟས་ཀྱི་གནས། སྦྱོར་བ་སྨན་གྱི་གནས། ཆ་བྱད་དཔྱད་ཀྱི་གནས། ཐ་མལ་ནད་མེད་གནས། ངེས་བཟུང་རྟགས་ཀྱི་གནས། གསོ་བྱེད་ཐབས་ཀྱི་གནས། བྱ་བྱེད་སྨན་པའི་གནས་བཅས་བཤད་རྒྱུད་གནས་བཅུ་གཅིག་ལ་ལེའུ་སོ་གཅིག་གི་ནང་དོན་རྣམས་རེ་རེ་བཞིན་ཁ་གསལ་ས་བཅད་འཁོད་ཡོད་ལ། གོ་དཀའ་བའི་དོན་ལ་རྒྱུ་མཚན་དང་བཅས་ཞིབ་རྒྱས་སུ་འགྲེལ་ཡོད། དེ་བཞིན་འགྲེལ་པ་བསྡུས་པ་ས་བཅད་ཡིན་པའི་གསུང་ལྟར་རྒྱུད་ཀྱི་ལེའུ་སོ་སོའི་ས་བཅད་རྣམས་ཀྱང་ཁ་གསལ་བར་བཀོད་ཡོད། བཤད་རྒྱུད་ཀྱི་རྣམ་བཤད་ཚིག་དོན་ཉི་མ་འདི་ཉིད་རབ་བྱུང་བརྒྱད་པའི་ས་ཕག（སྤྱི་ལོ་༡༩༧༨）ལོར་སྐྱེས་པ་ཆེ་དབང་རྒྱལ་པོས་མཛད་པ་དང་། མཚན་བྱང་གི་འདོགས་སྟངས་ནི་དཔེ་ཡི་སྒོ་ནས་བཏགས་པ་སྟེ། དཔལ་ལྡན་རྒྱུད་བཞིའི་བཤད་པ་སྐུ་ཡི་རྒྱུད་ཀྱི་གོ་དཀའ་བའི་ཚིག་དོན་རྣམས་ཉི་མའི་འོད་ཟེར་ལྟར་གསལ་བར་བྱེད་པའི་དོན་ནོ།།

དཀའ་འགྲེལ་འདི་ནི་བི་སྟོན་དང་མེས་ཞལ་སོགས་ལས་ཀྱང་ཁ་གསལ་ལ་གོ་བདེ་བའི་ཟུར་ལུགས་ཀྱི་ཁྱད་ཆོས་ལྡན་པའི་གཞུང་གལ་ཆེན་ཞིག་དང་། འགྲེལ་པ་བསྡུས་པ་ས་བཅད་ཡིན་པའི་གསུང་ལྟར་བཤད་རྒྱུད་ཀྱི་ལེའུ་སོ་སོའི་ས་བཅད་རྣམས་ཀྱང་ཁ་གསལ་བར་བཀོད་ཡོད་པས་རྒྱུད་གཞུང་གི་དོན་རྣམས་ཇི་མ་ཇི་བཞིན་གསལ་འགྲེལ་གྱི་གསོ་རིག་སློབ་གཉེར་ལས་དང་པོ་བ་རྣམས་ལ་བལྟ་བདེ་ཞིང་བློ་སྒོ་ཕྱེ་ཐུབ་པ་དང་། བོད་ཀྱི་གསོ་བ་རིག་པར་སློབ་སྦྱོང་དང་ཞིབ་འཇུག་གནང་མཁན་གྱི་སྐྱེས་བུའི་ཚོགས་ལ་མེད་དུ་མི་རུང་བའི་དཔྱད་གཞིའི་རྒྱུ་ཆ་གལ་ཆེན་ཞིག་ཡིན།

མ་ཡིག་འདི་བོད་རང་སྐྱོང་ལྗོངས་སྨན་རྩིས་ཁང་དུ་ཉར་ཚགས་ལེགས་པར་གནང་ཡོད། བྲིས་མ་དཔེ་རྙིང་སྣ་རིང་འདི་ལ་ཁྱོན་ལྡེབ་མ་༧༡༨ཡོད་པ་དང་། ལྡེབ་མ་རེ་རེའི་རིང་ཚད་༩༩.༡cmདང་མཐོ་ཚད་༧.༨cmཡོད་པ་ཞིག་དང་། གཞན་བྲིས་མ་སྣ་རིང་འདི་ལ་གཞིགས་ནས་སྔོན་གྱི་དཔེ་ཆའི་གཟུགས་སུ་བྱས་པའི་ལྷུགས་པར་ཆ་ཚང་བ་ཞིག་མངལ་རྒྱུ་འདུག །གཞན་བྲིས་མ་དང་པར་མ་ལ་སོགས་དཔར་གཞི་གཞན་ཡོད་པའི་སྐོར་མཐོང་ཐོས་མ་བྱུང་། དེ་བཞིན་དཔལ་ལྡན་རྒྱུད་བཞིའི་དཀའ་འགྲེལ་འདི་ཉིད་སྤྱི་ཟླ་སྤྱི་ལོ་༢༠༠༠ལོར་མཚོ་སྔོན་མི་རིགས་དཔེ་སྐྲུན་ཁང་ནས་དེབ་གཟུགས་སུ་པར་སྐྲུན་འགྲེམས་སྤེལ་གནང་བ་དང་། ༢༠༠༥ལོར་མི་རིགས་དཔེ་སྐྲུན་ཁང་ནས་དེབ་གཟུགས་སུ་པར་སྐྲུན་འགྲེམས་སྤེལ་གནང་། དེ་བཞིན་༢༠༡༨ལོར་པར་གཟུགས་ཀྱི་རྣམ་པའི་ཐོག་ནས་ཀྲུང་གོའི་བོད་རིག་པ་དཔེ་སྐྲུན་ཁང་ནས་པར་སྐྲུན་བྱས་པ་གངས་ལྗོངས་སྨན་རྩིས་རིག་མཛོད་ཆེན་མོའི་སྤྱིའི་བོད་གྲངས་༢༧ཡི་ནང་ཡོད་པ་བཅས་སོ།།

《〈四部医典〉释续注释 · 词义太阳》

该书于藏历第八饶迥土猪年（1479 年），由金巴 · 次旺杰布所著。

作者父亲为宿喀派创始者宿喀尔 · 娘尼多杰的弟子，有“精通临床实践者”之称。金巴 · 次旺杰布在其著作《〈诀窍续〉注疏 · 得享愉悦》后跋中称：“本人年四十有五，时年饶迥塔噶月上溯日，在杂日地方任普药师宫完结。”该书后跋载，完成于第八饶迥土猪年。前一个后跋提到的饶迥年即火兔年之别称，估计是第九饶迥火兔年（1507 年）。如果成立，那么完成《〈四部医典〉释续注释 · 词义太阳》年份即为土猪年（1479 年）。作者金巴 · 次旺杰布的出生年份为木狗年（1454 年）。综合以上年份信息考虑，金巴 · 次旺杰布有可能是宿喀尔大师的再传弟子。金巴 · 次旺杰布通晓十明学科，尤其精通医明。著有《四部医典》注释本和体现其个性特点的临床实践著作《次旺百则疗法》以及综论性著作《医明广说 · 如意善说》等多部著作。金巴 · 次旺杰布在《释续注释 · 词义太阳》后跋中写道：“如今，众人满足于浅尝辄止，不求甚解；个别人仅满足于勉强支撑门户，不做他想。没有人过来咨询、过问，也没有人鼓励、敦促，所有撰书制书工作由自己独自解决、张罗。”又说：“往圣学说如春华，仰慕情缘似少女，待到善说百花繁，采撷义蜜谁人辞？”如此，作者在艰苦环境下，时刻心系患者，造福众生，是一位有才华、有情怀、有作为的伟大医学家。

该书是有关《四部医典》释续部的主要释难、解惑、阐发微言大义之作。在《〈释续〉注释 · 词义太阳》里，围绕着患者、诊断、疗法、医者四个要点，对十一处三十一章的内容进行了深入的解读和阐发。每个章节列出了要点大纲，疑难处引经据典进行了广泛阐发。标题中的“词义太阳”，用的是比喻手法，形容这部注释本如阳光普照，将素有《四部医典》之“论说本体续部”之称的《释续》及其词语、内容进行了最充分最详备最细致的解读，从而极大程度地方便了广大读者。

这部著作承袭着宿喀派解读风格，较《祖先遗教》《蓝琉璃》等著名《四部医典》解释本更为通俗、简明，更具可读性。另外，恰如“大纲即注本”之说，由于开列了“要点大纲”，进一步方便了读者理解《四部医典 · 释续》的微言大义。

该书原本现收藏于西藏自治区藏医院。系写本，藏式长条叶，共计 328 叶。单叶规格：长 44.2 厘米，宽 7.6 厘米。以此本为底本印制的影印本。于 2000 年和 2006 年，分别由青海民族出版社和民族出版社铅印整理出版。2016 年，中国藏学出版社出版影印本，收入《雪域藏医历算大典》第 23 函。

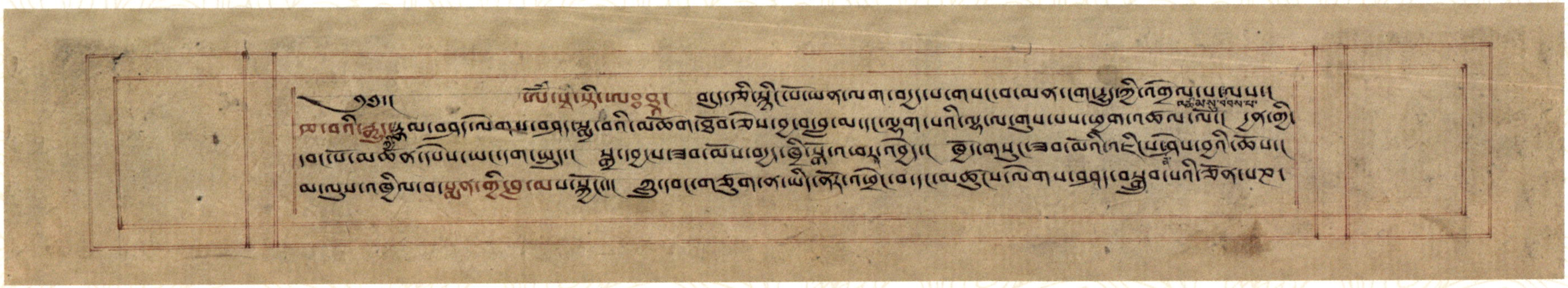

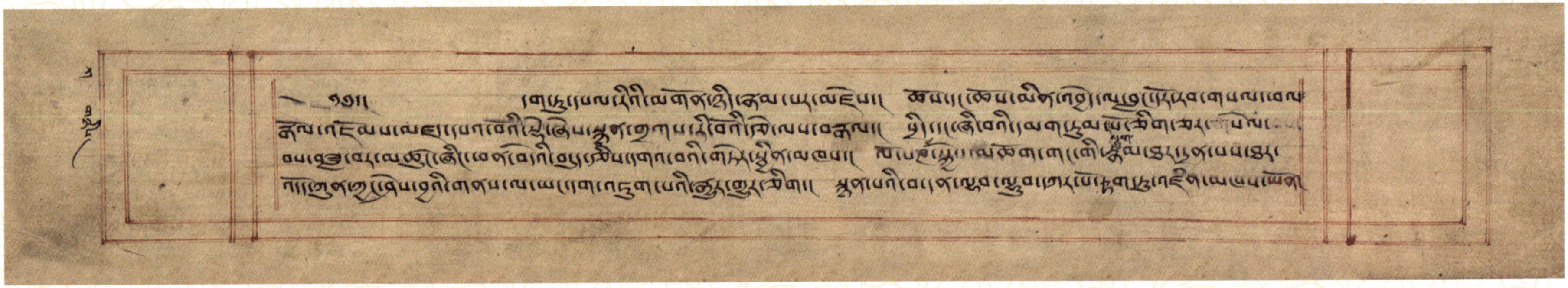

འཚོ་བྱེད་རྣམས་ལ་སྙིང་ནས་བརྩེ་བའི་མན་ངག་འཕྲུལ་གྱི་ཡིག་ཆུང་།

སྤྱི་ལོ་༡༩༨༧ལོར་བྱུང་བ་རྣམ་རྒྱལ་གྲགས་བཟང་གིས་མཛད།

གཞུང་འདིའི་མཛད་པ་པོ་ནི། རབ་བྱུང་བདུན་པའི་ཤིང་ཕག་སྟེ་སྤྱི་ལོ་༡༣༩༥ལོར་ངམ་རིང་ཡུལ་དུ་ཡབ་གུའི་གུང་ཆོས་གྲགས་དཔལ་བཟང་དང་། ཡུམ་འབུམ་སྐྱོང་རྒྱལ་མོ་གཉིས་ཀྱི་སྲས་སུ་འཁྲུངས། ཆུང་དུས་སུ་ལྔ་ཕྱོགས་བསྐྱེད་མའི་ཕོ་བྲང་དུ་ཐེབས། ལོ་ཆེན་བྱང་ཆུབ་རྩེ་མོ་དང་། བསྟན་པའི་རྒྱལ་མཚན། མཁན་ཆེན་བླ་མགོན་ཤེས་རབ་བཅས་ལས་ཡི་གེའི་འབྲི་ཀློག་དང་། སུམ་རྟགས་དག་གསུམ་ལ་སྦྱངས། སྐབས་དེར་མཚན་ལ་རྒྱ་ནག་དར་མ་རིག་འཛིན་གསོལ། དཀའ་ལྔ་པ་རིན་ཆེན་དཔལ་བཟང་དང་། བོ་དོང་ཕྱོགས་ལས་རྣམ་རྒྱལ་སོགས་ལས་མདོ་སྔགས་རིག་གནས་ཀུན་ལ་སྦྱངས། སེང་གེ་རྒྱལ་མཚན་གྱི་མདུན་ནས་དགེ་བསྙེན་གྱི་སྡོམ་པ་མནོས། མཚན་ལ་རྣམ་རྒྱལ་གྲགས་བཟང་གསོལ། དགུང་ལོ་སོ་གཅིག་པར་དུས་འཁོར་དང་རྩིས་ས་རིས། གསོ་བ་རིག་པ་བཅས་ལ་སྦྱངས། ཀུན་དགའ་བཀྲ་ཤིས་རྒྱལ་མཚན་དང་། པཎ་ཆེན་བྱམས་པ་གླིང་བ། རྒྱལ་བ་དགེ་འདུན་གྲུབ་བཅས་ལ་དྲི་བ་དྲིས་ལན་མཛད་སྐབས་མཁས་ཆེན་གྱི་ཚོ་ལོ་ཐོབ། ཆོས་ཀྱི་རྒྱལ་པོ་བླ་བ་བཟང་པོའི་ཡང་སྲིད་དུ་ངོས་བཟུང་། དགུང་ལོ་སོ་བརྒྱད་པར་བྱམས་ཕྱུག་གི་དགེ་འདུན་གྲངས་མེད་འདུས་པའི་སྟེ་གྲྭ་ཞིག་བཙུགས། བྱམས་ཆེན་དང་དུས་འཁོར་གྱི་སྐུ། བཀའ་འགྱུར་བྱང་བརྩེགས་མ་སོགས་སྐུ་གསུང་ཐུགས་རྟེན་མང་དུ་བཞེངས། རབ་བྱུང་བརྒྱད་པའི་ཤིང་ལུག་སྤྱི་ལོ་༡༤༧༥ལོར་སྐུ་གཤེགས། སློབ་མ་གྲགས་ཆེ་བ་ནི་རྩེ་ཐང་པ་སངས་རྒྱས་ལྷུན་གྲུབ་དང་། རིན་པོ་ཆེ་རྡོ་རྗེ་རྒྱལ་མཚན། ཇོ་ནང་པ་འཇམ་དབྱངས་ནམ་མཁའ་ཆོས་སྐྱོང་། བྱམས་པ་གསེར་མཆོག་འོད་དཔལ། མི་ཉག་ཆོས་གྲགས་བཟང་པོ། ཤངས་སྟོན་ཀུན་དགའ་དཔལ་ལྡན། ཚ་སྣ་པ་བསམ་གྲུབ་རྒྱ་མཚོ་བཅས་ཡིན། མིའི་ཉི་མ་མཐོང་བ་དོན་ལྡན། བྱང་བ་བཀྲ་ཤིས་དཔལ་བཟང་རྣམ་གཉིས་ལྷག་པའི་སློབ་མ་ཡིན། གསུང་རྩོམ་ལ་དེ་བཞིན་གཤེགས་པའི་གདུང་རབས། སངས་རྒྱས་སུམ་ཅུ་སོ་ལྔའི་སྐུ་མདོག་དང་ཕྱག་མཚན་གྱི་བརྗེད་བྱང་། འདུལ་བ་ལུང་གི་བརྗེད་བྱང་། དབུ་མ་རྩ་ཤེས་ཀྱི་ཊཱིཀྐ་མཛེས་པར་བྱེད་པའི་རྒྱན་བཅས་ནང་རིག་པའི་སྐོར་དང་། བདུད་རྩིའི་ཆུ་རྒྱུན། ཊཱིཀྐ་ཆུང་དོན་གསལ། རྒྱུད་བཞིའི་བཀའ་འཕྲང་སྤུན་སེལ་བཅས་གསོ་རིག་གི་སྐོར་དང་། སྒྲ་རིག་པ་ཀ་ལཱ་པའི་མདོ་འགྲེལ། བཟོ་རིག་པ་ལ་དེ་བཞིན་གཤེགས་པའི་སྐུ་གཟུགས་ཀྱི་ཕྱག་ཚད། རྩིས་གཞི་རིན་པོ་ཆེའི་ཕྲེང་བ་སོགས་པོ་ཏི་མང་པོ་བཞུགས།

ནང་དོན་ལ་འཚོ་བྱེད་ཐམས་ཅད་བྱང་ཆུབ་སེམས་དང་ལྡན་པའི་དགོས་གལ་དང་། སྨན་པའི་ཀུན་སྤྱོད་སྐོར་གྱི་བསླབ་བྱ་ཟབ་མོ་མང་དུ་བསྟན་ཡོད་པ་གང་ཞིག །མཁས་རྫོངས་ཀུན་གྱིས་ཤེས་རྟོགས་གསལ་པོ་བྱེད་དགོས་པའི་རྩ་མདོ་ཆུ་མདོའི་སྐབས་ཀྱི་འཕྲུལ་གཞི་དང་། ཚ་གྲང་འཕྲུལ་སོ་གལ་འགག་རྣམ་པ་བཞི། ཚ་བ་རི་ཐང་མཚམས། གཏར་ཁའི་སྐབས་ཀྱི་དོག་དང་རྩ་མདུད་བླ་གནས་སར་མི་གཏར་ཅེས་བྱ་བ། དེ་བཞིན་དུ་ཉེས་གསུམ་གྱི་མཚན་ཉིད་དང་། རོ་

ཟུག་ནི་འབྱུང་བས་ཇི་ལྟར་གྲུབ་ཚུལ་དང་། དེ་དག་གིས་ཉེས་པ་གསུམ་ཇི་ལྟར་འཛོམས་པའི་ཚུལ། སྨན་གྱི་ནུས་པའམ་ཡོན་ཏན་བཅུ་བདུན་གྱིས་ནད་ཀྱི་མཚན་ཉིད་ཉི་ཤུ་འཛོམས་ཚུལ། སྨན་གྱི་ནུས་པ་ རྐྱང་སེལ། སྨན་གྱི་གཏོང་ཚུལ་རྣམ་པ་བཅུ། ལྡོག་རྒྱུ་བཅུ་གཉིས་སོགས་ཀྱི་དཀའ་གནད་བཀྲོལ་ཏེ་དཔལ་ལྡན་རྒྱུད་བཞིའི་དགོངས་དོན་གསལ་པོར་བསྟན་ཡོད།

མ་ཡིག་འདི་བོད་རང་སྐྱོང་ལྗོངས་སྨན་རྩིས་ཁང་དུ་བཞུགས་ཡོད་ལ་མཚན་བྱང་གི་གོང་ངོས་སུ། ནང་ཛ་༣༠ ཞེས་པའི་ཡིག་འབྲུ་གསུམ་སྟེང་འོག་གོ་རིམ་བཞིན་བྲིས་ཡོད་པས། ཕྱག་དཔེ་འདི་ནི་སྔར་འབྲས་སྤུངས་དགོན་པའི་དཔེ་མཛོད་ཁང་ཕྱི་ནང་བར་གསུམ་དུ་བགོས་ཡོད་པ་ལས་དཔེ་ཁང་ནང་མའི་དཀར་ཆག་ཛ་ཡི་དཔེ་ཆ་ཨང་ཉི་ཤུ་པ་ཡིན་པའང་གསལ་པོ་ཤེས་ཐུབ། མ་ཡིག་འདི་ནི་དཔེ་གཟུགས་སྣ་འབྲིང་ཁྱོན་ལྡེབ་མ་༡༢ཡོད་ཅིང་། ལྡེབ་མ་༡༣པ་ཆད་ཡོད།

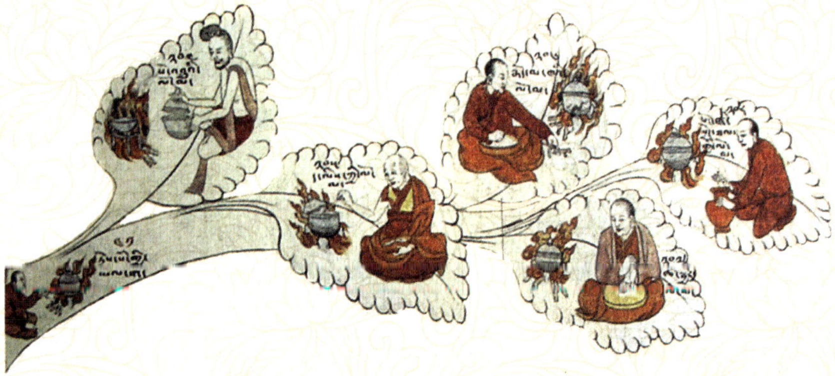

《医生心爱的秘诀 · 奇幻小卷》

该书于 1467 年由强巴 · 朗杰扎桑撰写。

作者强巴 · 朗杰扎桑于藏历第七饶迥木猪年（1395 年）在昂仁地方出生。父亲是贵贡•曲扎白桑，母亲为奔炯嘉姆。幼时来到"洁玛"宫，师从洛钦 · 强秋孜姆、丹巴坚参、堪钦 · 达贡西绕等学习了文字拼读书写、藏语语法典籍《三十颂》、《音势论》正字论等。名号为"贾如 · 达玛仁增"。后拜噶昂巴 · 仁青柏桑、博顿 · 确列朗杰等为师，学习了共通学科和续密显宗等佛学知识。从森格坚参大师处受居士戒，得法号"朗杰扎桑"。

至 31 岁，学习时轮、历算、医学等。与贡嘎扎西坚参、班钦•强巴林巴、嘉瓦 · 根顿珠等探讨学问，以其渊博学识，名扬天下而被认定为"弘佛之王达瓦桑布"临凡世间。38 岁时建寺，拥有僧众多名。塑弥勒、时轮像，造"甘珠尔•强孜玛"等。藏历第八饶迥木羊年（1475 年）逝世。弟子中著名者有泽当巴 · 桑杰伦珠、仁布且 · 多吉坚参、觉囊巴•加洋朗卡曲迥、强巴•色确卫柏、弥药•曲扎桑布、祥顿•贡嘎柏典、察那巴•桑珠加措等。弥益尼玛和强巴•扎西柏桑，系其高足。

著作有《如来世系》《三十五佛颜色、持物之备忘录》《阿含经备忘录》《中观根本智慧论注疏 • 能美庄严》《甘露涓流》《小疏明义》《〈四部医典〉之疑难处曲径除暗》《噶拉巴声明论 • 经之庄严》《工巧明之如来佛像度量论》《历算 • 宝珠鬘》等。

主要内容为医者拥有菩萨爱心之必要性、医德甚深教诲，脉诊、尿诊以及热病当中的辨正能力培养，放血治疗当中应当注意的事项，"隆、赤巴、培根"的定义，药效、十七药德征服疾病之二十特征，药性药效、十种服药方法，十二逆因等。

该书原版现收藏于西藏自治区藏医院。其标题上方自上而下标有"ནང་ཛ་20"两个文字及一个数字共 3 个标示。此标志标明原本系哲蚌寺藏本、哲蚌寺有内外中 3 个图书馆，标示 ནང་，表明此系中间图书馆的藏书之一。ཛ་ 即 ཛ་ 函，20 系第二十部图书。该木系中幅藏式长条本。共计 18 叶，缺第 13 叶。

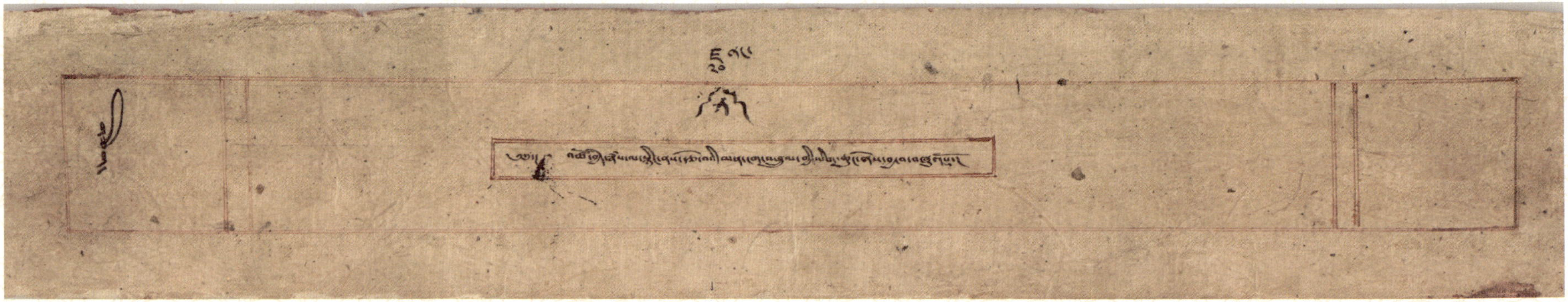

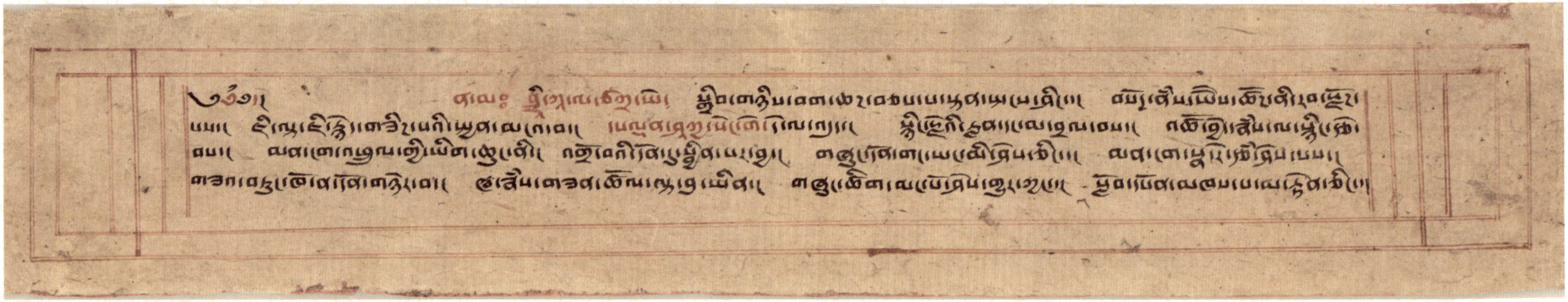

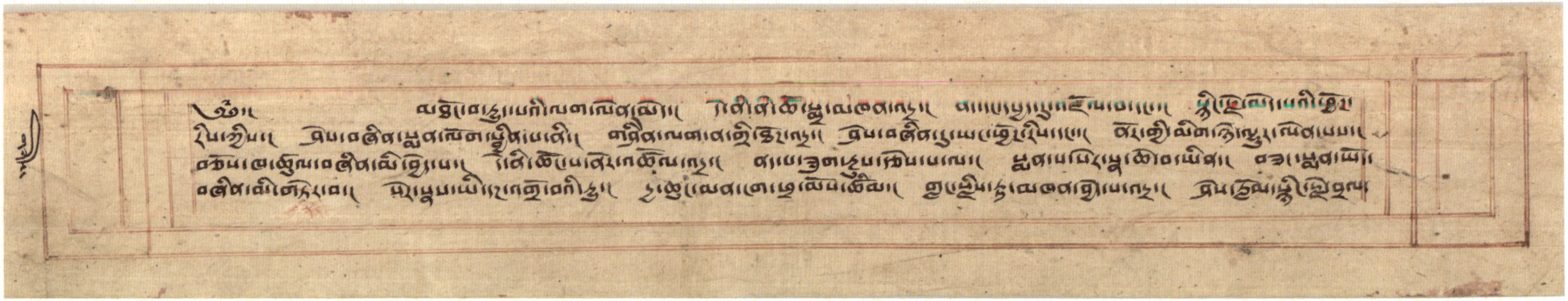

རྩ་རྒྱུད་རི་བོ་མ་ལ་ཡའི་དཀའ་འགྲེལ་འདོད་པ་འཇོ་བའི་མཆོག

སྤྱི་ལོའི་དུས་རབས་བཅུ་བཞི་པར་བྱུང་བ་མིའི་ཉི་མ་མཐོང་བ་དོན་ལྡན་གྱིས་མཛད།

བྱང་པ་མིའི་ཉི་མ་མཐོང་བ་དོན་ལྡན་ནམ་ལྷ་བཙུན་བྱམས་པ་དཀོན་མཆོག་རིན་ཆེན་ནི་སྤྱི་ལོའི་དུས་རབས་བཅུ་བཞི་པའི་དུས་སྟོད་ཙམ་དུ་བོད་བཙན་པོའི་གདུང་རྒྱུད་དྲི་མ་མེད་པ་ཡབ་བསོད་ནམས་རྡོ་རྗེའི་སྲས་སུ་སྐུ་འཁྲུངས། ཕོང་དགུང་ལོ་ཆུང་ངུའི་དུས་ནས་ཡི་གེའི་སྦྱོར་ཀློག་བཅས་ལེགས་པར་མཁྱེན། དེ་ནས་པཎ་ཆེན་ནགས་ཀྱི་རིན་ཆེན་དང་། ལོ་ཆེན་བསོད་ནམས་རྒྱ་མཚོ། བྱང་པ་རྣམ་རྒྱལ་གྲགས་བཟང་། བྲང་ཏི་དཔལ་ལྡན་འཚོ་བྱེད་སོགས་བཤེས་གཉེན་མང་དུ་བསྟེན་ནས་སྡེ་སྣོད་གསུམ་དང་རྒྱུད་བཞིའི་དགོངས་འགྲེལ་དང་བཅས་པས་གཞི་བཟུང་རིག་པའི་གནས་སྤྱི་དང་། བརྒྱད་པ་རྩ་འགྲེལ། སྨན་བརྒྱུད་འགྲེལ་ཆེན། ཕྱི་ནང་གསང་གསུམ་གྱི་འགྲེལ་པ། རྒྱས་བཏབ་ཉེར་ལྔ། གཏེར་བརྒྱུད་ལ་ཆ་ལག་བཅོ་བརྒྱད་སོགས་བཤད་སྲོལ་མ་ཉམས་པ་དང་། ཁྱད་པར་རིགས་ལྡན་རྣམ་རྒྱལ་གྲགས་བཟང་ལ་སོ་མ་ནྟ་ཛ་དང་། ཀླུ་ཞེར། བདུད་རྩི་བུམ་པ། སྦྱོར་བ་བརྒྱ་པ་སོགས་སྨན་དཔྱད་ཕལ་ཆེ་བ་དང་། བྲང་ཏི་ལ་ཆུའི་ལྷ་མོ་དང་། དྲང་སྲོང་གི་སྐྱུབ་སྐོར་སོགས་གསན། མདོར་ན་བོད་གངས་ཅན་ན་དར་རྩོམ་གྱི་གསོ་དཔྱད་མཐའ་དག་ལ་མཁྱེན་པའི་སྨྲ་རྒྱ་མཁའ་ལྟར་ཡངས་པའི་སྨན་གྲགས་ཀྱི་བ་དན་ཕྱོགས་བཅུར་གཡོ། ཕོང་གི་གསུང་རྩོམ་ནི་དཔལ་ལྡན་རྒྱུད་བཞིའི་འགྲེལ་པ་བཀོད་པ་རྣམ་བཞི་ཞེས་པ་དང་། རྒྱུད་བཞིའི་རྣམ་ངེས་སམ་བཀའ་སྒྲུབ་བཤད་རྒྱུད་ལེའུ་བཞི་པའི་འགྲེལ་པ་གནས་ལུགས་ཤེས་བྱ་རབ་གསལ། ཁྱད་འཕགས་སྤྱི་སྨན། ངོ་མཚར་སྤྱི་སྨན། རིམས་བཅོས་མི་ལ་སྒྲོག་སྒྲིན། གཅེས་བསྡུས་རིན་ཆེན་ཕྲེང་བ། མ་ལ་ཡའི་དཀའ་འགྲེལ། རྩ་མདོའི་འགྲེལ་པ་སྨན་བརྒྱུད་རྡོ་རྗེ་ཚིག་རྐང་སོགས་མང་དུ་མཛད་དེ་གསོ་བ་རིག་པའི་གཞུང་ལུགས་མན་ངག་སྤྱི་དང་། ཁྱད་པར་བྱང་པ་རྣམ་རྒྱལ་གྲགས་བཟང་གི་བཞེད་སྲོལ་དར་རྒྱས་སུ་གཏོང་གནང་མཛད་དོ། །

གཞུང་འདིའི་ནང་དོན་གཙོ་བོ། བཟང་པོ་དྲུག་དང་། ཚང་ཞི་རིགས་ལྔ། ཐག་ཞུན་རིགས་ལྔ། སྨན་ཆུ་རིགས་ལྔ། ཆུ་ཚན་རིགས་ལྔ་བཅས་ཀྱི་སོ་སོའི་འབྱུང་ཁུངས་དང་། དབྱེ་བ། ངོས་འཛིན། བཟང་ངན་བརྟག་ཐབས། མིང་གི་མངོན་བརྗོད། སྤྱིའི་ངེས་ཚིག །སྤྱི་དང་བྱེ་བྲག་གི་ཕན་ནུས། འདུ་ལ་ལུགས། བསྲུང་བྱ། བསྟེན་ཐབས་བཅས་རེ་རེ་བཞིན་གསུངས་ཡོད་པ་མ་ཟད། བཟང་དྲུག་ལྷ་བུའི་རྣམ་གྲངས་འདྲེན་པ་ལ་ཨ་གར་དང་ཨ་རུ་སོགས་མ་འདུས་པའི་རྒྱུ་མཚན་སོགས་ཀྱང་བསྟན་ཡོད།

གཞུང་འདིའི་མ་ཡིག་བོད་རང་སྐྱོངས་ལྗོངས་སྨན་རྩིས་ཁང་ཞིབ་འཇུག་གླིང་རིག་གཞུང་ཞིབ་འཇུག་ཚན་པའི་དཔེ་མཛོད་ཁང་དུ་ཉར་ཚགས་བྱས་ཡོད་པའི་མ་ཡིག་བྲིས་མ་ཁག་གཉིས་ཡོད་པ་སྟེ། མ་ཡིག་གཅིག་མཇུག་ཚང་མེད་པའི་ལྡེབ་མ་༡༥ཅན་ཞིག་དང་གཞན་ལྡེབ་མ་༡༠༨ཅན་གྱི་བྲིས་མ་གཉིས་སུ་ཡོད་པའི་མ་ཡིག་ཕྱི་མ་དེ་འདིར་བཀོད་ཡོད་ཅིང་མ་ཡིག་གི་རིང་ཚད་ལ་༤༣.༤༤cmདང་། ཞེང་ཚད་ལ་༨.༨cmཡོད་དོ། །

《根本续 · 玛拉雅山释难 · 如意宝》

该书于 14 世纪由强巴 · 弥益尼玛通瓦顿丹所著。

作者强巴 · 弥益尼玛，别称拉尊 · 强巴贡确仁青 14 世纪上半叶出生。父亲索南多吉系赞普后裔。强巴•弥益尼玛年幼时通藏文拼读，后师从班钦•那吉仁青、洛钦•索南加措、强巴•朗杰扎桑、昌迪•班丹措杰等学者，在名医身边系统学习三藏佛学和四部医典及注释等为主的诸多知识。主要学习了《〈八支〉要义本注》《耳传广疏》《〈内外密三者〉注释》《甚密二十五部》。续藏系统的有《十八支论》的完整传承。特别是从强巴•朗杰扎桑处学习了《月王药诊》《甘露宝瓶》《百方论》等医学典籍；从昌迪大师处学习了《水之女神》《仙人修持》等。他广泛学习掌握了当时所有流派的医学知识，一时声名大噪，誉满雪域。

强巴•弥益尼玛的著作主要有《〈四部医典〉注释•四种格局》《〈四部医典〉佛说论》《〈释续〉注释 • 生理知识至明》《通用殊胜药》《神奇通用药》《疗疫：予人新生》《选集珠宝鬘》《玛拉雅释难》《〈根本续〉注释 • 金刚语句》等，为藏医学的发展，弘扬昌迪派医学流派的医学思想做出了重要贡献。

该书中对六种良药、五种寒水石、五种岩精、五种水药、五种温泉水等药物药材的来源地和分类、鉴别、验证、不同名称及总称释义以及总功效、分功效、加工、禁忌和注意事项、服用方法等进行了详尽的介绍说明。另外，还有一些比如诃子、沉香为何不在“六种良药”之列的缘故等内容。

该书现收藏于西藏自治区藏医院文献研究所。有两部写本：一部 15 叶，缺后半部分；一部 106 叶，后一部系选为底本。单叶规格：长 43.44 厘米，宽 8.8 厘米。

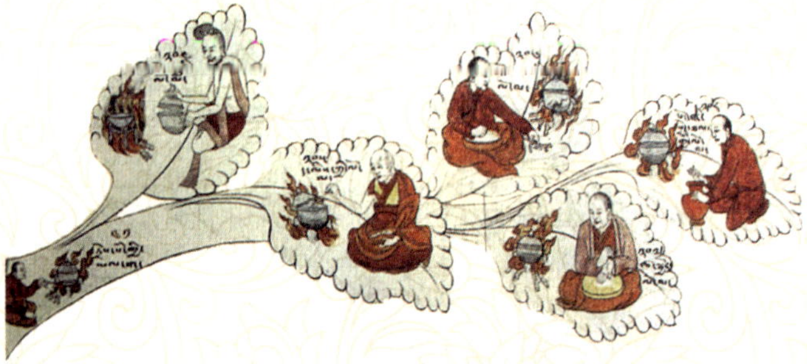

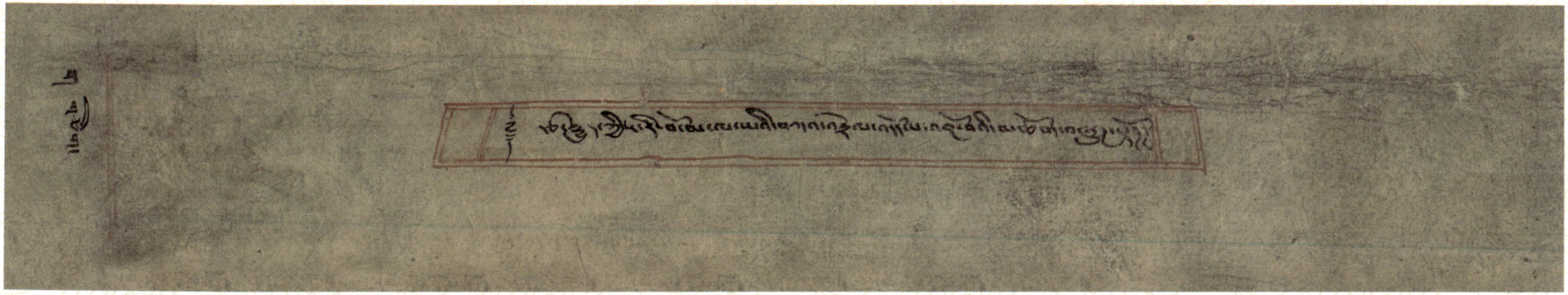

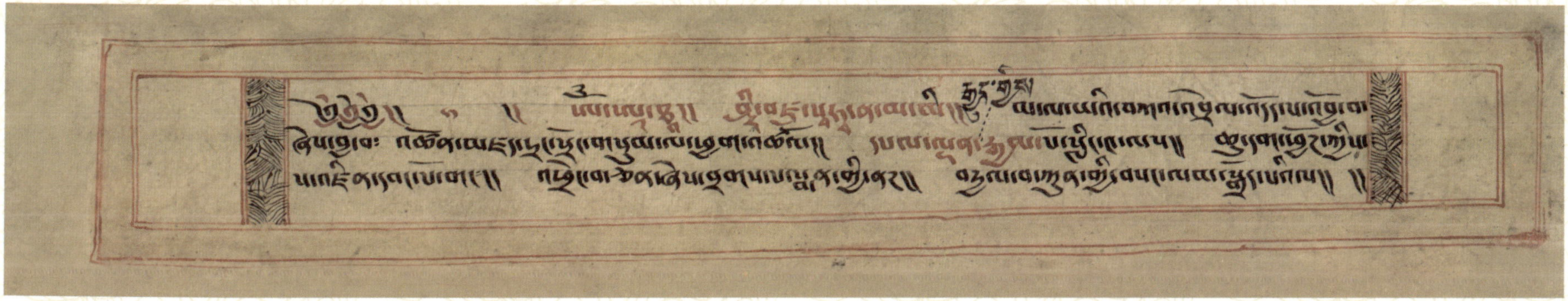

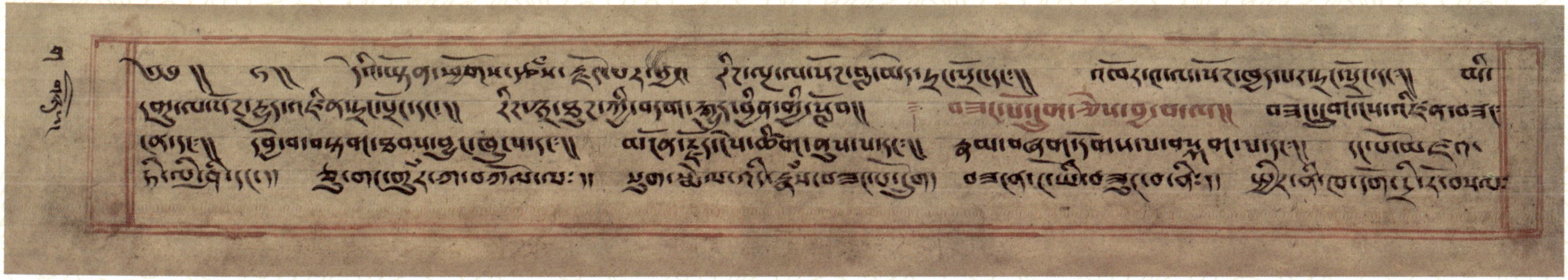

གནས་ལུགས་ཤེས་བྱ་རབ་གསལ།

སྤྱི་ལོའི་དུས་རབས་བཅུ་བཞི་པར་བྱུང་བ་མིའི་ཉི་མ་མཐོང་བ་དོན་ལྡན་གྱིས་མཛད།

བྱུང་བ་མིའི་ཉི་མ་མཐོང་བ་དོན་ལྡན་ནམ་ལྷ་བཙུན་བྱམས་པ་དཀོན་མཆོག་རིན་ཆེན་ནི་སྤྱི་ལོའི་དུས་རབས་བཅུ་བཞི་པའི་དུས་སྟོད་ཙམ་དུ་བོད་བཙན་པོའི་གདུང་རྒྱུད་དྲི་མ་མེད་པ་ཡབ་བསོད་ནམས་རྡོ་རྗེའི་སྲས་སུ་སྐུ་འཁྲུངས། ཁོང་དགུང་ལོ་ཆུང་ངུའི་དུས་ནས་ཡི་གེའི་སྦྱོར་ཀློག་བཅས་ལེགས་པར་མཁྱེན། དེ་ནས་པཎ་ཆེན་ནགས་ཀྱི་རིན་ཆེན་དང་། ལོ་ཆེན་བསོད་ནམས་རྒྱ་མཚོ། བྱང་པ་རྣམ་རྒྱལ་གྲགས་བཟང་། བྲང་ཏི་དཔལ་ལྡན་འཚོ་བྱེད་སོགས་བཤེས་གཉེན་མང་དུ་བསྟེན་ནས་སྡེ་སྣོད་གསུམ་དང་རྒྱུད་བཞིའི་དགོངས་འགྲེལ་དང་བཅས་པས་གཞི་བཟུང་རིག་པའི་གནས་སྤྱི་དང་། བརྒྱད་པ་རྩ་འགྲེལ། སྙན་བརྒྱུད་འགྲེལ་ཆེན། ཕྱི་ནང་གསང་གསུམ་གྱི་འགྲེལ་པ། རྒྱས་བཏབ་ཉེར་ལྔ། གཏེར་བརྒྱུད་ལ་ཆ་ལག་བཅོ་བརྒྱད་སོགས་བཤད་སྲོལ་མ་ཉམས་པ་དང་། ཁྱད་པར་རིགས་ལྡན་རྣམ་རྒྱལ་གྲགས་བཟང་ལ་སོ་མ་ར་ཛ་དང་། ཟླ་ཟེར། བདུད་རྩི་བུམ་པ། སྦྱོར་བ་བརྒྱ་པ་སོགས་སྨན་དཔྱད་ཕལ་ཆེ་བ་དང་། བྲང་ཏི་ལ་ཆུའི་ལྷ་མོ་དང་། དྲང་སྲོང་གི་སྒྲུབ་སྐོར་སོགས་གསན། མདོར་ན་བོད་གངས་ཅན་ན་དར་རོ་ཅོག་གི་གསོ་དཔྱད་མཐའ་དག་ལ་མཁྱེན་པའི་སྤྱན་རྒྱ་མཁའ་ལྟར་ཡངས་པའི་སྙན་གྲགས་ཀྱི་བ་དན་ཕྱོགས་བཅུར་གཡོ། ཁོང་གི་གསུང་རྩོམ་ནི་དཔལ་ལྡན་རྒྱུད་བཞིའི་འགྲེལ་པ་བཀོད་པ་རྣམ་བཞི་ཞེས་པ་དང་། རྒྱུད་བཞིའི་རྣམ་ངེས་སམ་བཀའ་སྒྲུབ། བཤད་རྒྱུད་ལེའུ་བཞི་པའི་འགྲེལ་པ་གནས་ལུགས་ཤེས་བྱ་རབ་གསལ། ཁྱད་འཕགས་སྤྱི་སྨན། ངོ་མཚར་སྤྱི་སྨན། རིམས་བཅོས་མི་ལ་སྲོག་སྤྱིན། གཅེས་བསྡུས་རིན་ཆེན་ཕྲེང་བ། མ་ལྷ་ཡའི་དཀའ་འགྲེལ། རྩ་མདོའི་འགྲེལ་པ་སྙན་བརྒྱུད་རྡོ་རྗེ་ཚིག་རྐང་སོགས་མང་དུ་མཛད་དེ་གསོ་བ་རིག་པའི་གཞུང་ལུགས་མན་ངག་སྤྱི་དང་། ཁྱད་པར་བྱང་པ་རྣམ་རྒྱལ་གྲགས་བཟང་གི་བཞེད་སྲོལ་དར་རྒྱས་སུ་གཏོང་གནང་མཛད་དོ། །

གནས་ལུགས་ཤེས་བྱ་རབ་གསལ་ཞེས་བྱ་བའི་གཞུང་འདིའི་བརྗོད་དོན་གཙོ་བོ་དཔལ་ལྡན་རྒྱུད་བཞི་ལས་བཤད་པ་སྐུའི་རྒྱུད་ཀྱི་ལེའུ་བཞི་པ་ལུས་ཀྱི་གནས་ལུགས་རབ་ཏུ་གལ་ཆེ་ཞིང་། ཤ་རུས་ཆུ་རྒྱུས་རྩ་ཚིལ་དོན་སྣོད་ཀྱི་གནད་གཉན་དང་མི་གཉན་ངོས་འཛིན་ལོག་པས་ན། གསོ་ཐབས་ཀུན་ཀྱང་འཆོལ་བར་འགྱུར་བས་དཔལ་ལྡན་རྒྱུད་བཞིའི་ལུས་ཀྱི་གནས་ལུགས་སྐོར་གྱི་རྒྱུད་དོན་ཁག་ལ་གསལ་འགྲེལ་ཤིན་ཏུ་གཅེས་པར་གནང་བ་ཞིག་གོ །

མ་དཔེ་འདི་ནི་བོད་རང་སྐྱོང་ལྗོངས་སྨན་རྩིས་ཁང་རིག་གཞུང་ཞིབ་འཇུག་ཁང་དུ་ཉར་ཚགས་ལེགས་པར་གནང་བའི་དཔེ་རྙིང་བྲིས་མ་ཞིག་ཡིན་ཞིང་། མ་ཡིག་ཚན་ཡོངས་ལ་ལྡེབ་མ་༩༣ཡོད་ཅིང་། རིང་ཚད་ལ་༥༧.༥༥cmདང་། ཞེང་ཚད་༨.༣༧cmཡོད་དོ།

《生理知识至明》

该书于14世纪由强巴·弥益尼玛通瓦顿丹所著。

作者强巴·弥益尼玛，别称拉尊·强巴贡确仁青，14世纪上半叶出生。父亲索南多吉，系赞普后裔。强巴·弥益尼玛幼通藏文拼读，后师从班钦·那吉仁青、洛钦·索南加措、强巴·朗杰扎桑、昌迪·班丹措杰等学者，在名医身边系统学习三藏佛学和四部医典及注释等为主的诸多知识。主要学习了《〈八支〉要义本注》《耳传广疏》《〈内外密三者〉注释》《甚密二十五部》。还有《十八支论》的完整传承。特别是从强巴·朗杰扎桑处学习了《月王药诊》《甘露宝瓶》《百方论》等医学典籍；从昌迪大师处学习了《水之女神》《仙人修持》等。他广泛学习掌握了当时所有流派的医学知识，一时声名大噪，誉满雪域。

强巴·弥益尼玛的著作主要有《〈四部医典〉注释·四种格局》《〈四部医典〉佛说论》《〈释续〉注释·生理知识至明》《通用殊胜药》《神奇通用药》《疗疫：予人新生》《选集珠宝鬘》《玛拉雅释难》《〈根本续〉注释·金刚语句》等，为藏医学的发展，弘扬昌迪派医学流派的医学思想做出了重要贡献。

该书主要论述《四部医典·释续》第四章记载的人体生理知识，详细介绍了肌肉、骨骼、神经、经脉、脏腑及其危及生命的危险度等，并强调临床实践中应用这些生理学知识的重要性。

该书现收藏于西藏自治区藏医院研究所，系古代写本，共计42叶。单叶规格：长56.55厘米，宽9.26厘米。

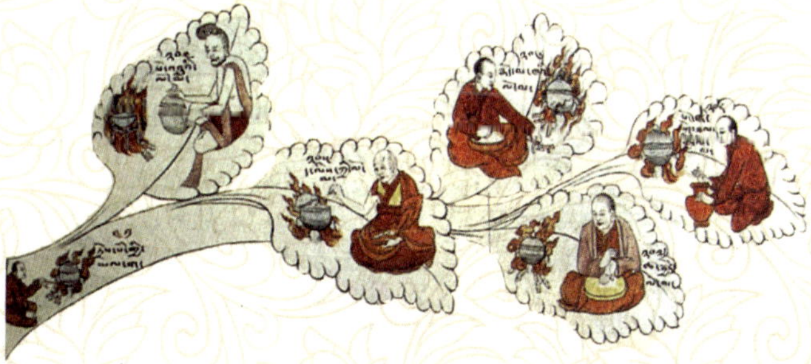

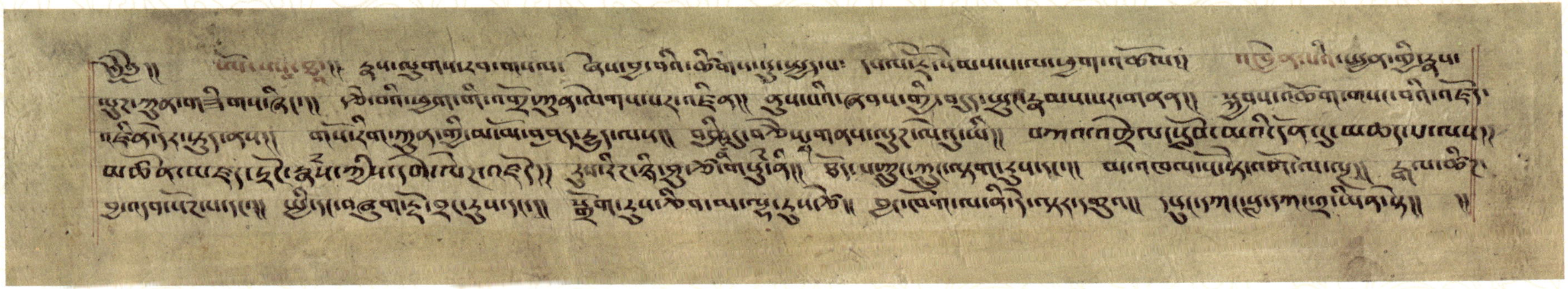

ཕྱི་མ་འཕྲིན་ལས་རྒྱུད་ཀྱི་དཀའ་བའི་གནད་གསལ་བ་འགྲེལ་ཆེན་དོན་གསལ་སྒྲོན་མེ།

སྤྱི་ལོའི་དུས་རབས་བཅོ་ལྔ་པར་མཚོ་སྨད་མཁན་ཆེན་ནམ་སྐྱ་བ་ཤཱཀྱ་དབང་ཕྱུག་གིས་མཛད།

གཞུང་འདིའི་མཛད་པ་པོ་ནི་རབ་བྱུང་བརྒྱད་པའི་ནང་སྐྱ་བའི་བརྒྱུད་པ་སྟོད་ལུང་གླང་གྲོང་（དེ་ལྟ་གདོང་དཀར་ཤང་）ཁོངས་སུ་སྐུ་བལྟམས་ཤིང་། མཚན་གཞན་ལ་སྐྱ་བ་ཤཱཀྱ་དབང་ཕྱུག་ཀུན་དགའ་རྒྱན་མཚན་ཞེས་སུ་གྲགས། དགུང་ལོ་ཆུང་ངུའི་དུས་ནས་ཟུར་མཁར་མཉམ་ཉིད་རྡོ་རྗེའི་དངོས་སློབ་འཕྲིན་ལས་མཐར་ཕྱིན་ཕྲག་དཔོན་བསོད་ནམས་བཀྲ་ཤིས་ཀྱིས་མཆོད་མཁས་པ་མང་དག་བསྟེན་ནས་རིག་གནས་མཐའ་དག་ལ་མཁྱེན་པ་ཆེ་ཞིང་། ཁྱད་པར་གསོ་བ་རིག་པའི་ཕྱོགས་ལ་ཤིན་ཏུ་མཁས་པར་གྱུར། ཁོང་གིས་ཚིག་ཉུང་བསྡུས་དོན་རྒྱ་ཆེན་པོ་སྟོན་པ་རྩ་བ་ཐུགས་ཀྱི་རྒྱུད་འགྲེལ་དཔག་བསམ་ལྗོན་ཤིང་ཞེས་པ་དང་། རིགས་ལྔའི་གསལ་བྱེད་མེ་ཏོག་ཕྲེང་བ། གདམས་པ་ཐམས་ཅད་ཀྱི་ནང་ནས་ཆེས་ཟབ་པ་མན་ངག་ཀུན་གྱི་སྙིང་པོ་བསྡུས་པ་སོགས་ཟབ་རྒྱས་ཀྱི་གསུང་རབ་དཔག་ཏུ་མེད་པ་མཛད། སློབ་མའི་གཙོ་བོ་གླང་བུ་ཆོས་རྗེ་དང་གསང་ཕུ་དཔལ་རི་བ་བློ་གྲོས་རྒྱལ་པོ་སོགས་མང་པོ་བྱོན།

ནང་དོན་གཙོ་བོ་ནི། ཕྱི་རྒྱུད་ཀྱི་སྡོམ་ཚིག་དང་རྩ་ཆུ་ལ་བརྟེན་ནས་ནད་ངོས་འཛིན་ཐབས། བར་དུ་ཞི་སྦྱོང་དཔྱད་ཀྱིས་བཅོས་ཐབས། མཐར་དགེ་བ་བྱང་ཆུབ་ཏུ་བསྔོ་བ་བཅས་རྣམ་པ་བཞིའི་སྒོ་ནས་བསྟན་ཡོད།

འདིའི་མ་དཔེ་ནི་བོད་རང་སྐྱོང་ལྗོངས་སྨན་རྩིས་ཁང་རིག་གཞུང་ཞིབ་འཇུག་གླིང་དུ་ཉར་ཚགས་གནང་བའི་བྲིས་མ་སྣ་རིང་ལྷེབ་མ་༡༡༩ཡོད་པ་ལས་ལྷེབ་མ་༨༩དང་ལྷེབ་མ་༨༥ ལྷེབ་མ་༨༧ ལྷེབ་མ་༡༡༡ ལྷེབ་མ་༡༡༢བཅས་ཁྱོན་ལྷེབ་མ་༥ཚང་མེད། ལྷེབ་མ་རེའི་རིང་ཚད་ལ་༤༧.༡cmདང་མཐོ་ཚད་ལ་༨.༥cmཡོད།

《后续疑难注释》

该著作于公元15世纪由措墨堪钦撰著。著者措墨堪钦别名噶瓦·释迦旺邱于公元15世纪出生在前藏堆龙地方之朗仲，该地区位于现今西藏自治区堆龙德庆县东噶乡境内。自幼师从宿喀·娘尼多吉弟子索南扎西等学习一般经典，尤通医学，后任措墨寺住持。阐扬医道，尤尊宿喀派之学。相继培养了朗布伽吉、桑普华如瓦洛智杰布等优秀弟子。撰有《藏医概论·银镜》《后论释难·明灯》《医方实践指南集要》等著作。

该书的主要内容是首选阐明《后续部》的总纲，以脉象、脉诊为依据诊断疾病的各种方法。其次详释藏医和解清利之法、外治疗法。最后对增长觉品善法等四大之法进行详细的论述。

该书的手写原本现藏于西藏自治区藏医院藏医药研究院。古籍原本有114叶，每叶长度为47.1厘米，宽度为8.5厘米，其中第84、85、87、111及112等5个叶遗失不全。

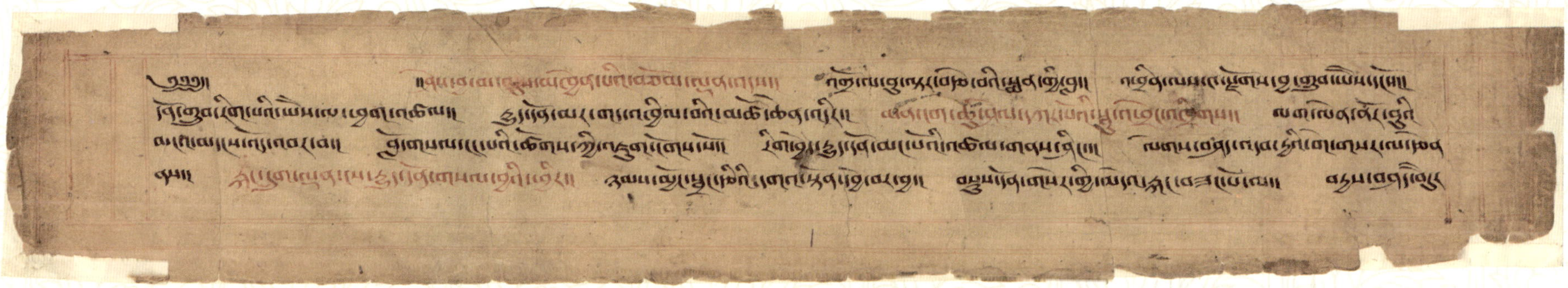

བཤད་རྒྱུད་ཀྱི་འགྲེལ་པ་འབུམ་ནག་གསལ་སྒྲོན།

སྤྱི་ལོའི་དུས་རབས་༡༢པའི་མཇུག་གམ་༡༣པའི་འགོ་ཙམ་ལ་སུམ་སྟོན་ཡེ་ཤེས་གཟུངས་ཀྱིས་མཛད།

སུམ་སྟོན་ཡེ་ཤེས་གཟུངས་ནི་འབྲོངས་ཡུལ་སྐྱེ་མོའི་མདའ་སུམ་པ་ཞེས་པ་ནས་ཡིན་ཞིང་། འབྲོངས་ལོ་གང་ཡིན་དཔྱད་གཞི་མ་རྙེད། སྐུ་གཞོན་ནུའི་སྐབས་ནས་རིག་གནས་མཐའ་དག་ལ་སྦྱངས་པ་མཐར་ཕྱིན་པ་གནང་། དེ་རྗེས་རྗེ་གཡུ་ཐོག་པའི་རྣམ་ཐར་གསན་པས་ཐུགས་ལ་དད་གུས་ཚད་མེད་འཁྲུངས་ཏེ་གསོ་དཔྱད་ཀྱི་གདམས་པ་དོན་དུ་གཉེར་བའི་ཆེད་དུ་གཡུ་ཐོག་པའི་ཞབས་ལ་གཏུགས་ནས་མི་ལོ་བཅུ་གཉིས་ཀྱི་བར་དུ་མཉེས་པ་གསུམ་གྱི་ཞབས་ཏོག་ཞུས་པས་རྒྱུད་རྒྱལ་བདུད་རྩི་སྙིང་པོ་གསང་བ་མན་ངག་གི་རྒྱུད་ཅེས་པ་སུམ་སྟོན་ཡེ་ཤེས་གཟུངས་མ་གཏོགས་སུ་ལ་ཡང་མ་སྤེལ་བས་ཐུགས་ཀྱི་སྲས་མཆོག་དམ་པར་གྱུར་བའོ། །

ནང་དོན་གཙོ་བོ་ནི། སློབ་དཔོན་གྱི་གསུང་སྒྲོས་ལ་བརྟེན་ནས་བཤད་པའི་རྒྱུད་ཀྱི་གནས་བཅུ་གཅིག་ལ་གོ་སླ་བའི་གནས་ལ་ཚིག་འགྲེལ་དང་གོ་དཀའ་བའི་གནས་ལ་དོན་འགྲེལ་གྱི་སྒོ་ནས་རྗེ་ཉིད་ཀྱི་དགོངས་པ་ཇི་བཞིན་འགྲེལ་པ་མཛད་འདུག་ཅིང་། དེ་ནི་དཔལ་ལྡན་རྒྱུད་བཞིའི་བཤད་རྒྱུད་ཀྱི་འགྲེལ་པ་དང་པོའམ་ཨ་མ་དེ་ཡིན་ཞེས་བཤད་ཚོག ། དེའི་ནང་དཔལ་ལྡན་རྒྱུད་བཞིའི་འབྱུང་ཁུངས་དང་། གོ་དཀའ་བའི་ཚིག་དོན་དག་ལ་མཛད་པ་པོ་ཉིད་དང་། སྨན་གྱི་ནུས་པ་གང་ལས་བྱུང་བའི་གཞི་དང་། ནུས་པའི་ཆེ་ཆུང་། སྨན་གྱི་ཡོན་ཏན་བཅུ་བདུན་གྱིས་ནད་ཀྱི་མཚན་ཉིད་ཉེ་ཤུ་འཛོམས་ཚུལ། འཕེལ་འགྲིབ་ནད་ཀྱི་སྤྱི་བྱེ་བྲག་དང་། སྨན་པའི་མཚན་ཉིད་སོགས་བཤད་རྒྱུད་ཀྱི་ཚིག་དོན་རྣམས་རྩ་འགྲེལ་སྦྲགས་མའི་སྒོ་ནས་ལྷུག་པར་བཀྲལ་ཡོད། དེ་བཞིན་དུ་རོ་སྦྱོར་དང་ནུས་སྦྱོར་སོགས་ཀྱི་འགྲེལ་པ་ཟབ་སྙིང་དང་ལྡན་པ་ཕུད། གཞུང་འདིའི་ས་བཅད་དབྱེ་ཚུལ་འོས་ཤིང་འཚམ་པ་སོགས་ཀྱི་ཁྱད་ཆོས་ཀྱང་ལྡན་ཡོད། གཡུ་ཐོག་ལ་སོགས་མཁས་དབང་གོང་མའི་ཉམས་མྱོང་ཐུགས་བསྟུས་ཀྱི་གནད་ལ་འཁེལ་བའི་འགྲེལ་པ་གནང་ཡོད་པས། དེས་བོད་ལུགས་གསོ་རིག་སློབ་སྦྱོང་དང་། ཞིབ་འཇུག་གནང་མཁན་ཚོགས་ལ་མེད་དུ་མི་རུང་བའི་དཔྱད་གཞི་ཁུངས་བཙུན་མཐོ་འདོན་ཐུབ་པ་དང་། དེ་ནི་བོད་ལུགས་གསོ་རིག་ཐད་ལོ་རྒྱུས་ཀྱི་རིན་ཐང་ལྡན་ཡོད་པའི་དཔྱད་གཞི་ཞིག་ཡིན་ནོ། །

མ་དཔེ་འདི་ནི་བོད་རང་སྐྱོང་ལྗོངས་སྨན་རྩིས་ཁང་དུ་ཉར་ཚགས་གནང་བའི་བྲིས་མ་སྣ་རིང་ཞིག་སྟེ་ཤོག་ལྡེབ་མ་༡༨༨ ལྡེབ་མ་རེའི་རིང་ཚད་ལ་༩༩cmདང་མཐོ་ཚད་ལ་༤.༠༣cmཡོད་པ། ཆད་ལྷག་དང་རལ་སྐྱོན་སོགས་མ་ཐེབས་པར་ཆ་ཚང་བར་བཞུགས་པའི་གནའ་དཔེ་ཞིག་ཡིན། སྤྱི་ལོ་༢༠༠༠ལོར་བོད་ལྗོངས་མི་དམངས་དཔེ་སྐྲུན་ཁང་དང་། ༢༠༠༥ལོར་མི་རིགས་དཔེ་སྐྲུན་ཁང་ནས་སྤུ་གྲིར་དེབ་གཟུགས་སུ་དཔེ་སྐྲུན་འགྲེམས་སྤེལ་གནང་། དེ་བཞིན་༢༠༡༨ལོར་པར་གཟུགས་ཀྱི་རྣམ་པའི་ཐོག་ནས་ཀྲུང་གོའི་བོད་རིག་པ་དཔེ་སྐྲུན་ཁང་ནས་པར་སྐྲུན་བྱས་པ་གངས་ལྗོངས་སྨན་རྩིས་རིག་མཛོད་ཆེན་མོའི་སྤྱིའི་པོད་གྲངས་༡༥ཡི་ནང་ཡོད་པ་བཅས་སོ། །

《释续注疏 · 普照明灯》

该书于12世纪末或13世纪初，由松顿 • 益西松撰写。松顿 • 益西松，出生于尼木境内叫做松巴的地方，出生年份不详。幼时，刻苦学习各方面的知识。闻得宇妥巴大师的事迹，心生仰慕之情，拜大师为师，学习医学知识长达12年。其间勤勉学习，深得大师器重，独传众续之王《四部医典》，成为心传弟子。

主要内容：严格依从上师的口述讲解，就《释续》的十一处，浅显处仅释词语，艰涩处深入阐发，完整系统地阐发了宇妥上师的医学思想。这部《释续》的注释本，应当是第一部注疏本。在这本书里，作者论述了《四部医典》的成书、流传过程和艰涩难解词语；对药材的取材、功效、特点、对症情形、疾病种类、医德医术修养建设等内容，对照原典词句进行了深入解读；在药物的配味、配制方面，也有深入阐发。另外，所开列的《释续》的要点提纲，也体现了结构合理、紧扣主题的特点。

这部古籍集中体现和总结了宇妥大师等诸多先辈名医学者的智慧和经验。为后世医生、学者学习、研究藏医药学提供了一份不可或缺的珍贵资料，是研究藏医药学颇具历史价值的资料。

该书原本现珍藏在西藏自治区藏医院。本子属于藏式长条书，共计166叶。单叶规格：长44厘米，宽8.03厘米。无残叶或缺叶。该书分别于2000年和2005年在西藏人民出版社和民族出版社整理出版。2016年，在中国藏学出版社影印出版，收录于《雪域藏医历算大典》第15函。

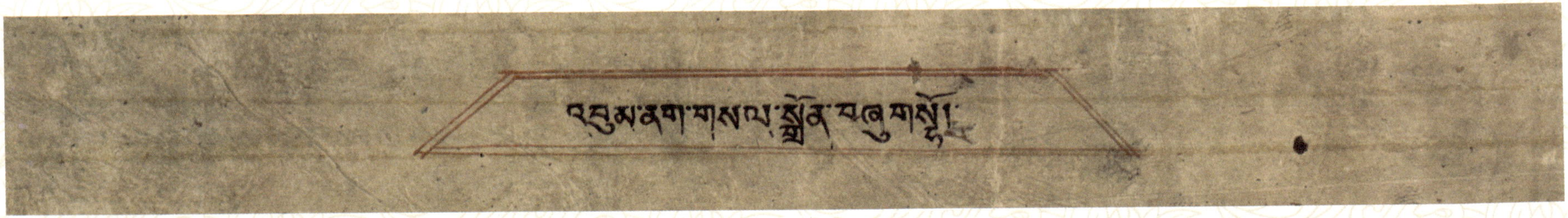
འབུམ་ནག་གསལ་སྒྲོན་བཞུགསོ།

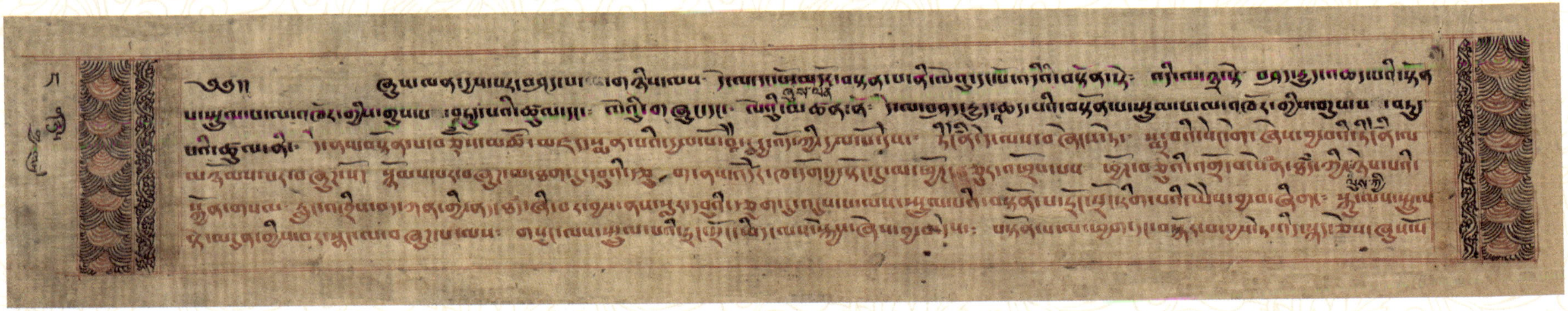

དྲི་མེད་གཟི་བརྗིད་རྩ་འགྲེལ།

མཛད་པ་པོ། ཞང་གཟི་བརྗིད་འབར་སོགས། སྤྱི་ལོའི་དུས་རབས་༡༡པར་མཛད། བྲིས་མ་སྣ་རིང་ལྡེབ་མ་༡༩༠ ཡོད།

རྩ་བ་མཛད་པ་པོ་ཤཱཀྱའི་དགེ་སློང་ཧེ་ཝཱ་ཛྲ་ཡའམ་ཞང་ཆེན་པོ་ཏུ་ཡོང་གཟི་བརྗིད་འབར་ནི། ཡར་ལུང་གད་པ་སྟེང་དུ་ཡབ་དགེ་བཤེས་བསོད་ནམས་དབང་ཕྱུག་དང་། ཡུམ་མེར་བཟའ་འབུམ་སྐྱིད་གཉིས་ཀྱི་སྲས་སུ་རབ་བྱུང་དང་པོའི་（སྤྱི་ལོའི་དུས་རབས་༡༡པའི་)ནང་སྐུ་འཁྲུངས། ཡོང་གིས་སྐྱེས་བུ་མི་ལྔའི་སློབ་མ་ཆགས་རྡོ་རྗེ་བྱང་ཆུབ་དང་། གཡོ་ཏུའི་གཡའ་སྒྲོང་པོ། ལྷ་རྗེ་སུམ་སྨན། དབུ་ཏུའི་མཐའ་བཞི། སྟོང་སྨན། འཕན་ཡུལ་དར་སྨན་བདུད་རྩི། གཡུ་ཐོག་རྒྱ་གར་རྡོ་རྗེ། མི་ཉག་ཟླ་གྲགས། བྲང་ཏི་རྒྱལ་པོ། བི་ཛི་ལྷུན་ནེ། ཞུག་པ་ཚོས་སེང་སོགས་བསྟེན་ནས་གསོ་དཔྱད་ལ་མཁས་པར་སྦྱངས། རབ་བྱུང་གཉིས་པ་(སྤྱི་ལོ་༡༠༩༢ལོ།)རྒྱ་གར་ལ་ཕེབས་པའི་ལམ་བར་དུ་རྔོག་བློ་ལྡན་ཤེས་རབ་མཇལ་ཏེ་སྒྲ་ལ་མཁས་པར་མཛད་ནས་དྲང་སྲོང་ཙནྡྲ་ལི་ལས་ཡན་ལག་བརྒྱད་པ་སོགས་ལ་སྦྱངས། (དྲི་མེད་གཟི་བརྗིད་ཀྱི་འགྲེལ་པ་དྲི་མེད་འོད་ལས་བལ་ཡུལ་དུ་བཞུགས་པའི་པཎྜི་ཏ་ཆེན་པོ་ཁ་ཆེ་དཀར་པོ་དང་ལོ་ཙཱ་བ་རིན་ཆེན་བཟང་པོ་བསྟེན་ཞེས་གསལ་བས་ལོ་ཆེན་རིན་བཟང་ཡིན་མིན་དཔྱད་འཚལ།)བོད་ལ་ལོག་ནས་གསོ་དཔྱད་ཀྱིས་འགྲོ་དོན་བསྐྱངས། སློབ་མའི་གཙོ་བོ་སྤྱུག་སྟོན་རྒྱ་གར་ར་ཙ་དང་། ལྷ་སའི་བལ་ཆུང་། འོལ་ཁའི་རྫིང་ཆུང་། གཉལ་གྱི་རོག་ཆུང་། བལ་སྟོན་ཤེས་རབ་ཁྲི་འབུམ་སོགས་བྱོན། གསུང་རྩོམ་གཙོ་བོ། གཞུང་དྲི་མེད་གཟི་བརྗིད་དང་དེའི་འགྲེལ་པ་ཉི་མའི་འོད་ཟེར། དཔེ་སྟོན་གྲངས་ཀྱི་ཕྲེང་བ། སྒྲོན་གསལ་གདམས་པ་སུམ་ཅུ་པ་རྩ་འགྲེལ་སོགས་བཞུགས།

འདིའི་ནང་དོན་གཙོ་བོ་ཉེས་པ་གསུམ་རྣམ་པར་གྱུར་མ་གྱུར་གྱི་གནས་ལུགས་བསྟན་པ་དང་། བལྟ་རེག་དྲི་བ་གསུམ་གྱིས་ནད་ངོས་འཛིན་པ། ཟས་སྤྱོད་སྨན་དཔྱད་བཞིའི་སྒོ་ནས་གསོ་ཐབས་བསྟན་པ། དེ་དག་དཔེ་སྟོང་འགྲེམས་ཀྱི་ཚུལ་དུ་བསྡོམས་ཚིགས་སུ་བཀོད་པ་བཅས་སྤྱིར་རྒྱུད་བཞིའི་རྩ་རྒྱུད་དང་འདྲ་ཙམ་ཡོད་ནའང་ཚིག་དོན་གཉིས་ཀའི་ཆ་ནས་མི་འདྲ་བའང་ཅུང་ཟད་སྣང་ངོ་།།

དེའི་འགྲེལ་པ་གསོ་བ་རིག་པའི་བསྟན་བཅོས་དྲི་མེད་འོད་ཅེས་བྱ་བ་འདི་དང་བསྟན་བཅོས་དྲི་མེད་གཟི་བརྗིད་ཀྱི་འགྲེལ་པ་དྲི་མ་མེད་པའི་འོད་ཅེས་བྱ་བ་འདི་གཉིས་ཡོད་ཀྱང་དེའི་ནང་ས་བཅད་དབྱེ་མཚམས་དེ་ཙམ་གསལ་པོ་མི་མངོན། ཞིབ་ཏུ་བརྟག་ན་འགྲེལ་པ་དྲི་མ་མེད་པའི་འོད་ཀྱི་ནང་དུ་སྙིང་གི་ཊཱི་ཀ་ཡིག་ཆུང་དམར་པོ་དང་དྲི་མེད་གཟི་བརྗིད་ཀྱི་དགོས་འགྲུམས། དྲི་མ་མེད་པའི་བཤད་འབུམ་མན་ངག་དཀྲུས་དང་མི་འགལ་བ་སོགས་འགྲེལ་པ་ཁ་ཤས་འདུག །མ་དཔེའི་ལྡེབ་གྲངས་༨༩པ་ནས་འགྲེལ་པ་དྲི་མེད་འོད་གསལ་གྱི་འགོ་ཚུགས་ཤིང་ས་བཅད་དང་ལེའུའི་གྲངས་ཁ་གསལ་ཙམ་ཡོད། འགྲེལ་པ་དང་པོའི་མཛད་པ་པོ་སྤྱུག་སྟོན་རྒྱ་གར་ར་ཛ་དང་ཤཱཀྱའི་སྡོ་ཀུ་བ་པོ་ཧྲེ་ཧྣ་ན་སོགས་དང་། འགྲེལ་པ་གཉིས་པའི་མཛད་པ་པོ་ཤཱཀྱའི་དགེ་བསྙེན་རཏྣ་ཤྲཱ་ཕའམ་ཏུ་དཔོན་སུམ་པ་རིན་ཆེན་འོད་ཞུ་བ་དེ་གཉིས་ཡིན་འདུག་ཅིང་། བརྒྱུད་པའི་ལོ་རྒྱུས་ལ་མངལ་ན

དེ་དག་ཞང་གཟི་བརྗིད་འབར་གྱི་སློབ་བརྒྱུད་ཡིན་འདུག

འགྲེལ་པ་འདི་གཉིས་ཀྱི་ནང་དོན་གཙོ་བོ་ནི། སྤྱིར་རྒྱ་གར་འཕགས་པའི་ཡུལ་དུ་སངས་རྒྱས་དང་དྲང་སྲོང་རྣམས་ཀྱིས་གསོ་བ་རིག་པའི་གཞུང་གང་དང་གང་མཛད་པ་དང་། དེ་དག་བོད་དུ་གང་དག་བསྒྱུར་བ། བོད་དུ་སྨན་པ་གཙོ་བོ་གང་བྱོན་སོགས་ཀྱི་ཚུལ་བསྟན་ཡོད་པར་མ་ཟད། ཁྱད་པར་དུ་ཞང་གཟི་བརྗིད་འབར་གྱི་བརྒྱུད་པ་དང་བསྟན་བཅོས་འདི་ཉིད་ཀྱི་ཁུངས་དང་བརྒྱུད་འཛིན་བཅས་མདོར་བསྡུས་སུ་བསྟན་ཡོད། དེ་ནས་གཞུང་དངོས་ལ་འགྲེལ་པ་རྒྱས་པར་གནང་ཡོད་ཅིང་། འདིའི་ཤོག་གྲངས་༢ཕར་བཤད་པ་ཡོངས་སུ་དག་པ་ལྔ་ཞེས་བསྟན་བཅོས་དྲི་མེད་གཟི་བརྗིད་མཛད་པའི་གནས་དུས་སྟོན་འཁོར་གཞུང་ལྔའི་དོན་གསལ་བར་བསྟན་ཡོད་པ་མ་ཟད། ཡང་འདིའི་ལྷེབ་མ་༢༡པ་ནས་བརྒྱུད་པའི་ཁུངས་སྐྱེས་བུ་མི་ལྔའི་རྣམ་ཐར་དང་དེ་ནས་ཞང་གཟི་བརྗིད་འབར་ལ་གདམས་པ་ཐོབ་ཚུལ། ཞང་གཟི་བརྗིད་འབར་ནས་འགྲེལ་པ་འདིའི་མཛད་པ་པོའི་བར་གཞུང་དྲི་མེད་གཟི་བརྗིད་དེ་ལྟར་བརྒྱུད་ཚུལ། ཡང་ཤོག་གྲངས་༧༠རྒྱབ་ནས་ཞང་གཟི་བརྗིད་འབར་གྱི་རྣམ་ཐར་དང་གཞུང་འདི་དེ་ལྟར་མཛད་པའི་ཚུལ་འཁོད་ཡོད་པས། གཞུང་འདི་དང་ཁོང་གི་རྣམ་ཐར་ཙམ་མ་ཟད་བོད་ལུགས་གསོ་བ་རིག་པའི་ལོ་རྒྱུས་ཀྱི་དཀའ་གནད་བཀྲོལ་བར་རིན་ཐང་ཆེས་ཆེར་ལྡན་པར་སྣང་ལ་ཁྱད་པར་དུ་དྲི་མེད་གཟི་བརྗིད་ཀྱི་ཚིག་དོན་ཞིབ་ཕྲར་འགྲེལ་པ་མཛད་འདུག་པས་སྨན་པ་ཞང་གཟི་བརྗིད་འབར་དང་ཁོང་གི་གསུང་རྩོམ་དགོངས་དོན་སློབ་སྦྱོང་བརྟག་འདོན་ལ་ཤིན་ཏུ་མཁོ་བའི་འགྲེལ་པ་དག་ཡིན་ནོ།

འདིའི་མ་དཔེ་ནི་སྡེ་དགེ་སྨན་རྩིས་ཁང་དུ་བཞུགས་པའི་བྲིས་མ་དཔེ་རྙིང་ཕྱོན་ལྷེབ་མ་༡༩༠ལྷེབ་མ་རེའི་མཐོ་ཚད་ལ་༨.༩༩cmདང་རིང་ཚད་ལ་༥༠.༦༨cmཡོད་པ་ཞིག་སྟེ། གཞུང་འདིའི་དཔེ་རྒྱུན་ཤིན་ཏུ་དཀོན་ཕྱིར་དཔེ་སྐྲུན་ཞུས་པ་ལགས་སོ། །

《〈智美思吉〉及其注释本》

《智美思吉》完成于公元 13 世纪初。本论作者为享・斯吉巴尔，又名释迦比丘（代）扎杂拉，于藏历第二饶迥，即公元 11 世纪出生在雅砻地方苛巴邓。父亲为格西・索南旺久，母亲为玛萨本吉。先后师从杰布梅拉大师的弟子恰・多吉强秋、玉若・雅君布、医者松曼、吾若・塔西、东曼、彭域・达尔曼堆孜、宇妥・加噶尔多吉、弥雅・达扎、章迪嘉瓦、毕吉伦乃、欧巴曲森等名医研习医学。公元 1092 年远赴印度求学，途中偶遇著名译师鄂・洛丹西绕并拜其为师，学习梵文。在印度师从常松•赞扎力研习《（医明）八支精要》。《〈智美思吉〉注释•无垢光》记载，曾拜尼泊尔的大学者卡其噶布和译师仁青桑布为师（此仁青桑布是不是大译师仁青桑布待考）。返回藏地后，致力于弘扬藏医学。弟子有布敦•加噶尔冉扎、拉萨培琼、沃卡增琼、聂其若琼、白孜协若赤本等。著有《〈智美思吉〉及其注释・阳光》《例举数字鬘》《准色秘诀三十则》等医书。

《〈智美思吉〉及其注释本》的主要内容是阐述三因学即隆、赤巴、培根的实质及特征，人体健康与疾病的状态。通过藏医脉诊、望诊、触诊进行辨证，应用饮食、行为起居治疗疾病，并将以上内容以树喻的形式展现出来等等。章节安排及词句应用习惯等与《四部医典・本论续》有相似点，同时也有一些不同点。其注释本《医典无垢光》与《〈智美思吉〉注释・无垢光》原本虽像是两部书，但仔细分辨可知，《医典无垢光》中还可以分《心释小红卷》《智美思吉的》《无垢解秘诀本》等注解。其中的章节界限也不甚清楚。从原本的章节名称分析，可知第 69 叶为《注释本无垢光》的起始页，并且每一章节及数目次序等清晰完整。以上两部注释本中的第一部作者为布顿・加噶尔冉扎、释迦蚌古瓦・博迪加那等，第二部作者为释迦格念・热那巴尔拔，或如本・松巴仁青卫。考察思其巴尔大师的医学传承史，上述几位都是思其巴尔的门徒无疑。

两部注释本叙述了印度的佛陀与章松（圣人）所著的经典医书，及其藏文翻译、流传、以及藏地名医等；对思其巴尔的传承和承袭者，以及《智美思吉》一书的渊源及传承史进行了概要介绍。并对《智美思吉》这本书进行了详细的解释。在原本第 3 叶，交代“撰述五圆满”，即撰述《智美思其》这部著作撰写的时间、地点、撰述者、听闻人员、所撰内容等所谓“五圆满”的内容。第 31 页起，开始介绍这一传承的祖师杰布梅拉传记及祥・思其巴尔从他那里得到《智美思吉》秘传的过程以及祥・思其巴尔至《智美思吉注释本》作者的师承序列。第 70 叶起记述了祥•思其巴尔的传记及写作《智美思吉》医典的情形。这几部注解书都对《智美思吉》的章节、内容做了详细的解说。这对于思其巴尔医学思想传播和《智美思吉》内容的挖掘有重要作用。

此书手写原本现藏于德格藏医院。全书共有 240 叶，单叶规格；为长 50.16 厘米，宽 9.44 厘米。

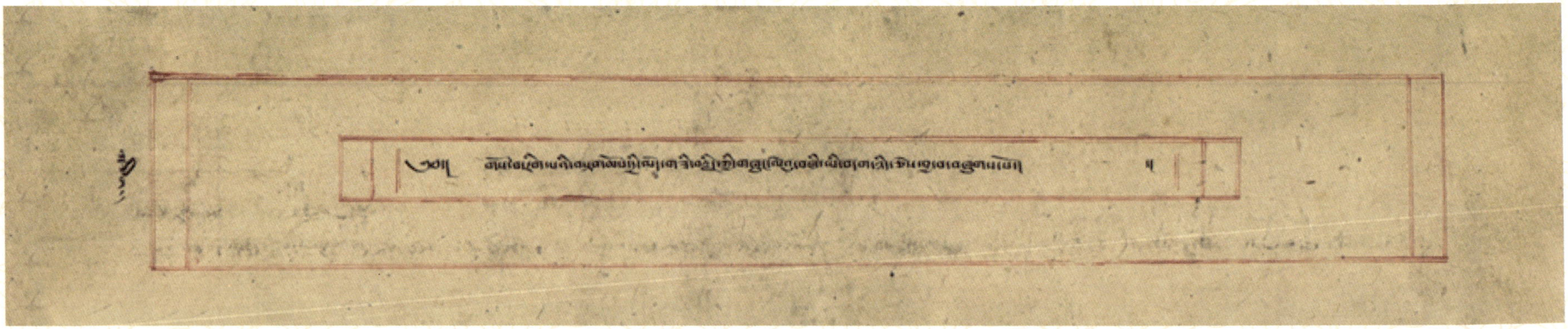

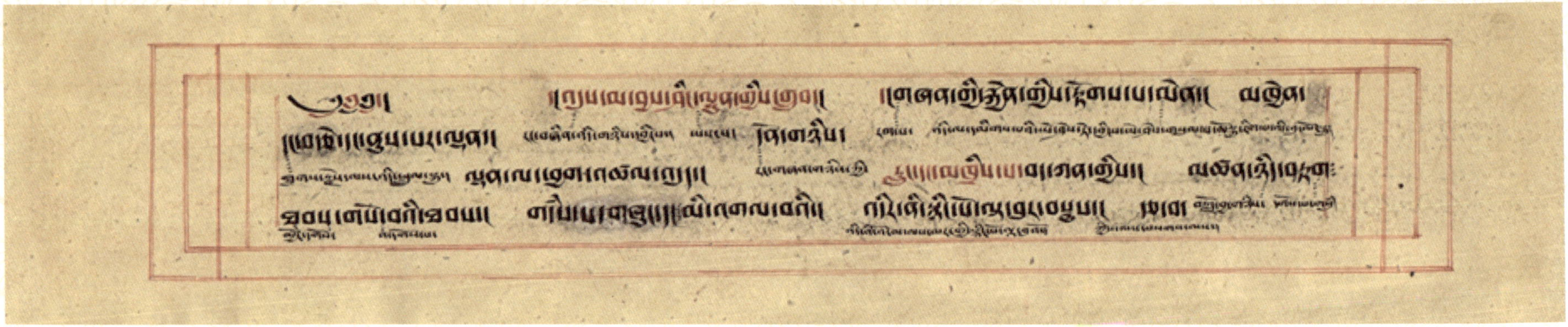

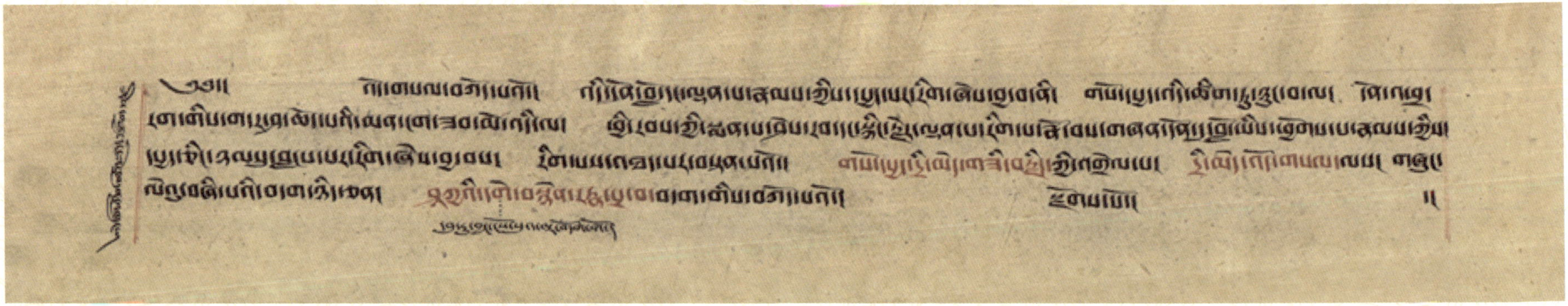

གསུམ་པ། སྨན་རྫས་རིགས་ཁག་གི་སྐོར།

三、藏药类

སྒྲོལ་མའི་སྦྱོ་འབུམ།

དུས་རབས་བརྒྱད་པའི་ནང་རྒྱ་གར་མཁས་པ་ཤྲཱི་ཧྲི་གརྦྷ་སོགས་ཀྱིས་བསྒྱུར་བར་གྲགས།

སྒྲོལ་མའི་སྦྱོ་འབུམ་ཨམ་མཚན་དངོས་ལ་གསོ་དཔྱད་རིན་པོ་ཆེ་འབྱུངས་དཔེ་ཞུ་བ་འདི་ནི་བོད་ཀྱི་སྔ་རབས་འབྱུངས་དཔེ་ཧ་ཅང་རྒྱས་པ་ཞིག་ཡིན་ལ། གཞུང་འདིའི་མཚན་གྱི་འབོད་སྟངས་ལ་གསོ་དཔྱད་རིན་ཆེན་འབྱུངས་དཔེ་དང་རྗེ་བཙུན་སྒྲོལ་མའི་གསོ་རིག་འབྱུངས་དཔེའི་རྒྱུད། གསོ་དཔྱད་སྣ་ཚོགས་ཀྱི་མན་ངག་རིན་པོ་ཆེའི་འབྱུངས་དཔེ་བསྟན་པ། སྒྲོལ་མའི་སྦྱོ་འབུམ། རིན་ཆེན་སྨན་གྱི་འབྱུངས་དཔེ་སོགས་མི་འདྲ་བ་བརྒྱད་ཙམ་བྱུང་ཡོད་ལ། གཞུང་འདི་རྗེ་བཙུན་སྒྲོལ་མས་གསུངས་པ་ཡིན་པར་ངོས་བཟུང་ནས་སྡེ་སྲིད་སངས་རྒྱས་རྒྱ་མཚོ་སོགས་ཀྱིས་སྒྲོལ་མའི་སྦྱོ་འབུམ་ཞེས་བཏགས་པ་འདྲ། གཞུང་འདིའི་མཛད་པ་པོའི་སྐོར་ལ་རྗེ་བཙུན་སྒྲོལ་མས་གསུངས་པར་འདོད་པ་དང་། ཡང་གཞུང་གི་མཇུག་བྱང་དུ་རྒྱ་གར་མཁས་པ་ཤྲཱི་ཧྲི་གརྦྷ་ཡིན་པ་དང་། བོད་ཀྱི་ཟླ་སྨན་བདུན་ནམ་ཡོ་ཏྣ་བ་བདུན་གྱིས་བསྒྱུར་བར་བཤད་ཡོད། ཡང་སྡེ་སྲིད་རིན་པོ་ཆེས་སྨན་བླ་མི་བདུན་ནམ་མི་བཞིས་བསྒྱུར་བར་བཤད་པ་སོགས་ཀྱི་འདོད་ཚུལ་མང་པོ་ཡོད།

གཞུང་འདིའི་ནང་དོན་ལེའུ་བཞི་ཡི་སྒོ་ནས་བསྟན་ཡོད་དེ། ལེའུ་དང་པོ་ནི་གླེང་གཞིའི་ཚོད་དུ་ཕྱག་བྱ་བ་དང་མཆོད་བརྗོད་སོགས་བསྟན་ཡོད། ལེའུ་གཉིས་པ་མདོར་བསྟན་གྱི་ལེའུ་ཡིན་ཏེ་གཙོ་བོ་སྨན་གྱི་བཏུ་དུས་སྐོར་བསྟན་ཡོད། ལེའུ་གསུམ་པ་ནི་གཞུང་འདིའི་བརྗོད་བྱ་གཙོ་བོ་ཡིན་ཏེ་སྦྱོ་ཤིང་སྨན་༡༡༤ཀྱི་འབྱུངས་དཔེ་དང་སྦྱོར་བ་སོགས་རྒྱས་པར་བསྟན་ཡོད། ཞིབ་ཕྲའི་ནང་དོན་གསུམ་དབྱེ་ཆོག་སྟེ། དང་པོ་ནི་བོད་ཡུལ་དུ་སྐྱེས་པའི་སྦྱོ་སྨན་ཤིང་སྨན་བཤད་པ་དང་། གཉིས་པ་ནི་སྦྱོ་ཤིང་སྨན་༡༡༤ཀྱི་འབྱུངས་དཔེ་དང་སྨན་སྦྱོར་སོགས་རྒྱས་པར་བསྟན་ཡོད། གསུམ་པ་ནི་ལེའུ་མཚན་བསྟན་པ་ཡིན་ལ། དེར་སྦྱོ་སྨན་ཤིང་སྨན་རྣམས་ཀྱི་རིགས་གཏན་ལ་ཕབ་པའི་ལེའུ་ཞེས་པས་དོན་དུ་ནང་དོན་དང་པོ་དང་ཅུང་མི་འདྲ་བར་གྱུར་ཡོད། ལེའུ་བཞི་པའི་མཇུག་དོན་དུ་སྨན་བཏུ་བའི་དུས། ནད་བརྟག་པའི་ཐབས་སོགས་ཀྱི་མན་ངག་བསྟན་ཡོད། དེ་བས་གསོ་དཔྱད་རིན་པོ་ཆེ་འབྱུངས་དཔེ་འདི་ལ་ཁྱད་ཆོས་འདི་དག་ལྡན་འདུག་སྟེ། བོད་ཀྱི་ལོ་རྒྱུས་སྟེང་གི་སྦྱོ་འབུམ་ཨམ་སྦྱོ་སྦྱོར་གྱི་གཞུང་ཆེ་ཤོས། སྦྱོ་ཤིང་སྨན་གྱི་འབྱུངས་དཔེ་ཆེ་ཤོས། འབྱུངས་དཔེ་དང་ནད་ཐོག །སྨན་སྦྱོར་སུམ་སྒྲིལ་གྱི་གཞུང་ཆེ་ཤོས་བཅས་ཡིན་འདུག

སྒྲོལ་མའི་སྦྱོ་འབུམ་ལ་དེང་སྐབས་མཇལ་ཐུབ་པའི་མ་ཡིག་མི་འདྲ་བ་གསུམ་ཙམ་མཆིས་སྟེ། བོད་ལྗོངས་སྨན་རྩིས་ཁང་དུ་ཉར་ཚགས་གནང་ཡོད་པ་དེ་ནི་ཡིག་གཟུགས་འབྲུ་ཚུགས་ཀྱིས་བྲིས་པའི་ལག་བྲིས་མ་ཞིག་ཡིན་ལ། ཤོག་སྒྲོམས་ལྡེབ་གྲངས་༤༣ཡོད། མཐོ་ཚད་ལ་༤cmདང་རིང་ཚད་ལ་༣༥cmཙམ་ཡོད་པ་ཞིག་ཡིན་ལ། བཙ་སྙིང་དང་སུམ་རྟགས་ཀྱི་ཕྲད་

སྦྱོར་ཚུལ་ལ་ལྟོས་ན་སྐད་གསར་བཅད་མ་བྱས་གོང་གི་ཕྱག་དཔེའི་ཁྱད་ཆོས་ལྡན་འདུག །མ་ཡིག་འདིའི་མཚན་ཆ་ཚང་ལ་གསོ་དཔྱད་རིན་པོ་ཆེའི་འབྱུངས་དཔེ་བསྟན་པ་ཞེས་བྱ་བའི་རྒྱུད་བཞུགས་སོ། །ཞེས་བཀོད་པ་དང་། དབུ་ཤོག་སྟེང་ཕྱི། ཛ། ༡༩། ཞེས་བྲིས་ཡོད། དབུ་ཤོག་སྟེང་དདུང་གསོ་དཔྱད་རིན་པོ་ཆེའི་འབྱུངས་དཔེ་བསྟན་པ་ཞེས་བྱ་བ་ལེའུ་བརྒྱ་ཉི་ཤུ་ཡོད་པ་ཤཀྟེ་གཟྷའི་འགྱུར། སྒྲོལ་མའི་སྡེ་འབུམ་དུ་གྲགས་པ་ས་རྣམ་བརྟགས། ལེགས་ཆ་བའི་སྔོན་མ་བྲུ་བཀོད། ཅེས་ཕྱག་བྲིས་གནང་འདུག་པས་སྡེ་སྲིད་རིན་པོ་ཆེས་གནའ་དཔེ་འདི་ཉིད་གཟིགས་སྒྲོང་ཡོད་པ་གསལ་པོ་རེད་ལ་དཔེ་རྙིང་འདི་མ་མཐར་ཡང་ལོ་ལྔ་བརྒྱ་ལྷག་གི་ཡར་སྔོན་ནས་པོ་ཏ་ལར་ཉར་ཚགས་གནང་ཡོད་པ་ཤེས་ཐུབ། ཁྱོན་ལྡེབ་མ་༢༥ཡོད། རིང་ཚད་༦༩.༦༨cmདང་། མཐོ་ཚད་༡༨.༨༨cmཡིན།

《度母本草》

《度母本草》于 8 世纪中叶左右由印度学者、大译师辛蒂・卡瓦等人翻译而成。《度母本草》（《医宝本草》）成书较早，内容丰富，是一部藏医药本草类著作。该书有八种不同的名称，分别为《医宝本草》《度母医学本草续》《各类医宝要诀本草明晰》《度母本草》《贵重药材本草》等。该典籍被认为是由度母阐述。第司・桑杰嘉措等人将其命名为《度母本草》。但该论著题记处写有印度大师辛蒂・卡瓦所著，并由七位藏族医师或者四位藏族大译师翻译而成。第司・桑杰嘉措认为翻译者是七位或者四位医师。此论著分四个方面的内容。

第一章是前言部分，主要内容是书首礼赞。

第二章是概论部分，主要内容是介绍药材采集。

第三章是主要章节，翔实地介绍了 217 种草本、木本的功效、形态、特征、配方等内容。此章可细分为三个方面：

1. 介绍生长在西藏本土的草本植物；
2. 详细介绍了 217 种草本和木本药物的配方；
3. 对木本草本药材进行了细致的分类，与第一部分的内容略有出入。

第四章是结尾部分，主要是药材采摘的时间与诊断方法和要诀。这本《度母本草》不但是藏医历上草本与木本内容注述最丰富的本草著作，而且有较为完整的对史本草、临床、配方等内容的论述，是最为翔实的兼具疗效要诀和草药方剂的医学大论。

现存的《度母本草》有三种不同的版本。西藏自治区藏医院现有的版本为藏文朱擦书写体，共有 73 叶。单叶规格：长 35 厘米，宽 7 厘米。参照《藏语语法三十颂》和《音势论》内容，该著作论述语句用词有较为明显的古藏文特点，所以本书可断代为厘定文字之前。此论著的全称为《医学宝典本草明晰之续部》，首叶处写有“ཧཱུྃ།”以及藏文字母 ཛ། 14，从这一分类号和帙号可以证明此古籍为哲蚌寺罗汉殿藏书。另外还写有《医学宝典本草明晰》120 章由辛蒂・卡瓦译，由萨热鉴定此书为《度母本草》，其相关内容作为《四部医典》注疏并在《蓝琉璃》中引用。因此说明第司・桑杰嘉措不但阅读过此书，而且保存于布达拉宫 500 年之久。全书共有 75 叶。单叶规格：长 69.68 厘米，宽 18.88 厘米。

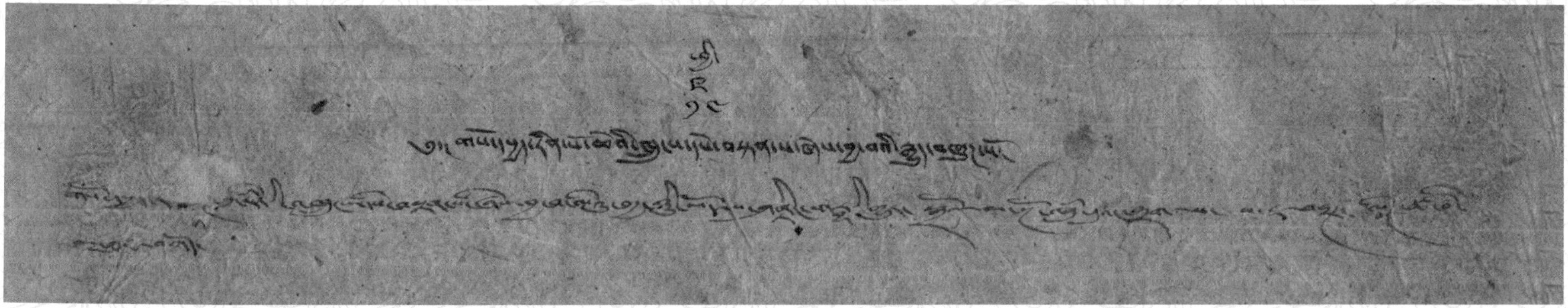

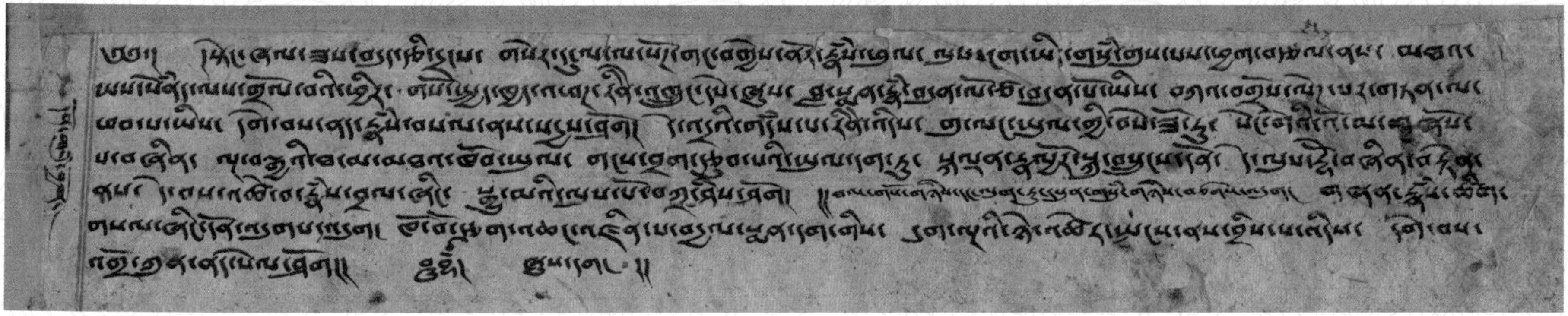

སྔོ་འབུམ་སྨན་གྱི་གཏེར་མཛོད།

སྤྱི་ལོའི་དུས་རབས་བཅུ་བཞི་པའི་ནང་མིའི་ཉི་མ་མཐོང་བ་དོན་ལྡན་གྱིས་མཛད།

མཛད་པ་པོ་བྱང་པ་མིའི་ཉི་མ་མཐོང་བ་དོན་ལྡན་ནམ་བྱམས་པ་དཀོན་མཆོག་རིན་ཆེན་ནི་སྤྱི་ལོའི་དུས་རབས་བཅུ་བཞི་པའི་དུས་སྟོད་ཙམ་དུ་བོད་ཀྱི་རྒྱལ་པོའི་གདུང་རྒྱུད་དྲི་མ་མེད་པ་ཡབ་བསོད་ནམས་རྡོ་རྗེའི་སྲས་སུ་སྐུ་འཁྲུངས། ལོ་དགུང་ལོ་ཆུང་ངུའི་དུས་ནས་ཡི་གེའི་སྦྱོར་ཀློག་བཅས་ལེགས་པར་མཁྱེན། དེ་ནས་པཎ་ཆེན་ནགས་ཀྱི་རིན་ཆེན་དང་། ལོ་ཆེན་བསོད་ནམས་རྒྱ་མཚོ། བྱང་པ་རྣམ་རྒྱལ་གྲགས་བཟང་། བྲང་ཏི་དཔལ་ལྡན་འཚོ་བྱེད་སོགས་ལ་བསྟེན་ནས་སྡེ་སྣོད་གསུམ་དང་རྒྱུད་སྡེ་བཞིའི་དགོངས་འགྲེལ་དང་བཅས་པས་གཞི་བཟུང་རིག་པའི་གནས་སྤྱི་དང་། བརྒྱད་པ་རྩ་འགྲེལ། སྨན་བརྒྱུད་འགྲེལ་ཆེན། ཕྱི་ནང་གསང་གསུམ་གྱི་འགྲེལ་པ། རྒྱས་བཏབ་ཉེར་ལྔ། གཏེར་བརྒྱུད་ལ་ཆ་ལག་བཅོ་བརྒྱད་སོགས་བཤད་སྲོལ་མ་ཉམས་པ་དང་། ཁྱད་པར་རིགས་ལྡན་རྣམ་རྒྱལ་གྲགས་བཟང་ལ་སོ་མ་ར་ཛ་དང་། ཟླ་ཟེར། བདུད་རྩི་བུམ་པ། སྦྱོར་བ་བརྒྱ་པ་སོགས་སྨན་དཔྱད་ཕལ་ཆེ་བ་དང་། བྲང་ཏི་ལ་ཆུའི་ལྷ་མོ་དང་། དྲང་སྲོང་གི་སྒྲུབ་སྐོར་སོགས་གསན། མདོར་ན་བོད་གངས་ཅན་ན་དར་རོ་ཅོག་གི་གསོ་དཔྱད་མཐའ་དག་ལ་མཁྱེན་པའི་སྤྱན་རྒྱ་མཁའ་ལྟར་ཡངས་པའི་སྙན་གྲགས་ཀྱི་བ་དན་ཕྱོགས་བཅུར་གཡོ། ཁོང་གི་གསུང་རྩོམ་ལ་དཔལ་ལྡན་རྒྱུད་བཞིའི་འགྲེལ་པ་བགོད་པ་རྣམ་བཞི་ཞེས་པ་དང་། རྒྱུད་བཞིའི་རྣམ་ངེས་སམ་བཀའ་སྒྲུབ། བཤད་རྒྱུད་ལེའུ་བཞི་པའི་འགྲེལ་པ་གནས་ལུགས་ཤེས་བྱ་རབ་གསལ། ཁྱད་འཕགས་སྤྱི་སྨན། ངོ་མཚར་སྤྱི་སྨན། རིམས་བཅོས་མི་ལ་སྲོག་སྦྱིན། གཅེས་བསྡུས་རིན་ཆེན་ཕྲེང་བ། མ་ལུ་ཡའི་དཀའ་འགྲེལ། རྩ་མདོའི་འགྲེལ་པ་སྨན་བརྒྱུད་རྡོ་རྗེ་ཚིག་རྐང་སོགས་མང་དུ་མཛད་དེ་གསོ་བ་རིག་པའི་གཞུང་ལུགས་མན་ངག་སྤྱི་དང་། ཁྱད་པར་བྱང་པ་རྣམ་རྒྱལ་གྲགས་བཟང་གི་བཞེད་སྲོལ་དར་རྒྱས་སུ་གཏོང་གནང་མཛད་དོ།།

གཞུང་འདིའི་ནང་དོན་ལ་དང་པོ་རང་གི་སློབ་དཔོན་དམ་པ་རྣམས་ལ་མཆོད་པར་བརྗོད་ཅིང་། དེ་ནས་གཞུང་འདིའི་བྱུང་ཚུལ་དང་བརྒྱུད་པ་སོགས་བསྟན་ནས་ནང་གསེས་ལ་དོན་གསུམ་སྟེ་སྔོ་སྨན་སྤྱི་ཡི་རྣམ་གཞག་དང་། བྱེ་བྲག་ངོས་འཛིན་རྒྱས་པར་བཤད་པ། གཉེན་པོ་ནད་སྟེང་དུ་སྦྱོར་ཐབས་གསུམ་བསྟན། དང་པོ་ལ་སྤྱི་ཡི་རྣམ་གཞག །སྔོ་སྨན་གྱི་འབྱུང་ཁུངས། བཟང་ངན་རབ་འབྲིང་གི་དབྱེ་བ། བསིལ་དྲོད་སྤྱི་ཡི་ངོས་འཛིན། སྐྱེ་གནས་ཀྱི་ཁྱད་པར། མིང་གི་ངེས་དོན། སྐྱེ་དཔྱིབས། ཁ་དོག །དྲི། རོ། རིག་བྱ། ཁྱད་པར་གྱི་ནུས་པ། གལ་འགག་བསལ་ཐབས། འདྲ་ཆད་ཀྱི་ཚོམ་སོགས་ནང་གསེས་ལེ་ཚན་བཅུ་གཉིས་ཙམ་གྱི་ཐོག་ནས་གསལ་བར་བསྟན་པ་དང་། གཉིས་པ་བྱེ་བྲག་ངོས་འཛིན་རྒྱས་པར་བཤད་པ། གསུམ་པ་གཉེན་པོ་ནད་ཐོག་ཏུ་སྦྱོར་བ་ལ་སྨན་རྩིའི་འཐུ་དུས། འཐུ་མཁན། དུག་དབྱུང་། སྐམ་ཐབས་སོགས་ཁག་བདུན་དང་སྤྱིའི་གདམས་པའམ་ཞལ་གདམས་གལ་ཆེན་འགག་ཚིག་བསྡུས་ནས

བསྟན་ཡོད་ལ། མདུག་ཏུ་གཞུང་འདིའི་ནང་བླ་མ་སྨུའི་དགོངས་དོན་བགོད་ཡོད་པ་དང་རྗེས་མདུག་རྣམ་དག་སློབ་མ་རྣམས་ཀྱིས་ཚུལ་བཞིན་བཞེས་པར་སྐྱུལ་མ་དང་བཅས་ཡོངས་སུ་གཏད་པའི་ཚུལ་དུ་བྲིས་ཡོད་དོ། །

གཞུང་འདིའི་ཞིབ་ཕྲའི་མཛད་དུས་མ་ཡིག་གོང་འོག་ཏུ་ཁ་གསལ་འཁོད་མེད་ལ་འབྲེལ་ཡོད་ཡིག་ཆ་ཁག་ལ་དཔྱད་ཞིབ་བྱས་ཀྱང་གསལ་བར་མ་རྟོགས། འོན་ཀྱང་གཞུང་དེའི་མཛད་པ་པོའི་འཁྲུངས་རབས་ལ་གཞིགས་ན་ཕལ་ཆེར་དུས་རབས་བཅུ་བཞི་པའི་ནང་དུ་མཛད་པའི་བོད་ལུགས་གསོ་རིག་ལས་སྨན་རྫས་སྐོར་གྱི་གཞུང་ཞིག་གོ། །

མ་ཡིག་འདི་ནི་བོད་ལྗོངས་སྨན་རྩིས་ཁང་གི་དཔེ་མཛོད་ཁང་དུ་ཉར་ཚགས་གནང་བའི་ལག་བྲིས་མ་སྣ་རིང་ཞིག་ཡོད་པ་དེ་ཡིན་ཞིང་། ཁྱོན་ལྡེབ་མ་༢༣ཡོད་པ་དང་། ལྡེབ་མ་རེའི་རིང་ཚད་ལ་༩༢.༥cmདང་མཐོ་ཚད་ལ་༧.༨cmཡོད།

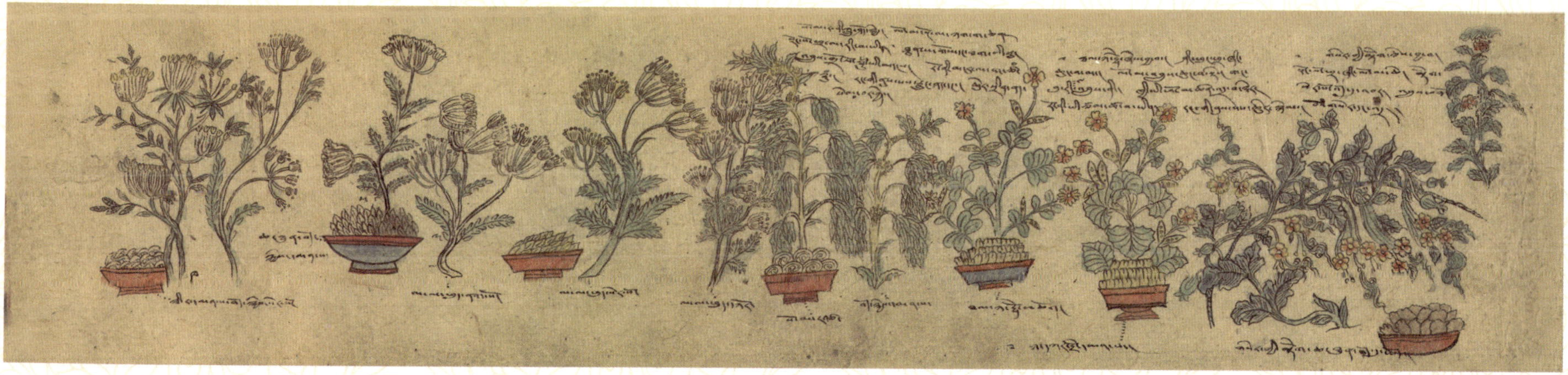

《本草药库》

本书于 14 世纪由强巴 • 弥益尼玛通瓦顿丹所著。

作者强巴 • 弥益尼玛通瓦顿丹或称拉尊 • 强巴贡确仁青，大约 14 世纪上半叶出生，其父亲索南多吉系赞普后裔。强巴 • 弥益尼玛幼年时能通藏文拼读，后师从班钦 • 那吉仁青、洛钦 • 索南加措、强巴 • 朗杰扎桑、昌迪 • 班丹措杰等知名学者，系统学习了三藏佛学和四部医典及注释等为主的诸多典籍内容，同时重点学习了《〈八支〉精要与注释》《耳传广疏》《〈内外密三者〉注释》《甚密二十五部》等内容，系统弘扬和传承了“伏藏”学与“十八支论”经典知识。特别是从强巴•朗杰扎桑处学习了《月王药诊》《甘露宝瓶》《百方论》等医学典籍；从昌迪大师处学习了《水之女神》《仙人修持》等。他广泛学习掌握了当时所有流派的医学知识，一时声名大噪，誉满雪域。

强巴•弥益尼玛的著作主要有《〈四部医典〉注释•四种格局》《〈四部医典〉佛说论》《〈释续〉注释 • 生理知识至明》《通用殊胜药》《神奇通用药》《疗疫：予人新生》《选集珠宝鬘》《玛拉雅释难》《〈根本续〉注释 • 金刚语句》等，为藏医学的发展，弘扬昌迪派医籍、医术做出了重要贡献。

该书主要内容有赞颂诸师、本书源流及传承、本草总论、分论，以及药材的鉴别等。本草总论包括概述、优劣、暑寒、产地、名称、形状、颜色、气味、功能、触觉、特别功效等十二项内容。对症下药论主要包括药材采集时令、采集者、祛毒、晒干等内容及一些教义教诲。后记中主要介绍了该书采用了哪些上师的论述观点等，并勉励后学弟子系统学习这些医学思想和实践经验等。

该书现收藏于西藏自治区藏医院图书馆，是藏式长条本，共计 23 叶。单叶规格：长 48.5 厘米，宽 7.5 厘米。

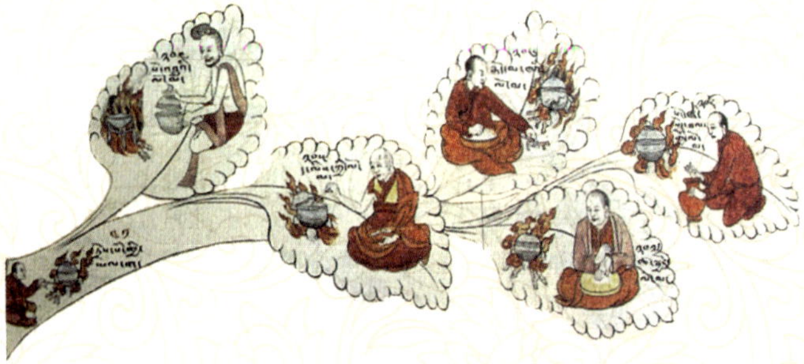

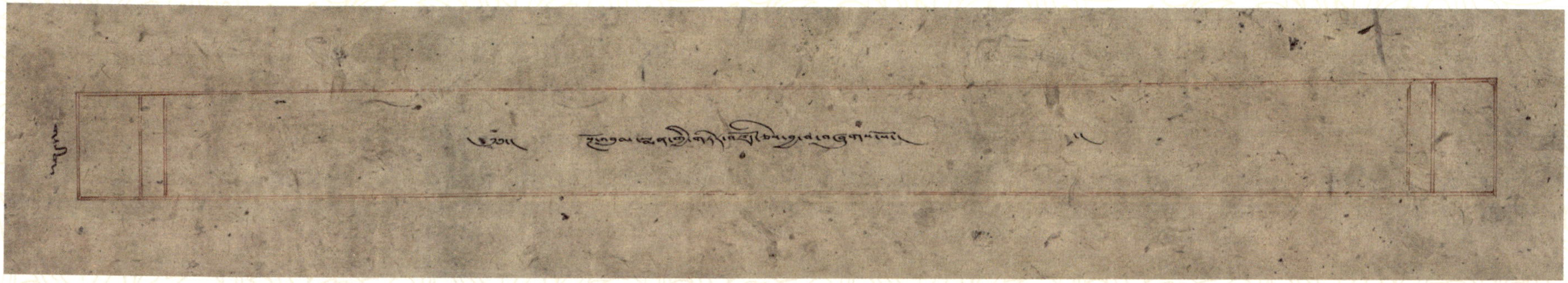

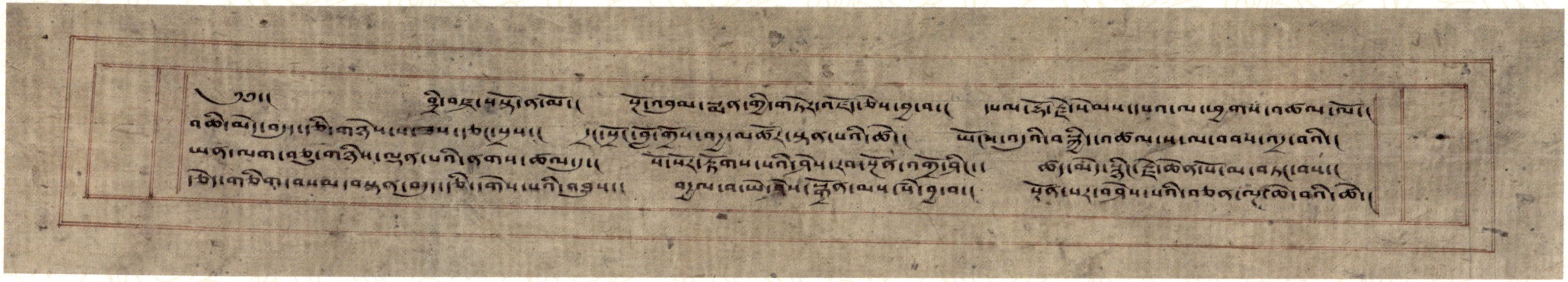

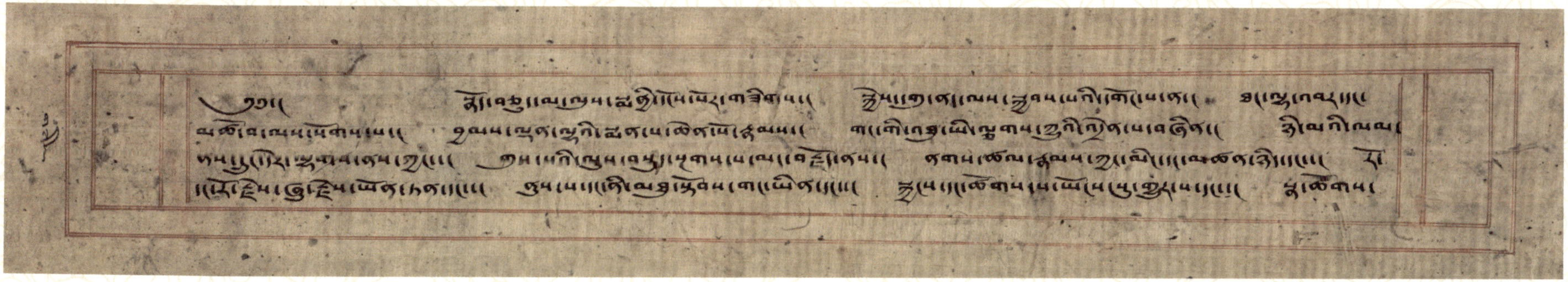

དཔལ་ལྡན་རྒྱུད་བཞིའི་ལག་ལེན་བསྡུས་ལ་ཕན་བདེའི་བཅུད་དུ་བགྱིས་པའི་ཞལ་གདམས་སོ།

དུས་རབས་བཅུ་བདུན་པར་དར་མོ་སྨན་རམས་པ་བློ་བཟང་ཆོས་གྲགས་ཀྱིས་མཛད།

གཞུང་འདིའི་མཛད་པ་པོ་དར་མོ་སྨན་རམས་པ་བློ་བཟང་ཆོས་གྲགས་མཆོག་ནི་ལྷོ་ཁ་ཡར་ཀླུངས་ཤར་ནུབ་མཐིལ་གསུམ་ལས། ཤར་གྱི་ཆ་ཤམ་པོ་གངས་ཀྱི་ཉེ་འཁོར་གཞན་པ་སའི་གྲོང་ཁྱེར་དར་མོ་ཞེས་པར་རྒྱལ་མོ་གཡུ་སྒྲ་སྙིང་པོའི་རིགས་སུ་རབ་བྱུང་བཅུ་གཅིག་པའི་ས་སྟག་༼སྤྱི་ལོ་༡༦༣༨༽ལོར་བལྟམས། ཡབ་ཡུམ་གྱི་མཚན་དང་རྣམ་ཐར་ཞིབ་པ་མ་རྙེད། དང་པོའི་ཚེ་སྐྱིད་ཚལ་ཀླུ་སྡིག་གླིང་དུ་བཞུགས་ཤིང་། རྗེས་སུ་འབྲས་སྤུངས་ཕོ་བྲང་ནུབ་མར་གསོ་རིག་འགྲོ་ཕན་གླིང་གི་ཐོ་བཙུན་གྱི་གྲས་སུ་ཚུད་རྗེས་སྡེ་ཕྱིར་ཉེ་ཐང་སྤྲུལ་སྐུ་བློ་བཟང་རྒྱ་མཚོ་དང་། དྲང་སྲོང་བསྟན་འཛིན་དར་རྒྱས་སོགས་སློབ་དཔོན་བཅུ་ཕྲག་ལྷ་ཙམ་གྱི་ཞབས་ལ་གཏུགས་ཤིང་། གསོ་དཔྱད་ལ་སྦྱང་བརྩོན་མཛད་པས་སྨན་རམས་པའི་མཚན་སྙན་ཐོབ། རྗེས་སུ་ལྔ་དབང་ལྔོག་གམ་ཤར་ཆེན་ལྔོག་ཏུ་སྨན་གྱི་སློབ་གྲྭའི་སློབ་དཔོན་དང་། རྒྱལ་བ་ལྔ་པ་ཆེན་པོའི་སྐུའི་བླ་སྨན་གནང་། གཙང་སྟོད་དར་མགོན་གྱི་བརྒྱུད་པ་དགེ་སློང་གཞན་ཕན་ལྷུན་གྲུབ་ཅེས་པ་གསོ་རིག་གི་སྦྱངས་སྟོབས་དང་། ཐོས་རྒྱ་ཆེ་བ་ཞིག་བྱུང་བར་བསྟན་རྒྱུན་ལ་བསམས་ནས་དཔོན་ཚང་བྱང་ངོས་པ་སྨན་རྒྱལ་ཚེ་དབང་། དཔོན་ཚང་དཀྱིལ་སྒེ་བ། ཆོས་རྗེ་ན་བཟའ་གླིང་པ། དྲུང་འཚོ་ལྷག་བསམ། དར་མོ་སྨན་རམས་སློབ་མ་དང་བཅས་སུམ་ཅུའི་སྐོར་ལ། ཡན་ལག་བརྒྱད་པའི་སྙིང་པོ་བསྡུས་པ་དང་། ཟིན་ཏིག་གཅེས་བསྡུས། གསེར་བྲེ། བྱང་པ་རིགས་ལྡན་རྣམ་རྒྱལ་གྲགས་བཟང་གིས་མཛད་པའི་བཤད་རྒྱུད་འགྲེལ་ཆེན་སོགས་ལུང་མན་ངག་དུ་མ་སྤེལ་དུ་བཅུག །བཙམས་ཆོས་ལ་ཕྱི་རྒྱུད་ཆུ་མདོ་མན་གྱི་འགྲེལ་པ་དཀའ་གནད་རྡོ་རྗེའི་མདུད་འགྲོལ་རྣམ་གླིང་པཎ་ཆེན་དང་ཟུང་འབྲེལ་གྱིས་མཛད་པ། མན་རྒྱུད་འགྲེལ་པ་ལེགས་བཤད་གསེར་རྒྱན། བཤད་རྒྱུད་སྟོང་འགྲེམས་ལེགས་བཤད་གསེར་གྱི་ཐུར་མ། དེ་ལས་རྒྱས་པ་བཤད་རྒྱུད་ཀྱི་སྟོང་འགྲེམས་དང་ཙ་ཚིག་ཟུང་འབྲེལ་ཅན། རྣམ་བགྲ་གསེར་གྱི་གན་མཛོད། མན་ངག་བཀའ་རྒྱ་མ། བཅུད་ལེན་འཆི་གསོས་བདུད་རྩིའི་ཉིང་ཁུ་འདོད་ལྡན་དགའ་བསྐྱེད་མཐོང་བ་འཛུམ་ཤོར་ནོར་བུའི་བང་མཛོད། རིན་ཆེན་གྲང་སྦྱོར་གྱི་གསལ་བྱེད་འཆི་མེད་བདུད་རྩིའི་ཉིང་ཁུ། ལྷན་ཐབས་ཀྱི་གསང་སྨན་ངོས་འཛིན། མན་རྒྱུད་ཀྱི་དཀའ་འཕྲང་མུན་སེལ་སྒྲོན་མེ། བཤད་རྒྱུད་རྒྱང་སེལ་གྱི་འགྲེལ་པ་མེས་པོའི་དགོངས་རྒྱན་སོགས་སྨན་དཔེ་ཕྱུལ་བྱུང་མང་དག་མཛེས། ལྷག་པར་གོང་གསལ་རྣམ་བགྲ་གན་མཛོད་ཀྱི་ནང་དུ། བཤད་རྒྱུད་ལེའུ་བཞི་པ་ལུས་ཀྱི་གནས་ལུགས་སྐབས། ཉུས་པའི་དུམ་བུ་སུམ་བརྒྱ་དྲུག་ཅུའི་སྐོར་ལ་དཔྱད་པ་གནང་ཆེད་ཀླུ་སྡིག་གླིང་ཁའི་ནང་ཕོ་མོ་བཞིའི་ཕུང་པོར་གཤེག་ལས་མཛད་དེ་ཉུས་པ་རེ་རེ་བཞིན་གཏན་ལ་ཕབ་པ་སོགས་གསོ་དཔྱད་ལ་སྐུ་དྲིན་ཆེ། མཐའ་མར་དར་མོ་སྨན་རམས་པ་སྐུ་ཚེ་ཇི་ཙམ་བཞུགས་པ་ཡིག་ཆ་མ་རྙེད་ཀྱང་གོང་གསལ་བཅུད་ལེན་འཆི་གསོས་བདུད་རྩིའི་ཉིང་ཁུ་འདོད་ལྡན་དགའ་བསྐྱེད་མཐོང་བ་འཛུམ་ཤོར་ནོར་བུའི་བང་མཛོད་ཅེས་པའི་མཇུག་བྱང་ལྟར་ན་

དཀྱུང་ལོ་དོན་གསུམ་ལ་ཕེབས་ཞེས་འཁོད་པས་ཕལ་ཆེར་དཀྱུང་ལོ་མཐོ་པོ་བཞུགས་པ་འདྲ།

གཞུང་འདིའི་ནང་དོན་གཙོ་བོ་ཐོག་མར་བརྒྱུད་པའི་བླ་མ་རྣམས་ལ་ཕྱག་བྱ་བ་དང་། དེ་ནས་དངུལ་ཆུ་གཡའ་ཕྱི་དུག་འདོན་བཙོ་བཀྲུའི་ལག་ལེན་ཉིན་ཞག་རེ་རེ་བཞིན་བྱེད་པའི་རྫས་དང་ཡོ་བྱད། ཇི་ལྟར་བྱེད་ཚུལ། གྲུབ་པའི་ཚད་སོགས་རེ་རེ་བཞིན་གསལ་སྟོན་མཛད་པ་ལ། ཐོག་མར་གཡའ་ཕྱི་བ་ཉིན་གཉིས། བཀྲུ་བ་ལ་ཉིན་བཅུ་དྲུག །བཙོ་བ་ལ་ཉིན་མཚན་ཁ་སྐོར་དྲུག་སྟེ། ཁྱོན་སྡོམས་ཞག་ཉི་ཤུ་རྩ་བཞིའི་བར་བཙོ་བཀྲུ་ལེགས་པར་བྱེད་པ་དང་། ཚད་བཞིན་ཐོན་པའི་རྟགས་ཡོངས་སུ་ཚང་ན་ཕན་ཡོན་བསམ་གྱིས་མི་ཁྱབ་པ་ཡོད། སྨན་མཆོག་བཅུད་ཀྱི་རྒྱལ་པོ་འདིའི་ཡན་ལག་ཏུ་དཔའ་བོ་གཡུལ་དུ་ཞུགས་པ་ལ་གོ་མཚོན་གྱི་དཔེ་ལྟར་ཟ་བྱེད་ཀྱི་ལྕགས་བརྒྱད། འཕིགས་བྱེད་ཀྱི་ཁམས་བརྒྱད་དངུལ་ཆུའི་གཞུང་ལྟར་སྦྱར་དགོས་པས་དེ་དག་གི་ཐལ་བསྲེག་ལག་ལེན་ལའང་གཡའ་ཕྱི་དུག་འདོན། བསྲེག་རྫས། བསྲེག་ཚུལ་སོགས་ཞིབ་ཅིང་ཕྲ་བ་བསྟན་ཡོད་དོ། །

གཞུང་འདིའི་མ་ཡིག་བྲིས་མ་སྣ་རིང་ལྡེབ་མ་༧ཅན། རིང་ཚད་ལ་༡༣༣.༨cm མཐོ་ཚད་ལ་༣༣.༩cm ཚད་ལྷག་མེད་པ་ཞིག་བོད་ལྗོངས་སྨན་རྩིས་ཁང་དུ་ཉར་ཚགས་བྱས་ཡོད། གནའ་དཔེ་འདིའི་མཚན་བྱང་དངུལ་ཆུ་བཙོ་བཀྲུའི་ལག་ལེན་བཀླགས་པས་དོན་ཀུན་འགྲུབ་པ་བཞུགས་སོ། །ཞེས་བྲིས་ཡོད་པ་དང་། མཚན་བྱང་སྟེང་དུ༼ནང་ ཇ་ ༡༧༽ཞེས་བྲིས་ཡོད་པས་འབྲས་སྤུངས་གནས་བཅུ་ལྷ་ཁང་གི་ཕྱག་དཔེ་ཡིན་པ་ཐག་གིས་ཆོད་ཅིང་དར་མོ་སྨན་རམས་པ་སྐྱ་དངོས་བཞུགས་དུས་བཞེངས་པའི་ཕྱག་དཔེ་ཞིག་ཡིན་པས་ད་བར་ལོ་ངོ་སུམ་བརྒྱ་ཙམ་གྱི་ལོ་རྒྱུས་འདུག

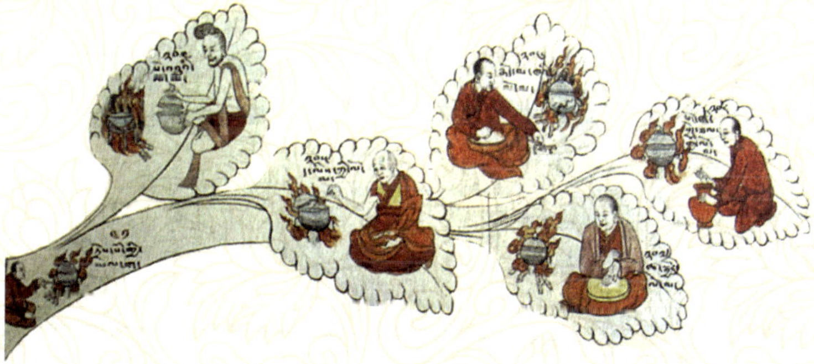

《水银洗练实践读即成就》

该书于 17 世纪由达尔莫·曼让巴·洛桑曲扎撰写。作者出生地系山南雅砻分霞、努、替（东部、西部、腹地）三处之“霞”即东部，雅拉香布雪山之侧，念巴萨地方达尔姆城。其祖辈上承至嘉姆·玉札宁波家族。作者于藏历第十一饶迥土虎年（1638 年）出生。父母姓名及详细生平缺乏记载。起初住在吉采·鲁固林，后入哲蚌寺西殿颇章医明利众院，成为“托尊”学僧。师从尼塘活佛洛桑加措、长松·丹增达尔杰等五十余名名师，刻苦攻读医学典籍，最终获得“曼让巴”（意即医明博学之士）称号。后来，出任布达拉宫拉旺角（或夏钦角）医明学校的导师，同时兼任五世达赖喇嘛的“御医”一职。

当时，有一位学承藏堆·达尔贡医学谱系的比丘·贤潘伦珠，学习刻苦、悟性超群、学识渊博。洛桑曲扎考虑到这一谱系弥足珍贵，有必要进一步传承保护下去，遂命·贤潘伦珠给洛桑曲扎本人及本仓·强额巴·曼杰次旺、本仓·吉别瓦、曲杰·纳萨林巴、仲措拉桑等三十余名学子，讲述《八支心要集》《笔记精选》《秘诀金斗》，以及强巴·朗杰扎桑所著之《〈释续〉广疏》等诸多医学典籍及其相关秘诀、秘传等。

洛桑曲扎的著作有：与南林班钦合著的《〈后续〉注释·开解难点金刚结》（“脉诊、尿诊”以下各章节）、《〈秘诀续〉注释·善说黄金庄严》《〈释续〉内容形象图解·善说黄金勺》《〈释续〉内容形象图解增广版》（附有相应口诀）、《〈释续〉广疏· 辉煌金库》《秘诀密封版》《养生论·回魂甘露精华》《常觉药丸评述·甘露精华》《〈秘诀续〉补遗记载的秘方及其认定》《〈秘诀续〉释难·驱暗明灯》《〈释续〉所记载的药物及其说明·祖先遗教》等多部优秀医学著作。

在撰写《〈释续〉广疏·辉煌金库》时，洛桑曲扎为了确认《释续》中记载的“人体 360 块骨骼”之说，在鲁固林卡亲自解剖四具男女尸体，析出尸骨，一一核对、确认，为正确理解《四部医典》及藏医学发展做出了巨大贡献。

因资料匮乏，有关洛桑扎巴的具体逝世年份无从得知。但是，其著作《养生论》后跋中提到写作这部著作时，作者年值 73 岁。可见作者享年较高。

《水银洗练实践读即成就》一书的主要内容为：

一、敬礼诸传承上师；二、水银炮制流程及所需材料和工具，具体操作、时长等。具体为去锈 2 天，洗毒 16 天，煮炼 3 天 3 夜等，共计 24 个昼夜。如此如典炮制，并出现所有成功之兆，则将实现无可限量的功能疗效。如果将这剂药方比作一个征讨病魔的将军，其手中的利器，则必定是“嘉杰康杰”八金与八物。那么，“嘉杰康杰”也需要如法洗炼炮制，其制作流程中的去锈去毒、助燃、烧制等工艺所需材料、流程，在《水银洗炼实践 · 读即成就》这部著作中都有详细记载。

西藏自治区藏医院所收藏的《水银洗炼实践 · 读即成就》，系手抄本，藏式长条书，共 7 叶，页码完整，无残缺。单叶规格：长 122.8 厘米，宽 22.4 厘米。标题为《水银洗练实践读即成就》，标题上方标注有（ཉང་ཇ། 16）标示，可知此书系哲蚌寺罗汉殿藏书。该版本系作者亲自撰写完成，距今有 300 多年的历史。

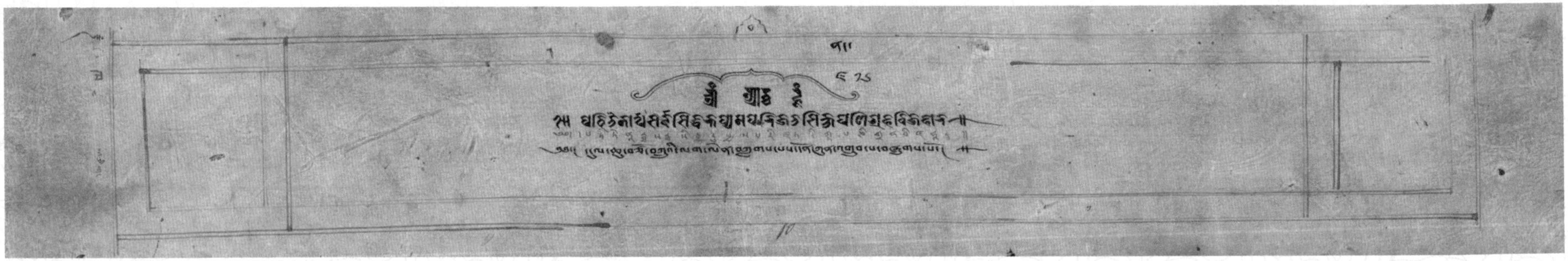

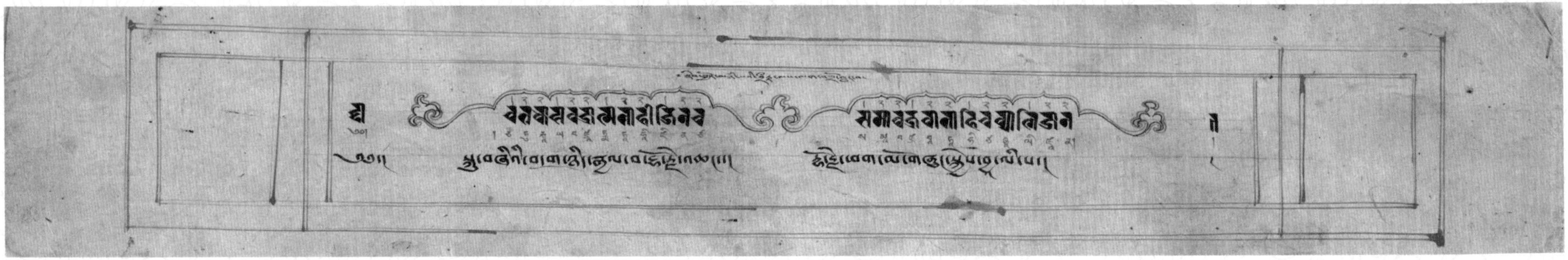

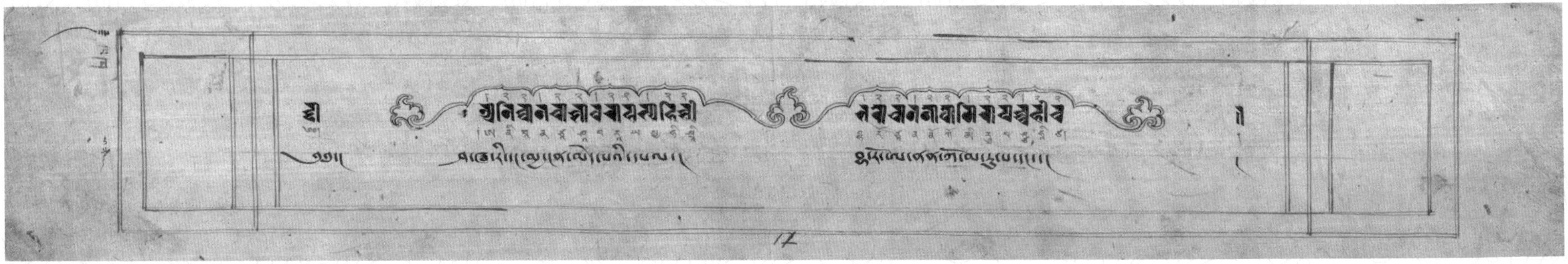

ལེགས་བཤད་བཻ་ཌཱུར་དཀར་པོའི་ཕྲེང་བ།

སྤྱི་ལོའི་དུས་རབས་བཅུ་བདུན་པར་དར་མོ་སྨན་རམས་པ་བློ་བཟང་ཆོས་གྲགས་ཀྱིས་མཛད།

དར་མོ་སྨན་རམས་པ་བློ་བཟང་ཆོས་གྲགས་མཆོག་ནི་ལྷོ་ཁ་ཡར་ལུང་ཤར་དར་མོའི་ཡུལ་དུ་རྒྱལ་མོ་གཡུ་སྒྲ་སྙིང་པོའི་རིགས་སུ་རབ་བྱུང་བཅུ་གཅིག་པའི་ས་སྟག་སྟེ་སྤྱི་ལོ་༡༦༣༨ལོར་སྐུ་བལྟམས། ཐོག་མར་ལྷ་ས་སྐྱིད་ཚལ་ཀླུ་སྦུག་གླིང་དུ་བཞུགས་ནས་སློབ་གཉེར་མཛད་ཅིང་། དེ་རྗེས་འབྲས་སྤུངས་ཕོ་བྲང་ནུབ་མར་གསོ་རིག་འགྲོ་ཕན་གླིང་གི་ཕོ་བཙུན་གྱི་གྲས་སུ་ཚུད་རྗེས་ཉི་ཐང་སྤྲུལ་སྐུ་བློ་བཟང་རྒྱ་མཚོ་དང་། བྲང་སྟོང་བསྟན་འཛིན་དར་རྒྱས་སོགས་སློབ་དཔོན་བཅུ་ཕྲག་འགའི་ཞབས་ལ་གཏུགས་ནས་གསོ་དཔྱད་ཀྱིས་མཚོན་རིག་པའི་གནས་ཀུན་སྦྱོང་བརྩོན་དཔྱིས་ཕྱིན་མཛད་པས་སྨན་རམས་པའི་མཚན་ཐོབ། རྒྱལ་དབང་ལྔ་པ་ངག་དབང་བློ་བཟང་རྒྱ་མཚོ་མཆོག་གི་སྐུའི་བླ་སྨན་པ་མཛད། རྗེ་ཕོ་བྲང་དམར་པོའི་ལྷ་དབང་ལྡོག་གམ་ཤར་ཆེན་ལྡོག་ཏུ་གསོ་རིག་སློབ་གྲྭའི་སློབ་དཔོན་གནང་ནས་དཔལ་ལྡན་རྒྱུད་བཞིའི་དགོངས་དོན་འཆད་རྩོད་རྩོམ་གསུམ་མཛད། རྗེ་འདི་ཉིད་ཀྱིས་འཕགས་ཡུལ་གྱི་སྨན་པ་ཛ་ན་ཧོ་ཞེས་པ་མིག་བཅོས་ལ་ཤིན་ཏུ་མཁས་པ་ཞིག བྱུང་བ་དེ་ལས་མིག་འབྱེད་ཀྱི་ཡོན་རྩལ་སྦྱངས་པས་འགྲོ་ཕན་འཕེལ་བར་གྱུར། ལྔ་པ་ཆེན་པོ་དགུང་ལོ་ང་བཅུ་ང་དགུ་བཞེས་སྐབས་སྤྱན་ཟུང་གི་འགྲིབ་སྒྲིབ་པར་གཤེགས་བཅོས་གནང་བ་ལེགས་གྲུབ་བྱུང་། མིའི་ཏུས་དུམ་སྐོར་ལ་དཔྱད་པ་གནང་ཆེད་ཕུང་པོ་བཤག་ལས་མཛད་དེ་རུས་པ་རེ་རེ་བཞིན་གཏན་ལ་ཕབ། སྡེ་སྲིད་མཆོག་གིས་ཁོང་ནི་སྨན་པའི་རྒྱུ་དྲུག་གི་ཡོན་ཏན་ལྡན་ཞིང་། འདི་ཕྱིའི་ལེགས་ཚོགས་འབྱུང་བའི་སྨན་བླ་གཉིས་པ་ལྟ་བུ་ཡིན་འདུག་ཅེས་བསྔགས་བརྗོད་ཆེན་པོས་མངོན་པར་བསྟོད། དམ་པ་འདི་ཉིད་ཀྱིས་སྐུ་ཚེ་ཧྲིལ་པོར་དཔལ་ལྡན་རྒྱུད་བཞི་སོགས་གསོ་བ་རིག་པའི་དགོངས་དོན་ལ་འཆད་རྩོད་རྩོམ་གསུམ་གྱིས་དུས་འདའ་བར་མཛད་ནས་བསྟན་འགྲོར་སྨན་པའི་ཕྲུག་བཞིས་དུ་མ་གནང་བ་སོགས་ལ་གོང་ས་ཆེན་པོས་གཟིགས་པ་ཆེས་ཆེར་མཛད། གསུང་རྩོམ་ཡང་གདངས་རིའི་ཁྲིད་ཀྱི་སྨན་གྱི་མན་ངག་རྣམས་གཅིག་ཏུ་བསྡུས་པར་གྲགས་པའི་བཀའ་རྒྱ་མ་དང་། མན་རྒྱུད་འགྲེལ་ཆེན་ལེགས་བཤད་གསེར་རྒྱན། བཤད་རྒྱུད་སྟོང་འགྲེམས་ལེགས་བཤད་གསེར་གྱི་ཐུར་མ། རྣམ་བཀྲ་གསེར་གྱི་གན་མཛོད། བཅུད་ལེན་འཆི་གསོས་བདུད་རྩིའི་ཉིང་ཁུ་འདོད་ལྡན་དགའ་བསྐྱེད་མཐོང་བ་འཛུམ་ཤོར་ནོར་བུའི་བང་མཛོད། རིན་ཆེན་གྲང་སྦྱོར་གྱི་གསལ་བྱེད་འཆི་མེད་བདུད་རྩིའི་ཉིང་ཁུ། ལྷན་ཐབས་ཀྱི་གསང་སྨན་ངོས་འཛིན། གཡུ་ཐོག་གསར་རྙིང་གི་རྣམ་ཐར་སོགས་ཚད་ལྡན་གྱི་གཞུང་འགྲེལ་དང་མན་ངག་ལག་ལེན་བཅས་ཕྱོགས་གང་ཅིའི་ཐད་ཀྱི་སྨན་གཞུང་མང་པོ་ལྷུགས་རྩོམ་གནང་བས་བོད་ལུགས་གསོ་རིག་གཞུང་ལུགས་ཀྱི་འགྲེལ་པ་དང་། ནད་ཐོག་གི་ལག་ལེན། སྨན་གྱི་ངོས་འཛིན། སྦྱོར་ཚད། ལས་སྦྱོར་བྱ་ཐབས་སོགས་ལ་ཕན་བསྐྱེད་ཆེས་ཆེར་ཐོན། དངོས་སློབ་སྨན་རམས་པ་བློ་གྲོས་ཆོས་

འཕེལ་ཞེས་པ་སོགས་མཁས་པ་མང་པོ་ཐོན་ནས་འགྲོ་ཕན་རྒྱ་ཆེར་བྱུང་སྐབས་བོད་དབུས་གཙང་དང་། མཚོ་སྔོན། མདོ་སྨད། ཐ་ན་སོག་ཡུལ་བཅས་པར་མཁས་དབང་འདི་ཉིད་ཀྱི་སྙན་གྲགས་ཁྱབ། དེ་ནས་དགུང་གྲངས་དོན་གསུམ་ལ་ཕེབས་སྐབས་ར་སྒྲེང་བྱང་ཆུབ་གླིང་གི་མཁན་པོ་མཛད་ནས་སྐུ་ཚེ་ཡང་རིང་དུ་བཞུགས་མོད་དགོངས་རྫོགས་ཀྱི་ཚེས་ཚ་གསལ་པོ་མ་རྙེད།

གསོ་དཔྱད་བསྟན་བཅོས་འདིའི་ནང་དངུལ་ཆུའི་འབྱུང་ཁུངས་དང་། དངུལ་ཆུ་སྒྲུབ་པའི་ལོ་རྒྱུས། དངུལ་ཆུའི་མིང་གི་རྣམ་གྲངས། དངུལ་ཆུའི་ཁ་དོག་གཟུགས་དབྱིབས། བསྙེན་ཐབས། དངུལ་ཆུའི་ཡོན་ཏན། བསྙེན་མི་ཤེས་པའི་སྐྱོན། བཙུད་ལེན། འཁོར་སྨན་རིན་པོ་ཆེའི་སྡེ་ཚན་བཅས་ནང་དོན་རྣམ་པ་དགུའི་ཐོག་ནས་གཞུང་གི་ནང་དོན་རྣམས་ཞིབ་རྒྱས་སུ་བཀོད་འདུག །བརྩམས་པའི་ལོ་དུས་ནི་དུས་ཀྱི་ཕོ་ཉར་འབོད་པ་ས་ཕོ་རྟ་ལོ་སྟེ་སྤྱི་ལོ་༡༦༧༨ལོའི་སྟོན་ཟླའི་གྲལ་ཚེས་དགེ་བར། དཀའ་ལྡན་ཕྱོགས་ཐམས་ཅད་ལས་རྣམ་པར་རྒྱལ་ཞིང་སྟོབས་ཀྱི་འཁོར་ལོས་བསྒྱུར་བ་གོང་མ་ཆོས་ཀྱི་རྒྱལ་པོ་མཆོད་ཡོན་གྱི་བཀའ་བཞིན། རིན་ཆེན་རིལ་བུ་དང་། རིན་ཆེན་ཧ་རི་མ། དུག་འཇོམས་དབང་པོའི་རིལ་བུ་སྟེ། གསུམ་གྱི་སྦྱོར་སྡེ་བགྱིས་སྐབས། རང་དང་གཞན་ལ་ཕན་པའི་དོན་དུ་འཚོ་བ་བྱེད་པ་དར་མོ་སྨན་རམས་པ་བློ་བཟང་ཆོས་གྲགས་ཀྱིས་ཕོ་བྲང་ཆེན་པོ་པོ་ཏ་ལའི་ཉེ་འདབས་སྐྱིད་ཚལ་ཀླུ་སྒྲུག་གླིང་དུ་སྦྱར་བའི་ཡི་གེ་པ་ནི་རང་གི་དངོས་སློབ་ལྷོ་བྲག་པ་བློ་བཟང་ཆོས་འཕེལ་གྱིས་བགྱིས་པ། ཞེས་གཞུང་གི་མཇུག་བྱང་ལས་གསལ་བར་བསྟན་པ་ལྟར་རོ། །

གཞུང་འདིའི་མཚན་བྱང་རྒྱས་པར་དངུལ་ཆུ་དང་རིན་པོ་ཆེའི་འབྱུང་ཁུངས་ཕན་ཡོན་དངུལ་ཆུ་བཙོ་བཀྲུའི་ལག་ལེན། དུག་འཇོམས་དབང་པོའི་རིལ་བུ་སྡེ་གསུམ་གྱི་སྦྱོར་སྡེ་དང་རིན་ཐང་སོགས་ཟིན་བྲིས་སུ་བཀོད་པ་ལེགས་བཤད་བཻཌཱུར་དཀར་པོའི་ཕྲེང་བ་ཞེས་གཞུང་ནང་དུ་བསྟན་པའི་ནང་དོན་རྣམས་མཚན་བྱང་མཇལ་བ་ཙམ་གྱིས་ཕལ་ཆེར་རྟོགས་ནུས་པའི་ཁྱད་ཆོས་ལྡན། མཚན་བྱང་ནི་མཛད་པ་པོ་ཉིད་ཀྱི་གཞུང་ནང་དུ་བསྟན་པའི་དོན་རྣམས་མཚན་དང་འབྲེལ་ཏེ་སློབ་ཁྲིད་དང་ལྷུགས་རྩོམ་མཛད་པའི་སྐབས་ཀྱི་ཟིན་བྲིས་སུ་འཁོད་པ་ལེགས་པར་བཤད་པ་བཻཌཱུར་དཀར་པོའི་ཕྲེང་བ་ལྟར་ཇི་མ་ཇི་བཞིན་འཁོད་པའི་དོན་ནོ། །

ད་ལྟ་ཉར་ཚགས་གནང་བའི་མ་དཔེ་ལ་བོད་རང་སྐྱོང་ལྗོངས་སྨན་རྩིས་ཁང་དུ་ཉར་ཚགས་ལེགས་པར་གནང་བའི་ལེགས་བཤད་བཻཌཱུར་དཀར་པོའི་ཕྲེང་བ་ཞེས་བྲིས་མ་དཔེ་རྙིང་སྣ་རིང་ཞིག་ཡོད་པ་འདི་ལ་ཁྱོན་ལྡེབ་མ་༣༡ཡོད་ཅིང་། ལྡེབ་མ་རེ་རེའི་རིང་ཚད་༥༥cmདང་མཐོ་ཚད་༨.༥cmཡོད། བྲིས་མ་དང་པར་མ་ལ་སོགས་དཔར་གཞི་གཞན་མ་མཇལ།

《善说 · 白琉璃串》

该书于 17 世纪由达尔莫・曼让巴・洛桑曲扎撰写。

作者出生于山南雅砻霞达尔莫地方，其祖辈上承至嘉姆・玉札宁波家族。作者于藏历第十一饶迥土虎年（1638 年）出生，起初住在吉采・ 鲁固林学习，后入哲蚌寺西殿颇章医明利众院，成为“托尊”学僧。师从尼塘活佛洛桑加措、长松•丹增达尔杰等几十位名师，刻苦攻读医学典籍，最终获得“曼让巴”（意即医明博学之士）称号。任五世达赖喇嘛的“御医”。后来，出任布达拉宫拉旺角（或夏钦角）医明学校的导师，围绕《四部医典》展开讲述、辩论、写作等“智者三事业”。另外，达尔莫・曼让巴从来自印度的医生玛拿霍处学习眼科技术，其开眼技术甚受患者的欢迎，利众成就日益增大。五世达赖喇嘛 59 岁时，达尔莫・曼让巴为其做白内障摘除手术，成功摘除白内障。为确认人体骨块数量，剖析尸体，析出尸骨，一一确认并作记录。第司・桑杰嘉措称赞他具备医者六德，是造福三时的第二药师佛。

著作有《雪域所有药方秘诀集甚密本》《〈四部医典・秘诀续〉注释•善说黄金庄严》《〈四部医典•释续〉内容形象图解•善说黄金勺》《〈四部医典・释续〉广疏・辉煌金库》《养生论・回魂甘露精华》《常觉药丸评述・甘露精华》《〈四部医典・秘诀续〉补遗记载的秘方及其认定》《两位宇妥・云丹贡布传》等众多医学典籍，在藏医的理论阐发、临床实践、药材鉴别、药物加工炮制剂量的制定等方面做出了重大贡献。

洛桑曲扎培养了曼让巴・洛桑曲培等众多知名弟子，声名远播。在西藏、青海、四川，甚至在内蒙古也流传着学徒们的贤能大名。73 岁时任热振强秋林的堪布。

该书主要内容包含水银的起源、水银洗炼技术史、水银名称、水银的颜色形状、服用方法、水银的作用、服用不得法将引起的后果、壮阳滋阴、辅约珍宝药物等。该书著成时间为称“时光使者”的土阳马年（1678 年）心月吉日。炮制珍宝丸、珍宝达日玛、祛毒旺布丸之际，为你我众生之福祉，洛桑曲扎在布达拉宫附近吉采・鲁固林完成以上典籍编纂任务，其缮写由弟子洛扎・洛桑群培担任。

该书完整标题为《水银和珍宝来源、利益，水银洗炼法实践，祛毒旺布丸等三方之配方、价值的笔记善说白琉璃串》。

该书母本现收藏于西藏自治区藏医院，系藏式长条写本，共 21 叶。单叶规格：长 55 厘米，宽 9.5 厘米。

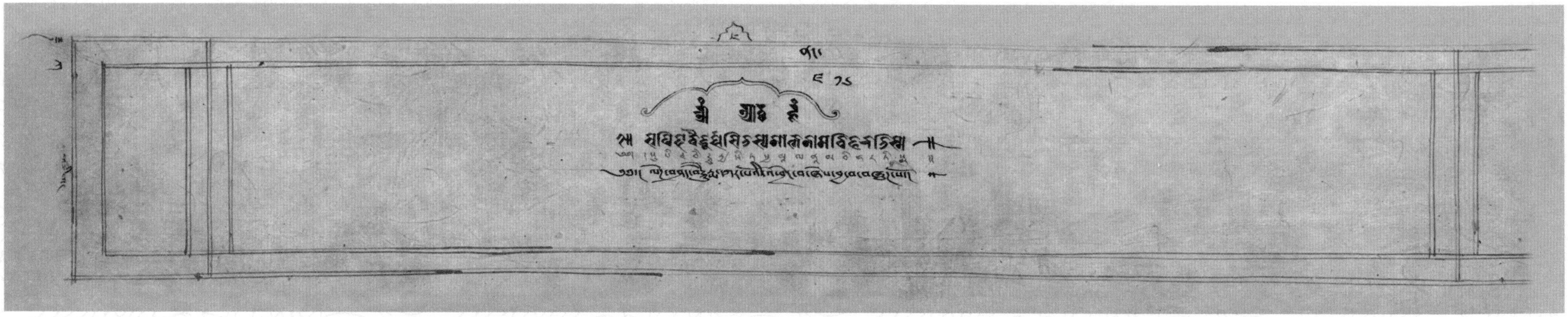

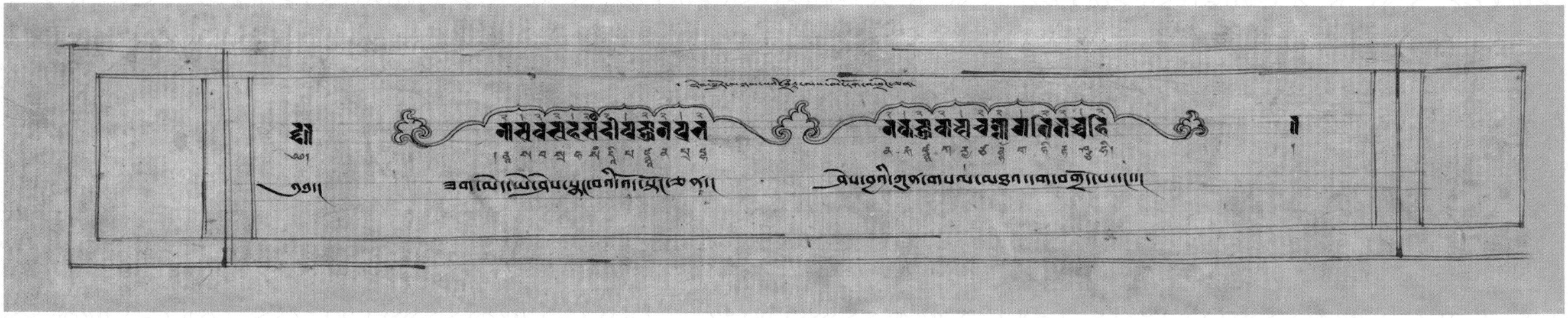

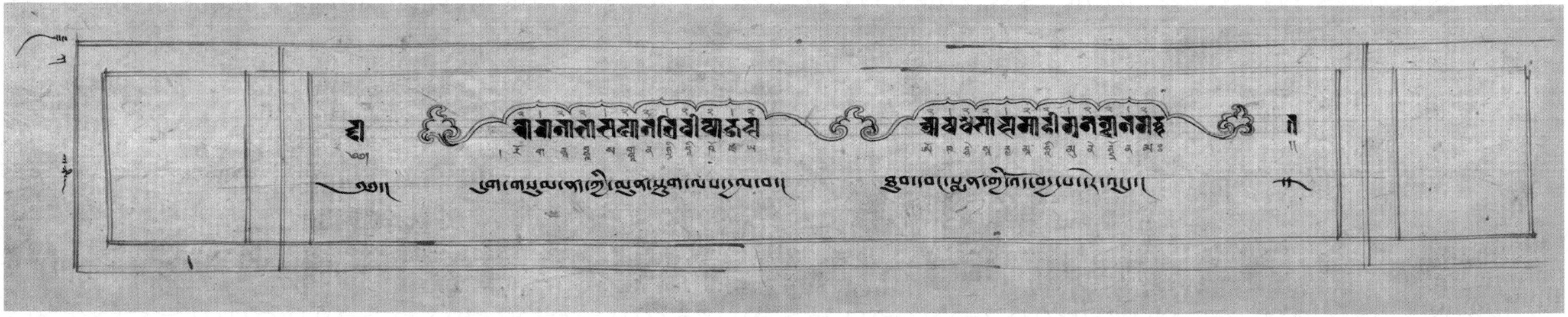

འབྲི་གུང་གཅེས་བསྡུས་དང་དེའི་ཆ་ལག

སྤྱི་ལོའི་དུས་རབས་བཅུ་བདུན་པར་འབྲི་གུང་ཆེ་དབང་བརྟན་པ་སོགས་ཀྱིས་མཛད།

འབྲི་གུང་ཆེ་དབང་བརྟན་པའམ་མཚན་གཞན་ལ་དཀོན་མཆོག་འགྲོ་ཕན་དབང་པོ་མཆོག་ནི་རབ་བྱུང་བཅུ་གཅིག་པའི་ལྕགས་ལུག་ལོ་སྟེ་སྤྱི་ལོ་༡༧༣༡ལོར་དབུ་རུའི་མཚམས་གཞུ་སྟོད་དུ་སྐུ་འཁྲུངས། དམ་པ་འདི་ཉིད་སྐུ་གཞོན་ནུའི་སྐབས་ནས་འབྲི་གུང་དགོན་དུ་ཆོས་ཞུགས་གནང་། མདོ་སྔགས་གཉིས་ལ་སྦྱངས་པ་མཛད། མགོན་པོ་འབྲི་གུང་བ་རིག་འཛིན་ཆོས་གྲགས་བསྟེན་ནས་གསོ་རིག་གཞུང་ལ་ཐོས་བསམ་བྱས་པས་མཁས་པའི་གྲགས་པ་རྒྱས། དགུང་ལོ་སུམ་ཅུ་སོ་གཅིག་ལ་སོན་སྐབས་འབྲི་གུང་ཆོས་གྲགས་དགོངས་པ་རྫོགས་ནས་ལོ་གཉིས་སོང་བའི་དུས་སུ་སློབ་དཔོན་གྱི་དགོངས་རྫོགས་ལ་རྗེས་དྲན་ཞུ་བ་དང་། མཐོང་བརྒྱུད་ཕྱག་ལེན་རྣམས་མི་ཉམས་གོང་འཕེལ་གྱིས་འགྲོ་ཕན་རྒྱ་ཆེན་ཡོང་ཆེད་འབྲི་གུང་གཅེས་བསྡུས་ཞེས་སུ་གྲགས་པའི་སྨན་གཞུང་གསར་རྩོམ་མཛད། དེ་ནས་གཙོ་བོ་འབྲི་གུང་ཆོས་གྲགས་ཀྱི་གསུང་རྒྱུན་རྣམས་དང་། རྒྱུད་བཞིའི་བཀའ་མཆན་དུ་བཏབ་པའི་ཟབ་གནད། གཡུ་ཐོག་སྙིང་ཐིག །མན་ངག་སྔོག་དྲིལ་སྐོར་པ་གསུམ། ཐང་ཧྲིའི་གསེར་ཐྲེ། དངུལ་ཐྲེ། མཁས་གྲུབ་ཨོ་རྒྱན་པའི་དངུལ་ཆུ་གྲུབ་པའི་བསྟན་བཅོས། འབུམ་ཁུ་ཚུར། ཐེ་བ་རིང་བསྲེལ། ཉམས་ཡིག་བརྒྱ་རྩ། མན་ངག་ཀུན་གྱི་སྙིང་པོ་བསྡུས་པ་སོགས་དང་། ཐ་ན་སྐབས་དེའི་སྨན་པ་མཁས་པ་ཁ་ཤས་ཀྱི་སྨན་སྦྱོར་ཟབ་པ་སྣ་རེ་ཡན་ཆད་དངོས་དང་བརྒྱུད་པའི་སྒོ་ནས་འབད་པ་དུ་མས་དོན་གཉེར་མཛད། སྐུ་ཆེ་དེ་ཙམ་བཞུགས་པའི་སྐོར་གསལ་པོ་མ་ཤེས་རུང་། ཁོང་ཉིད་དགུང་ལོ་རེ་གཅིག་པ་རབ་བྱུང་བཅུ་གཉིས་པའི་ཆུ་སྟག་ལོ་སྟེ་སྤྱི་ལོ་༡༧༨༢ལོར་བརྩམས་པའི་རྒྱུ་ཀན་གྱི་བཅོས་འཕྲུལ་གྱི་ཐེམས་ཚང་ཞེས་པའི་མཇུག་བྱང་དུ། དཀོན་མཆོག་འགྲོ་ཕན་དབང་པོས་རང་ལོ་རེ་གཅིག་པ་རབ་སྨྲས་ཞེས་པ་ལྕགས་ཕོ་ཧ་ལོའི་ཧོར་ཟླ་ལྔ་པའི་ཚེས་བཅོ་བརྒྱད་ཀྱི་ཉིན་དགུང་གི་ཐུན་མཚམས་སུ་བྲིས་ཞེས་གསལ་བས་སྐུ་ཚེ་ཐུང་རིང་ཙམ་བཞུགས་པ་འདྲ། རྗེས་འཇུག་སློབ་མའི་གྲས་སུ་གཙོ་བོ་དཔོན་ཚང་ཡེ་ཤེས་ཞེས་པ་སྨན་དཔྱད་ལ་ཤིན་ཏུ་མཁས་པ་སོགས་བྱུང་ནས་རྒྱུན་མ་ཆད་པར་འགྲོ་དོན་བསམ་གྱིས་མི་ཁྱབ་པའི་མཛད་པ་བཟང་པོས་དུས་འདའ་བ་བྱུང་། གསུང་རྩོམ་ནི་ བླ་མའི་ཞལ་རྒྱུན་གྱི་ཟིན་བྲིས་དང་། གཉན་རིམས་མཁྲིས་པ་རྩར་རྒྱུགས་ཀྱི་བཅོས་ཚུལ་མདོར་བསྡུས་ཞལ་ལུང་བདུད་རྩིའི་ཆུ་རྒྱུན། སྣུང་ནད་ལྷེ་སྐྱུང་མགོའི་བཅོས་ཐབས། འབམ་བཅོས་མན་ངག་ཁྱད་པར་ཅན། གཅོང་ཆེན་དམུ་ཆུ་གསོ་བའི་གདམས་ངག་བཅས་བོད་གཉིས་བཞུགས།

འབྲི་གུང་གཅེས་བསྡུས་དང་དེའི་ཆ་ལག་ཅེས་བྱ་བའི་གསོ་དཔྱད་ཀྱི་བསྟན་བཅོས་འདིའི་ནང་དུ་འབྲི་གུང་གཅེས་བཏུས་ཀྱི་མན་ངག་བླ་མའི་ཞལ་རྒྱུན་གྱི་ཟིན་བྲིས་སོགས་དཔེ་ཚན་བདུན་བསྒོད་ཡོད་པ་ལས། དཔེ་ཚན་དང་པོ་འབྲི་གུང་གཅེས་བཏུས་ཀྱི་མན་ངག་བླ་མའི་ཞལ་རྒྱུན་གྱི་ཟིན་བྲིས་ཞེས་བྱ་བའི་གཞུང་འདིའི་མཛད་པ་པོ་ནི་ཀརྨ་ངེས་ལེགས་བསྟན་

འཛིན་ཡིན་ཞིང་། ནང་དོན་གཙོ་བོ་ནི། འབྲི་གུང་གཅེས་བསྡུས་ཕན་བདེའི་སྙིང་པོའི་ནང་འཁོད་པའི་གསང་སྨན་རྣམས་ཀྱི་ངོས་འཛིན་དང་། གབ་མིང་གི་གསལ་འགྲེལ། རྣམ་གྲངས་གསལ་བཀྲོལ། སྨན་སྦྱོར་འགའ་ཞིག་གི་སྦྱོར་ཚད་སོགས་སྤྱོད་གྲུབ་མང་པོ་བསྟན་ཡོད། ལྡེབ་མ་བཅུ་བཞི་ཅན་ཡིན་པ་དང་། དཔེ་ཚན་གཉིས་པ། ཞལ་ཤེས་སྙིང་གི་ཁུ་བའི་རིམ་པ་ཅན་བདུད་རྩི་ཐིགས་པ་ཞེས་བྱ་བའི་གཞུང་འདིའི་མཛད་པ་པོ་ནི་འབྲི་གུང་ཆེ་དབང་བརྟན་པའི་སློབ་མའི་ཐུ་བོ་དཔོན་ཚང་ཡེ་ཤེས་ཡིན་ཞིང་། ནང་དོན་གཙོ་བོ་ནི། འབྲི་གུང་སྨན་ནག་ཆེན་མོ་སོགས་ཀྱི་སྨན་སྦྱོར་དང་། ནད་སྨན་སྤྱོད་ཐབས། གསང་སྨན་ངོས་འཛིན་སོགས་སློབ་དཔོན་གྱི་ཞལ་ཤེས་རྣམས་བསྟན་ཡོད། དེར་ལྡེབ་མ་གྲངས་སོ་དྲུག་ཡོད། དཔེ་ཚན་གསུམ་པ། ཕན་བདེའི་སྙིང་པོའི་ཞལ་ཤེས་མན་ངག་ཟུར་རྒྱན་རིགས་རྣམས་གསལ་བར་བཀོད་པ་ཞེས་བྱ་བ་འདི་ནི། ཞལ་ཤེས་རང་གི་ནང་དུ་སི་ཏུ་རིན་པོ་ཆེའི་ཕྱག་བཞེས་ལྟར་ཞེས་འཁོད་པར་གཞིགས་ན། འདི་ཡང་ཀརྨ་ངེས་ལེགས་བསྟན་འཛིན་གྱིས་མཛད་པ་མིན་ནམ་སྙམ། ནང་དོན་གཙོ་བོ་ནི། གཅེས་བཏུས་ཕན་བདེའི་སྙིང་པོའི་ནང་གི་སྨན་འགའ་ཡི་ངོས་འཛིན་དང་འདུལ་སྦྱོང་ཕྱག་ལེན་དང་། སྦྱོར་སྡེ་དང་སྦྱོར་ཚད། ཁ་ཚར། གབ་མིང་གསལ་འགྲེལ་སོགས་བསྟན་འདུག །དེར་ལྡེབ་མ་གྲངས་ཉེར་ཅིག་ཡོད་པ། དཔེ་ཚན་བཞི་པ། འབྲི་གུང་གཅེས་བཏུས་ནོར་བུའི་བང་མཛོད་དང་དྭགས་ལུགས་ནོར་བུའི་དོ་ཤལ་སོགས་ཟུར་རྒྱན་བཅས་ཕྱོགས་བསྡུས་བཀོད་པ་ཞེས་བྱ་བ་འདི་ནི་འབྲི་གུང་དཀོན་མཆོག་དགའ་བས་ཕྱོགས་བསྒྲིགས་མཛད་པ་ཞིག་ཡིན་ཞིང་། ཁོང་ནི་དབུས་སྟོད་འབྲི་གུང་སྒྲ་ག་ཞེས་པར་རབ་བྱུང་བཅུ་དྲུག་པའི་མེ་ཕག་སྟེ་སྤྱི་ལོ་༡༩༤༧ལོར་སྐུ་འཁྲུངས་པ་དང་། རབ་བྱུང་བཅུ་བདུན་པའི་ཆུ་སྦྲུལ་ཏེ་སྤྱི་ལོ་༢༠༡༣ལོར་དགོངས་པ་རྫོགས། ཁོང་གིས་སྨན་རྩིས་མཁས་དབང་མཁྱེན་རབ་ནོར་བུའི་དངོས་སློབ་འབྲི་གུང་སྨན་སློབ་དཀོན་མཆོག་སློབ་དཔོན་དུ་བསྟེན་པས་སློབ་མའི་ཐུ་བོར་གྱུར། འདི་ནི་ཁོང་གི་སློབ་དཔོན་དམ་པས་དྭགས་ལུགས་དང་འབྲི་ལུགས་ཀྱི་སྨན་སྦྱོར་རྣམས་ཁ་འཐོར་དུ་གནས་རྐྱེན་འདི་དག་ཆ་ཚང་བར་ཕྱོགས་བསྒྲིགས་གྱིས་ཤིག་ཅེས་བཀའ་སློབ་གནང་བ་དང་ཐུགས་སྐུལ་མ་ནན་ཆེར་གནང་བ་ལ་བརྟེན་ནས་ཕྱོགས་བསྡུས་སུ་བཀོད་པ་ཞིག་ཡིན། ནང་དོན་གཙོ་བོ་ནི། མན་ངག་རྒྱུད་ཀྱི་གོ་རིམ་བཞིན་ཉེས་གསུམ་ནས་བཅུད་ལེན་དང་འགོག་སྲུང་སོགས་སྨན་སྦྱོར་ཟབ་མོ་མང་དུ་བཞུགས་པ་དེ་དག་སློབ་དཔོན་དམ་པའི་དགོངས་པ་དང་ཁོང་གི་མྱོང་བས་ཟུར་བརྒྱན་ཞིང་འགའ་ཞིག་ལ་སྦྱོར་ཚད་ཀྱང་འཁོད་འདུག །དེར་ལྡེབ་མ་གྲངས་དོན་ལྔ་ཡོད། དཔེ་ཚན་ལྔ་པ། ཉེར་ལྔ་ཉེར་ལྔའི་སྦྱོར་བ་རིན་ཆེན་སྒྲོག་གི་རྒྱབ་རྟེན་ཞེས་བྱ་བ་ནི་འབྲི་གུང་རིག་འཛིན་ཆོས་ཀྱི་གྲགས་པས་མཛད་པ་དང་། བདུད་རྩི་ཉེར་ལྔ་སོགས་སྨན་སྦྱོར་ཉེར་ལྔ་ཅན་གྱི་སྦྱོར་སྡེ་ཉེར་ལྔའི་སྦྱོར་བ་དང་། ཕན་ཡོན། བསྟེན་ཐབས་སོགས་གསལ་བར་གསུངས་ཡོད་པ། དེར་ལྡེབ་མ་གྲངས་དྲུག་ཡོད། དཔེ་ཚན་དྲུག་པ། གཉན་རིམས་མཁྲིས་པ་རྩར་ཆུག་བཅོས་བསྡུས་བདུད་རྩིའི་ཆུ་རྒྱུན་ཞེས་བྱ་བ་འདི་ནི་དཀོན་མཆོག་འགྲོ་ཕན་དབང་པོས་མཛད་ཅིང་། གཉན་རིམས་མཁྲིས་པ་རྩར་ཆུག་གི་རྒྱུ་རྐྱེན་དང་། རྟགས་དབྱེ། བཅོས་ཐབས་སོགས་རྒྱས་པར་གསུངས་ཡོད། དེར་ལྡེབ་མ་གྲངས་ཉེར་ཅིག་ཡོད། དཔེ་ཚན་བདུན་པ། གསང་བ་ཐིག་བརྒྱུད་ཕན་བདེའི་ཡང་སྙིང་ནོར་བུའི་བང་མཛོད་ཅེས་བྱ་བ་ནི་དཔལ་གྱི་མཚན་ཅན་གྱིས་མཛད་ཅིང་། སྡེ་སྲིད་སངས་རྒྱས་རྒྱ་མཚོའི་མན་ངག་ལྷན་ཐབས་དང་གཅེས་བཏུས་ཕན་བདེའི་སྙིང་པོ། ཕན་བདེའི་བརྒྱ་རྩ་སོགས་ལས་བཏུས་ཤིང་། ཁོང་གི་སློབ་དཔོན་དམ་པའི་མན་ངག་དང་ཉམས་མྱོང་གིས་ཟུར་

བརྒྱན་ནས་མཛད་པ་ཞིག་ཡིན། དེར་ལྡེབ་མ་གྲངས་༡༠༨ཡོད།

ཐེངས་འདིའི་མ་དཔེ་འབྲི་གྲུང་གཅེས་བཏུས་ཀྱི་མན་ངག་བླ་མའི་ཞལ་རྒྱུན་གྱི་ཟིན་བྲིས་ཞེས་བྱ་བ་དང་། ཞལ་ཤེས་སྙིང་གི་ཁུ་བའི་རིམ་པ་ཅན་བདུད་རྩིའི་ཐིགས་པ། ཕན་བདེའི་སྙིང་པོའི་ཞལ་ཤེས་མན་ངག་བྱུར་རྒྱན་རིགས་རྣམས་གསལ་བར་བཀོད་པ། འབྲི་གྲུང་གཅེས་བཏུས་ནོར་བུའི་བང་མཛོད་དང་དྭགས་ལུགས་ནོར་བུའི་དོ་ཤལ་བྱུར་རྒྱན་བཅས་ཕྱོགས་བསྡུས་བཀོད་པ། ཉེར་ལྔ་ཉེར་ལྔའི་སྦྱོར་བ་རིན་ཆེན་སྲོག་གི་རྒྱབ་རྟེན་བཅས་དཔེ་ཚན་ལྔའི་མ་དཔེ་ནི་འབྲི་ལུགས་གསོ་རིག་བརྒྱུད་འཛིན་པ་ཆོས་རྗེ་བཟང་པོ་མཆོག་གིས་མཁོ་འདོན་གནང་བ་ཡིན་ཞིང་། གཞན་རིམས་མཁྲིས་པ་རྩར་རྒྱུག་བཅོས་བསྡུས་བདུད་རྩིའི་ཆུ་རྒྱུན་ཞེས་བྱ་བ་དང་། གསང་བ་ཚིག་བརྒྱུད་ཕན་བདེའི་ཡང་སྙིང་ནོར་བུའི་བང་མཛོད་བཅས་ཀྱི་མ་དཔེ་ནི་འབྲི་གྲུང་མཐིལ་དགོན་གྱི་སྨན་པ་ཀརྨ་མཆོག་ནས་རོགས་རམ་གནང་བ་བརྒྱུད་དབུ་རུ་ཀ་ཚལ་དགོན་གྱི་སྨན་པ་བསྟན་སྐྱོང་གི་དཔོན་རྒྱུད་སྨན་པ་དཀོན་མཆོག་དོན་གྲུབ་ཀྱིས་མཁོ་འདོན་གནང་བ་ལགས་སོ། །མ་ཡིག་ཁྱོན་ཡོངས་ལ་ལྡེབ་མ་༣༨༡ཡོད་པ་དག་གི་རིང་ཐུང་ཚད་གཞི་སྣ་ཚོགས་ཡོད།

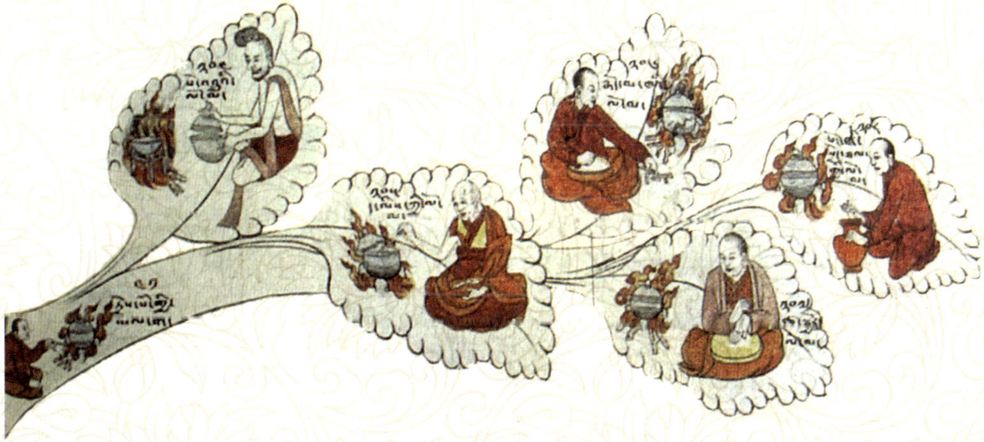

《直贡学派文献荟萃》

该书于公元17世纪左右由直贡·次旺丹巴等直贡派传承人编著，全书由七组不同的手抄本组成，共计228叶。

著者直贡·次旺丹巴，别名贡觉卓鹏旺布，藏历第十一饶迴铁羊年（1631年）出生在拉萨乌如雪堆（属尼木县）内。自幼到直贡寺出家，学习了显密两大教派及医学等知识，后师从直贡切吉智巴熟读医学典籍。他31岁即其他上师逝世2周年时，为纪念上师，传承和弘扬藏医学，特撰写《直贡学派文献荟萃》，主要是上师编著的《四部医典·疑难释解》《宇妥心经》《三卷秘诀》《章弟·诀窍金升》《诀窍银升》《水银炼制术》《百万拳》《秘诀千万舍利》《秘诀精髓集要》《验方百篇》等授课内容，以及历代名医的藏药组方的研制及临床应用等内容，尤其撰写了《直贡学派文献荟萃》的上师口述、笔记、瘟疫、胆入经络的治则治法、象皮病的诊治经验等内容。卒年不详，但上师编著的"肠宿疾诊治验谈后记"中记载其于铁马年61岁时撰写。

一、《直贡学派文献荟萃之秘诀师言札记》是由噶玛·额勒丹增所著。该书的主要内容是详细论述了直贡汇集中藏药方剂秘方的辨识、隐词闭句及类别的解析，部分验方的剂量及配制方法等。原本共有14叶。单叶规格：长19.4厘米，宽5.5厘米。

二、《直贡亲训甘露精华》是由直贡·次旺丹巴之关门弟子本仓耶西所编著。主要内容是藏药方剂直贡曼纳乾姆的配方及剂量，疾病的治疗法，秘方药材的辨识等上师的口传诀窍等。

三、据《直贡亲训甘露精要秘诀明示》中司徒大师的记载，可推断该书是由噶玛·额勒丹增所著。主要内容是《直贡汇集》收载部分药材的辨识、炮制、配方、剂量、加味药，以及隐词闭句的解析等。原本共有21叶。单叶规格：长19.5厘米，宽5.6厘米。

四、《直贡学派文献荟萃宝库和塔派珠宝项链等旁释汇编详解》是由直贡·贡却噶务整理而成。著者于藏历十六饶迴即（1947年）在卫藏直贡扎尕地区出生。卒于藏历等十七饶迴即公元2013年。曾拜藏医大师钦绕诺布的及门弟子贡曼贡却为师习医研学，成为其首要弟子。由于其上师曾多次提出塔派和直派的配方较零散，故急需整理两派配方和反复叮嘱的原因，而编撰而成。主要内容是按《秘诀续》中章节的顺序，从三因疾病至养生保健、预防等诸多配方，结合上师的临床应用经验和诀窍，并详述了部分配方中每种药物的剂量及用法等宝贵的经验。于2009年由该书的著者指认曲杰桑布为直派传承人，并再三叮嘱该书的重要性，将该书赠曲杰桑布。该书手抄本共有75叶。单叶规格：长34厘米，宽7.2厘米。

五、《二十五种二十五味方剂合集》是由直贡仁增曲扎所著。书中详述了甘露二十五味等二十五个组方的方剂，以及功效主治、用法用量。该书原本共有6叶。单叶规格：长12.1厘米，宽5.2厘米。

六、《赤巴窜脉瘟》是由贡觉卓鹏旺布所著，该书详述了赤巴窜脉瘟的致病因素、症状分型、治疗治则等内容。全书原本共有21叶。单叶规格：长30厘米，宽6.3厘米。

七、《秘籍利乐精要宝库》是由华吉参金所编著，从第司·桑杰嘉措所著的《秘诀遗补》《集要利乐精要》《利乐百部》等古籍中节选，并结合著者上师毕生的临床经验及秘诀编撰而成。全书原本共有108叶。单叶规格：长29.4厘米，宽6.6厘米。

在直贡梯寺的藏医噶玛的帮助和引荐下，由乌如寺的藏医丹君的叔伯藏医贡却东智提供了以上三部古籍的原本，用于此次出版。

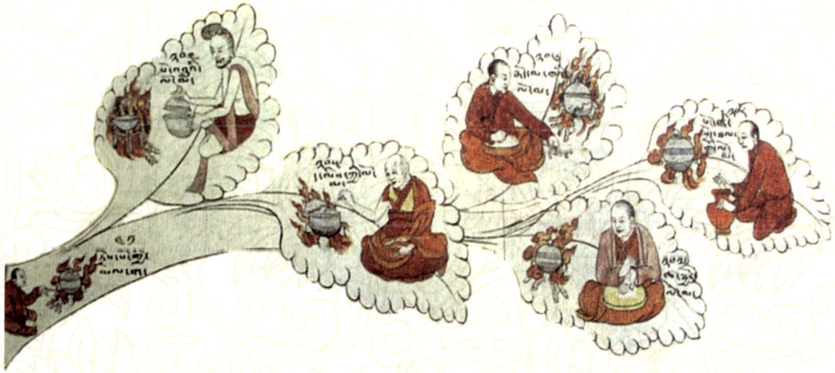

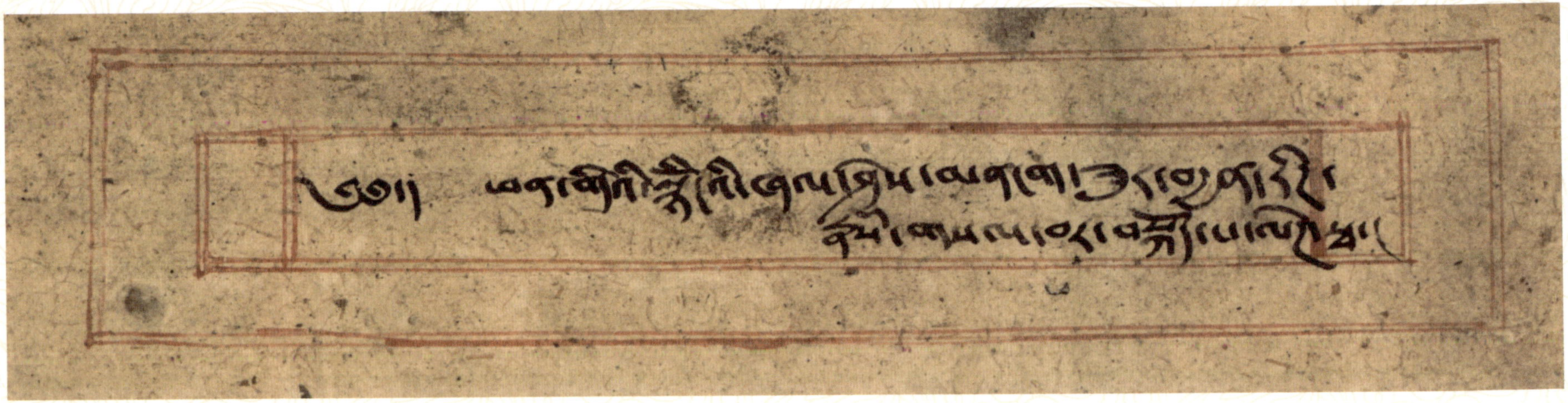

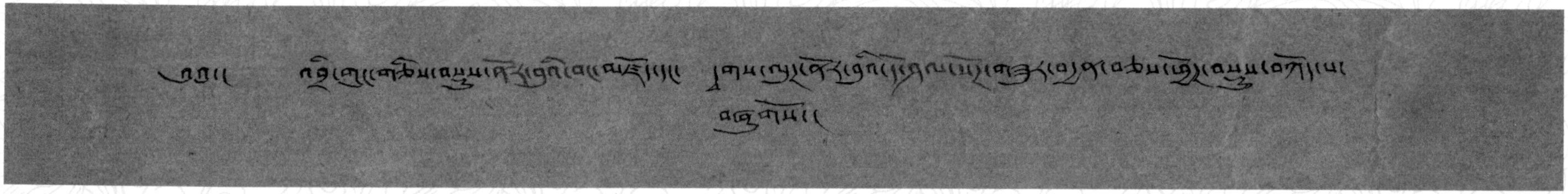

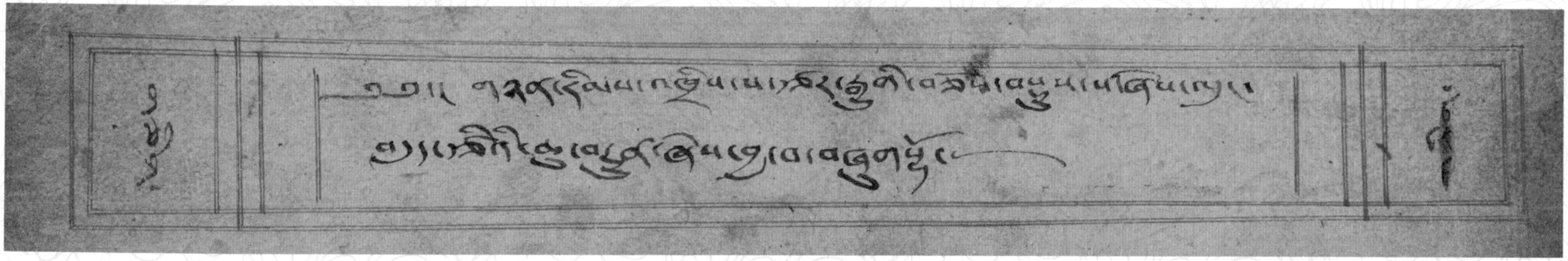

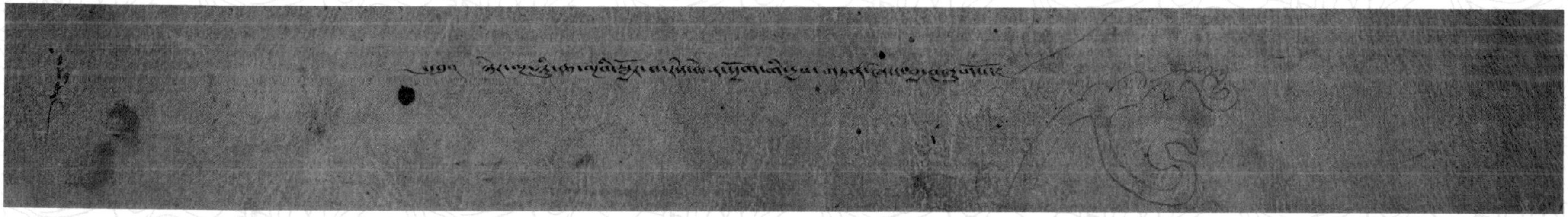

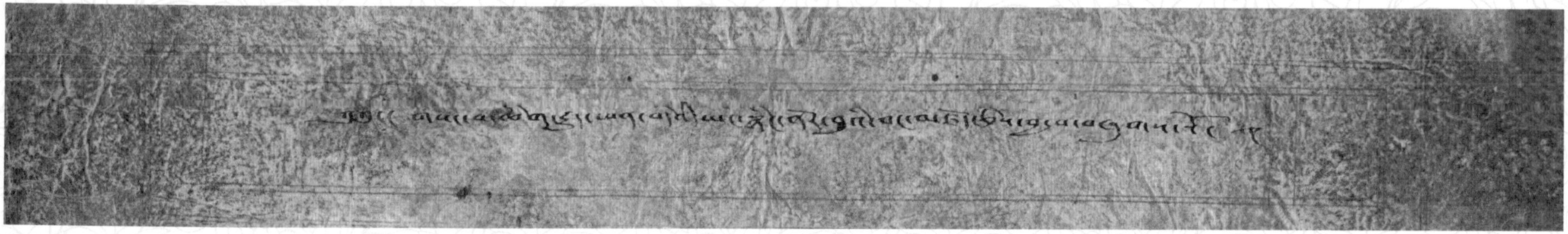

སྨན་གྱི་བསྟན་བཅོས་སྨན་མིང་རྒྱ་མཚོའམ་མཚན་དངོས་འཕགས་པ་གསེར་འོད་དམ་པའི་མདོ་སྡེ་ལས་བྱུང་བའི་བདུད་རྩི་སྙིང་པོ་ཡན་ལག་བརྒྱད་པའི་སྙིང་པོ།

སྤྱི་ལོའི་དུས་རབས་བཅུ་གསུམ་པར་ཀརྨ་པ་སྐུ་ཕྲེང་གསུམ་པ་རང་བྱུང་རྡོ་རྗེ་མཆོག་གིས་མཛད།

ཀརྨ་པ་སྐུ་ཕྲེང་གསུམ་པ་རང་བྱུང་རྡོ་རྗེ་མཆོག་ནི། བོད་རབ་བྱུང་ལྔ་པའི་ཤིང་སྤྲེལ་ཏེ་༡༢༨༤ལོར་གཙང་སྟོད་སྐྱིད་གྲོང་འཕགས་པ་ཝ་ཏིའི་ལྷ་ཁང་གི་ལྷོ་ཕྱོགས་གངས་ཞུར་མོར་ཡབ་ཆོས་དཔལ་དང་། ཡུམ་རྡོ་མོ་གཡང་འདྲེན་གཉིས་ཀྱི་སྲས་སུ་སྐུ་འཁྲུངས། དགུང་ལོ་ལྔ་པར་ཀརྨ་པཀྴིའི་སློབ་མ་གྲུབ་ཐོབ་ཨོ་རྒྱན་པ་རིན་ཆེན་དཔལ་མཇལ་བར་བྱོན་ནས་དགེ་བསྙེན་གྱི་སྡོམ་པ་ཞུས་པས། མཚན་ལ་རང་བྱུང་རྡོ་རྗེ་ཞེས་པ་གནང་། དགུང་ལོ་བདུན་ལ་སོན་པ་སྤྱི་ལོ་༡༢༩༠ལོར་ཁྲི་ཤུ་བ་ཀུན་ལྡན་ཤེས་རབ་ཀྱིས་མཁན་པོ་མཛད་ནས་དགེ་ཚུལ་བསྒྲུབས། འདུལ་བའི་སྐོར་གྱི་ཆོས་རྣམས་གསན། གནས་བརྟན་གཞོན་ནུ་འབྱུང་བ་ལས་དགེ་སློང་གི་སྡོམ་པ་མནོས། སློབ་དཔོན་ཤེས་རབ་དཔལ་དང་། རྒྱ་སྒོམ་ཡེ་ཤེས། སྙེ་མདོ་ཀུན་དགའ་དོན་གྲུབ་སོགས་ལས་བཀའ་བསྟན་འགྱུར་ཚད་ལ་གསན། ཀརྨ་པའི་གདན་སར་བྱོན། ཡུན་རིང་མ་བཞུགས་པར་ཀམ་པོ་གནས་ནང་དུ་ཕེབས། ཁམས་སུ་བྱོན་ནས་སོག་ཆུར་ལྕགས་ཟམ་བརྩིགས། དགུང་ལོ་ཞེ་བརྒྱད་པར་གོང་མ་རྒྱལ་པོས་གདན་དྲངས་པ་ལྟར་རྒྱལ་ནག་པོ་བྲང་ཆེན་པོར་ཕེབས། རྒྱལ་བུ་རཏྣ་ཤྲཱི་སོགས་ཀྱིས་བསུ་བ་རྒྱ་ཆེན་མཛད། རྒྱལ་བུ་འདས། དེའི་གཅེན་པོ་ཐོ་གན་ཐེ་མུར་རྗེའི་ཡུལ་ནས་གདན་དྲངས་ཏེ་རྒྱལ་བློན་འཁོར་དང་བཅས་པར་དབང་བསྐུར་ཆོས་བཤད་གནང་། དགུང་ལོ་ལྔ་བཅུ་པར་བོད་དུ་ཕེབས་ཁར་གོང་མས་ཚལ་པ་སི་ཏུ་དགེ་སྦྱོང་ཆེན་པོ་ལ་གོ་ཤྲཱིའི་མིང་དང་ཤེལ་ཐམ། མཆུར་ཕུ་དང་ཀརྨ་པ་སོགས་ལ་བདག་རྐྱེན་དང་བོད་སྤྱི་ལ་ཕན་པའི་འཇའ་ས་གསུམ་དང་། བསྟན་འགྱུར་བཞེངས་པའི་ཆ་རྐྱེན་སོགས་ཕུལ་ནས་བོད་དུ་ཕེབས། དགུང་ལོ་ང་གཅིག་པར་བོད་ཀྱི་ཆེ་དགུ་ཁག་ལ་རྒྱལ་པོའི་འཇའ་ས་གསུམ་བསྒྲགས། གསེར་དངུལ་ཞུན་མས་བསྟན་འགྱུར་པོ་ཏི་བརྒྱ་དང་དྲུག་ཅུ་བཞེངས། ང་གཉིས་པར་སླར་གོང་མའི་ཕོ་བྲང་དུ་ཕེབས། པེ་ཅིན་གྱི་ནུབ་ཕྱོགས་སུ་ཀརྨ་པའི་དགོན་སྡེ་ཕྱག་བཏབ། སློབ་མ་གྲགས་ཆེ་བ་ནི་ཞྭ་དམར་གྲགས་པ་སེང་གེ་དང་། མཁས་གྲུབ་གཡུང་སྟོན་པ། ཧ་སྟ་གོ་ཤྲཱི་ཀུན་རྒྱལ། ཚལ་པ་སི་ཏུ། གཡག་སྡེ་པཎ་ཆེན། ཀུན་མཁྱེན་དོལ་པོ་པ་སོགས་ཡོད། གསུང་རྩོམ་ནི་སྟོན་པའི་སྐྱེས་རབས་དང་། ཟབ་མོ་ནང་དོན་གྱི་རྩ་འགྲེལ། རྩིས་ཀྱི་བསྟན་བཅོས་བཅས་པོད་གསུམ་བཞུགས། དགུང་ལོ་ལྔ་བཅུ་ལྔ་ལྔ་སྟེ་རབ་བྱུང་དྲུག་པའི་ས་ཡོས་༡༣༣༩ལོར་རྒྱ་ནག་ཏུ་སྐུ་གཤེགས།

མ་དཔེ་འདི་ནི་སྤྱི་ལོའི་དུས་རབས་༡༩པར་རྒྱ་མཚོ་སྔགས་ཀྱི་གྲོང་པར་དུ་སྤར་དུ་བཞེངས་པའི་ཤིང་པར་ལས་གཙང་བཤུས་བྱས་ཤིང་། ནང་དོན་གཙོ་བོ་ནི། འཕགས་པ་གསེར་

འོད་དམ་པའི་མདོ་སྡེའི་དགོངས་པ་ལྟར་དུ་གསོ་རིག་གི་དོན་རྣམས་སྤྱི་ཁོག་ཚུལ་དུ་དུས་ཀྱི་ངོས་འཛིན་དང་། ཉེས་པ་གསུམ་གྱི་ལྡང་དུས་དང་གསོ་ཚུལ། ཚེའི་རིག་བྱེད་ཐམས་ཅད་ཀྱང་བཀའ་དང་བསྟན་བཅོས་གཉིས་སུ་དབྱེ་ཚུལ། ཚེའི་རིག་བྱེད་ཅེས་པའི་གོ་དོན། གྲུབ་པ་ལུས་ཀྱི་གནས་ལུགས། ཉེས་པ་གསུམ་གྱི་མཚན་ཉིད་དང་བྱེད་ལས། རང་བཞིན་བདུན་དུ་དབྱེ་བའི་ཚུལ། རོ་ནུས་ཞུ་རྗེས། འཚོ་བ་ཟས། བྱིས་དར་རྒན་གསུམ་གྱི་དབྱེ་མཚམས་སོགས་གསལ་བར་གསུངས་ཡོད་པ་དང་། དེ་ནས་རིམ་བཞིན་སྨན་གྱི་ནུས་པ་རྒྱས་པར་གསུངས་ཡོད་པ་སྙེ་གཞུང་རང་ལས། དེ་ལྟར་བརྒྱད་བརྒྱ་བཅུ་ཕྲག་གསུམ། །ལྷག་པའི་སྨན་ནུས་བཤད་པ་འདི། །གངས་ཅན་རྒྱ་བོད་ཕལ་ན་ཡོད། །མིང་གི་རྣམ་གྲངས་ཡུལ་སྐད་ཀྱིས། །དུ་མ་བཤད་ཀྱང་ཕལ་ཆེར་འདུས། །ཞེས་གཞུང་འདིའི་ནང་དུ་འཕགས་བོད་ཀྱི་ཡུལ་གྲུ་ཕལ་མོ་ཆེར་ཡོད་པའི་རྫའི་ནོར་བུ་རིན་པོ་ཆེའི་སྨན་སྣ་གྲངས་༡༠དང་། རྗེ་དང་སྡོག་ཆགས་ལས་བྱུང་བའི་སྨན་སྣ་གྲངས་༡༠ལ་སོགས་པ་བསྡོམས་སྨན་སྣ་༤༣༠ལྷག་ཙམ་གྱི་རིགས་དང་། ནང་གསེས་དབྱེ་བ། ཕན་ནུས་སོགས་རེ་རེ་བཞིན་གསལ་བར་བསྟན་ཡོད་པས་གཞུང་འདིའི་ནང་དོན་ཕུན་སུམ་ཚོགས་པའི་ཁྱད་ཆོས་ལྡན། གཞན་བསྟན་བཅོས་འདི་ཉིད་ཕྱི་རབས་པའི་བོད་སྨན་མཁས་པ་མང་པོས་ཧ་ཅང་ཁུངས་ཐུབ་ཚད་ལྡན་དུ་གཟིགས་ནས་སྔོ་འབུམ་མང་པོའི་ནང་དུ་ལུང་འདྲེན་མཛད་འདུག །སྨན་གྱི་བསྟན་བཅོས་སྨན་མིང་རྒྱ་མཚོའི་ནང་དུ་སྨན་རྫས་གཅིག་པུ་མ་ཡིན་པར་བོད་ཀྱི་གསོ་རིག་དང་འབྲེལ་བའི་རྒྱང་གཞིའི་རིག་གཞུང་དང་སྨན་རྫས་རིག་པའི་སྐོར་ཞིབ་ཚགས་པོའི་སྒོ་ནས་གསུངས་ཡོད་པ་དང་། མཚན་བྱང་དངོས་ནི་འཕགས་པ་གསེར་འོད་དམ་པའི་མདོ་སྡེ་ལས་བྱུང་བའི་བདུད་རྩི་སྙིང་པོ་ཡན་ལག་བརྒྱད་པའི་སྙིང་པོ་ཞེས་པ་ཡིན་པ་མཛད་བྱང་ལས་གསལ་པོར་རྟོགས་ཐུབ་པས་ན། ད་ལྟའི་སྨན་མིང་རྒྱ་མཚོ་ཞེས་པའི་མཚན་བྱང་འདི་ནི་གཞུང་བྱེ་བྲག་གི་མཚན་ཕྱིས་སུ་བསྟན་བཅོས་སྤྱིའི་མིང་དུ་གྱུར་པ་མིན་ནམ་སྙམ་པས་མུ་མཐུད་དཔྱད་ཞིབ་ཡོད་པར་ཞུའོ། །

ཐེངས་འདིའི་མ་དཔེ་འདི་ནི་བོད་རང་སྐྱོང་ལྗོངས་སྨན་རྩིས་ཁང་དུ་ཆ་ཚང་བར་བཞུགས་ཡོད་པའི་མ་ཡིག་ཁག་གཉིས་ཡོད་པ་དེ་ཡིན་ཞིང་། སྤྱི་ལོའི་དུས་རབས་༡༩པར་རྒྱ་མཚོ་སྔངས་ཀྱི་ཁྲོན་པར་དུ་སྤར་དུ་བཞེངས་པའི་ཤིང་པར་ལ་གཞིར་བཟུང་སྟེ་མཛད་པའི་བྲིས་མ་ཞིག་གོ། །མ་ཡིག་དང་པོར་ལྟེབ་མ་༩༤ཡོད་པ་དེའི་རིང་ཚད་༥༨cmདང་། མཐོ་ཚད་༨cmཡོད། མ་ཡིག་གཉིས་པར་ལྟེབ་མ་༣༧ཡོད་པ་དེའི་རིང་ཚད་༤༣cmདང་། མཐོ་ཚད་༡༥cmཡིན་ནོ། །

《药名荟萃》

该书于13世纪由噶玛巴·让琼多吉撰写，又名《〈圣金光明经〉所载甘露心义八支心要》。

第三世噶玛巴·让琼多吉，于藏历第五饶迥木猴年（1284年），诞生于后藏藏堆吉隆帕巴瓦迪寺南侧岗许姆。父亲为曲柏，母亲是觉姆央珍。5岁时拜见噶玛巴希的弟子得道者乌金巴·仁青柏，受居士戒，得法号让琼多吉。1290年，他7岁时受沙弥戒。听闻律法典籍，从尊者寻努炯瓦处得受比丘戒。从西绕柏、嘉顿益西、聂多·贡嘎顿珠等处听闻《大藏经》。来到噶玛巴驻锡地。不久，来到岗布乃囊。赴康区，在索曲造桥。48岁时应皇帝之召唤进京，得到皇子仁那习热等人的欢迎。皇子去世。其兄图根铁姆尔迎请让琼多吉为王臣眷属等讲经说法。50岁即将返藏之际，皇帝为蔡巴司徒大沙门赐名国师及玉印，给楚布寺和噶玛巴赏赐礼品，颁布三个利益西藏的诏书，提供造写《甘珠尔》的材料等。51岁时，在西藏给要员宣读皇帝诏书。52岁时，让琼多吉再次来京。在京西建造噶玛巴之寺庙。弟子中著名者有夏玛尔·扎巴森格、克珠雍端巴、达那国师贡杰、蔡巴司徒、亚德班钦、贡钦朵布巴等。让琼多吉著有世尊本生、《甚深义理》本疏以及天文历算著作等。55岁时，藏历第六饶迥土兔年（1339年）在内地去世。

该书主要内容为，根据《金光明经》，将医学总括为隆、赤巴、培根三邪之发作时段及治疗方法，生命知识典籍可分为佛语和非佛语。生命知识典籍之含义，包括生理学，三邪定义及功能，七性分类，药物之味、性、效、食品、老少中年之界说等。其中，关于药效论述最详细。书中记载："共阐述了830余种药物的药效，大多在西藏可以找到。尽管在方剂中数量众多，似乎数不胜数，但是在本书中，基本上做到了尽收无余。"该部书中记载了天竺和西藏可以找到的矿石类珍宝药物和动物药物等830多种，并对这些药物的性质、类别、功效等进行了说明，内容极为丰富。

在后世学者编写的多部药物学著作中，发现多次引用了《药名海》，足见其重要性和流行程度。

该著原名为《〈圣金光明经〉所载甘露心义八支心要》，流传至今称为《药名荟萃》。该书原本西藏自治区藏医院收藏有两部完整写本，为14世纪在加措岗之贡巴尔刻制的木刻版为底本誊写的。第一部写本共48叶。单叶规格：长56厘米，宽9厘米。第二部写本共27叶。单叶规格：长82厘米，宽15厘米。

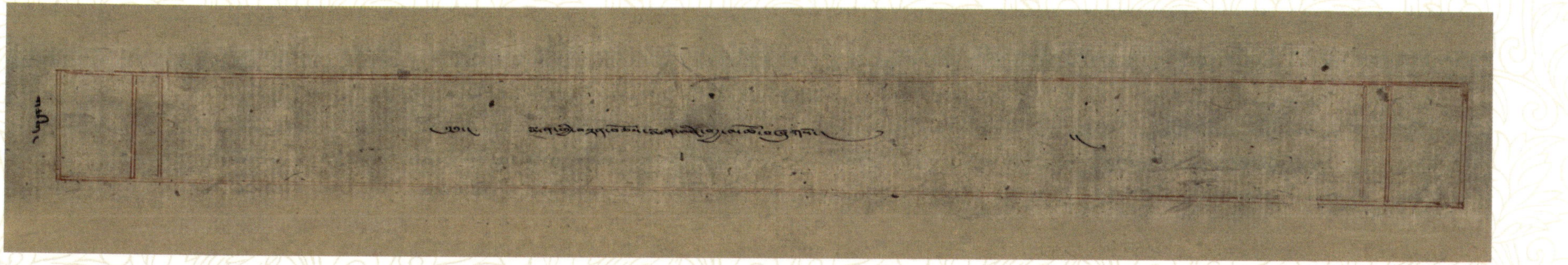

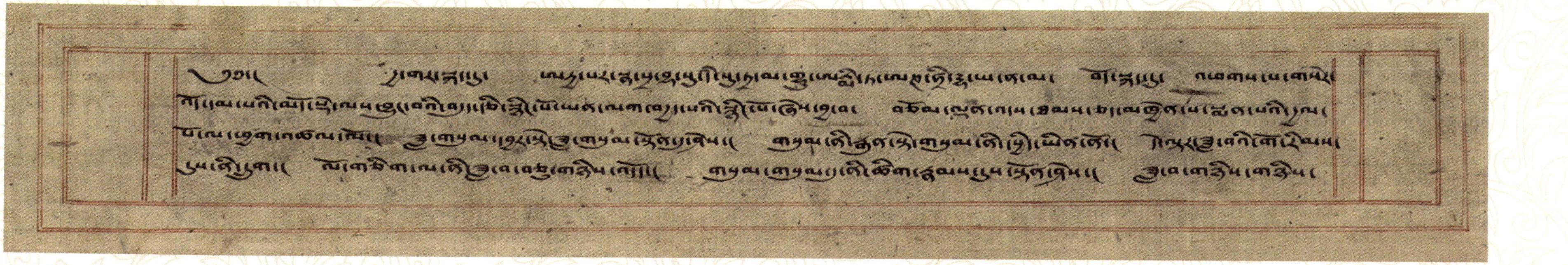

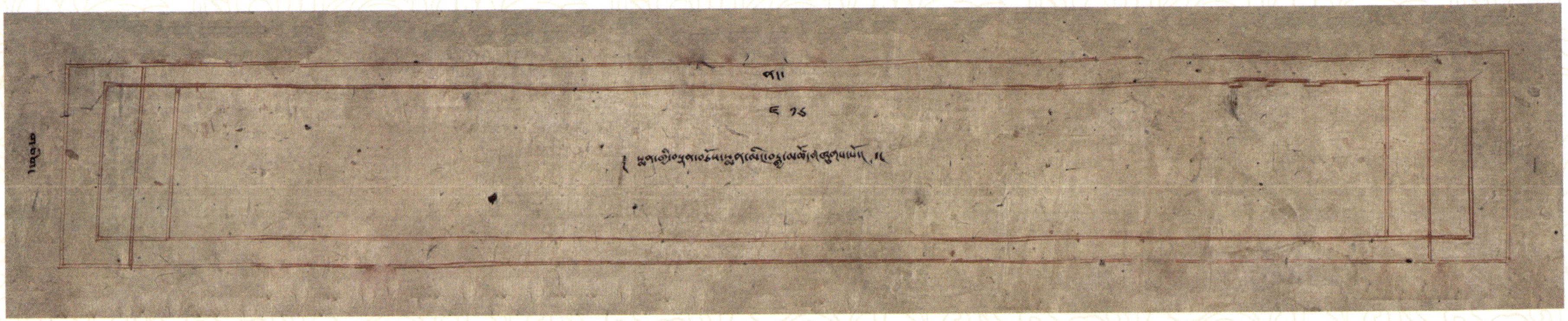

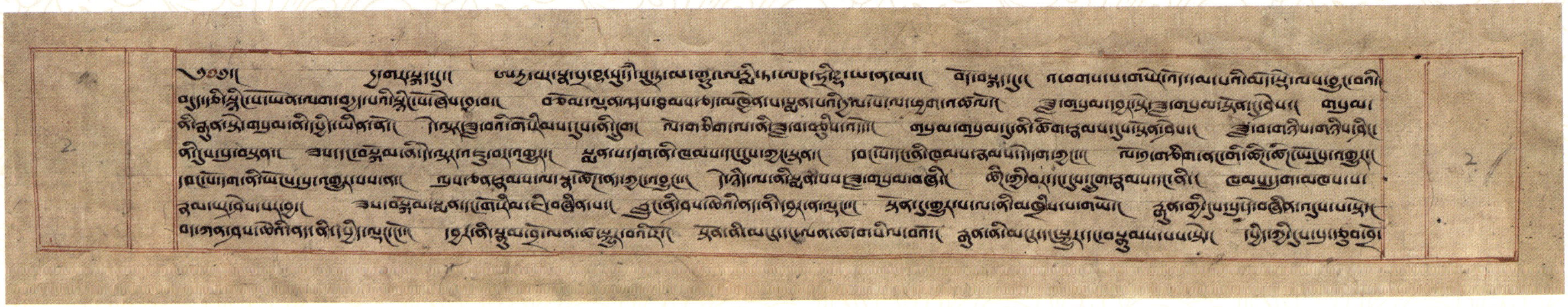

དར་མོ་སྨན་རམས་པ་མཆོག་ནས་མཛད་པའི་སྨན་གྱི་ལག་ལེན་ཐད་ཀྱི་ཡོངས་གྲགས་གནའ་དཔེ་གཅེས་བསྡུས།

གཞུང་འདིའི་མཛད་པ་པོ་ནི་བོད་རབ་བྱུང་བཅུ་གཅིག་པའི་ས་སྟག་ལོ་སྟེ་སྤྱི་ལོ་༡༦༣༨ལོར་ལྷོ་ཁ་ཡར་ཀླུངས་ཤར་གྱི་ཆ་ཤམ་པོ་གངས་ཀྱི་ཉེ་ལོག་གཞན་པ་སའི་གྲོང་ཁྱེར་དར་མ་ཞེས་པའི་གནས་སུ་སྐུ་བལྟམས། ཁོང་ཉིད་དང་ཐོག་སྐྱིད་ཚལ་ཀླུ་སྦུག་གླིང་དུ་བཞུགས་ནས་གསོ་རིག་གཞུང་ལུགས་ལ་སྦྱོང་བརྩོན་མཛད་པ་དང་། ཕྱིས་སུ་འབྲས་སྤུངས་ཕོ་བྲང་ནུབ་མར་གསོ་རིག་འགྲོ་ཕན་གླིང་གི་ཐོ་བཙུན་གྲས་སུ་ཚུད་རྗེས་སྡེ་ཕྱིར་ཉེ་ཐང་སྤྲུལ་སྐུ་བློ་བཟང་རྒྱ་མཚོ་དང་དྲུང་སྟོང་བསྟན་འཛིན་དར་རྒྱས། གླིང་སྟོད་ཆོས་རྗེ་སོགས་སློབ་དཔོན་བཅུ་ཕྲག་ལྷ་ཙམ་གྱི་ཞབས་ལ་གཏུགས་ནས་གསོ་དཔྱད་ལ་སོགས་གཞུང་ལུགས་དང་མན་ངག་ལག་ལེན་ཐད་སྦྱོང་བརྩོན་ཆེར་གནང་ནས་མཐར་སྨན་རམས་པའི་མཚན་སྙན་ཐོབ། རྒྱལ་མཆོག་ལྔ་པ་ཆེན་པོས་ཀྱང་གཟིགས་བསྐྱངས་ཆེར་གནང་བ་དང་། སྡེ་སྲིད་རིན་པོ་ཆེས་ཀྱང་ཁོང་ནི་གསོ་རིག་གཞུང་དང་ལག་ལེན་ཅི་སར་མཁྱེན་རྩལ་ཆེན་པོ་ཡོད་པར་རྟོགས་ནས་སྨན་བླ་ལྷ་བྱུར་འདུག་ཅེས་བསྔགས་བརྗོད་གནང་། རྗེས་སུ་ལྷ་དབང་ལྕོག་གམ་ཤར་ཆེན་ལྕོག་ཏུ་སྨན་གྱི་སློབ་གྲྭའི་སློབ་དཔོན་དང་། རྒྱལ་དབང་ལྔ་པ་ཆེན་པོའི་སྐུའི་བླ་སྨན་གནང་། ལྷ་དབང་ལྕོག་ཏུ་སྨ་ཕྱིར་དཔལ་ལྡན་གསོ་རིག་རྒྱུད་བཞིའི་དགོངས་དོན་སོགས་འཆད་ཁྲིད་གནང་ནས་རྗེས་འཇུག་སློབ་མ་མང་པོ་སྐྱིད་བསྒྲིངས་མཛད། འཕགས་ཡུལ་སྨན་པ་རྨ་ན་ཧོའི་དྲུང་ནས་མིག་བཅོས་ལག་ལེན་ལ་སོགས་པར་སྦྱོང་བརྩོན་ཐོག་འགྲོ་དོན་རྒྱ་ཆེར་མཛད་པ་མ་ཟད་ལྔ་པ་ཆེན་པོའི་སྤྱན་འགྲིབ་པར་བཤགས་བཅོས་གནང་བ་ལེགས་གྲུབ་བྱུང་བ་དང་། མིའི་རུས་དུམ་ལ་དཔྱད་ཞིབ་གནང་ཕྱིར་རྒན་དར་གཞོན་གསུམ་གྱི་ཕུང་པོ་དངོས་བཤགས་ནས་རུས་དུམ་རེ་རེ་བཞིན་གཏན་ལ་ཕབས་པ་སོགས་གསོ་རིག་བསྟན་པར་མཛད་འཕྲིན་ཆེ་བས་ན་ཡོངས་གྲགས་སུ་དར་མོ་སྨན་རམས་པ་བློ་བཟང་ཆོས་གྲགས་སམ་མཚན་གཞན་ལ་དྲུང་འཚོ་དར་མོ་ཞེས་སུ་གྲགས། ཁོང་ནས་མཛད་པའི་མན་ངག་ལྷན་ཐབས་ཀྱི་གསང་སྨན་གབ་སྦས་རྣམས་གསལ་བར་སྟོན་པ་ཞེས་པའི་མཇུག་བྱང་ནང་སྐྱེས་ཆེན་ཁོང་སྐུ་ཚེའི་སྨད་ལ་རྭ་སྒྲེང་དུ་བཞུགས་པ་དང་དགུང་ལོ་མགོ་ཙམ་བཞུགས་ཡོད་པར་བསྟན་པ་སྟེ། དེ་ཡང་གཞུང་ལས། རྭ་སྒྲེང་མཁན་པོ་དར་མོ་བ་བློ་བཟང་ཆོས་གྲགས་ཀྱིས་རང་ལོ་དོན་གསུམ་དུ་སླེབས་པའི་ལྕགས་སྟག་ཧོར་ཟླ་བཞི་པའི་བཅོ་ལྔའི་གཟའ་སྐར་འགྲོད་སྦྱོར་འཛོམས་པའི་སྦྱོར་བ་ཕུན་སུམ་ཚོགས་པའི་ཉིན་གདན་ས་ཆེན་པོ་རྭ་སྒྲེང་རྒྱལ་བའི་དབེན་གནས་ཀྱི་གཙུག་ལག་ཁང་དུ་སྦྱར་ཞེས་པ་ལས་གསལ་ལོ། མཁས་པའི་དབང་པོ་དེའི་ཞབ་ཕྲའི་དགོངས་རྫོགས་དུས་ལོ་རྒྱུས་ཡིག་རིགས་ནང་མི་གསལ།

གཞུང་ལུགས་མཛད་པའི་སྐོར། གསོ་བ་རིག་པའི་གཞུང་ལུགས་དཔལ་ལྡན་རྒྱུད་བཞིའི་དུམ་བུ་གཉིས་པ་བཤད་པའི་རྒྱུད་ཀྱི་ལེའུ་ཉེ་ཤུ་པ་སྨན་གྱི་ནུས་པའི་ཚིག་དོན་གྱི་འགྲེལ་པ་

མེས་པོའི་དགོངས་རྒྱན་དང་། དཔལ་ལྡན་བཤད་པའི་རྒྱུད་ཀྱི་རྒྱུད་སེལ་ཁ་སྐོང་དུ་བསྡེབས་པ་འབྱུང་བ་སོ་སོའི་བསྟེན་ཐབས་ཀྱི་མན་ངག །མན་ངག་ལྷན་ཐབས་ཀྱི་གསང་སྨན་གབ་སྦས་རྣམས་གསལ་བར་སྟོན་པ། དངུལ་ཆུ་དང་རིན་པོ་ཆེའི་འབྱུང་ཁུངས་ཕན་ཡོན་རིན་ཐང་སོགས་ཟིན་བྲིས་སུ་བཀོད་པ་ལེགས་བཤད་བཻ་ཌཱུརྱ་དཀར་པོའི་ཕྲེང་བ། གཞན་བཅུད་ལེན་འཆི་གསོས་བདུད་རྩི། རིན་ཆེན་གྲང་སྦྱོར་གྱི་གསལ་བྱེད་བདུད་རྩིའི་ཉིང་ཁུ། དངུལ་ཆུ་བཙོ་བཀྲུའི་ལག་ལེན་བསླགས་པས་དོན་ཀུན་འགྲུབ་པ། རིན་ཆེན་ཚ་སྦྱོར་གྱི་གསལ་བྱེད་ཆིག་ཐུབ་རྡོ་རྗེ་ཕ་ལམ། རིན་ཆེན་རིལ་བུའི་སྦྱོར་སྡེ་སྨན་རྒྱལ་དགོངས་པའི་མེ་ལོང་། རིན་ཆེན་རིལ་བུའི་རབ་གནས་ཉམས་གསོས་གཏོང་ཚུལ་ལས་བྱང་ཁྱེར་བདེ་བ། དུག་འཇོམས་དབང་པོའི་རིལ་སྦྱོར་གཞན་ཕན་ཟླ་བ་གསར་བའི་ཟེལ་མངར་ལ་སོགས་དཔེ་ཚན་མང་པོ་དམ་པ་དེ་ཉིད་ནས་སློབ་ཁྲིད་དང་སྨན་སྦྱོར་ལག་ལེན་གནང་མཛད་པའི་བརྒྱུད་རིམ་ནང་དུ་ཕྱོགས་བསྡོམས་གནང་བའི་ཟིན་བྲིས་ཤ་སྟག་ཡིན།

གཞུང་ལུགས་ཀྱི་གཙོ་བོའི་ནང་དོན། རིན་ཆེན་རིལ་བུའི་གཏོང་ཚུལ་ཞལ་ཤེས་རྡོ་རྗེ་ཕ་ལམ། མ་དཔེ་ཁག་གཉིས། རིན་ཆེན་གྲང་སྦྱོར་གྱི་གསལ་བྱེད་བདུད་རྩིའི་ཉིང་ཁུ་བསླགས་པས་དོན་ཀུན་འགྲུབ་པ། དཔལ་ལྡན་རྒྱུད་བཞིའི་དུམ་བུ་གཉིས་པ་བཤད་པའི་རྒྱུད་ཀྱི་ལེའུ་ཉི་ཤུ་པ་སྨན་གྱི་ནུས་པའི་ཚིག་དང་དོན་གཉིས་ཀྱི་ཐོག་ནས་སྨན་གྱི་སྡེ་བརྒྱད་ལ་མཚན་འགྲེལ་ཞིབ་པར་བཀོད་པ་དང་། རིན་ཆེན་ཧ་རི་མའི་སྦྱོར་སྡེ་གཞན་ཕན་ཟླ་བ་གསར་པའི་འོད་ཕྲེང་ལས་སྨན་གྱི་སྡེ་ཚན། ལག་ལེན། ཕན་ཡོན། བརྒྱུད་རིམ། རིན་ཆེན་ཚ་སྦྱོར་གྱི་གསལ་བྱེད་ཆིག་ཐུབ་རྡོ་རྗེ་ཕ་ལམ་ལས་དངུལ་ཆུའི་ཡན་ལག །རིན་ཆེན་རིལ་བུའི་སྦྱོར་སྡེ་སྨན་རྒྱལ་དགོངས་པའི་མེ་ལོང་ལས་རིན་ཆེན་རིལ་བུའི་སྦྱོར་བ་རྒྱས་པ། རིན་ཆེན་རིལ་བུའི་སྦྱོར་བ་འབྲིང་པ། ཞར་བྱུང་ཁ་ཚར་སྨན་སོ་སོའི་ཕན་ཡོན་བཤད་པ། རིན་ཆེན་ཚ་སྦྱོར་ཆེན་མོའི་ཕན་ཡོན། རིན་ཆེན་ཚ་སྦྱོར་གྱི་གསལ་བྱེད་ཆིག་ཐུབ་རྡོ་རྗེ་ཕ་ལམ། རིན་ཆེན་རིལ་བུའི་སྦྱོར་བ་བསྡུས་པ། རིན་ཆེན་རིལ་བུའི་རབ་གནས་ཉམས་གསོས་གཏོང་ཚུལ་ལས་བྱང་ཁྱེར་བདེའི་ནང་སྟོན་འགྲོ། དངོས་གཞི། ཕྱི་རྗེས་གསུམ་གྱི་ཐོག་ནས་བསྟན་པ་དང་། དུག་འཇོམས་དབང་པོའི་རིལ་སྦྱོར་བཅས་ལས་གྲུབ་པའོ།

མ་དཔེའི་སྐོར།

མ་དཔེ་བྲིས་མར་ཁག་བརྒྱད་ཡོད་པ་ལས། ཁྱོན་ལྡེབ་གྲངས་༧༣དང་། ལྡེབ་སོ་སོའི་རིང་ཚད་ལ་༡༣༥cmདང་། མཐོ་ཚད་ལ་༣༡cmཡོད་པ་ལྗོངས་སྨན་རྩིས་ཁང་ཞིབ་འཇུག་གླིང་དུ་བཞུགས་ཡོད།

《达尔莫大师藏药实践典籍荟萃》

作者达尔莫·曼让巴·洛桑曲扎于11世纪土虎年（1638年）生于西藏山南雅鲁藏布江下流域的达尔莫地区，属于当时的杰木·耶扎年布一族。作者起初居住在鲁布林修习，之后考入哲蚌寺的医学院，先后拜尼唐活佛洛桑嘉措、常松·丹增塔杰、朗多确吉等五十余名大德为师，深研医学理论和临床秘诀，最终获得曼然巴的学位。之后被委任他为布达拉宫拉旺角医学院的老师及五世达赖喇嘛的”御医”。在拉旺角医科学校执教期间，培养了众多优秀的弟子。曾在印度拜玛纳宏为师学习眼疾的外科手术疗法，并将此疗法应用到临床中，治愈了许多患者的眼疾。据记载他曾为五世达赖喇嘛做了眼科手术治愈其白内障眼疾。为了研究明晰人体骨骼结构，分别解剖了老人、青年和儿童的尸体，明确了人体骨头有360块组成，并逐一确认了人体360块骨头，为藏医学的发展做出了巨大的贡献。卒年不详。

在《释续第二十章药效词义释解祖先释义》的书跋中有“达尔姆·曼然巴·洛桑曲扎在铁母猴年莲花生大师现世日猴月十日在布达拉宫撰写完成此书”的记载。《释续第二十章单药功效补充组合药物及其功效秘诀》中没有具体说明著书时间及地点等内容，但根据此书书跋的内容可以推断是在拉旺角医科学校授课时所撰写。在他撰著的《秘诀遗补秘药详释》的书跋中有“达尔姆·曼然巴·洛桑曲扎在时年73岁即铁虎年四月十五日在圣地热振撰写完成此书”的记载。在《水银和珍宝类药物来源、功效和价值纪要良言白吠琉璃串珠》的书跋中有“在土母马年心宿月良时，为了利己利他，在布达拉宫近旁鲁布林由达尔姆·曼然巴·洛桑曲扎撰写完成”的记载。另外，《仁青常觉明释甘露精华》《欧曲佐珠配制工艺如意诵》《仁青常觉明释万能金刚钻》《珍宝丸剂配方药王蜜意明镜》《珍宝丸剂开关增效服法仪式小册》《解毒旺宝丸配制利他新月甘露》等10部著作是他在授课和临床实践时总结而成的笔记，这些古籍有300多年的历史。

对《四部医典》第二十章八部分药物的功效从词语和义理两方面进行详解，水银和珍宝类药物的来源和功效、欧曲佐珠乾木的制作工艺、解毒马宝丸三种类型的配制和应用价值等以笔记的形式记载 。用于抗衰老、具有延年益寿、养生保健功效的方剂，仁青常觉配制详解，仁青达日玛的配方、研制工艺、功效、制作流程等内容。在《仁青常觉配制详解多吉帕兰》中记录了水银的分支、各类珍宝药物的功效、常用基本药物的功效、各类卡次尔药的功效、仁青常觉的功效等内容。《珍宝丸剂配方药王蜜意明镜》中记载了珍宝丸详细的制作工艺流程、平常版珍宝丸的配方和缩略版配方、珍宝丸的开光仪轨、服药珍宝丸前的预备事宜、服药方法、服药后注意事项、解毒旺宝丸的配制、《秘诀补遗》第 26 章中秘药的隐名以通俗易懂形式逐一注释等诸多理论结合临床秘诀的大小著作 40 余部。这些著作在藏医学界久负盛名，并且具有很高的临床实用价值，来源于可靠的医学古籍手抄本，典籍荟萃内收了达尔莫大师的 7 部藏药学方面的写本珍贵文献资料，共有 128 叶。单叶规格：长 19.2 厘米，宽 3.7 厘米。

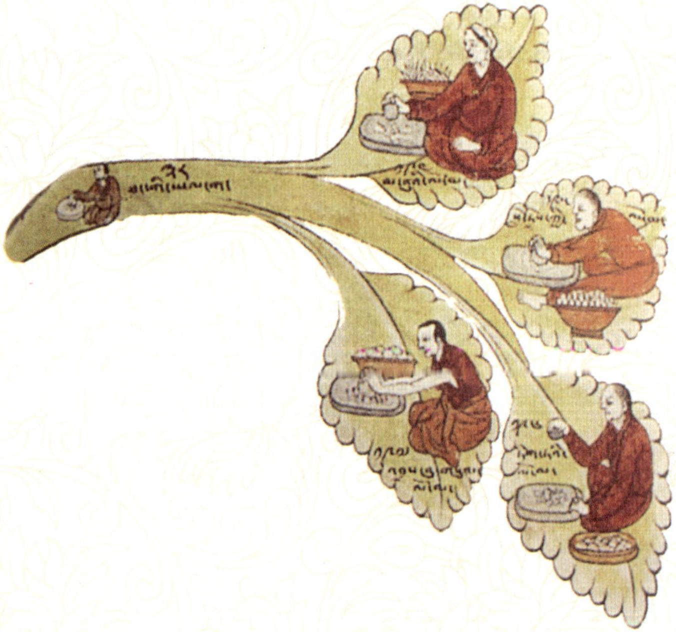

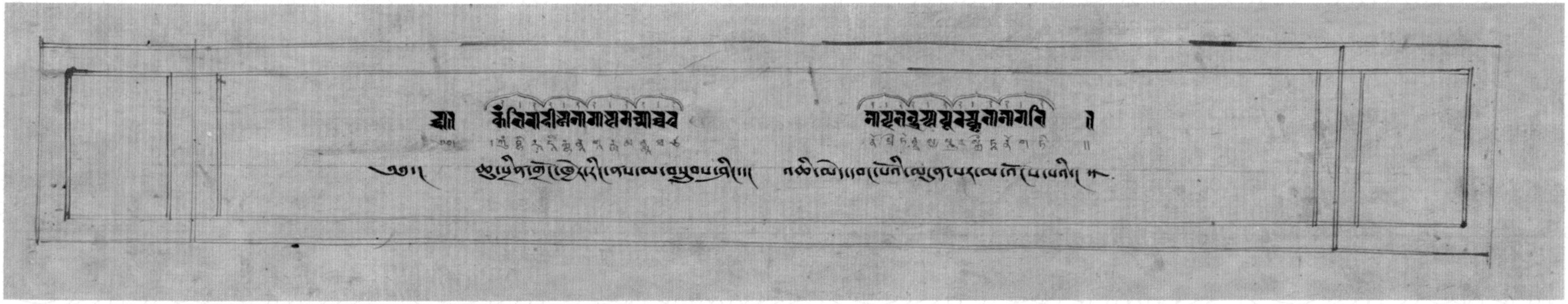

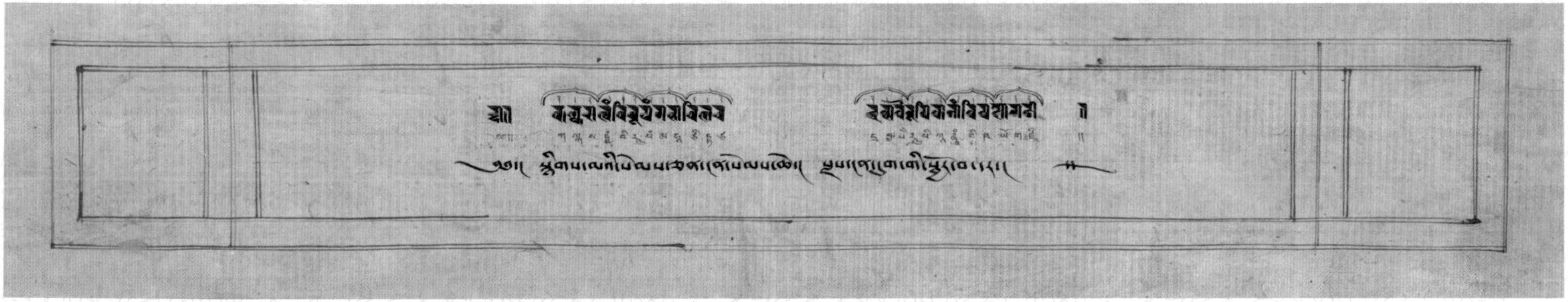

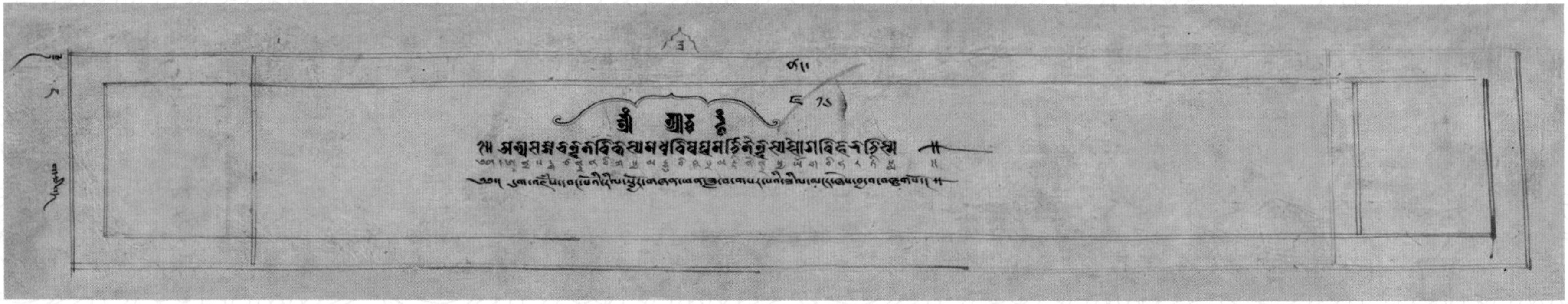

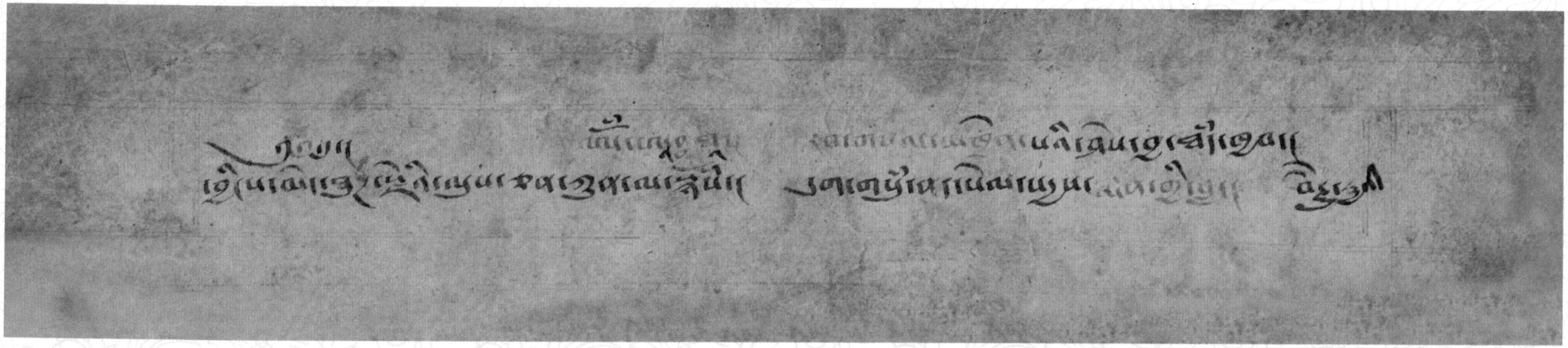

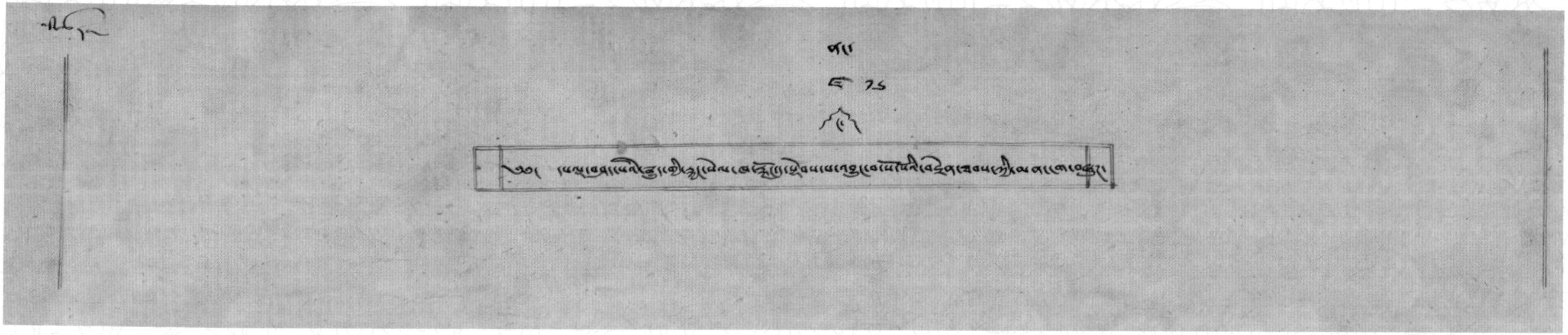

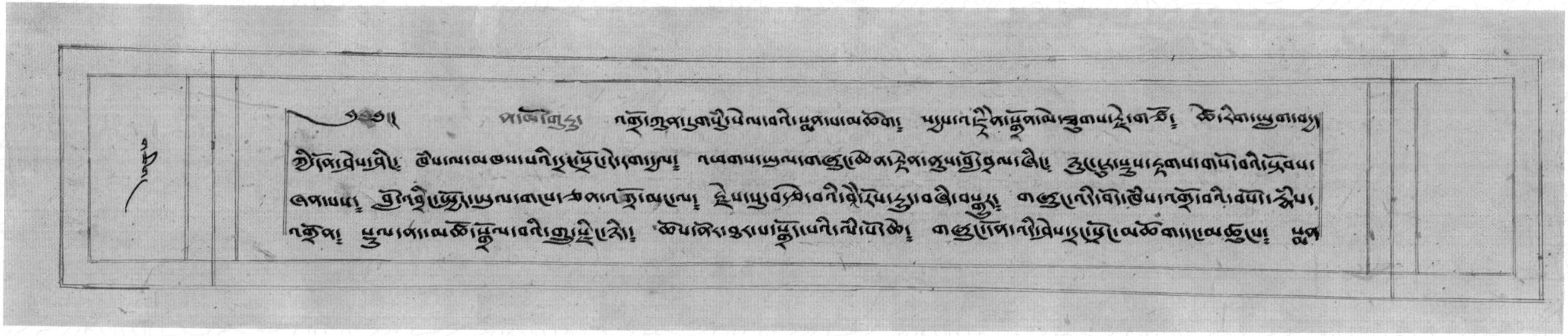

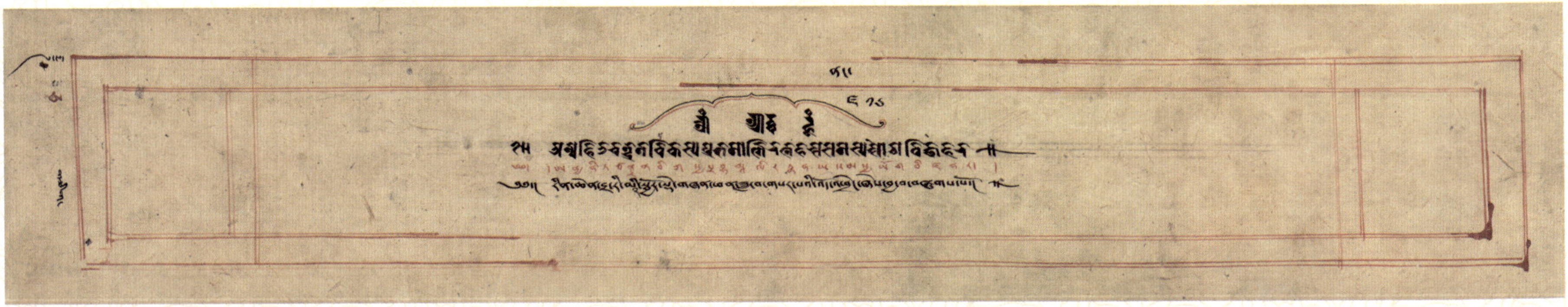

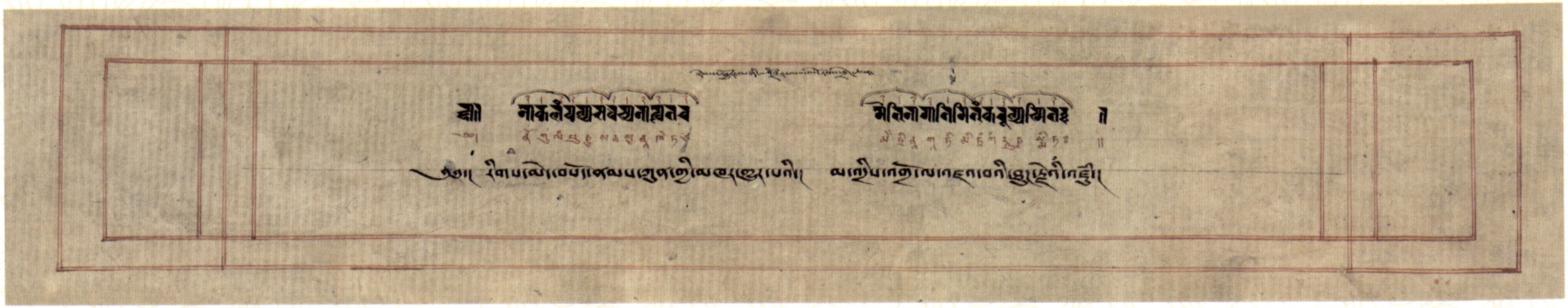

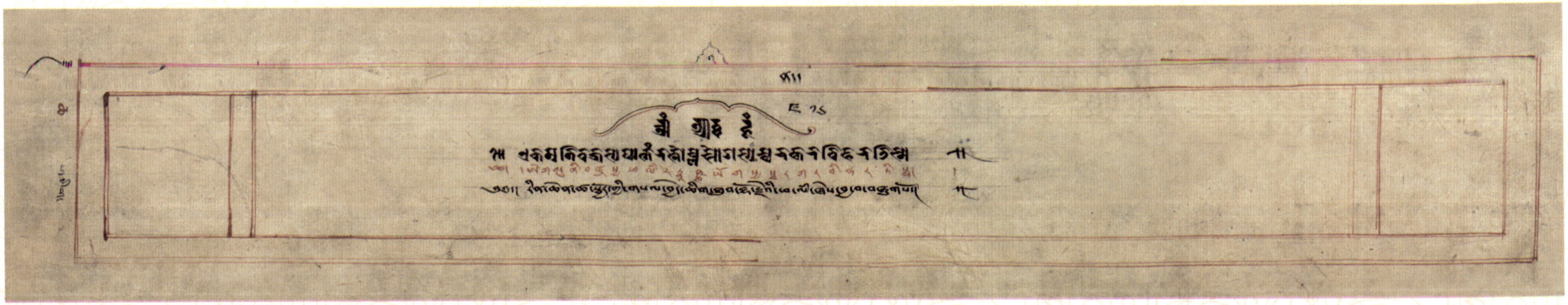

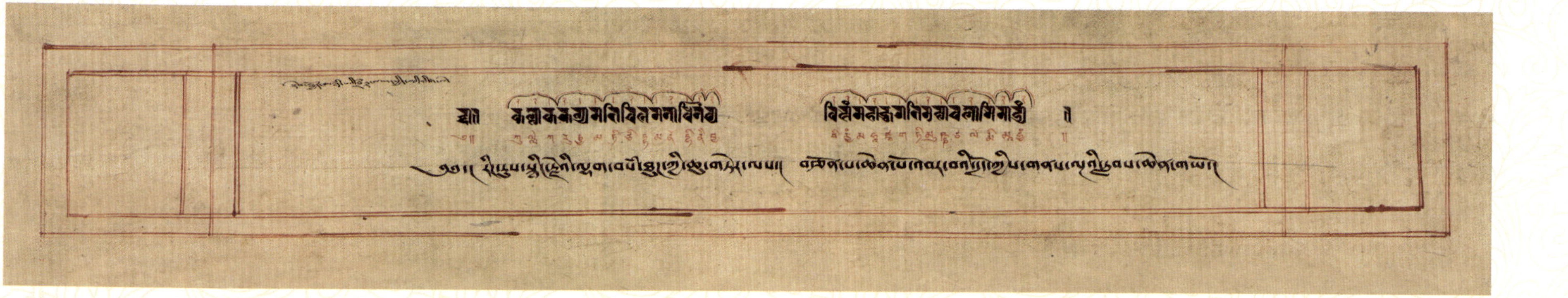

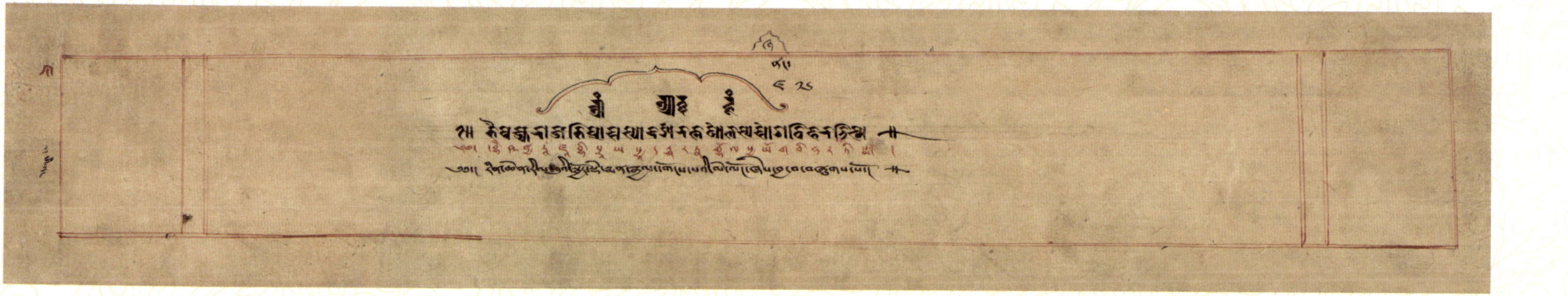

འཇམ་དབྱངས་སྔོ་འབུམ།

དུས་རབས་བརྒྱད་པར་ཕྱོགས་རིས་ཀྱི་སྨན་པ་དཀྱུས་བཙམས་པར་མཛད།

གསོ་དཔྱད་སྔོ་མན་ངག་སྔོ་འབུམ་མམ་མཚན་གཞན་དུ་སྔོ་སྦྱོར་བདུད་རྩི་གསང་བ་འཆི་མེད་སྐུ་གསུང་ཐུགས་ཀྱི་སྦྱོར་བ་འབོད་པ། ཡོངས་གྲགས་སུ་འཇམ་དབྱངས་སྔོ་འབུམ་དུ་གྲགས་པའི་དཔེ་སྙིང་འདི་ནི་དུས་རབས་བརྒྱད་པར་ཕྱོགས་རིས་ཀྱི་སྨན་པ་དཀྱུ་སྤྱན་དྲངས་ཞིང་དེ་རྣམས་ཀྱིས་སྨན་དཔྱད་ཀྱི་ཡིག་ཆ་མང་པོ་བསྒྱུར་ཙམ་བྱས་ནས་ཆོས་རྒྱལ་ཁྲི་སྲོང་ལྡེ་བཙན་ལ་ཕུལ་བའི་ བླ་དཔྱད་པོ་ཏི་སྨུག་པོའི་ཡ་གྱལ་ཞིག་ཡིན་པར་གསུངས་ཡོད་དང་། ཡང་འཇམ་དཔལ་དབྱངས་ཀྱིས་གསུངས་ཞིང་བཻ་རོ་ཙ་ནས་བསྒྱུར་བར་འདོད་པའང་ཡོད། གང་ལྟར་གཞུང་འདི་ལ་རྒྱ་གཞུང་ཡན་ལག་བརྒྱད་པ་དང་དཔལ་ལྡན་རྒྱུད་བཞིས་ཤུགས་རྐྱེན་ཐེབས་མི་འདུག་པས་འཕྱི་ནའང་དུས་རབས་བཅུ་གཉིས་ཡར་སྔོན་དུ་གྲུབ་ཡོད་པ་ཤེས་ཐུབ། གཞུང་འདིའི་ནང་དུ་སྲོ་ལོ་དཀར་པོ་དང་སྨུག་ཆུང་འདེབ་ཡོན། ཐུག་རོན་རྐང་པ། རེ་སྐོན་རྩི་དམར། བོང་ཏིག་སོགས་བོད་ཡུལ་དུ་སྐྱེས་པའི་སྔོ་སྨན་མང་ཆེར་བསྟན་ཡོད་པས་བོད་དུ་བརྩམས་པའི་སྔོ་འབུམ་ཞིག་ཡིན་པའང་ཐག་ཆོད་རེད། གཞུང་འདིའི་ནང་དོན་སྤྱི་བསྒྱུར་བློས་བྱས་ཡོད་པ་སོགས་བལྟས་ན་སྐྱེས་པོ་གཅིག་གིས་མཛད་པ་ཞིག་མ་ཡིན་པར་ལོ་རྒྱུས་ཀྱི་འཕེལ་རིམ་ཁྲོད་དུ་གང་ཟག་ཁ་ཤས་ཤིག་གིས་བསྣོན་སྤེལ་གང་ལེགས་མཛད་ཡོད་པར་བསམ།

གཞུང་འདིའི་ནང་དོན་ལེགས་གསུམ་དུ་སྙོམས་ཡོད་དེ། ལེགས་དང་པོ་ནི་སྔོ་སྨན་སྤྱིའི་སྐྱེ་གནས་དང་བཏུ་དུས། བཏུ་དུས་ཀྱི་ཚིག་ལག་ལེན་སོགས་རྒྱས་པར་བསྟན་པ་དང་། དེའི་རྗེས་སུ་སྔོ་སྨན་སུམ་ཅུ་སོ་དགུའི་འཁྲུངས་དཔེ་དང་ཕན་ནུས་བཅས་རྒྱས་པར་བསྟན། དེའི་རྗེས་སྔོ་སྨན་ཉེར་གཅིག་གི་ནུས་པ་རྐྱང་སེལ་བསྟན་ནས་བསྡོམས་དྲུག་ཅུ་བགོད་ཡོད་པ་དང་། མཇུག་བྱང་དུ་ལེའུ་འདིའི་དགོས་ཆེད་དང་། འཇམ་དཔལ་དབྱངས་སོགས་འཁོར་ཚོགས་ཀྱི་བསྔོད་པ་དང་ལེའུ་འདི་རི་བོ་བྱ་རྐང་འོག་ཏུ་བྲམ་ཟེ་ཡིས་གཏེར་དུ་སྦས་པ་སོགས་ཐམས་ཅད་ཚིགས་བཅད་ཀྱི་སྒོ་ནས་བསྟན་ཡོད། ལེའུ་གཉིས་པ་ནི་སློབ་དཔོན་ཀླུ་སྒྲུབ་ཀྱིས་སྔོ་སྨན་སུམ་ཅུ་སོ་གཅིག་གི་ཕན་ནུས་སྦྱོར་སྡེ་སོགས་འཇམ་དཔལ་དབྱངས་ལ་ཚིགས་བཅད་ཀྱི་སྒོ་ནས་དྲི་བ་མཛད་ཡོད། ལེའུ་གསུམ་པ་ནི་"མཁས་པ་སང་ག་ཡིས་སློབ་དཔོན་ཀླུ་སྒྲུབ་ཀྱི་དྲིས་ལན་དག་ལྷུག་མའི་སྒོ་ནས་རྒྱ་ཆེར་བསྟན་ཡོད། དེ་ལྟར་སྔོ་འབུམ་འདིའི་ནང་དུ་བསྡོམས་སྔོ་སྨན་བརྒྱ་དང་ཉེ་ཤུ་རྩ་གཅིག་བསྟན་ཡོད་དོ། །

སྔོ་འབུམ་འདིའི་དཔར་གཞི་ཁྲིས་མ་ཞིག་བོད་ལྗོངས་སྨན་རྩིས་ཁང་གི་དཔེ་མཛོད་ཁང་དུ་ཉར་ཚགས་གནང་ཡོད། ཁྱོན་ཡོངས་ལ་ལྡེབ་མ་༤༣ཡོད། རིང་ཚད་༡༡༥cmདང་། ཞེང་ཚད་༡༨cmཡོད་དོ། །

《文殊本草》

《文殊本草》别名《甘露秘藏长生行言思》书成书于8世纪，普遍认为由不同派系的九大医师联合编撰、翻译诸多医学古籍而成，是呈敬给赞普赤松德赞的《无上外治法紫色卷帙》中的一部。又有文殊菩萨讲述，译师白若杂纳翻译而成之说。总之此书没有受到印度医学中《八支精要》和《四部医典》的影响，成书于12世纪之前。书中有高山辣根菜、川西绿绒蒿、岩鸽足、金球黄堇、西藏獐芽药材等产于藏地的药材名称，因此判断该书是一部在藏地编撰而成的本草书籍。前后内容有重复，因此可以判断该书是由多人先后撰写、补充、修订而成。

该书内容分为三部分：第一部分中详述了植物药材的生长环境、采摘时节、采摘时的各种仪轨以及21种植物药材生长特征及功效，最后叙述了分出此章节的意义，赞颂文殊菩萨及四众；第二部分记述了祖师龙树问示文殊菩萨关于31种植物药材的功效和组方等内容；第三部分中由智者僧伽回答了祖师龙树提出的问题。全书共记载了121种植物药材的功效等内容。

该书原本现收藏在西藏自治区藏医院，共有42叶。单叶规格：长115厘米，宽18厘米。

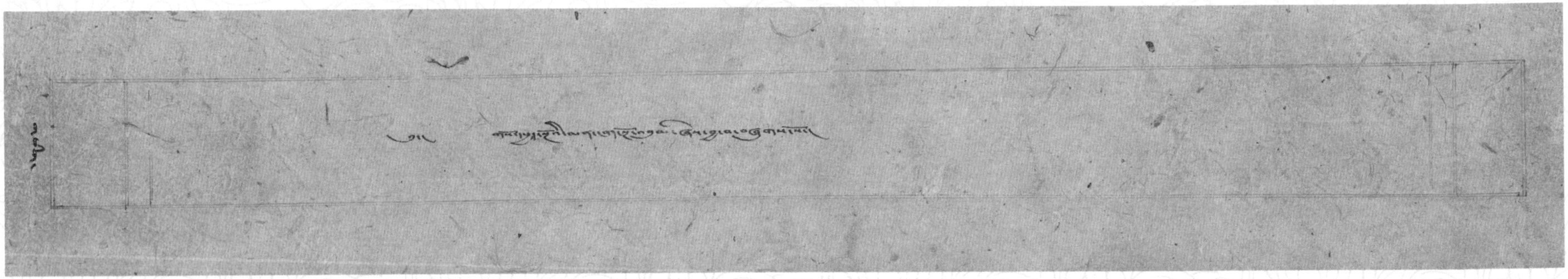

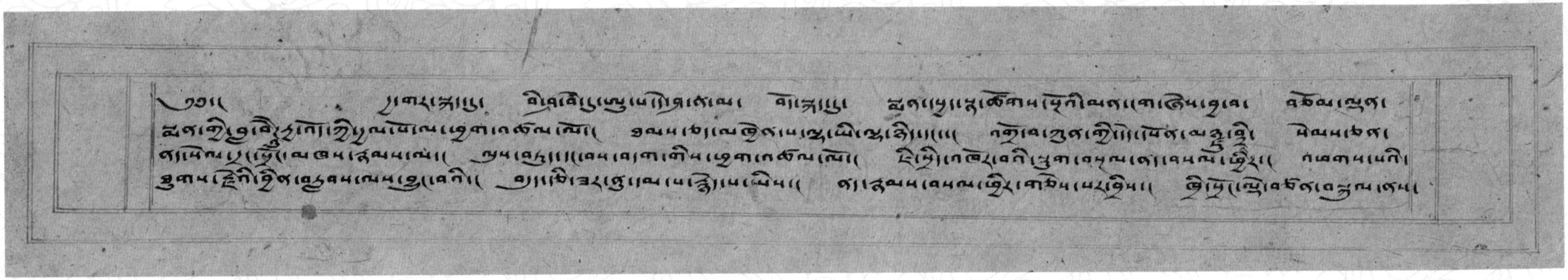

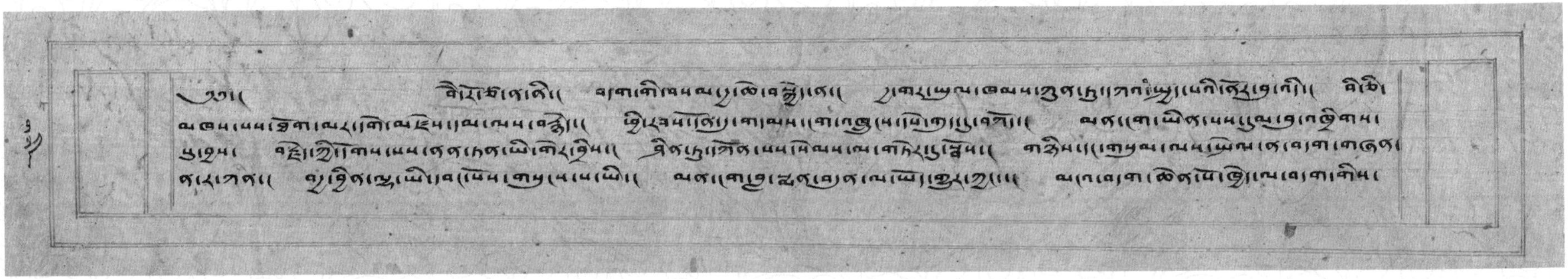

བཞི་པ། ཉམས་ཞིབ་ལག་ལེན་རིགས།

四、临床类

བི་ཇིའི་པུ་ཏི་ཁ་སེར་རམ་རྒྱལ་པོའི་བླ་ཡིག་འོད་འབར།

སྤྱི་ལོའི་དུས་རབས་༡༥པ་ཙམ་ལ་བི་ཇིའི་གདུང་རྒྱུད་ཀྱི་མཁས་པ་ཞིག་གིས་མཛད་པར་གྲགས།

དཔེ་རྙིང་འདི་ནི་བཙན་པོ་ཁྲི་སྲོང་ལྡེ་བཙན་གྱི་སྐུ་དུས་སུ་བོད་དུ་བརྩམས་པའི་གསོ་དཔྱད་ཀྱི་གཞུང་ཁྱད་དུ་འཕགས་པ་ཞིག་ཡིན་པ་གཞུང་གི་མཇུག་བྱང་ལས་གསལ་ཏེ། མཇུག་བྱང་དུ། གདམས་པ་འདི་ནི་ནམ་མཁའི་མེ་ཏོག་ལས་དཀོན་ནོ། །ཡིད་བཞིན་གྱི་ནོར་བུ་རིན་པོ་ཆེ་དང་འདྲ་བ། རྫོགས་སྷོ། །དཔེའ་ལས་མཚན་དུ་བཏགས་པ། བེ་ཅིའི་པོ་ཏི་ཁ་སེར་བ་ཞེས་བྱ་བ། གཉིས་ལས་མ་སྤེལ་གཅིག་ལས་ནུབ་མི་བྱ། ཞེས་ལ་ཚོངས་ལ་བུ་ནོར་གྱིས། གསང་གསང་། རྒྱ་རྒྱ། ཏེ་ཏེ། མངའ་བདག་ཁྲི་བསྲོང་ལྡེ་བཙན་གྱི་དོན་མཛད་དོ། །ཞེས་པ་ལས་གཞུང་འདི་ནི་རྒྱལ་པོ་ཁྲི་སྲོང་ལྡེ་བཙན་གྱི་སྐུ་དུས་སུ་བརྩམས་པ་གསལ་བར་རྟོགས་པ་དང་། དེ་ནི་བོད་སྨན་མཁས་པ་མི་དགུའི་ཡ་གྱལ་བི་ཇིའི་བརྒྱུད་པ་ལ་བརྟེན་ནས་དར་སྤེལ་བྱིན་པ་དང་། ཕྱིས་ཀྱི་གསོ་དཔྱད་གཞུང་མང་པོའི་འབྱུང་ཁུངས་ཀྱང་ཡིན་པའོ། །འོན་ཏེ་དེང་ཡོངས་གྲགས་སུ་གཞུང་འདི་ནི་བི་ཇི་ཙན་པ་ཤི་ལ་ཧ་ཡིས་མཛད་པར་འདོད་པ་ཡིན་ཡང་། གཞུང་དངོས་ནང་བི་ཇི་ཙན་པ་ཤི་ལ་ཧ་ཡིས་མཛད་པའི་སྐོར་སོགས་གང་ཡང་མཐོང་རྒྱུ་མེད་པས་ཁ་ཆོན་གཅོད་དཀའ། འོན་ཀྱང་སྔོ་སྲིད་ཤོག་འབུགས་སུ། དེ་ནས་ཙན་པ་ཤི་ལ་ཧ་རང་ཡུལ་དུ་འབྱོན་ཁར་སྲས་ལ་གདམས་པ་བེ་བུམ་ནག་པོའི་སྐོར་འདྲལ་ཚད་དང་བཅས་པ་དང་། ཙ་ར་ཀས་མཛད་པ་དྲང་སྲོང་རྙིང་རྒྱུད་མགོ་བྱང་ཤོག་ཡན་ལག་གི་སྤྲ་འཁྲིད་སྐོར་གསུམ་དང་། མགོ་བྱང་ཤོག་ཡན་ལག་གི་འདུ་བ་ཐོར་བུ་དང་བཅས་པའི་བཅོས་ཐབས་རྩ་བའི་མན་ངག་དོན་བརྒྱད་པ་རྣམས་ལ་བི་ཇིའི་པོ་ཏི་ཁ་སེར་དུ་གྲགས་པ་རྣམས་ཐུལ་བ་ལས། ཕྱི་མ་ལ་རྒྱལ་པོའི་བླ་ཡིག་འོད་འབར་དུ་གྲགས། ཞེས་གསུངས་པ་ལྟར་ན། གཞུང་འདིའི་ནི་བི་ཇི་ཙན་པ་ཤ་ལ་ཧ་ནས་བརྒྱུད་པ་མིན་ནམ་སྙམ། གཞན་ཡང་བོད་ལྗོངས་བོད་ལུགས་གསོ་རིག་སློབ་ཆེན་གྱི་དགེ་རྒན་ཆེན་མོ་དབྱངས་དགའ་མཆོག་གིས་བརྩམས་པའི་བི་ཇིའི་པུ་ཏི་ཁ་སེར་ལ་དཔྱད་པ་ཐོས་ཆུང་ཟ་བའི་བུ་རམ་ཞེས་པའི་དཔྱད་རྩོམ་ནང་དུ་པེ་ཅིང་མི་རིགས་རིག་གནས་ཕོ་བྲང་དུ་བཞུགས་པའི་པུ་ཏི་ཁ་སེར་གྱི་བྲིས་མ་གཞན་ཞིག་ཡོད་པ་མ་ཟད། དེ་ནི་བྲིས་མ་འདི་ལས་ཀྱང་ཅུང་ཟད་ཕྱུ་བ་ཡོད་པའི་སྐོར་གསུངས་པས་དཔྱད་པར་འཚལ།

གཙོ་བོའི་ནང་དོན། མགོ་དང་བྱང་ཤོག །ཡན་ལག་བཅས་པའི་མཚོན་རྩ་གཙོ་བོར་བསྟན་པ་དང་འབྲེལ་དོན་སྟོད། འདུ་བ། ཐོར་བུ། གཙོང་ཆེན་སྐྲན། རིམས་ནད་སོགས་ནད་རིགས་བྱེ་བྲག་དང་བཅས་པའི་རྒྱུ་རྐྱེན་དབྱེ་བ་དང་མཚན་ཉིད། བརྟག་བཅོས། ཞི་སྦྱོང་སོགས་ཀྱི་ལག་ལེན། སྨན་གྱི་སྦྱོར་བ་སོགས་ལེ་ཚན་ཁག་དགུ་ཡི་ཐོག་ནས་བསྟན་ཡོད། གནའ་དཔེ་དེ་ནི་སྤྱི་ལོའི་དུས་རབས་བརྒྱད་པ་བཙན་པོ་ཁྲི་སྲོང་ལྡེ་བཙན་སྐུ་དུས་སུ་བོད་དུ་བརྩམས་པ་དང་ད་བར་གྲགས་པ་ཆེ་ལ་ལུང་རྒྱུན་མ་ཉམས་པའི་གནའ་དཔེ་གལ་ཆེན་ཞིག་དང་། གནའ་དཔེ་དེའི་

མཚན་བྱང་ནི་རྒྱལ་པོའི་བླ་ཡིག་འོད་འབར་ཞེས་ཤིན་ཏུ་གཙིགས་ཆེ་བའི་དོན་དང་། གཞན་པི་ཛིའི་ཕུ་ཏི་ཁ་སེར་ཞེས་མཛད་པ་པོའི་མཚན་ཟུར་དང་འབྲེལ་ནས་བཏགས་པ་གང་ཞིག་ལ་ཕུ་ཏི་ཁ་སེར་ཞེས་མན་ངག་གིས་སྦྱུག་པའི་དོན་ཡིན་པར་སེམས། ནང་དོན་ཐད་ལྷག་དོན་ཤིན་ཏུ་སྙིག་གྱུར་ཡིན་པའི་དུས་པའི་ནད་ཀྱི་ངོས་འཛིན་དང་སྨན་བཅོས་ལག་ལེན་སོགས་བསྟན་ཡོད་པ་མ་ཟད། དེ་བཞིན་མགོ་རྨ་གསོ་བའི་སྐབས་མགོ་བོའི་རུས་ཆག་གི་དབྱིབས་དང་། གནས། རྩ་གནད་ལ་བལྟོས་ནས་ཕྱིའི་ཤ་གནད་དྲ་ཐབས་མི་འདྲ་བ་དཔེར་ན། བོང་མཆུ། ཤོ་རེ། བཞི་ཤོར་བཅས་བསྟན་པ་དང་། རུས་གྲུམས་ཀླད་པར་ཟུག་པ་ཕྱིར་དབྱུང་བའི་ཐབས། མགོ་བོ་བཙབས་འགྲམས་དབང་གིས་ཀླད་སྐྱོན་བྱུང་བའི་དབྱེ་བ། ངོས་འཛིན་སོགས་གཤགས་དཔྱད་ཀྱི་ལག་ལེན་དང་ཆ་དཔྱད་ཁག་བསྟན་པ་དེ་དག་ལས་བོད་ལུགས་གསོ་རིག་གི་ངོ་མཚར་ཆེ་བའི་རིག་གཞུང་དང་དམིགས་བསལ་ཁྱད་ཆོས་དག་མཚོན་ཐུབ་པའོ། །

ཐེངས་འདིའི་མ་དཔེ་ནི་ལྷོ་ཁ་སྨན་རྩིས་ཁང་དུ་ཉར་ཚགས་ལེགས་པར་གནང་བའི་དཔེ་རྒྱུན་དཀོན་པའི་བྲིས་མ་དཔེ་རྙིང་སྣ་ཐུང་ཞིག་ཡིན་པ་དང་། ཁྱོན་ལྡེབ་མ་༢༣༨ཡོད་ཅིང་། ལྡེབ་མ་རེའི་རིང་ཚད་ལ་༢༠.༢cmམཐོ་ཚད་ལ་༨cmདང་ཡོད་པ་ཞིག་དང་། ཡིད་ཕངས་དགོས་པ་ཞིག་ལ་གཞུང་འདིའི་ནང་གི་ལྡེབ་མ་༡༨༠ནས་༡༨༧བར་དང་། ལྡེབ་༢༡༥ནས་༢༢༢བར་ཆད་འདུག བྲིས་མ་དེ་༢༠༠༥ལོའི་ཟླ་བ་༨པར་བོད་ལྷོ་ཁ་མི་དམངས་དཔེ་སྐྲུན་ཁང་གིས་པར་དུ་བསྐྲུན་པ་དང་། ༢༠༡༦ལོར་པར་གཟུགས་ཀྱི་རྣམ་པའི་ཐོག་ནས་ཀྲུང་གོའི་བོད་རིག་པ་དཔེ་སྐྲུན་ཁང་ནས་པར་དུ་བསྐྲུན་པའི་གངས་ལྗོངས་སྨན་རྩིས་རིག་མཛོད་ཆེན་མོའི་སྤྱིའི་པོད་གྲངས་༦༡ནང་ཡོད་པ་བཅས་སོ། །

《比其黄函》(《国王书燃光论》)

该书于8世纪由出身于比其家族的学者所撰。后跋载："（本书所记载医学）教义至稀至罕，如虚空花朵，譬如如意至宝。此毕，本书标题为《比其黄函》。谨记，只此一本不可佚失；可作为传子宝书，务必秘藏，土地之主赤松德赞所事。"可证该书于赤松德赞时期完成，由"藏地九圣名医"之一比其家族收藏传承，成为后世多部藏医学著作的直接渊源。

当下医学界一致认为《比其黄函》的作者是比其·赞巴西拉哈。但是，检遍全书，没有找到任何支持由比其·赞巴西拉哈撰写的证据。据第司·桑杰嘉措所著《藏医史》记载，赞巴西拉哈前往老家之际，将《教诲·黑皮手册》(附度量衡标准)、赞热噶所著《仙人旧续·医治头、胸腔、四肢等三则直观教程、教义》《头部、胸腔、四肢之疾病及诸小恙诊治根本秘诀78则》等汇编成《比其黄函》，赠与其子，后世称为《国王书燃光论》。因此，该书有可能传自比其·赞巴西拉哈。

《比其黄函》的主要内容为，介绍头部、胸腔、四肢等处出现的（锐器所致）创伤、脏腑、综合症、散症、肿瘤、传染病等疾病的病因、分类、症状、诊治、平和疗法、药方等。分九个章节加以叙述。

该书别名《国王书燃光论》，表示极为珍贵。《比其黄函》一名中的比其源自作者的姓名。《黄函》，可能暗示书中诀窍极多，相当丰富。书中不仅介绍了骨科诊治方面的内容，根据头部创伤的形状、位置、血管静脉走向，采取驴唇式、口子式、四口式等不同的切割方式；撷取刺入脑表皮的碎骨的方法；头部被撞所致各类脑疾的分类、确认以及解剖方式、解剖器具等，显示了藏医药学在当时所达的极高的学术水平和独特医术。

该书现藏于西藏自治区藏医院（藏医药研究院文献所），属于珍稀古籍。形制为藏式长条短幅版。共计239叶。缺叶180至187叶及215至222叶。单叶规格：长20.2厘米，宽8厘米。据西藏藏医学院央嘎教授的《〈比其黄函〉小考》介绍，北京民族文化宫藏有另一部写本《比其黄函》，比西藏藏医院藏本年代更早。具体情形，尚待进一步考证。

西藏自治区藏医院藏本整理铅印本于2005年由西藏人民出版社出版。影印版收入《雪域藏医历算大典》第41函，于2016年由中国藏学出版社出版。

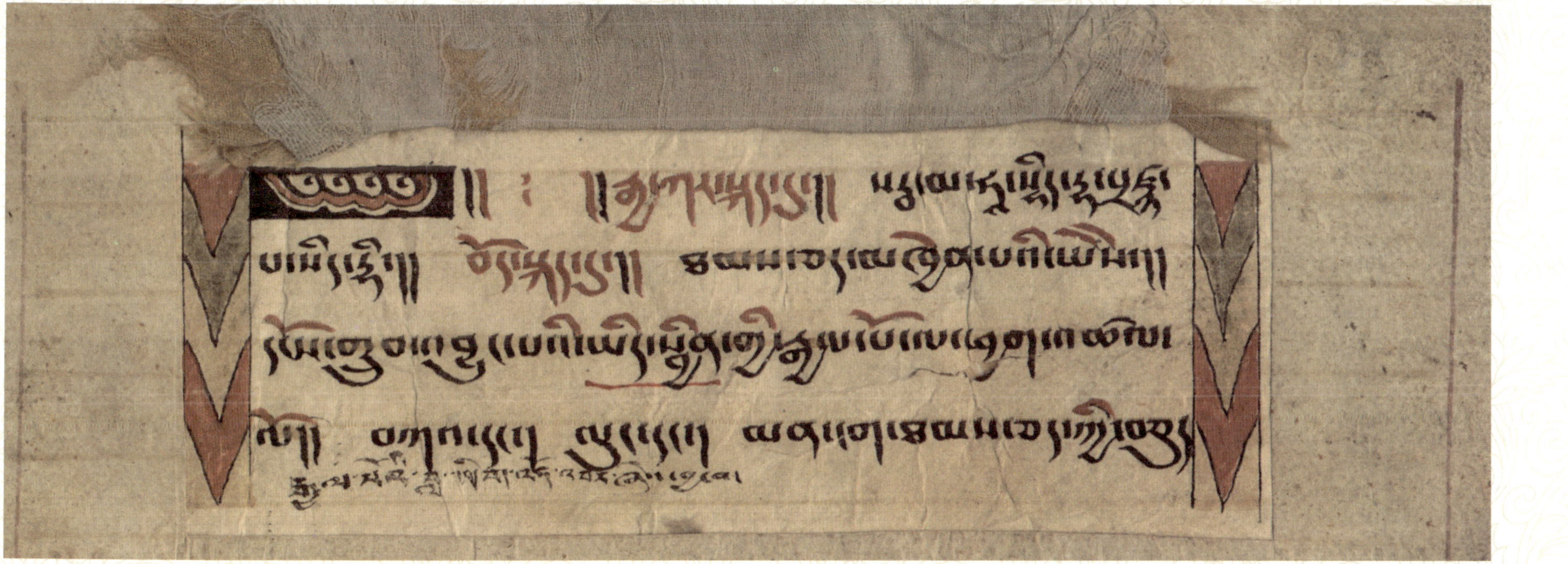

གཡུ་ཐོག་དང་མ་མགོན་པོའི་གཅེས་བསྡུས་སམ་སྙིང་པོ་བསྡུས་པ།

དུས་རབས་བཅུ་གཉིས་པའི་མཇུག་གམ་བཅུ་གསུམ་པའི་མགོ་ཙམ་དུ་གཙང་སྟོད་དར་མ་མགོན་པོས་བརྩམས།

གཞུང་འདིའི་མཛད་པ་པོ་གཙང་སྟོད་དར་མ་མགོན་པོའི་འཁྲུངས་འདས་ཀྱི་ལོ་ཚིགས་གསལ་པོ་མ་ངེས་ཀྱང་ཁོང་གི་བླ་མ་ཚེར་རྗེ་ཞིག་པོའམ་ཐུགས་རྗེ་ཁྲི་འོད་ནི་ལོ་ཆེན་རིན་ཆེན་བཟང་པོའི་（སྤྱི་ལོ་༩༥༨-༡༠༥༥）སློབ་བརྒྱུད་སྭ་རབས་སྨན་བླ་ལྷ་བུ་བཙུར་གྲགས་པའི་ནང་གི་གཅིག་ཡིན་པ་ལ་གཞིགས་ན་ཕལ་ཆེར་དུས་རབས་བཅུ་གཉིས་པའི་ཡས་མས་སུ་བྱུང་བའི་སྨན་པ་མཁས་པ་ཞིག་ཡིན་པ་དང་། འཁྲུངས་ཡུལ་ཀྱང་ཉིད་ཀྱི་མཚན་ལས་གཙང་སྟོད་ཀྱི་ཆར་གཏོགས་པ་ཤེས། ཟིན་ཏིག་འདིའི་ནང་དུ་ཡང་མང་ཡུལ་གུང་ཐང་སྐྱིད་གྲོང་དུ་ཆུ་མོ་ལུག（སྤྱི་ལོ་༡༡༦༣）ལོར་སྦྱར་ཞེས་མང་དུ་བྱུང་བས་གནས་དེ་ཉིད་དུ་བུ་སློབ་དང་འགྲོ་བ་ནད་པའི་དོན་མཛད་ཞེས་གསུངས་པས་ན་གཙང་སྟོད་དར་མ་མགོན་པོ་ནི་དུས་རབས་བཅུ་གཉིས་པའི་ནང་གི་མཁས་དབང་ཞིག་ཡིན་པར་འདོད་དོ། །

ཟུར་མཁར་བའི་ཤེས་བྱ་སྤྱིའི་ཁོག་འབུབས་སུ། ལོ་ཆེན་དེ་ལ་གསོ་རིག་གི་རྒྱུད་པ་འཛིན་པའི་སློབ་མ་མང་དུ་ཡོད་ཀྱང་ཡོངས་སུ་གྲགས་ཆེ་བ་ནི་པུ་རངས་ཀྱི་སྨན་པ་བཞི་ཟེར་ཏེ། སྤྱང་འདས་སེང་གེ་སྒྲ། ཤཱཀྱ་ཁྲི་ཡེ་ཤེས་འབྱུང་གནས། ཨོང་སྨན་ཨ་ནེ། མང་མོ་སྨན་བཙུན་རྣམས་ཡིན་ནོ། དེའི་ནང་ནས་ཀྱང་མང་མོ་སྨན་བཙུན་མཁས་ཤིང་འཕྲིན་ལས་ཆེ་བ་ཡིན་པས། དབུས་གཙང་གི་སྨན་པ་ཕལ་ཆེར་གྱིས་མཇལ་ཞིང་། སློས་སུ་ཚེ་རྗེ་ཏི་པང་ལ་གཞུང་བླ་ཟེར་དང་བཅས་པ་རྫོགས་པར་གནང་། ཏི་པང་གིས་རང་གི་སྲས་བྱང་ཆུབ། ཞུ་ལང་བཀྲ་ཤིས་མཁར། དགྲ་ལས་རྒྱལ་པོ་གསུམ་ལ་གསུངས། དེའི་ནང་ནས་ཞུ་ལང་ནི་གཞུང་འགྲེལ་ལག་ལེན་ཀུན་ལ་མཁས་པས་འཚོ་བྱེད་གཞོན་ནུའི་སྤྲུལ་པར་གྲགས། དེས་གཅེན་གྱི་སྲས་དཔོན་རྗེ་བཀྲ། དཔོན་གཡུང་དྲུང་། དཔོན་རྗེ་བརྩོན་དང་གསུམ། རང་གི་སྲས་ཚེར་རྗེ་བླ་བ་དང་། ཚེར་རྗེ་སྙིང་པོ་གཉིས། གཙུང་གི་སྲས་ཚེར་རྗེ་འབྲོ་ཚ་དང་དྲུག་ལ་གསུངས། དེ་དྲུག་ཀས་རང་གི་སྲས་ཚ་རྟག་རྟོག་རྒྱལ། འཕན་ཕྲུག །རྗེ་ནག་གསུམ་ལ་བཤད། དེ་གསུམ་ལས་གྲགས་པ་ནི་རྟག་རྟོག་རྒྱལ་ཆེ། རྗེ་འཕན་ནི་ལུང་རྒྱུས་ལ་འདྲིས། གཞུང་གདམས་ལག་ལེན་དུ་འཇོམས་པ་དེ་རྗེ་ནག་ཡིན་ཟེར། དེ་གསུམ་ལ་ཚེར་རྗེ་ཞང་སྟོན་ཞིག་པོས་ཞུས་ཏེ་མཐར་ཕྱིན་པར་གྱུར། དེ་ལ་སློབ་མ་བདེ་བ་དཔལ། ཡོན་ཏན་རྒྱ་མཚོ། གཙང་སྟོད་དར་མ་མགོན་པོ་སོགས་མང་དུ་བྱུང་བའི་དར་མགོན་ཀྱང་མཁས་པར་གྱུར་ནས་སློབ་མའི་དོན་དུ་ཟིན་ཏིག་དང་། བུའི་དོན་དུ་ཡང་ཏིག་ཅེས་པའི་མན་ངག་བརྩམས་ཤིང་དར་བར་བྱས་པས་བརྒྱུད་འཛིན་ནི་པོ་དོང་རིག་ཚོའི་སྐོར་ན་མང་ངོ་། །ཞེས་གསུངས་པ་ལས་ལོ་ཆེན་རིན་བཟང་ནས་མང་མོ་སྨན་བཙུན། དེ་ནས་ཚེར་རྗེ་ཏི་པང་། དེ་ནས་ཨ་ལུང་སོགས་སྲས་གསུམ། དེ་ནས་རྗེ་སྲས་སོགས་སྲས་དྲུག དེ་ནས་རྗེ་ནག་སོགས་སྲས་གསུམ། དེ་ནས་ཚེར་རྗེ་ཞང་སྟོན་ཞིག་པོ། དེ་ནས་གཙང་སྟོད་དར་མ

མགོན་པོ་ཡིན་པས་སློབ་བརྒྱུད་འདིར་མ་མཐར་ཡང་ལོ་བརྒྱ་ལྷག་ཅིག་དགོས་ལ། ལོ་ཆེན་རིན་ཆེན་བཟང་པོའི་འཁྲུངས་འདས་ལོ་ཚིགས་སྤྱི་ལོ་༩༥༨ནས་༡༠༥༥བར་ཡིན་པ་ཀུན་གྱིས་ཁས་ལེན་བྱེད་པ་ལྟར་ན་གཅང་སྟོད་དར་མགོན་ཡང་དུས་རབས་བཅུ་གཉིས་པའི་མཇུག་གམ་བཅུ་གསུམ་པའི་མགོར་གཡུ་ཐོག་གསར་མ་དང་དུས་མཉམ་ཙམ་དུ་འཁྲུངས་པ་ཞིག་ཡིན་པ་དང་། གཞུང་འདི་བརྩམས་པའི་དུས་ནམ་ཞིག་ཡིན་པའི་ཐད་ལོ་རྒྱུས་ཡིག་རིགས་ཁག་ཏུ་གསལ་བར་འཁོད་མེད། འོན་ཏེ་གཞུང་འདིའི་ནང་དོན་ལ་གཞིགས་ན་གཅང་སྟོད་ཟིན་ཐིག་ཡང་ཐིག་ནི་གཅང་སྟོད་དར་མ་མགོན་པོའི་སློབ་མ་མར་ལུང་སེ་བོ་སོགས་ཀྱིས་གཡུ་ཐོག་དར་མ་མགོན་པོའི་གཅེས་བསྡུས་སམ་སྙིང་པོ་བསྡུས་པ་ལ་ཁ་སྣོན་དང་བསྒྱུར་བཅོས་མཛད་པ་ཞིག་ཡིན་པ་གཅང་སྟོད་ཟིན་ཐིག་ཡང་ཐིག་ནང་དུ་འཁོད་པར། བྲམ་ཟེ་ཟླ་དགའ་རིན་ཆེན་བཟང་། །མང་མོ་སྨན་བཙུན་ཞང་སྟོན་ཞིག །ཁྲི་འོད་ལྷ་རྗེ་དར་མ་མགོན། །དེ་ནས་རིམ་པར་བརྒྱུད་པའོ། །ཞེས་དང་། མཁས་པ་མར་ལུང་སེ་བོ་ངས། །དར་མགོན་ཞལ་ནས་བརྒྱུད་པ་ཡིན། །ཞེས་གསུངས་འདུག་པ་དང་། གཡུ་ཐོག་དར་མ་མགོན་པོའི་གཅེས་བསྡུས་སམ་སྙིང་པོ་བསྡུས་པ་ཞེས་པའི་ནང་གོང་གི་ཚིག་འདི་དག་བྱུང་མེད་པར་དེ་ལས་ལྡོག་སྟེ། ཡང་གཅིག་དར་མ་མགོན་པོ་ངས། །བར་གྱི་འབྲས་ཕྲེང་བཅོས་པ་ཡི། །ཟིན་ཏིག་འཁྲུགས་པ་ཉི་འདྲ་བཤད། །མར་ལུང་སེ་བོ་ཉན་པར་རིགས། །ཞེས་པའང་གོང་གསལ་གྱི་ལུང་དེ་དག་ལས་གསལ་པོ་ཤེས་ཐུབ། ལྷག་པར་དུ་གཡུ་ཐོག་དར་མ་མགོན་པོའི་གཅེས་བསྡུས་སམ་སྙིང་པོ་བསྡུས་པ་ཞེས་པ་འདི་ལ་རྒྱུད་བཞིའི་ཤན་ཤུགས་ཆེན་པོ་ཐེབས་མེད་པ་ཞིག་ཡིན་པས་གཞུང་འདི་ནི་ལོ་རྒྱུས་སུ་གྲགས་པའི་གཅང་སྟོད་དར་མ་མགོན་པོའི་བུ་སློབ་ཀྱི་དོན་དུ་མཛད་པའི་ཟིན་ཏིག་ཡང་ཏིག་དངོས་དེ་ཡིན་པར་བསམ། མཚོ་སྔོན་བོད་སྨན་ཞིབ་འཇུག་ཁང་ནས་ཕྱོགས་སྒྲིག་གནང་བའི་གཅང་སྟོད་ཟིན་ཐིག་དང་ཡང་ཐིག་ནི་རྗེས་སུ་དཔལ་ལྡན་རྒྱུད་བཞི་ཡོངས་ཁྱབ་ཏུ་སྤྱོད་པའི་སྐབས་སུ་ཁོང་གི་སློབ་མ་མར་ལུང་སེ་བོས་སྤར་གྱི་གཅང་སྟོད་ཟིན་ཏིག་ཡང་ཏིག་དངོས་ཏེ་གཡུ་ཐོག་དར་མ་མགོན་པོའི་གཅེས་བསྡུས་སམ་སྙིང་པོ་བསྡུས་པ་ལ་རྒྱུད་བཞིའི་ས་བཅད་ལྟར་དུ་བཅོས་བསྒྱུར་དང་སློབ་མ་རང་གི་ཉམས་ཡིག་ཁ་ཤས་ཀྱང་ཁ་སྐོང་བྱས་ནས་གྲུབ་པ་ཞིག་ཡིན་ཏེ། དཔེར་ན་གཞུང་འདིའི་ལེའུ་བརྒྱ་དང་བཅུ་མེད་གསུམ་པ་ཕྱི་མའི་སྦྱོར་བ་བསྟན་པའི་སྐབས་སུ། ཨ་གར་བརྒྱད་པས་སྙིང་ལ་མཆོན་ཐོག་དང་། །འགྲམས་འཁྲུགས་སྨྱོ་ལྐུགས་ནུ་མཆིན་གཟེར་བ་འཛོམས། །ཁྲ་པ་མདོན་ཤེས་ཅན་གྱི་ལུགས་ཡིན་ཏེ། །རྒྱུད་བཞིའི་ནང་ནས་བཤད་ཀྱི་གཞན་ན་མེད། །ཅེས་གསུངས་པ་དང་། གཡུ་ཐོག་དར་མ་མགོན་པོའི་གཅེས་བསྡུས་སམ་སྙིང་པོ་བསྡུས་པར་ཕྱི་མའི་སྦྱོར་བ་འདི་བསྟན་མེད་པ་སོགས་ལས་ཀྱང་གཞུང་འདི་གཉིས་ཀྱི་སྔ་ཕྱི་གསལ་པོར་བསྟན་ནོ། །དེ་བས་གཞུང་འདི་ལས་མཆེར་ནད་གསོ་བའི་ཟིན་ཏིག་ཁྲག་ནད་སས་འབྱུང་ཞེས་པ་འདི། ཁོང་གི་སློབ་མ་བསོད་ནམས་འབུམ་མེས་ཁ་སྐོང་གནང་བ་ཐུད། དེ་མིན་རྣམས་དུས་རབས་བཅུ་གཉིས་པའི་མཇུག་གམ་གཞན་གཅང་སྟོད་དར་མ་མགོན་པོས་གསོ་རིག་བླ་མ་ཆེར་རྗེ་ཞང་སྟོན་ཞིག་པོ་གཅིག་པུ་བསྟེན་པ་ཙམ་ཞིག་མ་ཡིན་པར་བྲང་ཏིའི་མཁས་དབང་དང་གཡུ་ཐོག་པའི་སློབ་བརྒྱུད་དམ་སློབ་མ་ཡང་ཡིན་སྲིད་པ་སྟེ་ཁོང་གི་ཟིན་ཐིག་ཡང་ཐིག་ནང་། ཁོང་གཙོང་སྐྲན་གྱི་བཅོས་ཐབས་འདི། །མཁས་པ་མགོན་པོའི་ཉམས་ཡིག་དང་། །སྟོད་སྨན་ང་ཡིས་བསྡེབས་པ་ཡིན། །ཞེས་དང་། ཡང་གཡུ་ཐོག་དར་མ་མགོན་པོའི་གཅེས་བསྡུས་སམ་སྙིང་པོ་བསྡུས་པ་ཞེས་པ་འདིའི་ནང་དུའང་། གཅང་སྟོད་དར་མ་མགོན་པོས་ཆེར་རྗེ་དང་གཡུ་ཐོག

གི་ཕྱག་ལེན་ལ་རྟེན་ནས་བྲིས་པའོ། །ཞེས་དང་། གཞུང་འདིའི་དབུ་འཚེར་གསོ་བའི་ཡང་ཐིག་རྒྱ་མཚོ་གནས་སྐབས་ལས། མཉམ་མེད་བླ་མ་ཞང་སྟོན་དང་། །ཉང་སྟོད་མཁས་པ་མགོན་པོ་ཡི། །གསུང་གི་བདུད་རྩི་སྦྱོང་བ་ཡི། །སྟོད་སྨན་མངའ་རིས་དབུལ་པོ་ཡིས། །སེམས་ཅན་ཀུན་གྱི་དོན་དུ་བསྒྲིགས། །ཞེས་གསུངས་པ་སོགས་ལས་ཀྱང་གསལ་པོར་ཤེས་ཐུབ། དེ་བས་གཙང་སྟོད་དར་མ་མགོན་པོ་ནི་གཡུ་ཐོག་པའི་སློབ་རྒྱུད་དམ་སློབ་མ་ཞིག་ཡིན་པའི་ཆ་ནས་རང་ཉིད་ཀྱི་སློབ་དཔོན་དམ་པར་བཀའ་དྲིན་དང་རང་ཉིད་ཀྱི་སློབ་བརྒྱུད་གསལ་བའི་ཆེད་དུ་གཡུ་ཐོག་དར་མ་མགོན་པོ་ཞེས་པའི་མཚན་ཀྱང་ཞུ་བར་བསམ། དེ་བཞིན་གཞུང་འདིར་མངའ་རིས་སྨན་པ་དང་གཙང་སྟོད་ཅེས་པའི་ཚིག་ཟིན་མང་བས་ཁོང་གི་འབྱུངས་ཡུལ་གཙང་སྟོད་དམ་མངའ་རིས་རྒྱུད་ནས་ཡིན་པར་རྟོགས། ལྷག་པར་དུ་གངས་ལྗོངས་གསོ་རིག་བསྟན་པའི་ཉིན་བྱེད་རིམ་བྱོན་གྱི་རྣམ་ཐར་ཕྱོགས་བསྒྲིགས་སུ། དེའི་ཕྱིར་ཀོང་སྤྲུལ་རིན་པོ་ཆེའི་ཤེས་བྱ་ཀུན་ཁྱབ་མཛོད་ནང་། ཕྱི་དར་རྒྱ་གཞུང་སྔ་རྗེས་བསྒྱུར་མང་ཡང་། །རིན་ཆེན་བཟང་པོས་བརྒྱུད་པ་སྤེལ་བ་ལས། །སྤྱི་རྩིང་སྨན་པ་བཞི་ལས་ལེགས་བརྒྱུད་དེ། །ཞང་ཞིག་དར་མགོན་གཡུ་ཐོག་པ་ལ་སོགས། །བོད་ཀྱི་གཞན་ཕན་ཅན་རྣམས་ཐོག་མར་གྱིས། །ཞེས་གཡུ་ཐོག་གསར་མ་ཡོན་ཏན་མགོན་པོའང་ལོ་ཆེན་འདིའི་སློབ་བརྒྱུད་ཡིན་པར་གསུངས་འདུག་པས་གཙང་སྟོད་དར་མ་མགོན་པོས་བསྟེན་པའི་གཡུ་ཐོག་པ་དེའང་གཡུ་ཐོག་གསར་མ་ཡིན་པར་གཏན་ཁེལ་རེད། མདོར་ན་གཙང་སྟོད་དར་མ་མགོན་པོ་ནི་དུས་རབས་བཅུ་གཉིས་ཙམ་དུ་འབྱུངས་པའི་བོད་ལུགས་གསོ་རིག་གི་མཁས་དབང་ཁྱད་དུ་འཕགས་པ་ཞིག་ཡིན་ལ། ཁོང་གིས་ཆེར་རྗེ་ཞང་སྟོན་ཞིག་པོ་དང་གཡུ་ཐོག་གསར་མ་སོགས་དམ་པ་དུ་མའི་ཞབས་ལ་གཏུགས་ནས་གཞུང་ཆེན་ཡན་ལག་བརྒྱད་པ་དང་སྤེལ་བརྒྱུད་འཛིན་བྱེད་མཁན་གཙོ་བོའི་གྲས་ཡིན། ཁོང་གིས་བུའམ་སྲས་བཟང་འོད་ལྷ་རྗེ་དང་སློབ་མ་མང་ལུང་སེ་བོ། བསོད་ནམས་འབུམ་མེ་སོགས་མང་དུ་བསྐྱངས་ནས་སློབ་མའི་དོན་དུ་ཟིན་ཏིག་དང་། བུའི་དོན་དུ་ཡང་ཏིག་ཅེས་པའི་མན་ངག་བརྩམས་ཤིང་དར་བར་བྱས་པས་བརྒྱུད་འཛིན་ནི་བོ་དོང་རོག་ཚོའི་སྐོར་ན་མང་བར་གསུངས།

གཞུང་འདིའི་ནང་དོན་གཙོ་བོ་རྒྱ་བོད་དྲང་སྲོང་དུ་མའི་གཞུང་ལུགས་དང་། བླ་མའི་སྙན་བརྒྱུད་ཕྱག་ལེན་ལ་བརྟེན་ནས་གྲང་བ་བཅོས་པའི་ཟིན་ཏིག་ནས་རྙིངས་ཚད་བཅོས་པའི་ཟིན་ཏིག་ཞུ་དུམ་འབར་བ་ཞེས་པའི་བར་དུ་ཁྱོན་བསྡོམས་ཟིན་ཏིག་རྣམ་གྲངས་བརྒྱ་དང་བཅུ་མེད་གཅིག་བསྟན་ཡོད་པ་དང་། དེའི་ནང་ནས་གྲང་བ་བཅོས་པའི་ཟིན་ཏིག ཚ་ནད་བཅོས་པའི་ཟིན་ཏིག་བདུད་རྩི་ཆར་འབེབས། དྲེག་ནད་བཅོས་པའི་ཟིན་ཏིག་བདུད་རྩི་ཟར་བུ་སོགས་ནད་རིགས་བརྟག་བཅོས་གཙོ་ཆེར་བསྟན་པའི་ཟིན་ཏིག་ཆུང་བ་བདུན་ཅུ་རྩ་གཅིག་དང་། རྟེན་འབྲེལ་མི་བཙའི་གདམས་པ། སྙན་བརྒྱུད་རིན་ཆེན་སྙིང་བཤལ། རྩ་སྦྱོངས་སྙིང་པོ་ཆུ་རྒྱུན་སོགས་དཔྱད་བཅོས་གཙོ་ཆེར་བསྟན་པའི་ཟིན་ཏིག་བཅུ་དྲུག །རྩ་དཔྱད་ཟིན་ཏིག་རིག་པ་འཁྲུལ་མེད། ཆུ་དཔྱད་གསལ་བའི་མེ་ལོང་སོགས་བརྟག་ཐབས་གཙོ་ཆེར་བསྟན་པའི་ཟིན་ཏིག་གཉིས། ཨ་རུ་རའི་གཟུགས་མིང་དང་ཚིག་བཤད་པ་དང་། རིན་ཆེན་ཐལ་སྦྱོར་གྱི་ཟིན་ཏིག་བཅུད་སྦྱོར་སྙིང་པོ་སོགས་སྨན་གཙོ་ཆེར་བསྟན་པའི་ཟིན་ཏིག་གསུམ། གཞན་བྱང་ཁོག་ཡུལ་ཐིག་ཟིན་ཏིག་འོད་ཀྱི་དྲ་བ་དང་། སྲུང་རྒྱུ་ཚུལ་གྱི་སྙན་བརྒྱུད། སྔགས་རུའི་ཡང་ཐིག་སྔགས་འབུམ་ཁྱབ་འཇུག་འཕྲིན་བྱེད་སོགས་གཞུང་ལུགས་གཙོ་ཆེར་བསྟན་པའི་ཟིན་ཏིག་དགུ་བཅས་བསྟན་ཡོད། དེ་དག་ནི་གཙོ་བོ་ནད་རིགས་དེ་དག་གི་རྒྱུ་རྐྱེན་དང་། དབྱེ་

བ། རྟགས། བཅོས་ཐབས་བཅས་རང་གི་སྤྱོད་བྱུང་གི་མན་ངག་ཟབ་མོ་རྣམས་གོ་སླ་ལ་གནད་དུ་འཕྱིགས་པའི་སྒོ་ནས་གསལ་བར་བསྟན་ཡོད་པ་མ་ཟད་དེ་དག་ལས་ལྷག་པར་གློ་བའི་ནད་དང་། བྲང་སྟོང་ནད་དམ་སྙིང་གདོན་ནད་སོགས་ནད་འགའ་ཞིག་གི་བཅོས་ཐབས་གཞུང་གཞན་ན་མེད་པ་གཡུ་ཐོག་དང་མ་མགོན་པོ་རང་གི་སྤྱོད་བྱུང་གིས་ཟུར་བརྒྱན་པ་དང་། དེ་བཞིན་ཐུར་མའི་ལག་ལེན་དང་། གཏར་གའི་འབྲུ་གཞག །རྩ་རྒྱུའི་ཟིན་ཏིག་བཅས་ལ་རྒྱུད་བཞིའི་ནང་མ་གསལ་བའི་གནད་འགག་ཆེ་བའི་ནང་དོན་ཁག་ཅིག་ཁ་སྐོང་གནང་བ་སོགས་ནད་རིགས་གསོ་ཐབས་དང་དཔྱད་བཅོས་ལག་ལེན་ཐད་གཞུང་གཞན་དང་མི་འདྲ་བའི་ཁྱད་ཆོས་ལྡན་ཡོད་པས་བོད་ཀྱི་གསོ་བ་རིག་པར་ཞིབ་འཇུག་དང་སྦྱང་བརྩོན་གནང་མཁན། ལྷག་པར་ནད་ཐོག་ལག་ལེན་དངོས་ནང་ཞུགས་མཁན་གྱི་འཚོ་བྱེད་སྨན་པ་ཚོར་རྒྱ་ཁྱབ་བེད་སྤྱོད་ཀྱི་རིན་ཐང་ཤིན་ཏུ་ཆེ་ཞིང་མེད་དུ་མི་རུང་བའི་སྨན་དཔེ་ཞིག་ཡིན།

མ་ཡིག་འདི་ནི་བོད་ལྗོངས་སྨན་རྩིས་ཁང་དུ་ཡུན་རིང་ཉར་ཚགས་བྱས་པའི་གནའ་གཞུང་ཞིག་ཡིན་པ་དང་། འདིའི་མདུན་ཐོག་མཚན་བྱང་དུ་ཕྱི་ཇ་༡༡༧ ཞེས་པ་འཁོད་པས་ཕྱག་དཔེ་འདི་ནི་སྔར་འབྲས་སྤུངས་དགོན་པའི་དཔེ་མཛོད་ཁང་ཕྱི་ནང་བར་གསུམ་དུ་བཀོས་ཡོད་པའི་དཔེ་ཁང་ཕྱི་མའི་དཀར་ཆག་ཇ་ཡི་དཔེ་ཆ་ཨང་བརྒྱ་དང་བཅུ་བདུན་པ་ཡིན་པ་དང་། བོད་ཤོག་སྣ་རིང་དཔེ་ཚད་ལ་༣༣.༥cm དང་། ཞེང་ལ་༨cm ཡོད་པ། ཡིག་གཟུགས་དཔེ་ཚུགས་ཡིན་པ་ཁྲིན་ཡོངས་ལ་ཤོག་གྲངས་༢༧༣ ཡོད་པའི་གཞུང་ཞིག་གོ། །

《宇妥·达尔玛贡布选集》

该书于12世纪末至13世纪初，由藏堆·达尔玛贡布撰写。藏堆·达尔玛贡布的生卒年份不详。其上师齐尔杰·西波（又名图杰持卫）是齐尔杰医学家族的传承人，是“如药师佛似的十大名医”之一。藏堆·达尔玛贡布，如名号所示，出生地为藏堆地方。据其著作中数次出现的“水阴年（1163年）完成于芒域贡塘”等语，可知其年代大约在12世纪。

据苏喀尔所著《知识总论》记载，追随大译师（仁青桑布）学习医学弟子甚众。其中，佼佼者为“普兰四名医”，分别是娘代森格扎、释迦益西迥乃、翁曼阿列、芒姆曼尊，其中芒姆曼尊医术最高明，成就最大。许多来自卫藏地区的医生拜见他并追随其学习医术。其中有一位叫齐尔杰·帝邦的医者，芒姆曼尊将《〈八支心要集注释·月光论》等传给齐尔杰·帝邦。齐尔杰将其传给弟子强秋、乌朗·扎西卡、扎来杰波三人。三人当中，乌朗·扎西卡无论医典理解，还是临床实践，各方面都技高一筹。传说是著名医生措杰寻努的再生转世。乌朗·扎西卡又传与其子齐尔杰·达瓦和齐尔杰·宁布，胞兄之子觉扎、永中、觉尊，胞弟之子齐尔杰·卓察等六人。六人又传给他们的后人察达多朵杰、盘秋、觉那三人。这三人中察达多朵杰名声最大，盘秋最熟悉医典传承，觉那最精通诀窍付诸临床实践。从这三人处，齐尔杰·祥顿西波得到全部传承，并得以顺利出师。齐尔杰·祥顿西波培养多名弟子。其中比较重要的有德瓦柏、云旦加措以及前述名医——藏堆·达尔玛贡布。

后来，藏堆·达尔玛贡布成为一代名医。为众弟子撰写《益徒笔记》，为其儿子撰写《益子笔记再编》等。此学承在博东 若措一带较为盛行。自大译师仁青桑布算起传至藏堆·达尔玛贡布，历经一百余年。时代指向12—13世纪，与新宇妥·云丹贡布同时代。至今，相关文献中有关《藏堆·达尔玛贡布选集》这部著作的信息极少。主要出现在上述《笔记》及《笔记再编》中。如书中记载：“（自）婆罗门月喜、仁青桑布、芒姆曼尊、祥顿（西波）赤卫传至拉杰（医者）·达尔玛。”又如：“我，智者芒龙色沃，是从（老师）达尔贡处听闻并传承下来的。”综合这些信息表明，似乎可以认定《藏堆笔记》《笔记再编》是在《宇妥·达尔玛贡布选集》的基础上，由其弟子芒龙色沃等人又进行了一些增补后形成的。另外，在《宇妥·达尔玛贡布选集》中，全然不见上述有关以芒龙色沃的口吻说出的那些词语。相反，出现了："我，达尔玛贡布，将治疗'哲称'之疾的，恰如融化冰雪的阳光一般的秘诀笔记，授予你，芒龙色沃，你可听闻学习。"此外，《宇妥·达尔玛贡布选集》一书，受《四部医典》影响不大，程度不深。因此，我们可以认定，这部著作是历史上出现的藏堆·达尔玛贡布为弟子和儿子撰写的原版《笔记》以及《笔记再编》。

青海藏医研究所整理的《藏堆笔记及笔记再编》，应该是《四部医典》全面产生影响的鼎盛时期，由藏堆·达尔玛贡布的弟子芒龙色沃等人对原版《藏堆笔记及笔记再编》即《藏堆·达尔玛贡布选集》，根据《四部医典》的体例结构进行再编辑而形成。其中，甚至将一些弟子的医诊心得也编入了其中。其例证，青海藏医研究所整理版《藏堆笔记及笔记再编》第 103 章，论粉剂中，写道："八味沉香（散）主治心脏创伤，……，此乃扎巴·翁协之法，此法仅记载于《四部医典》。"而西藏自治区藏医院藏本《藏堆·达尔玛贡布心要》中，有关粉剂药方的记载查无踪影。值此，孰先孰后，前后序列，昭然若揭，不言自明。

"诊治胰腺笔记"一章系由其弟子索南奔梅补充。

另外，《笔记及笔记再编》记载："这种治疗痞瘤的方式是参考智者贡布的治疗心得，由堆曼（即藏堆·达尔玛贡布）我写成的。"《宇妥·达尔玛贡布心要》记载："藏堆·达尔玛贡布根据齐尔杰大师和宇妥大师的实践经验写成的。"同书又载："聆听过无与伦比的祥顿与娘堆地方的大智者贡布两位大师的亲口教诲的堆曼·阿里贫者，为众生之福祉写成。"因此，藏堆·达尔玛贡布不仅在齐尔杰·祥顿西波处学习医学，还可能师从昌迪大师及宇妥大师等学习医学知识和技巧。

藏堆·达尔玛贡布又称宇妥·达尔玛贡布，其中"宇妥"一词，也有可能源自宇妥大师，表示师承新宇妥·云丹贡布。贡珠大师在《知识总汇》中谈到："后弘期，先后多译梵典。仁青桑布传与普兰四医者，他们又传与祥西氏、达尔贡氏、宇妥氏，由此出现西藏利他群体。"将新宇妥·云丹贡布列入大译师仁青桑布传承谱系中。因此可见，上述藏堆·达尔玛贡布的上师宇妥氏族是新宇妥·云丹贡布，别名中多见"阿里医者""藏堆"等称号，表明其出生地为阿里或藏堆地方。

总之，藏堆·达尔玛贡布，是一位活跃于12世纪的一代名医。师从齐尔杰·祥顿西波、新宇妥等上师，为《八支心要集》这部医学名典在西藏流传应用做出了重要贡献。同时，培养了桑伟拉杰（其子）、芒龙色沃、索南奔梅等众多弟子。又分别为诸弟子和儿子撰写《益徒书》和《益子书》。据称，源自藏堆·达尔玛贡布的这支医学流派在博东若措一带较为盛行。

《藏堆·达尔玛贡布心要》一书的主要内容为，天竺、西藏多位医学家及各自的医学理论，秉承上师耳传实践传承，"治疗昌瓦（寒病）"至"邬东瓦热·治疗伏热病"，记下101则笔记，用通俗明了的语言对各类病症产生的原因、分类、症状以及对症疗法进行了解释说明。其中主要记载了有关寒病、水肿、痛风等病症的诊治的短篇笔记71则，《因缘·火疚》《耳传宝治心》《脉泄水流心要》等有关治疗措施的笔记16则，《触之无误·脉诊笔记》《尿诊明鉴》等有关诊断依据的笔记2则，《诃子的形状名称及制剂流程说明》《精华聚合·珍宝煅灰》等有关制剂的笔记3则。此外还有《光之网格·体腔区位图谱》《耳传·隆之运行说》《陀罗尼吸角笔记：十万陀罗尼·遍入天之能祛》等有关理论、原理的笔记9则。对肺病、天煞病（或中风）等，《四部医典》未作记载的病症提出了自己的诊治主张。对穿刺之掌握、放血疗法之应用、脉诊尿诊等在《四部医典》的基础上补充了新的内容。

《宇妥·达尔玛贡布选集》原版现收藏于西藏自治区藏医院。其首叶上书写着"ཕྱི་ཇ། 117"等字样，表明这部书原收藏于哲蚌寺之内、外、中三个藏书馆中的外室藏书馆，其目录登录号为ཇ།字第117本。纸张为藏纸。单叶规格长33.5厘米，宽6厘米。字体为藏文别簇体。共计273叶。

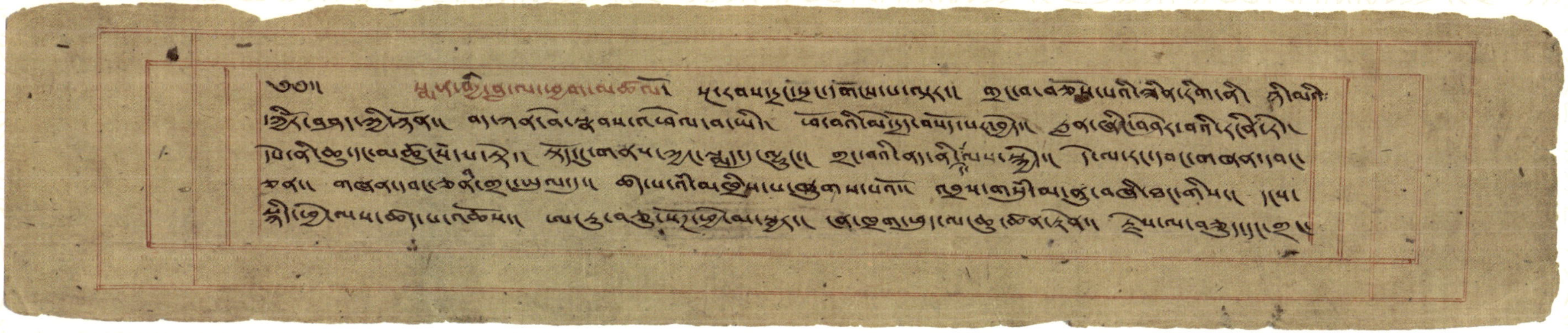

གཅེས་བསྡུས་རིན་ཆེན་ཕྲེང་བ།

སྤྱི་ལོའི་དུས་རབས་བཅུ་དྲུག་ཙམ་དུ་ཟུར་ཆེ་བ་ཕྱུག་རྗེར་མགོན་པོས་མཛད་པར་གྲགས།

བསྟན་བཅོས་འདིའི་མཛད་པ་པོ་ཡོངས་གྲགས་སུ་ཟུར་ཆེ་བ་ཕྱུག་རྗེར་མགོན་པོ་ཡིན་པ་དང་། གཞན་ཡང་གཞུང་གི་མཇུག་བྱང་དུ། ཁྱད་པར་དཔལ་ལྡན་ས་སྐྱ་སྨན་གྲོང་པའི། །སྟོན་བརྒྱུད་མན་ངག་བྱིན་རླབས་བཀའ་བབས་པ། །མཁས་དབང་གོང་སྨན་དཀོན་མཆོག་བདེ་ལེགས་ཀྱིས། །མཛད་པའི་དགོས་འདོད་ཀུན་འབྱུང་ཡང་ཟབ་དང་། །ཁྱད་པར་སྨན་བླ་གཉིས་པར་ཡོངས་གྲགས་ཤིང་། །རིག་བྱེད་གཞུང་ལུགས་སྨྲ་བའི་དྲང་སྲོང་མཆོག །དྲིན་ཅན་གོང་སྨན་དཀོན་མཆོག་འཕན་དར་གྱིས། །ཞལ་གདམས་སྙན་བརྒྱུད་ཐུབ་པར་མ་བཟོད་པར། །ཞེས་དང་། ཡང་མཛད་བྱང་དུ། ཅེས་པ་འདི་ནི་མཁས་པའི་དབང་པོ་སྨན་བླ་གཉིས་པ་གོང་སྨན་དཀོན་མཆོག་ཕན་དར་གྱི་ཞབས་པད་ཡུན་རིང་བརྟན་ཅིང་། གསོ་བ་རིག་པའི་ཚུལ་ལ་ཐོས་བསམ་གྱི་བྱ་བ་ལན་གཅིག་མ་ཡིན་པར་བྱས་པའི་ཟུར་ཆེ་བ་ཕྱུག་ན་རྡོ་རྗེ་མགོན་པོ་ཡིས་རྒྱ་བོད་མཁས་གྲུབ་དུ་མའི་གསུང་རྒྱུན་དང་། ཁྱད་པར་གོང་སྨན་ཡབ་སྲས་ཀྱི་ཐུགས་བཅུད་འོ་མའི་རྒྱ་མཚོ་སྤྲུགས་པ་ལས་བྱུང་བའི་གཅེས་བསྡུས་རིན་ཆེན་ཕྲེང་བ་འདི་ཉིད། དད་ལྡན་གྱི་བུ་སློབ་དུ་མ་དག་གིས་མི་རྟོག་དང་བཅས་བསྐུལ་བའི་ངོར་སྦྱར་བའོ། །ཞེས་དང་། དེ་བཞིན་ཚད་པ་བཅོས་པའི་ནང་མཁས་དབང་དཀོན་མཆོག་འཕན་དར་ལ། འ་ཕ་བརྒྱ་བྱིན་དང་འ་ཕ་ཚེ་རིང་སྤུན་གཉིས་ཀྱིས་ཕུལ་བ་འདི། བདག་སློབ་བུའི་ཐ་ཆུང་ཕྱུག་རྗེར་མགོན་པོ་ལ་གནང་ཞེས་གསུངས་པར་གཞིགས་ན་ཁོང་ནི་གོང་སྨན་དཀོན་མཆོག་བདེ་ལེགས་དང་། གོང་སྨན་དཀོན་མཆོག་འཕན་དར་གྱི་སློབ་མ་ཡིན་པར་གཏན་འཁེལ་བས་འཁྲུངས་པའི་དུས་ཚོད་དེ་ཧ་ལམ་དུས་རབས་བཅུ་དྲུག་ཙམ་དུ་སྐུ་འཁྲུངས་པ་འདྲ། དེ་མིན་ཞིབ་ཕྲའི་འཁྲུངས་འདས་ལོ་ཚིགས་དང་མཛད་པ་རྣམ་ཐར་ཞིབ་པ་མཇལ་རྒྱུ་མི་འདུག །

གཙོ་བོའི་ནང་དོན་ནི། བསྟན་བཅོས་འདིའི་ནང་རླུང་ནད་བཅོས་པ་ཀ་ནས་ཨ་རབ་ཏུ་གནས་པའི་ཚིག་སོགས་རིམ་པས་འཁོད་ཡོད་དེ། རླུང་མཁྲིས་བད་ཀན་ཏེ་ཉེས་པ་གསུམ་དང་། སྲིན་དང་སྐྱ་རབ་སོགས་གཙོང་སྡེ་བཞི། གབ་ཚད། ཚ་བ་རྙིངས་རྙོགས་འགྲམས་འཁྲུགས་གཉན་གཟེར་སོགས་ཚ་བའི་ནད་རིགས། འབྲུམ་པ་དང་བེག་གི་བཅོས་ཐབས། གག་ལྷོག །དབང་པོ་སྣོ་ལྔ། དོན་ལྔ་སྣོད་དྲུག་དང་ཕོ་མོའི་གསང་ནད། དེ་བཞིན་སྐད་འགགས་དང་སྐྱིགས་བུ། སྐེམ་དང་ལ་སོགས་ཐོར་བུའི་ནད་རིགས། འབྲས་དང་། གཞང་འབྲུམ། མེ་དབལ་སོགས་ལྷན་སྐྱེས་ཆུའི་ནད་རིགས། ཁྲག་ཚགས་དང་རླུང་ཚགས། བྱིས་པ་བཙས་པའི་བང་ཞབས་སོགས་མོ་ནད་ཁག་ལ་སོགས་དཔལ་ལྡན་རྒྱུད་བཞིའི་ནད་རིགས་ཕལ་ཆེ་བའི་ནང་དོན་བསྡུས་ཏེ་དེ་དག་གི་ངོ་བོ་ངོས་འཛིན་དང་། དབྱེ་བ། རྟགས། བཅོས་ཐབས་ཀྱི་མན་ངག་ཟབ་མོ་རྣམས་རྩོམ་པ་པོ་རང་ཉིད་ཀྱི་ཉམས་མྱོང་དང་། ལྷག་པར་སློབ་དཔོན་གོང་སྨན་དཀོན་མཆོག་འཕན་དར་ལ་སོགས་ཀྱི་ཁྲིད་རྒྱུན་མ་ཉམས་པར་ལྷུག་པར་བསྟན་

གནང་འདུག །གསོ་རིག་གཅེས་བསྡུས་རིན་ཆེན་ཕྲེང་བ་ཞེས་པ་འདི་ཉིད་ཀྱི་མཚན་བྱང་ནི་དཔེ་ཡི་སྒོ་ནས་བཏགས་པ་དང་། དེ་ནི་མཛད་པ་པོ་ཉིད་ཀྱིས་ཉམས་མྱོང་ལེགས་པར་བསྡུས་ནས་རིན་པོ་ཆེའི་ཕྲེང་བར་བརྒྱུད་པ་ལྟར་གཅིག་རྗེས་གཉིས་མཐུད་ཀྱི་སྒོ་ནས་ནང་དོན་རྣམས་ལེགས་པར་བསྒྲིགས་པའི་དོན་དང་། དེ་ནི་དཔལ་ལྡན་རྒྱུད་བཞིའི་དགོངས་དོན་ལྟར་ལྟུང་མཁྲིས་བད་ཀན་ནས་གོ་རིམ་བཞིན་ཕྲེང་བར་བརྒྱུད་པར་ལྟར་འཁོད་འདུག །གཞུང་འདིའི་ནང་ཞེས་གསུམ་དང་། གཙོང་སྐྱེ་བཞི། དོན་སྙོད། གསང་ནད། ཕོར་བུ། མོ་ནད་ལ་སོགས་རྒྱུན་མཐོང་ནད་རིགས་རྣམས་ཀྱི་ངོས་འཛིན་དང་དམིགས་བསལ་བཅོས་ཐབས་ཀྱི་ནང་དོན་རྣམས་མདོར་བསྡུས་སུ་བཀོད་ནས་ནད་རིགས་དེ་དག་གི་བཅོས་ཐབས་ལ་བོད་ལུགས་གསོ་རིག་གི་སྨན་དོན་པ་རྣམས་ལ་ཁ་གསལ་ཞིང་སྟབས་བདེ་བའི་བཅོས་ཐབས་རྣམས་གསལ་པོར་འཁོད་ནས་ནད་ཐོག་དངོས་ནང་ནད་གཞི་སྔོན་འགོག་དང་། ངོས་འཛིན། གསོ་བཅོས་ཀྱི་ཐབས་ལམ་ལེགས་པར་སྟོན་ནུས་པ་དང་། གསོ་རིག་འཆད་ཉན་གྱི་དགེ་སློབ་ཚོགས་ལ་བཤད་ཁྲིད་ཐད་གལ་ཆེའི་ནུས་པ་ཐོན་ངེས་ལ། ཞིབ་འཇུག་ཐད་རྩང་གཞི་བཟང་པོ་གཏིང་ཐུབ་པའི་གལ་ཆེའི་རིན་ཐང་ལྡན་ནོ། །

མ་དཔེ་འདི་རྩེ་ཐོ་བྲང་པོ་ཏ་ལའི་དཔེ་མཛོད་ཁང་དུ་ཉར་ཚགས་ལེགས་པར་གནང་བའི་དཔེ་རྒྱུན་དཀོན་པའི་བྲིས་མ་དཔེ་རྙིང་སྣ་ཐུང་ཞིག་ཡིན་པ་དང་། དེ་ཉིད་བོད་ལྗོངས་བོད་ལུགས་གསོ་རིག་སློབ་ཆེན་གྱིས་པར་གཟུགས་ཀྱི་རྣམ་པའི་ཐོག་ནས་ལེགས་བསྒྲིགས་གནང་བའི་ཀྲུང་གོའི་བོད་ལུགས་གསོ་རིག་རྩ་ཆེའི་དཔེ་རྙིང་ཀུན་འདུས་ནང་གི་གླེགས་བམ་བཅུ་དགུ་པ་དེ་ཉིད་ཡིན་པ་དང་། དེ་ཉིད་སྤྱི་ལོ་༢༠༡༣ལོར་བོད་ལྗོངས་མི་དམངས་དཔེ་སྐྲུན་ཁང་ནས་དཔར་སྐྲུན་འགྲེམས་སྤེལ་གནང་། དེ་བཞིན་སྤྱི་ལོ་༢༠༠༡ལོར་ཕྱུག་རྫོར་གསོ་རིག་ཕྱོགས་བསྒྲིགས་ཞེས་པའི་དེབ་གཟུགས་མི་རིགས་དཔེ་སྐྲུན་ཁང་ནས་དཔར་སྐྲུན་འགྲེམས་སྤེལ་གནང་། པར་མ་གཞན་ཡོད་པ་དངོས་སུ་མ་མཇལ་ལོ། །

ཤོག་ལྷེབ་མ་༡༤༡ཡོད་ཅིང་རིང་ཚད་ལ་༡༡༣.༣༨cmདང་། མཐོ་ཚད་ལ་༣༠.༠༤cm ཡོད།

《集要珍宝串》

该书成书于 16 世纪，由苏尔措 · 恰多贡布撰写。

《集要珍宝串》后跋载 ："尤其不忍心藏医学萨迦曼仲系统之耳传秘诀及传承的大学者贡觉德勒所著《医学如意宝》和论说藏医学大擘至圣仙人及恩师贡曼•贡觉潘达的口传教义传承，出现从此湮没、失传的情形。"又称："《集要珍宝串》是本人长期师从大学者贡曼•贡觉潘达，不只一次修习医学者苏尔措人恰那多吉贡布根据诸多梵藏大德之言教传承及源自贡曼师徒智慧心血之结晶，是在众虔诚弟子献花敦促写作的情形下完成的。"另称 ："此治疗热病之法，系阿帕加金、阿帕次仁两兄弟献与大学者贡觉潘达，贡觉潘达大师赠给众徒至幼者——本人恰多贡布。"至此，我们可明确得知作者系著名藏医学家贡曼 · 贡觉德勒和贡曼 · 贡觉潘达的弟子。其生平年代大致与上述两位上师相当，因为缺乏资料，具体年份及事迹无从得知。

该书主要内容，包括隆、赤巴、培根三种基础病 ；痞瘤、浮肿病等四种沉疴；伏热、陈热、混热、发炎、胸腔发炎、瘟疫等热病类；痘疮、麻疹疗法 ；喉蛾疗毒、五官、五脏六腑、男女隐病 ；喉咙病、呃逆病、渴症等小散症；痞瘤、痔疮、皮炎等自体病变类疮症；恶血症、恶风症、产后症等妇科病症。上述病症，大都为《四部医典》所示诸种疾病，该书作者对这些疾病加以总结归纳，对这些疾病的性质的判断、分类、症状、治疗等内容，根据自己的经验，特别是传承上师贡曼 · 贡觉潘达的教诲、思想、诀窍进行了详细说明阐述。《集要珍宝串》这个标题中的"宝串"一词为比喻说法，形容作者将自己的宝贵经验和学术成就汇聚在一起，如同珠宝串成宝串，赠与弟子及后辈学者，方便后学，造福众生，弘扬传承。这部古籍对三病因、四沉疴等病症的性质、分类、治疗等娓娓道来，详加阐述，极大程度地方便了藏医学教学、传承、研究以及发扬光大。

该书原本收藏于布达拉宫，系一部短幅藏式长条书，全书共有 181 叶。单叶规格 ：长 113. 36 厘米，宽 20. 08 厘米。其原件影印，收入西藏藏医药大学编纂的《中国藏医药影印古籍珍本》（第 19 函）。2001 年，民族出版社以《恰多医典集》为标题出版铅印版。2013 年，由西藏人民出版社出版铅印版。

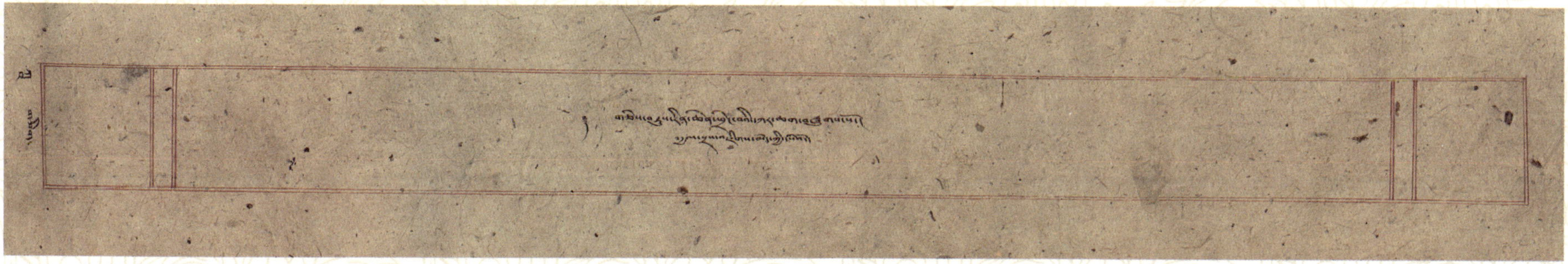

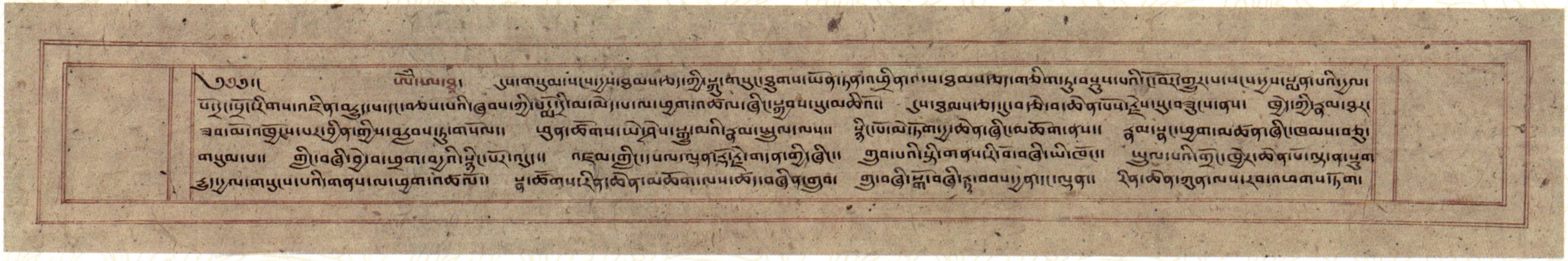

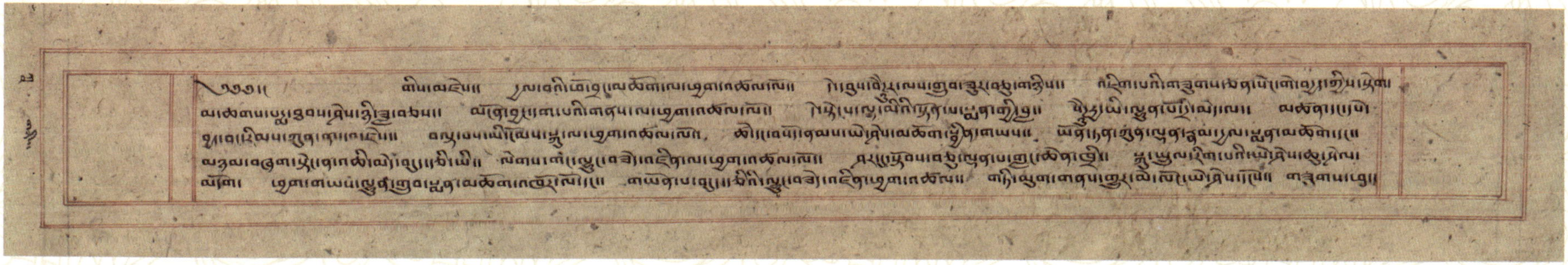

གསོ་དཔྱད་རྒྱལ་པོའི་དཀོར་མཛོད།

སྤྱི་ལོའི་དུས་རབས་༡༢པར་ས་སྐྱ་གོང་མ་རྣམ་ལྔའི་ཡ་གྱལ་རྗེ་བཙུན་རིན་པོ་ཆེ་གྲགས་པ་རྒྱལ་མཚན་མཆོག་གིས་མཛད།

གཞུང་འདིའི་མཛད་པ་པོ་ས་སྐྱ་གོང་མ་རྣམ་ལྔའི་ཡ་གྱལ་རྗེ་བཙུན་གྲགས་པ་རྒྱལ་མཚན་མཆོག་ནི་རབ་བྱུང་གསུམ་པའི་མེ་ཡོས་ལོ་སྟེ་སྤྱི་ལོ་༡༡༤༧ལོའི་ཟླ་༡༡པའི་ཚེས་༡༨ཉིན་ལ་དཔལ་ལྡན་ས་སྐྱར་ཡབ་ས་ཆེན་ཀུན་དགའ་སྙིང་པོ་དང་། ཡུམ་མ་ཅིག་འོད་སྒྲོན་གཉིས་ཀྱི་སྲས་སུ་སྐུ་བལྟམས། དགུང་ལོ་བརྒྱད་ནས་བཅུ་གཉིས་བར་ཡབ་ཀྱི་དྲུང་དུ་ཡི་གེ་འབྲི་ཀློག་ནས་དབུ་ཚུགས་ཏེ་བརྡ་དག་གིས་གཙོས་པའི་ཆོས་དང་རིག་གནས་གཉིས་ཆར་གསན་བསམ་མཛད་པ་དང་། དགུང་ལོ་བརྒྱད་ཀྱི་ཐོག་བྱང་སེམས་ཟླ་བ་རྒྱལ་མཚན་གྱི་མདུན་ནས་ཚངས་སྤྱོད་དགེ་བསྙེན་གྱི་སྡོམ་པ་བཞེས། དགུང་ལོ་བཅུར་སོན་སྐབས་སྡོམ་པ་ཉི་ཤུ་པ་དང་། སྒྲུབ་ཐབས་འཚོ་སྐྱེས་གསན་ཚུད་མཛད། དགུང་ལོ་བཅུ་གཅིག་ཐོག་གདུལ་བྱ་གཞན་ལ་འཆད་སྤེལ་གནང་བས་ཀུན་གྱིས་བློ་གྲོས་ཆེན་པོ་ཞེས་མཚན་གསོལ། དགུང་གྲངས་བཅུ་གཉིས་པར་ཡབ་གཤེགས་ནས་བཅུ་གསུམ་ཐོག་རང་གི་གཅེན་པོ་བསོད་ནམས་རྩེ་མོས་ས་སྐྱའི་གདན་སར་བསྐོ་བཞག་བསྐྱལ། དེ་ནས་བཟུང་གཅེན་བསོད་ནམས་རྩེ་མོ་སོགས་མཁས་གྲུབ་ཀྱི་དམ་པ་དུ་མར་གུས་པས་བསྟེན་ཏེ། མདོ་སྔགས་ཀྱི་དབང་ལུང་དུ་མ་གསན་བསམ་མཛད། བཅུ་གསུམ་པ་ལ་གཅེན་པོ་བསོད་ནམས་རྩེ་མོ་དབུས་སུ་སློབ་གཉེར་ལ་བྱོན་པས་རྗེ་བཙུན་ཉིད་ཀྱིས་དཔལ་ལྡན་ས་སྐྱའི་གདན་ས་ཐུགས་འགན་བཞེས་ཤིང་གསང་སྔགས་སོགས་གཞུང་གི་བཤད་པ་དུ་མ་མཛད་དེ། གདུལ་བྱ་སློབ་མ་རྣམས་ལ་གང་ལ་གང་འདོད་ཀྱི་མདོ་སྔགས་རིག་གནས་དང་བཅས་པའི་གདམས་པ་རྒྱ་ཆེར་བསྩལ། ཆོས་གང་ཞུས་ཀྱང་དེ་མ་ཐག་ཐུགས་ལས་གསུངས་པ་ལས་ཕྱིས་བྱ་གསུངས་པའི་ལུགས་མེད།

སྐུ་ཚེའི་རིང་ཡབ་ས་ཆེན་ཀུན་དགའ་སྙིང་པོ་དང་། བྱང་སེམས་ཟླ་བ་རྒྱལ་མཚན། གཅེན་པོ་རིན་པོ་ཆེ་བསོད་ནམས་རྩེ་མོ་སོགས་མཁས་གྲུབ་དུ་མ་མཉེས་པ་གསུམ་གྱིས་མཆོད་དེ་མཁས་པའི་གྲགས་སྙན་རྒྱས། དེ་བཞིན་ཉིད་ཀྱི་གཅུང་པོ་དཔལ་ཆེན་འོད་པོ་ཆེའི་རིགས་སྲས་༼འཛམ་མགོན་ས་སྐྱ་པཎ་ཆེན་ཀུན་དགའ་རྒྱལ་མཚན་དང་། གྲགས་པའི་མཐའ་ཅན་བརྒྱད་ལ་སོགས་པ་སློབ་ཚོགས་གྲངས་ལས་འདས་པར་དམ་ཆོས་ཀྱི་གྲུ་ཆར་བསྩལ་ཞིང་། ལམ་འབྲས་བརྒྱད་པའི་གསོལ་འདེབས་དང་། བླ་མ་ས་སྐྱ་བ་ཆེན་པོའི་རྣམ་ཐར། ཞེན་པ་བཞི་བྲལ་གྱི་གདམས་པ། བླ་མ་ལྔ་བཅུ་པའི་འགྲེལ་པ་སོགས་ལེགས་བཤད་ཀྱི་གསུང་རབ་པོད་ལྔ་སྐལ་ལྡན་རྗེས་འཇུག་གི་གསོས་སུ་བསྐྲུན། བགྲང་བྱ་ལྔ་བཅུ་ང་བདུན་རིང་ས་སྐྱའི་གདན་ས་བསྐྱངས་ཏེ་མཐར་དགུང་གྲངས་བདུན་བཅུ་ཞེས་པ་རབ་བྱུང་བཞི་པའི་མེ་བྱི་སྤྱི་ལོ་༡༢༡༦ལོར་གཤེགས་སྐུའི་བཀོད་པ་བསྡུས།

གཞུང་འདིའི་གཙོ་བོའི་ནང་དོན་འདུ་བ་སྤྱིའི་རྣམ་གཞག་སྒྲོན་མ་གསལ་བ་ཞེས་ལེ་

ཚན་དང་པོ་ནས་ཐ་མ་མགོ་དཔྱད་པཉྩ་དྲི་མེད་བར་ཁྱོན་དཔེ་ཚན་སམ་ལེ་ཚན་ཁག་ཞེ་བདུན་ཡོད་ཅིང་། དེའི་མཚན་བྱང་གི་འདོགས་སྟངས་ནི་དཔེ་ཡི་སྒོ་ནས་བཏགས་པ་སྟེ། གནའ་དཔེ་འདིའི་ནང་གསོ་བ་རིག་པའི་སྐོར་གྱི་ནང་དོན་རྣམས་རྒྱལ་པོའི་དགོང་མཛོད་དམ་ནོར་གྱི་བང་མཛོད་ལྟར་ཤིན་ཏུ་ཕུན་སུམ་ཚོགས་པའི་དོན་ནོ། །

མདོར་ན་གཞུང་འདི་ནི་ཐོག་མཐའ་བར་གསུམ་དུ་རྒྱུན་འཛིན་མ་ཉམས་པར་དར་ཁྱབ་ཆེན་པོ་བྱུང་ནས་ད་ལྟའི་བར་གྲགས་པ་ཤིན་ཏུ་ཆེ་བ་དང་། གཞུང་ཡོངས་ལ་ཁྱོན་ལེ་ཚན་བཞི་བཅུ་ཞེ་དགུ་ཙམ་བསྟན་ཡོད། གཞུང་འདི་ནི་བོད་ཀྱི་གསོ་བ་རིག་པའི་མན་ངག་མཐའ་དག་དང་། ལྷག་པར་མཛད་པ་པོ་རང་ཉིད་ཀྱི་ནད་ཐོག་ཉམས་མྱོང་གི་ཟུར་བརྒྱན་པ་དང་། དེ་བཞིན་བྱིས་པའི་མཆིན་ནད་བཅོས་ཐབས་དང་། བཤལ་གྱི་གདམས་ངག །སྨན་བཤལ། སྐྲན་སྨན། ཚོང་ཞིའི་གདམས་པ་སོགས་རྒྱུད་ནང་མ་གསལ་བའི་གནད་འགག་ཆེ་བའི་ནང་དོན་མང་དག་མཛད་པ་པོ་རང་ཉིད་ཀྱི་ནད་ཐོག་དངོས་ཀྱི་ཉམས་མྱོང་ལ་བརྟེན་ནས་འཁོད་པ་སོགས་ནད་རིགས་གསོ་ཐབས་དང་དཔྱད་ཀྱི་ལག་ལེན་ཐད་གཞུང་གཞན་དང་མི་འདྲ་བའི་ཁྱད་ཆོས་ལྡན་ཡོད་པས་བོད་ཀྱི་གསོ་བ་རིག་པར་ཞིབ་འཇུག་དང་ནད་ཐོག་ལག་ལེན་དངོས་ཀྱི་འཚོ་བྱེད། དེ་བཞིན་གསོ་རིག་གཞུང་ལུགས་ལ་སྦྱང་བརྩོན་གནང་མཁན་གྱི་སློབ་བུའི་ཚོགས་ལ་བེད་སྤྱོད་ཀྱི་རིན་ཐང་ཆེ་ཞིང་དཔྱད་གཞི་མེད་དུ་མི་རུང་བའི་སྨན་དཔེ་གལ་ཆེན་ཞིག་གོ། །

དེ་ཡང་གསོ་དཔྱད་རྒྱལ་པོའི་དགོང་མཛོད་ནི་དུས་རབས་བཅུ་གཉིས་པའི་སྐབས་སུ་བྱུང་བར་གྲགས་ལ། ད་བར་དཔེ་རྒྱུན་མ་ཆད་པར་བཞུགས་པའི་བོད་ཀྱི་གསོ་དཔྱད་ཁྱད་དུ་འཕགས་པ་ཞིག་ཡིན་ནོ། །དེ་སྔ་བོད་ལུགས་གསོ་རིག་རིག་གཞུང་འདི་ཤིན་ཏུ་ནས་དར་ཁྱབ་ཆེན་པོ་བྱུང་ནས་ཀུན་གྱི་ཚད་མར་འཛིན་པའི་གཞུང་གལ་ཆེན་ཏུ་གྱུར་ཡོད་ལ། དེ་བཞིན་དུ་སྤོ་བཤུས་བྱས་པའི་བྲིས་མའང་མང་དུ་འབྱུང་ཡོད་ངེས། གཞན་དཔར་གཞི་སྡེ་དགེ་དཔར་ཁང་གིས་དཔར་དུ་བསྐྲུན་པའི་དཔར་མ་ཞིག་ཡོད། དེ་ལ་ཁུངས་གཏུགས་ནས་སྔ་ཕྱིར་ཀན་སུའུ་མི་རིགས་དཔེ་སྐྲུན་ཁང་（༡༩༩༣ལོར）དང་། མི་རིགས་དཔེ་སྐྲུན་ཁང་（༢༠༠༧ལོར）ནས་དཔར་བསྐྲུན་འགྲེམས་སྤེལ་གནང་ཡོད།

ཐེངས་འདིའི་མ་དཔེ་ནི་བོད་རང་སྐྱོང་ལྗོངས་སྨན་རྩིས་ཁང་དུ་ཉར་ཚགས་ལེགས་པར་གནང་བའི་བྲིས་མ་ཆ་ཚང་བར་གནས་པ་སྨན་དཔྱད་（འཐོར་དཔྱད）རྒྱལ་པོའི་དགོང་མཛོད་ཞེས་སུ་གྲགས་པ་དེའོ། །

ཤོག་ལྷེབ་མ་༡༣༡ཡོད། རིང་ཚད་ལ་༥༩.༧༨cmདང་། མཐོ་ཚད་ལ་༡༨.༥༨cmཡོད།

《医疗术王库》

该书成书于 12 世纪，由杰尊 • 扎巴坚参撰写。扎巴坚参系藏传佛教萨迦派萨迦五祖之一。

作者杰尊 • 扎巴坚参，于藏历第三饶迥火兔年（1147 年）十一月十八日出生。父亲叫贡嘎宁布，母亲叫玛吉卫珍。8 岁至 12 岁从父亲处学习藏文拼读书写及词汇学等文化和佛学知识。8 岁时，在强森 • 达瓦坚参处，受居士戒。10 岁时学习《二十戒》《成就法》等。11 岁时，为众人讲经，得号“罗追钦波（意即大智慧）”。12 岁时，父亲去世。13 岁，由其兄长索南孜摩将他安排任命为“萨迦寺典萨”传承上师。从此，师从索南孜摩等诸多上师，学习佛学知识，听闻多种灌顶传承。13 岁，兄长索南孜摩赴卫地（前藏），杰尊 • 扎巴坚参负责“萨迦寺典萨”职责，为众多弟子和信众宣讲传授密宗典籍等多部典籍及显密教义和文化知识。无论谁请求，都会答应及时传授，从不拖延。每讲典籍，娓娓道来，清晰明了，引人入胜。聆听尊者的授课，如浴春风，在轻轻松松的氛围中，明白诸多艰深学理问题，而毫无艰深枯燥之感。

杰尊 • 扎巴坚参一生有众多弟子，其中包括其侄子萨迦 • 班智达 • 贡嘎坚参和具有八“扎巴”名号弟子等。

著有《八道果祈愿》《萨迦巴大师传》《远离八贪教诲》《上师五十颂》等五大函著作。

任萨迦寺典萨五十七年，于第四饶迥火鼠年（1216 年）逝世。

《医疗术王库》这个标题中的“王库”是比喻，形容这部医典所叙述的古代医学内容丰富多样，种类繁多，堪比君王宝库。书中，自疾病总论明灯之末论医学无垢莲花共分四十七章，记载了藏医学所有诀窍奥义及自己的临床心得。比如，有关儿科肝病、泻疗、鼻泻、消肿药、寒水石的论述，皆不见于《四部医典》，系作者自己总结的经验和心得。这部著作备受学者推崇，是一部珍贵的医学典籍。

《医疗术王库》持续流传至今，期间流传有多种抄本。刻本收藏于德格印经院，根据这个刻本，甘肃民族出版社和民族出版社分别于 1993 年和 2007 年出版过铅印本。

此写本完整收藏于西藏自治区藏医院，标题为《医典（散症诊疗）• 君王宝库》。

全书共有 121 叶。单叶规格：长 89.76 厘米，宽 16.56 厘米。

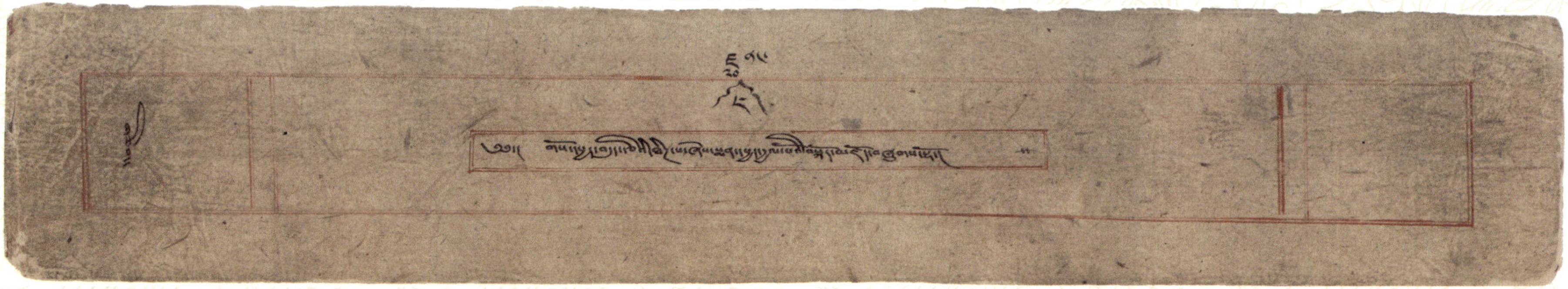

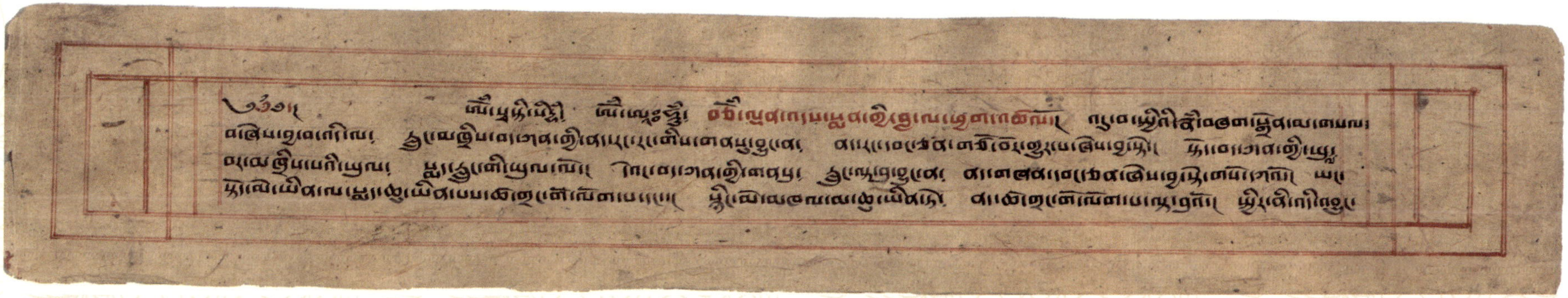

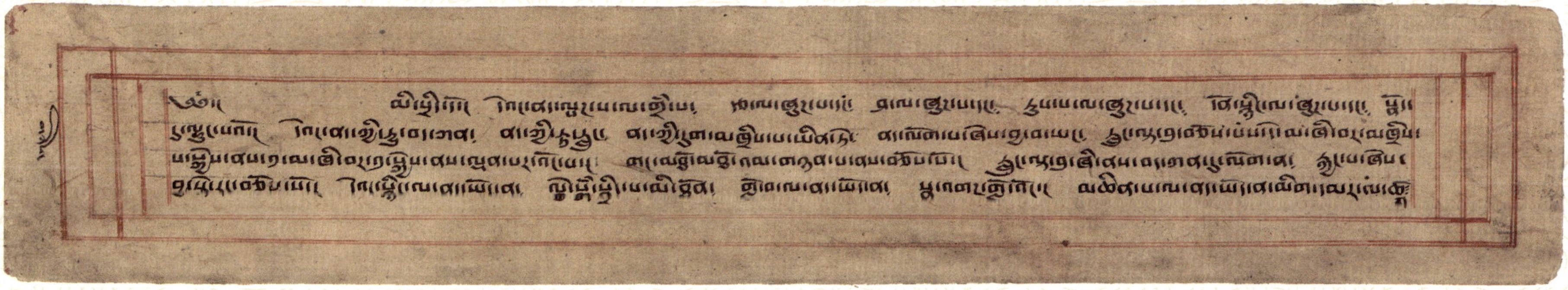

ཆོས་རྗེ་རིན་པོ་ཆེ་དྭགས་པོ་ལྷ་རྗེའི་གསུང་སྒྲོས་ཕན་བྱེད་རིག་པའི་མཛོད།

སྤྱི་ལོའི་དུས་རབས་བཅུ་གཉིས་པར་དགེ་སློང་ཕྲ་ཛྙ་རཏྣས་ཕྱོགས་བསྒྲིགས་མཛད།

གཞུང་འདིའི་མཛད་པ་པོ་དགེ་སློང་ཕྲ་ཛྙ་རཏྣའི་འབྲེལ་ཡོད་ལོ་རྒྱུས་མི་གསལ།

གཞུང་འདིའི་ནང་དོན་གཙོ་བོ་ནི་མཉམ་མེད་དྭགས་པོ་ལྷ་རྗེའི་གསོ་རིག་དངོས་སློབ་དགེ་སློང་ཕྲ་ཛྙ་རཏྣ་ཞེས་བྱ་བས་སློབ་དཔོན་གྱི་གསུང་སྒྲོས་ཇི་བཞིན་ཟླུགས་རྣོན་པོ་རལ་གྲི་ངར་མ་ལྷ་བུའི་ལེའུ་དང་། སྲིན་ནད་གསོ་བའི་ལེའུ། རྩ་བཤལ་ན་ཚ་མེད་པའི་ལེའུ། དབང་པོའི་རང་ནད་བཅོས་པའི་ལེའུ། གག་ལྷོག་གཟེར་གསུམ་གསོ་ཐབས་ཀྱི་ལེའུ། འབྲས་བཅོས་པའི་ལེའུ། འཁྲིམས་པ་འགྲམས་པ་དང་གླུགས་པ་གདམས་པའི་ལེའུ། གཏར་སྲེག་མདོར་བསྟན་པའི་ལེའུ། སྨན་རྣོ་འཇམ་ཉེ་བར་མཁོ་བའི་ལེའུ། སློ་ནད་གསོ་བའི་ལེའུ། མ་བུ་གཉིས་ཀྱི་ལེའུ། ནད་ཀྱི་རྒྱལ་པོ་རིམས་ནད་བཅོས་པའི་ལེའུ། ཡན་ལག་གི་དང་པོ་མགོ་བོ་བཅོས་པའི་ཐབས་རིན་པོ་ཆེ་དུམ་དུམ་ཁྲིགས་ཀྱི་ལེའུ། བྱང་ཤོག་རིན་པོ་ཆེ་དུམ་བུ་ཁྲིགས་ཀྱི་ལེའུ། ཡན་ལག་རིན་པོ་ཆེ་དུམ་བུ་ཁྲིགས་ཀྱི་ལེའུ་བཅས་ལེའུ་བཅོ་ལྔའི་བརྗོད་བྱ་ཚན། གཞུང་དོན་ཟབ་གོ་བདེའི་ཁྱད་ཆོས་ལྡན་པའི་སྒོ་ནས་བསྟན་པར་བྱས་ཡོད།

རིག་གཞུང་གི་གྲུབ་འབྲས་སམ་ཁྱད་ཆོས་གཙོ་བོ་ནི། གནའ་གཞུང་དེའི་ སྐབས་ཀྱི་ལེའུའི་ནང་དུ་སློ་བུར་རྐྱེན་གྱིས་ཟ་བྱུང་ནས་ཁྲག་འདོན་པ། འབྲས་སྐྲན། པགས་ནད་དང་དེ་བཞིན་རྒྱ་འགགས་སོགས་ནད་རིགས་ཁག་དང་སྲིའུ་གསོ་བ་སོགས་ལ་དྭགས་པོ་བཀའ་བརྒྱུད་པའི་ལུགས་བཞིན་གསང་སྔགས་པའི་ཉམས་ལེན་ལ་བརྟེན་ནས་ནད་རིགས་འཛོམས་པའི་གཟུངས་སྔགས་དང་དེ་དག་གི་ཉམས་ལེན་ཚོག །དེར་མཚོན་པའི་རྗེས་ཆ། ཕྱག་ལེན་བྱ་ཚུལ་སོགས་དམིགས་བསལ་གྱི་བཅོས་ཐབས་ཁག་སློབ་དཔོན་གྱི་གསུང་སྒྲོས་སམ་ཞལ་ལུང་ཇི་བཞིན་གསལ་པོར་བཀོད་ཡོད།

མིའི་ལུས་ལ་ལྷན་སྐྱེས་སུ་བྱུང་བའི་སྲིན་རིགས་སོ་སོའི་མཚན་ཉིད་དང་དེ་དག་གི་གནས། རྒྱུ་ཚུལ། གསོ་ཐབས་དང་སྲིན་སྨན་གྱི་སྦྱོར་བ། སྲིན་བཅོས་ལག་ལེན་སོགས་ཞིབ་པར་བསྟན་པ་དཔེར་ན་གླང་ཐབས་དྲག་པོའི་སྐབས་སུ་སྲིན་སྨན་མང་སྦྱོར་བསྟེན་ཚེ་ཕན་པ་ཆེ་བ་ཡོད་ཚུལ་དང་། ཉེས་གསུམ་སོ་སོར་བསྡོངས་པའི་སྲིན་ནད་ཀྱི་དམིགས་བསལ་བརྟག་བཅོས་ཞིབ་པར་བསྟན་ཡོད།

ལུས་ཀྱི་ཕྱི་ནང་བར་གསུམ་དུ་ཆུ་སེར་རྒྱས་པ་དང་དུག་རོ་ལུས་པའི་ནད་རིགས་ལ་རྩ་བཤལ་གཏོང་ཚུལ། དབང་པོའི་ནད་དང་། གཉན་ནད་གག་ལྷོག །འབྲས་སྐྲན། གཉན་གཟེར་བཅས་ཀྱི་བཅོས་ཐབས། དེ་བཞིན་གཏར་བསྲེག་སོགས་ཀྱི་དཔྱད་བཅོས་ལག་ལེན་ཡང་ཞིབ་པར་བསྟན་ཡོད།

གསོ་རིག་རྒྱུད་བཞི་སོགས་སུ་ཞིབ་པར་འཁོད་མེད་པའི་འཁྲིམས་པ་དྲངས་པ་དང་གླུགས་པ་སྡོམས་པ། དྲི་མ་འགགས་པ་འདྲེན་པར་བྱེད་པ། བུ་མ་ཐོན་པ་དང་བུ་རོ་ལུས་པའི་

འདོན་ཐབས་སོགས་ཞིབ་པར་བསྟན་ཡོད་པ་མ་ཟད། གནའ་གཞུང་གྲགས་ཅན་དང་སྔོན་བྱོན་མེས་པོའི་དགོངས་པར་གཞི་བཅུགས་ནས་ལག་ལེན་དངོས་ནང་གི་སྦྱོང་བྱང་ཁག་གསལ་བར་བཀོད་ཡོད།

མིའི་ཕུང་ཁམས་བྱང་ཁོག་སྟོད་སྨད་བར་གསུམ་དུ་མཚོན་ཐོག་ནས་རྩ་དང་རྒྱུ་སེར་བསགས་ཡོད་མེད་ཀྱི་བརྟག་ཐབས་དང་། ནད་རྟགས། སྨན་བཅོས་བྱ་ཐབས། སྨན་སྦྱོར་ལག་ལེན་དང་བཅས་པ་ཞིབ་པར་བསྟན་པ་དང་། དེ་བཞིན་དུ་ལུས་ཀྱི་རྩ་གནད་དང་། ཤ་གནད། ཚིལ་གནད་སོགས་ཀྱི་བརྗོད་བྱའི་ནང་དོན་དཔལ་ལྡན་རྒྱུད་བཞི་ལས་ཀྱང་ཞིབ་རྒྱས་སུ་བསྟན་ཡོད་པས། བོད་ཀྱི་གསོ་བ་རིག་པའི་རྩའི་སྐོར་ལ་ཞིབ་འཇུག་པའི་དཔྱད་གཞིའི་ཡིག་ཆ་གལ་ཆེན་ཞིག་ཏུ་མངོན།

པར་གཞིའི་འཕེལ་རིམ་སྐོར་ལ། གཞུང་འདིའི་མཇུག་བྱང་ལས། སྨན་ཡིག་འདི་ལྷུགས་བྱ་ཡོར་ཡིག་རྙིང་དཔེ་ཐུང་ཞིག་ལས་གཙང་བཤུས་བྱས་པ་དགེ །ཞེས་གསུངས་པ་ལྟར་གཞུང་འདི་ནི་མ་ཡིག་ཐོག་མ་མིན་པར་ཕྱིས་སུ་སྔོ་བཤུ་བྱས་པའི་གཞུང་ཞིག་ཡིན་པ་སྨྲོས་མ་དགོས་ལ་གཞུང་དེ་ཡང་དུས་རབས་ཉི་ཤུའི་ནང་དུ་བོད་ལུགས་གསོ་རིག་གནའ་གཞུང་ཉམས་གསོ་སྐབས་སུ་ཕོ་བྲང་པོ་ཏ་ལའི་མ་དཔེ་ལས་གསར་བཤུ་བྱས་པ་ཞིག་ཡིན་པ་དང་། གཞུང་འདིའི་པར་གཞིའི་ཐད་ལ་ཐོག་མའི་མ་ཡིག་ཕུད་པའི་སྔོ་བཤུ་བྱས་པའི་པར་མ་འགའ་ཞིག་ཡོད་པ་དང་། ད་ལྟ་དངོས་སུ་ཤེས་རྟོགས་བྱུང་བའི་པར་མ་བོད་ལྗོངས་སུ་ཕོ་བྲང་པོ་ཏ་ལ་དང་བོད་རང་སྐྱོང་ལྗོངས་སྨན་རྩིས་ཁང་སོ་སོར་བྲིས་མ་རེ་ཉར་ཚགས་བྱས་ཡོད་པ་མ་གཏོགས་ཤིང་པར་སོགས་སུ་འཁོད་པའི་པར་གཞི་གཞན་ཡོད་ལུགས་གསལ་པོར་མ་རྟོགས་སོ། །ཐེངས་འདིའི་མ་དཔེ་འདི་ནི་བོད་རང་སྐྱོང་ལྗོངས་སྨན་རྩིས་ཁང་དུ་ཉར་ཚགས་བྱས་ཡོད་པའི་བྲིས་མ་དཔེ་འབྲིང་ཡིག་གཟུགས་དཔེ་ཚུགས་ཐོག་འཁོད་པ་ཞིག་ཡིན་པ་དང་། ཤོག་ངོས་སོ་སོར་ཡིག་སྟར་དྲུག་ཁྱོན་ཡོངས་སུ་ཤོག་ངོས་༡༡༨ཡོད་ལ་གཞུང་འདི་༢༠༡༥ལོར་སི་ཁྲོན་མི་རིགས་དཔེ་སྐྲུན་ཁང་ནས་དེབ་གཟུགས་ཐོག་འགྲེམས་སྤེལ་བྱས་ཡོད་དོ། །

《塔布拉杰语录 · 益智宝库》

该书于 12 世纪由格迥 • 扎巴仁那编辑整理，作者生平历史不详。

主要内容为塔波拉杰大师的语录汇编，由其弟子整理。该书由《灵验陀罗尼 • 恰如利剑篇》等十五章构成。主要有密咒篇、虫病篇、脉泻篇、五官篇、喉蛾疗毒篇、放血与火灸篇、梳理篇、放血火灸篇、药材之敏性与惰性篇、肺病治疗篇、妇儿保健篇、瘟疫治疗篇、头部、体腔、四肢篇等。

主要特点：一、本书密宗疗法篇中，治疗突发性创伤、出血、痞瘤、皮肤病等病症和育儿优生等方面，强调了塔布噶举派的密宗疗法，对于这种需要的陀罗尼咒语、修习方法次第、所需要的各类物品以及具体操作过程等予以详细的说明。二、详细阐述了寄生于人体的微生物的定义、区位、活动路径、治疗、药物调配、临床实践等。三、描述针对身体各个部位形成的黄水、遗留毒素而形成的病症，讲解洗涤经脉的方法；讲解五官、喉蛾疗毒、痞瘤等病症的治疗；详细讲解放血、火灸等治疗手段。四、根据古代经典和前辈学者的医学思想，详细讲解了《四部医典》缺载的梳理治疗方法；引导代谢、引产及死胎去除等临床实践。六、介绍体腔上中下三部位出现的武器等锐器所致创伤及是否形成脓水、黄水，症状，医疗手段，药物的配方等。对人体要害肌肉、经脉、脂肪等进行深入描述。其翔实程度甚至超过了《四部医典》的相关叙述。

关于该书版本，后跋载："这部医典，于铁鸡年根据一部小幅古籍誊抄而成。善哉。" 所以，是一部抄本。这部抄本应该是 20 世纪开展保护藏医古籍工作时，抄自布达拉宫藏本。据了解，这部医典除了布达拉宫藏本与西藏自治区藏医院抄写本外，目前没有发现其他版本。

该书收藏于西藏自治区藏医院的写本，藏式中幅长条叶。字体为别簇体。每叶 6 行，共计 216 叶。2015 年，四川民族出版社出版铅印本。

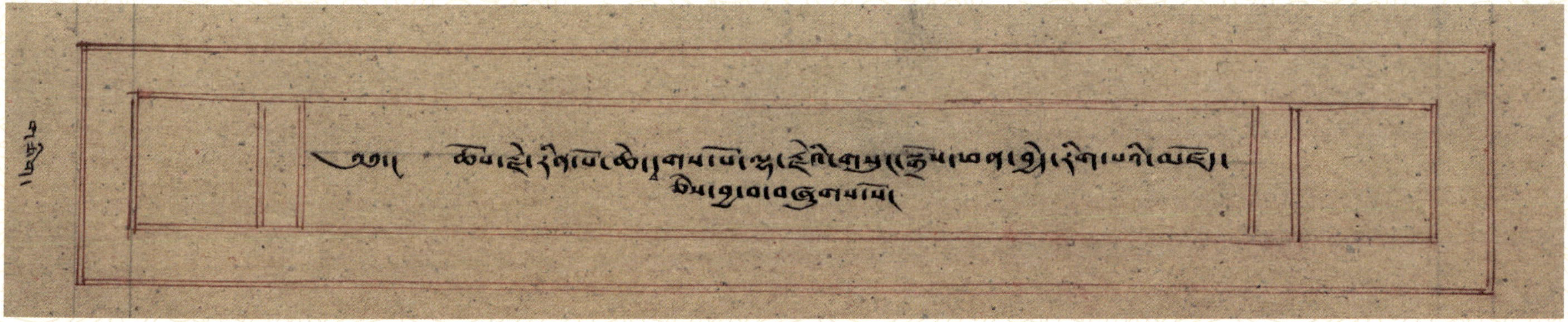

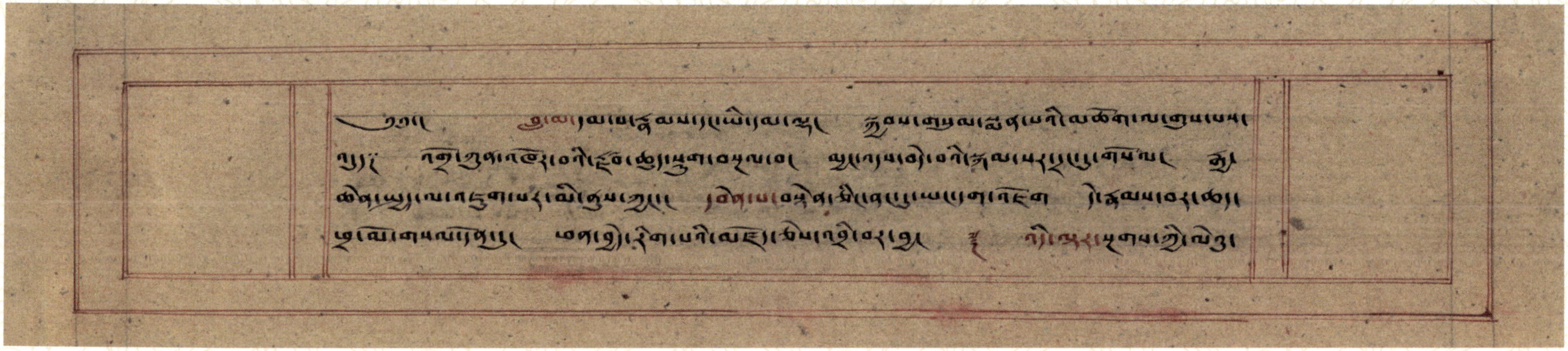

ཡན་ལག་གི་རྩ་བཅོས་བསེ་སྒྲོམ་སྨུག་པོ།

ལྷེ་གཡུ་གཞིར་ཁྱུང་ཁྲིས་ཀྱིས་གཏེར་ནས་བཏོན་ཞིང་དུས་རབས་བཅུ་བཞི་ཙམ་དུ་ཀརྨ་པ་རང་བྱུང་རྡོ་རྗེས་ལེགས་སྒྲིག་གནང་།

གཞུང་དེའི་མཛད་པ་པོའི་སྐོར་ལ། སྔར་གྱི་ལོ་རྒྱུས་ཁོག་འབུབས་མང་ཆེ་བར་གཞུང་འདི་ནི་སྟོན་པ་ཤཱཀྱ་ཐུབ་པའི་གསུང་ཡིན་པ་དང་། བཙན་པོ་ཁྲི་སྲོང་ལྡེ་བཙན་གྱི་སྐབས་སུ་མཐའ་བཞིའི་སྨན་པ་དགུ་སྤྱན་དྲངས་བའི་རྒྱ་གར་གྱི་སློབ་དཔོན་ཤཱནྟི་གརྦྷས་བསྒྱུར་བར་གསུངས་ཡོད་དེ། སྡེ་སྲིད་རིན་པོ་ཆེའི་སྨན་གྱི་ཁོག་འབུབས་ལས། རྒྱ་གར་ཤཱནྟི་གརྦྷས་སངས་རྒྱས་ཀྱིས་གསུངས་པར་གྲགས་པའི་བསེ་སྒྲོམ་སྨུག་པོའི་རྒྱུད། ཅེས་བཀོད་འདུག། ཡིན་ཡང་གཞུང་འདི་བཙན་པོའི་སྐབས་སུ་རེ་ཞིག་དར་ཡང་མི་འགྱངས་བར་གཏེར་དུ་སྦས་འདུག་སྟེ། གཞུང་འདིའི་མཇུག་བྱང་དུ། ལྷ་སྲས་མུ་ཏིག་བཙན་པོས། དཔལ་གྱི་སྐྱེར་ཆུའི་ལྷ་ཁང་དུ། སངས་རྒྱས་རྣམ་པར་སྣང་མཛད་ཀྱི་ཐུགས་ཁར་གཏེར་དུ་སྦས་པའོ། །ཞེས་བོད་རྒྱལ་ཁྲི་སྲོང་ལྡེ་བཙན་གྱི་སྲས་མུ་ཏིག་བཙན་པོའི་ (སྤྱི་ལོ་༧༩༧ལོར་འཁྲུངས་ཚུལ་གྲགས།) སྐབས་སུ་དཔལ་གྱི་སྐྱེར་ཆུའི་ (གནས་འདི་ད་ལྟའི་འབྲུག་རྒྱལ་ཁབ་ཀྱི་ཡུལ་དུ་ཡོད།) ལྷ་ཁང་ཆེན་པོ་ཞིག་ཏུ་བཞུགས་པའི་སངས་རྒྱས་རྣམ་པར་སྣང་མཛད་ཀྱི་སྐུའི་ཐུགས་ཀར་གཏེར་དུ་སྦས་པ་ཡིན་འདུག །རྗེས་སུ་གཞུང་འདི་གཏེར་བཏོན་ལྷེ་གཡུ་གཞིར་ཁྱུང་ཁྲིས་གཏེར་ནས་བཏོན་ཏེ་ལྷེ་སྨན་རྡོ་རྗེ་སོགས་ཀྱིས་ཉམས་ལེན་བྱས་ཡོད་པ་གཞུང་འདིའི་མཇུག་བྱང་དུ། དེ་ནས་ལྷེ་གཡུ་གཞིར་ཁྱུང་ཁྲིས། གཏེར་ནས་བཏོན་ནས། ལྷེ་སྨན་བུ་རྒྱུད་མན་པ་ལ་མ་བྱིན་ནོ། །རིན་ཆེན་གཏེར་གྱི་མན་ངག་འདི། ལྷེ་སྨན་རྡོ་འབུམ་གྱི་གདམས་པ་ལགས། ཞེས་དང་། ལྷག་པར་དུ་ཟུར་མཁར་བའི་ཤེས་བྱའི་ཁོག་འབུབས་སུ། ལྷེ་སྨན་རྡོ་རྗེར་ཡན་ལག་རྩ་བཅོས་དར། །ཞེས་པ་སོགས་ལས་ཤེས་ཐུབ། དེའི་རྗེས་སུ་གཞུང་འདི་མཁས་པ་སུ་དང་སུའི་ཕྱག་ཏུ་བརྒྱུད་ཡོད་ཚུལ་ལ་གཞུང་འདིའི་མཇུག་བྱང་དུ། ད་ལྟ་སྔར་ལྷ་རྗེའི་ཕྱག་ལེན་ལགས། ཕྱིས་ཀྱི་སྨན་གཞུང་རྣམས་ནས། རང་བྱུང་རྡོ་རྗེས་ལེགས་པར་སྦྱར། ཕྱག་དཔེའི་ཚ་བོ་ལའོ། །སློབ་དཔོན་བསོད་ནམས་ཀྱིས་བསྐུལ་ནས། བདག་ཟླ་གུ་བཙུན་པ་རཏྣའི་མིང་ཅན་གྱིས་བྲིས་པ་ལགས་སོ། །བདག་བསོད་ནམས་བགྱིས་ཀྱིས། ཟུར་མཁར་མཁས་པ་དགའི་སྐྱིད་ཚལ་དུ་བྲིས་པའོ། །ཞེས་གསུངས་པར་དཔྱད་ན། ཕྱིས་ཀྱི་གཞུང་དག་ལས་རྗེ་ཀརྨ་རང་བྱུང་རྡོ་རྗེས་ལེགས་སྒྲིག་གནང་འདུག །དེའི་རྗེས་སུ་ཟུར་མཁར་མཉམ་ཉིད་རྡོ་རྗེ་གཙོས་པའི་ཟུར་ལུགས་པ་རྣམས་ཀྱིས་ཉམས་ལེན་མཛད་འདུག་སྟེ། རྒྱུ་མཚན་ཟུར་མཁར་མཉམ་ཉིད་རྡོ་རྗེ་ལ་ཁོང་གི་མེས་པོའི་ས་ནས་མཆུངས་མེད་རང་བྱུང་རྡོ་རྗེ་ནས་བརྒྱུད་པའི་གདམས་པ་གཞན་ན་མེད་པ་མང་པོ་ཐོབ་ཡོད་པས་སོ། །

ནང་དོན་གཙོ་བོ་ནི། གཞུང་འདི་ནི་བོད་ཀྱི་ལོ་རྒྱུས་སུ་གྲགས་ཆེ་བའི་བསེ་སྒྲོམ་སྨུག་པོ་ཞེས་པ་དེའི་ནང་ཚན་ཡན་ལག་གི་རྩ་བཅོས་དུམ་བུ་ཞིག་སྟེ། རྒྱུ་མཚན་གསོ་བ་རིག་པའི་ཡན་ལག་རྩ་བཅོས་གསེར་སྒྲོམ་སྨུག་པོ་ཞེས་བྱ་བ་རྗེ་བཙུན་ཆེན་པོ་ཟུར་མཁར་བའི་ཁྱད་ཆོས་

ལེགས་པར་བཞུགས་སོ། །ཞེས་པའི་ནང་དུ། གསོ་རིག་མི་འདྲ་སྟོང་དང་རྩ་གཉིས་རྣམས། །ལེའུ་མི་མཐུན་སྟོང་དང་རྩ་གཉིས་སྣང་། །དེའི་ནང་ནས་ཡང་ཟབ་དུས་བབས་ཕྱིན། །མཚོན་རྨས་རྨ་བཅོས་དང་པོ་བརྒྱ་སོ་བདུན། །དེའི་ནང་འཚོ་ངེས་ཞེ་གཅིག་འཚོ་འཆི་རྟགས། །ཕན་འབྱིན་སྨན་བཏང་བྱུག་པ་ལག་ཐབས་བཤད། །མ་མཐུན་རབ་གཞན་བཅོས་མེད་གོ་དྲུག་པོར། །ཞེས་བསེ་སྒྲོམ་སྨུག་པོ་ལ་སྡོམ་ལེའུ་སྟོང་དང་རྩ་གཉིས་ཡོད་པ་དང་། དེ་ནས་དུས་སུ་བབས་པ་མཚོན་རྨའི་རྨ་བཅོས་ལེའུ་བརྒྱ་དང་སོ་བདུན་བཏོན། དེའི་ནང་ནས་ཀྱང་རབ་ཏུ་གཞན་པ་གོ་དྲུག་དོར་ནས་འཚོ་ངེས་པའི་ཡན་ལག་གི་བཅོས་ལེའུ་ཞེ་གཅིག་གསུངས་པ་དེ་ད་ཡོད་ཀྱི་བསེ་སྒྲོམ་སྨུག་པོའི་ནང་དུ་རྐང་པའི་གནད་༣༥དང་ལག་པའི་གནད་༡༦བཅས་གནད་༥༡བསྟན་པ་དང་གྲངས་ཀ་ཡོངས་སུ་མཐུན། ཁྱད་པར་དུ་གཞུང་འདིར་གནད་རེ་རེ་བསྟན་པའི་སྐབས་སུ་གནད་དེའི་གནས་གསལ་བོར་མཚོན་བྱེད་ཀྱི་ལུས་པོའི་གཟུགས་རིས་ཆུང་ཆུང་རེ་བྲིས་ཏེ། གཟུགས་རིས་སྟེང་དུ་གནད་ཡོད་སའི་རྟགས་ཀྱང་རྒྱབ་འདུག་པས་འདི་ནི་ཡི་གེ་དང་རི་མོ་འབྲེལ་མའི་དཔེ་རྙིང་ཧ་ཅང་མཐོང་དཀོན་པོ་ཞིག་རེད། གཞུང་འདིར་རྒྱུད་བཞི་ལྟར་ཡན་ལག་གི་གནད་དག་གི་གནས་དང་བརྟག་ཐབས། བཅོས་ཐབས་སོགས་ཁག་སོ་སོར་བསྟན་པ་ལྟ་བུ་མ་ཡིན་པར། གནད་གཅིག་བསྟན་སྐབས་དེའི་མིང་དང་གནས། མཚོན་ཐོག་པའི་རྟགས། བཅོས་ཐབས། འཚོ་འཆིའི་དུས་སོགས་མཉམ་དུ་གསལ་བར་བསྟན་ཡོད་པས་བློ་གསར་རྣམས་ཀྱིས་མ་འཁྲུལ་མ་རྗོངས་གསལ་བར་ཤེས་ཤིང་གོ་ཐུབ་པའི་དགེ་མཚན་དུ་མ་ལྡན་ཡོད།

འདིའི་མ་དཔེ་མི་འདྲ་བ་ཁག་བཞི་བོད་རང་སྐྱོང་ལྗོངས་སྨན་རྩིས་ཁང་རིག་གཞུང་ཞིབ་འཇུག་གླིང་དུ་བཞུགས་ཡོད་པ་དེ་དག་གི་མཇུག་བྱང་ལ་ཁྱད་པར་ཅུང་ཙམ་ཡོད་པ་ལས་ཕལ་ཆེར་གཅིག་མཚུངས་སུ་འདུག །མ་ཕྱི་དེ་དག་གི་སྔ་ཕྱི་ལ་ཅུང་ཙམ་དཔྱད་ན། ཐོག་མར་ཅུང་ཉེ་དུས་སུ་བྱུང་བ་ནི། ཡན་ལག་གི་རྨ་བཅོས་གསེ་སྒྲོམ་སྨུག་པོ་ཞེས་བྱ་བའི་ཁྱད་བཅོས། ཞེས་པ་རི་མོ་མེད་པ་དེ་ཡིན་ལ། དེ་ནི་མཁས་དབང་མཁྱེན་རབ་ནོར་བུའི་སྐབས་སུ་གནའ་དཔེ་མང་པོ་ཞིག་བསྐྱར་བཤུའི་ལས་དོན་སྤེལ་སྐབས་མ་དཔེ་ཡན་ལག་གི་རྨ་བཅོས་གསེ་སྒྲོ་སྨུག་པོ་ཞེས་བྱ་བའི་ཁྱད་བཅོས་ཞེས་པ་རི་མོ་ཡོད་པ་དེ་ལས་བསྐྱར་བཤུ་བྱས་པ་རེད།

ཐེངས་འདིའི་མ་དཔེ་ནི་བོད་རང་སྐྱོང་ལྗོངས་སྨན་རྩིས་ཁང་དུ་ཡོད་པའི་དཀར་ཆག་མཚན་བྱང་དུ་ཡན་ལག་གིས་བཅོས་བསེ་སྒྲོམ་སྨུག་པོ་ཞེས་བྱ་བའི་ཁྱད་ཆོས། འདི་ཁོ་ནས་ཆོག་པ་ཅིག་བཞུགས་སོ། ཡུགི་བཅོས་བསེ་སྒྲོ་དམུག་པོ་ཞེས་གྲགས། ཞེས་པ་ལྡེབ་མ་རེའི་ཞེང་ཚད་ལ་༡༠.༥cm དང་། རིང་ཚད་ལ་༢༣cm ལས་མེད་པའི་དཔེ་ཆུང་ཞིག་ཡིན། དེའི་མཇུག་བྱང་དུ། སློབ་དཔོན་བསོད་ནམས་ཀྱིས་བསྐུལ་ནས་བདག་སྟ་གུ་བཙུན་པ་རཏྣའི་མིང་ཅན་གྱིས་བྲིས་པ་ལགས་སོ། །ཞེས་དང་། བདག་བསོད་ནམས་བཀྲིས་ཀྱིས། ཟུར་མཁར་མཁས་པ་དགའི་སྐྱིད་ཚལ་དུ་བྲིས་པའོ། །ཞེས་པ་ལས་གཞུང་འདི་ལ་ཟུར་མཁར་པའི་མེས་པོ་སློབ་

དཔོན་བསོད་ནམས་སྐབས་སུ་སྟེ་ཤུ་བཙུན་པ་རཏྣའི་མིང་ཅན་གྱིས་ཐེངས་གཅིག་བཤུས་པ་དང་། ཟུར་མཁར་བའི་སློབ་མ་ཕྲུག་དཔོན་བསོད་ནམས་བཀྲ་ཤིས་ཀྱིས་ཀྱང་ཐེངས་གཅིག་བཤུས་པ་དེ་ཉིད་ཡིན། གཞན་ཕོ་བྲང་པོ་ཏ་ལར་གཞུང་འདིའི་མ་དཔེ་གསོ་བ་རིག་པའི་ཡན་ལག་རྒྱ་བཅོས་གསེར་སྒྲོམ་སྨུག་ཞེས་བྱ་བ་རྗེ་བཙུན་ཆེན་པོ་ཟུར་མཁར་བའི་ཁྱད་ཆོས（བོད་ལྗོངས་གསོ་རིག་སློབ་ཆེན་ནས་ཕྱོགས་སྒྲིག་གནང་བའི་ཀྲུང་གོའི་བོད་ལུགས་གསོ་རིག་རྩ་ཆེའི་དཔེ་རྙིང་ཀུན་བཏུས་གླེགས་བམ་བཅུ་བདུན་པའི་ནང་དུ་བཀོད་འདུག）ཞེས་པ་ཞིག་བཞུགས་ཡོད་པ་དེ་སྨིའི་ནང་དོན་ཡན་ལག་གི་གནད་༧དང་པོ་རིམ་སོགས་ལ་འགྱུར་བ་བྱུང་མེད་མོད། སྔོན་འགྲོའི་གཏམ་དུ་གཞུང་འདིའི་འབྱུང་ཁུངས་སྐོར་གྱི་ལོ་རྒྱུས་ཤོག་ངོས་གཉིས་ཙམ་བསྟན་པ་དང་། ལྷག་པར་དུ་གནད་ཀྱི་གནས་བསྟན་པའི་རི་མོ་རྣམས་གནད་རེ་རེ་དང་ཐད་དུ་མ་བྲིས་པར་དཔེ་ཆའི་མཇུག་ཏུ་མཉམ་པོར་གསལ་བར་བྲིས་འདུག་པས་དེ་དང་བསྡུར་དཔྱད་གནང་བའི་རིན་ཐང་ཆེན་པོ་ལྡན་འདུག་སྙམ་མོ། །

ཤོག་ལྷེབ་མ་༢༠ཡོད། རིང་ཚད་ལ་༣༧.༠༩cmདང་། མཐོ་ཚད་ལ་༨.༥༣cmཡོད།

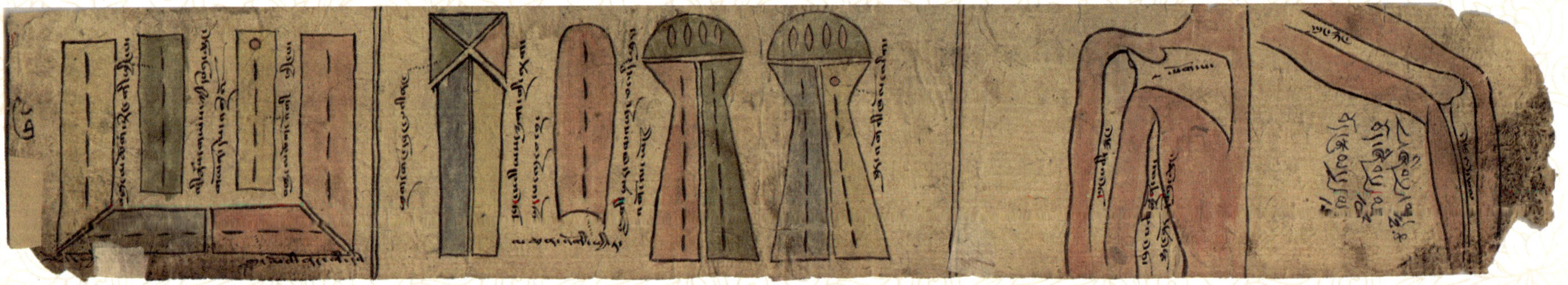

《肢体创伤疗法·紫漆箱》

该书据传是杰·玉西尔·琼赤掘藏所得，大约在14世纪由噶玛巴·让琼多吉整理。

多部藏医学史籍将该书作者标示为佛祖释迦牟尼，并认为是藏译本，译者为天竺名医贤帝·噶尔巴。此人系赤松德赞时期，邀请来的四方九医之一。第司·桑杰嘉措所著《医学史》记载："据传是佛祖所传《犀皮紫匣续》由天竺贤帝·噶尔巴（翻译）。"此本译后不久即被伏藏。此本后跋记载："公子穆底赞普（823—？），将此书伏藏于巴卓杰曲寺（该寺在不丹国境内）大日如来佛像胸口。"后来，由杰·玉西尔·琼赤开掘现世，后由杰曼·觉多尔等人传承实践。此书后跋记载："杰·玉西尔·琼赤掘藏，（传与子孙，）非杰曼子孙不传。此宝藏秘诀，系杰曼·多奔之教诲（汇编）。"苏喀尔大师所著《知识总论》谈到"流传杰曼·觉多之四肢创伤（诊疗）法"。再后来，此书后跋记载："现在系巴热拉杰之实践传承，后来，让炯多吉从多部医典中挑出并予整理。在索南上师的鼓励、督促下，由本人、纽古尊巴、仁那氏完成此书之誊写。索南扎西书写于苏喀智者喜悦园林。"如上所引，该书经过噶玛巴·让琼多吉整理。后又传至苏喀尔·年尼多吉，复由苏喀尔·年尼多吉等藏医苏喀派学者应用继承弘扬。

《肢体创伤疗法·紫漆箱》是历史上的《犀皮紫匣》之一部分，即关于四肢创伤的诊疗方法部分。因为《医明四肢创伤诊疗·黄金紫匣》载明："医明有两千又二，篇章有两千又二。此中甚深内容，有武器致伤诊疗法137篇，此中可成活者41篇，无法成活者症状、增益、给药、擦药、手法以及异状至险无疗等96篇。"如此，《紫匣》共分1002，其中有关四肢创伤值时137章，去掉其中至险者96章，剩下值时者41章。现存《肢体创伤疗法·紫漆箱》医典，疗手者25篇，疗足者16篇，相加刚好41篇，说明现存的这部《肢体创伤疗法·紫漆箱》本正是原书的一部分。现存《肢体创伤疗法·紫漆箱》中，每次论及四肢某要义都有图示说明，并在图上用特殊标志标明了所说部位。如此图文并茂的医学古籍，极为难得，弥足珍贵。另外，该书没有采取《四部医典》式的总括说明法，而是采取了每说一个要点都罗列相应的名称、位置、创伤形症、疗法、成活与否等项内容。这种讲解方法对初学者帮助极大，效果十分明显。

西藏自治区藏医院收藏有四种版本。各版本除后跋有一些细微差别外，没有大的不同。其中一个版本，标题为ཡན་ལག་གི་རྨ་བཅོས་བསེ་སྒྲོམ་སྨུག་པོ།（《四肢创伤诊疗犀皮紫匣》），系由大学者钦绕罗布院长抄写大量古籍时抄写，底本为插图本。

单叶规格：长 23 厘米，宽 5.7 厘米。

此外，布达拉宫收藏有一部《医明 · 四肢诊疗犀皮紫匣 · 苏喀尔氏特色本》，其影印版收录于西藏藏医药大学编纂的《中国藏医学影印古籍珍本》第 17 函。该本叙述内容四肢要义 41 篇，顺序与其他版本一致。该书前面有两个页面介绍有作者的渊源历史，并将所有要义插图放在书末集中呈现。这些特点对于各版本间的比较有极高的参考价值。全书共 70 叶。单叶规格：长 26.04 厘米，宽 6.82 厘米。

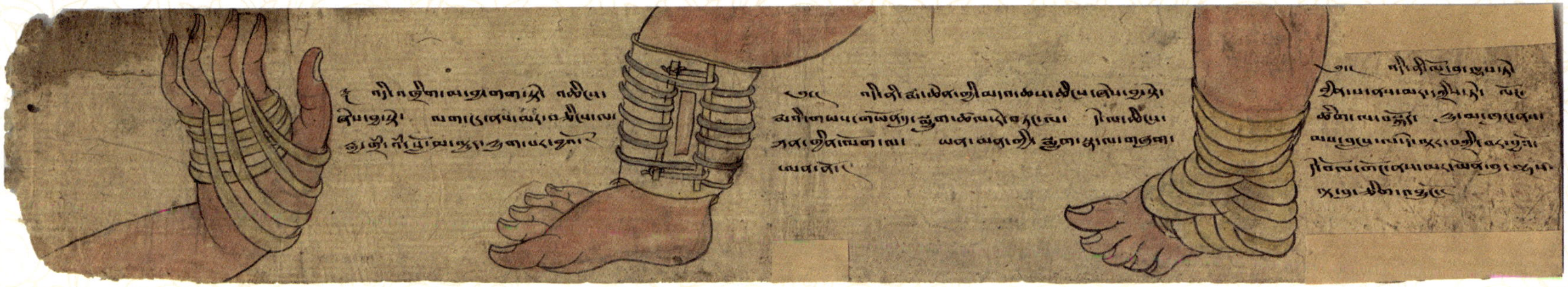

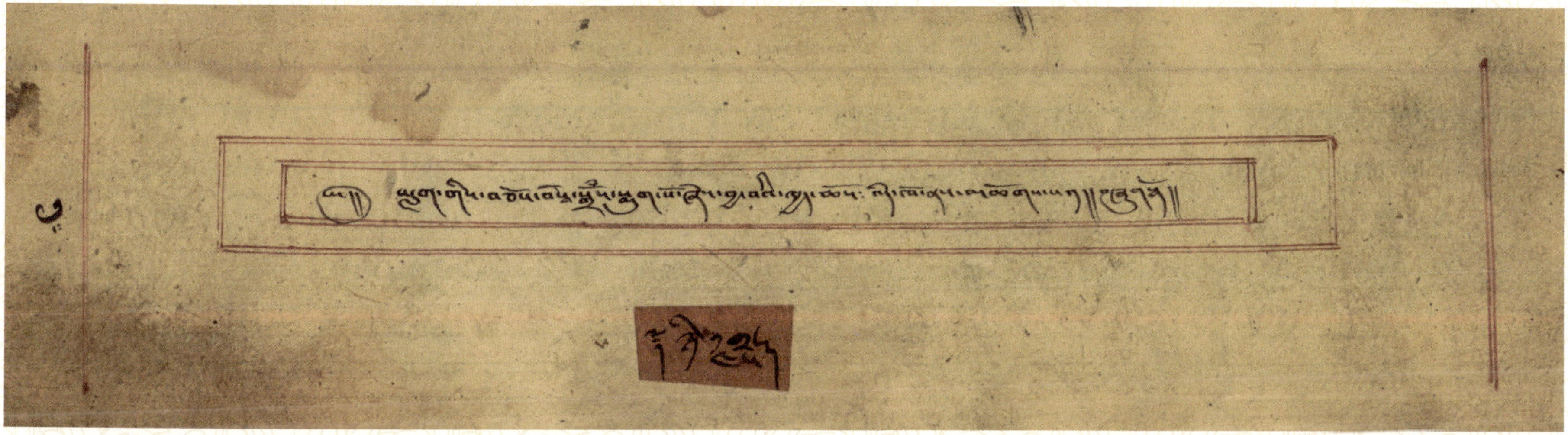

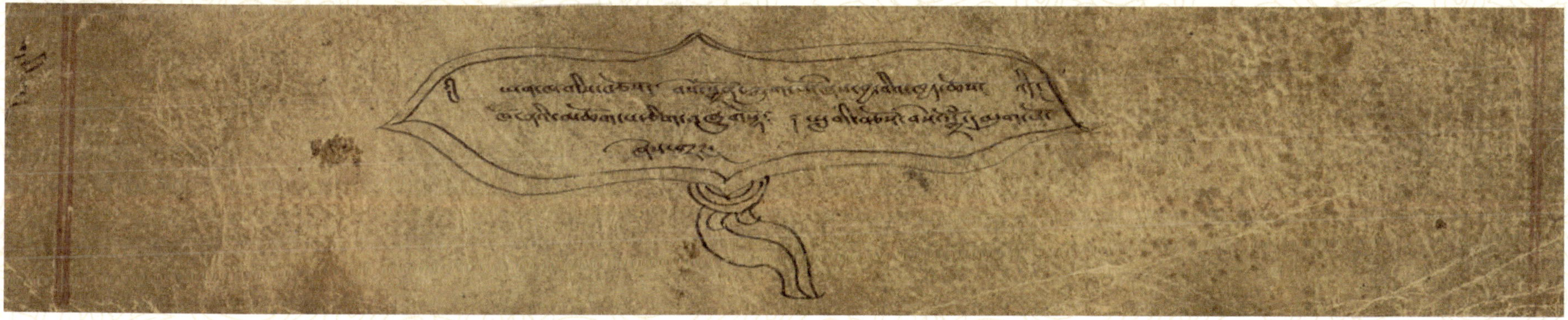

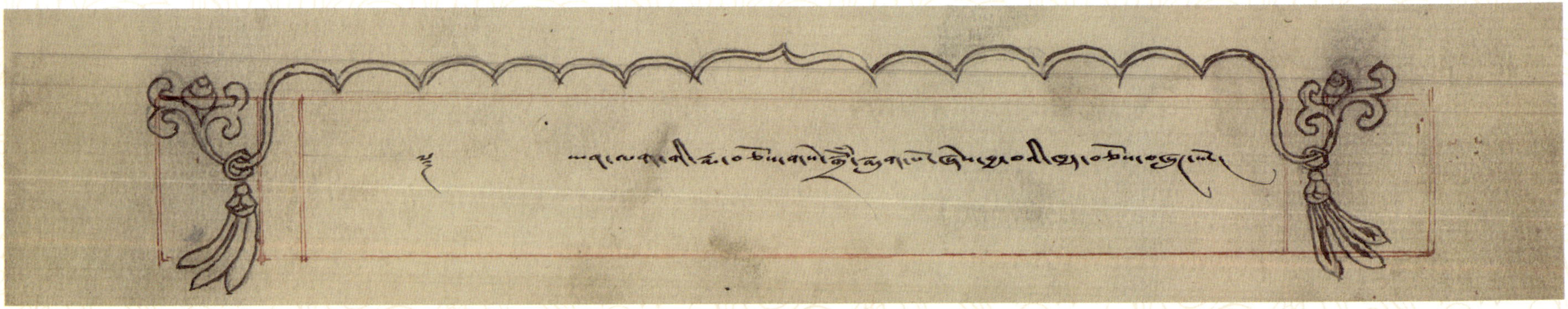

ས་སྐྱ་སྨན་གྲོང་པའི་མན་ངག་དཔྱལ་བྲེ།

སྤྱི་ལོའི་དུས་རབས་བཅུ་བཞི་པར་བྲང་ཏི་དཔལ་ལྡན་རྒྱལ་མཚན་གྱིས་མཛད།

བྲང་ཏི་དཔལ་ལྡན་རྒྱལ་མཚན་མཆོག་ནི་སྤྱི་ལོའི་དུས་རབས་བཅུ་གསུམ་པའི་སྨད་དུ་གཙང་ས་སྐྱར་སྐུ་འཁྲུངས་ཤིང་། བྲང་ཏི་དཔལ་ལྡན་འཚོ་བྱེད་ཀྱི་སྐུ་ཚ་ཡིན། ཁུ་ཆེན་བྲང་ཏི་དཔལ་ལྡན་འཚོ་བྱེད་ལས་ཡབ་མེས་ཀྱི་ཐུན་མིན་མན་ངག་ཞལ་ཤེས་ཀྱི་གདམས་པ་མང་དུ་གསན། ཐོར་སྡུས་ལྟར་ཡབ་མེས་ཀྱི་སྲོལ་གྱི་རྒྱུན་བསྐྱངས་ཏེ། གསོ་རིག་གི་འཆད་ཉན་དང་། ས་སྐྱའི་གདུང་བརྒྱུད་ཁུ་དཔོན་རྣམས་ཀྱི་བླ་སྨན་མཛད། ས་སྐྱ་སྨན་གྲོང་དུ་ཡབ་མེས་ཀྱི་སྲོལ་བཞིན་སྨན་དཔྱད་ཀྱི་བསྟན་པ་བསྐྱངས་ཞེས་པར་བལྟས་ན་རྗེས་སུ་བྲང་ཏིའི་བརྒྱུད་པ་ལ་ས་སྐྱ་སྨན་གྲོང་པ་ཞེས་གྲགས་པའི་རྒྱུ་མཚན་ནི་དེ་ལྟར་ཡིན་པ་འདྲ། ཁོང་ནས་གསོ་རིག་གཞུང་ལུགས་དང་ལག་ལེན་ཟུང་ལ་མཁས་པའི་སྐྱེས་ཆེན་དུ་མའི་ཞབས་ལ་གཏུགས་ཏེ་ཐོས་བསམ་རྒྱ་ཆེར་མཛད་ནས་གཞུང་དང་ལག་ལེན་ཐད་ལ་བརྩམས་ཆོས་མང་པོ་མཛད། རྩ་རྒྱུད་ལེའུ་དང་པོའི་འགྲེལ་པ་ཏིཀྐ་མུན་སེལ་སྒྲོན་མེ་དང་། ཡབ་མེས་གོང་མའི་ཕྱག་ལེན་མན་ངག་དང་། ཁྱད་པར་དཔལ་ལྡན་འཚོ་བྱེད་ཀྱི་དགོངས་པ། རང་ཉིད་ཀྱི་ཁྱད་ཆོས་དཀར་པོ་དྲུག་སྦྱོར་སོགས་ཕྱོགས་གཅིག་ཏུ་བུ་རྣམ་རྒྱལ་བཟང་པོའི་དོན་དུ་བསྡུས་ཏེ། མན་ངག་གསེར་བྲེ་ཞེས་པ་བསྡེབས་སྒྲིག་མཛད། གདུང་རབས་མཐར་ཆགས་སུ་བཀོད་པའི་ཡིག་ཆ་མ་མཐོང་ཡང་། གསེར་བྲེ་ཆུང་བའི་དམུ་ཆུའི་གདམས་པའི་བརྒྱུད་པ་ལྟར་ན། དཔལ་ལྡན་རྒྱལ་མཚན་ནས། བྲང་ཏི་ཀུན་དགའ་བཟང་པོ། དེ་ནས་བྲང་ཏི་ཤཱཀྱ་ལ་དཔལ། དེ་ནས་བྲང་ཏི་རྡོ་རྗེ་དཔལ་བཟང་། འདིས་བཤད་རྒྱུད་འགྲེལ་པ་དོན་གསལ་མཛད། དེས་བྲང་ཏི་དཔལ་འབྱོར་དོན་གྲུབ་ལ་གཞུང་གདམས་མན་ངག་དང་བཅས་པ་གནང་། གསེར་བྲེ་ཆེ་བ་ལས་བཏུས་པའི་ཆུང་བ་མཛད་དེ་སྲས་ལ་གནང་། དེས་མན་ངག་དཔྱལ་བྲེ་གྲགས་པར་སྤེལ་བར་མཛད་དོ། །

གཞུང་འདིའི་ནང་དྲང་སྲོང་སེར་སྐྱ་སྤྱན་གསུམ་གྱི་སྐྱབ་ཐབས་དང་། ཐུན་མོང་མ་ཡིན་པའི་དམུ་ཆུའི་འཕྲུལ་འདེག་སྦྱོངས་སྐམས་ཀྱི་གདམས་པ། རྒྱུན་ལྡན་བཅོས་དཀའི་ནད་ཀྱི་གསོ་ཐབས་དང་། རྩ་ཆེའི་སྨན་རིགས་ཀྱི་ངོས་འཛིན། སྦྱོར་སྡེབ་ཕྱག་ལེན་ཤིན་ཏུ་རྒྱས་པ། ཁ་འཛིན་དང་ཁ་ཚར་སྡེབ་ལུགས་སོགས་མན་ངག་གི་བཀའ་རྒྱ་མང་པོ་བཀྲོལ་ཏེ་གསལ་ཁ་གཏད་ཡོད་པས་གངས་ཅན་ཡུལ་གྲུ་ཀུན་ཏུ་མཚན་སྙན་ཆེ་ལ་དཔེ་རྒྱུན་ཤིན་ཏུ་དཀོན་པའི་རྩ་ཆེའི་ཁྱུངས་ལྡན་གསོ་རིག་གི་གཞུང་ཞིག་ཡིན། ཁྱད་པར་དུ་སྣ་ཁྲག་གཅོད་ཐབས་དང་། འགྲུལ་དྲག་པོས་རྟའི་རྒྱབ་སྐྲངས་པ་བཅོས་ཐབས། རྡག་པ་དང་རྐུན་མ་མགོ་འཁོར། ཕྱི་རུ་བ་དང་ཤ་ཕྱི་ཁ་ཆིངས། དེ་བཞིན་དུ། ཨ་ཡི་སྨན་སྦྱོར་དང་། ཤིག་མི་ཡོང་བའི་ཐབས་དམ་པ་རྒྱ་གར་ལུགས། ཤ་དུག་གི་བསྲུང་ཐབས། མགོ་སྲིན་གསོ་བའི་ཐབས། སྟོད་འཚངས་བཅོས་པའི་གཉེན་པོ། གྲི་འགག་ཞི་བྱེད་ཀྱི་སྨན། སོ་རྫིའི་གདམས་པ། སྐྲ་སྤུ་སྐྱེ་བྱེད་ཀྱི་སྨན། བཅུད་ལེན་རོ་ཙའི་མན་ངག་སོགས་ལེ་ཚན་བཞི་བརྒྱ་ལྷག་གསུངས་ཡོད།

གཞུང་འདིའི་མ་ཡིག་བྲིས་མ་སྔ་རིང་དཔེ་ཚུགས་མ་ཞིག་བོད་རང་སྐྱོང་ལྗོངས་སྨན་རྩིས་ཁང་ཞིབ་འཇུག་གླིང་རིག་གཞུང་ཞིབ་འཇུག་ཚན་པའི་དཔེ་མཛོད་ཁང་དུ་ཉར་ཚགས་བྱས་ཡོད་པ་དང་། མ་ཡིག་བྲིས་མ་གཞན་ཞིག་བོད་ལྗོངས་བོད་ལུགས་གསོ་རིག་སློབ་ཆེན་གྱི་དཔེ་མཛོད་དུ་ཉར་ཚགས་བྱས་ཡོད། དེ་སྔ་ཞིབ་འཇུག་གླིང་ནས་སྨན་རྩིས་ཁང་གི་མ་ཡིག་དེ་དེབ་གཟུགས་སུ་པར་བསྐྲུན་བྱས་པ་དང་། མ་ཡིག་དེར་ཤོག་ལྡེབ་མ་༡༥༨ཡོད་ཅིང་། རིང་ཚད་༤༣cmདང་། ཞེང་ཚད་༧cmཡོད་དོ། །

《萨迦曼仲巴秘诀 · 银升》

该书于公元14世纪由昌迪·班丹坚参撰写。

作者昌迪·班丹坚参于13世纪后期出生在后藏萨迦，系昌迪·班丹措齐的侄子。昌迪·班丹坚参师从叔叔昌迪·班丹措齐学医，叔叔将诸多祖传秘诀秘方传给昌迪·班丹坚参。后来，昌迪·班丹坚参成为萨迦后裔叔侄的专职保健医生，在萨迦曼仲秉承祖传医统行医治病福泽众生。昌迪传承之所以称为“萨迦曼仲派”，可能与此有关。昌迪·班丹坚参师从诸多大德大贤广泛学习医学知识，著有多部有关藏医药理论、临床的著作。主要有《〈根本续〉第一章注释·除暗明灯》和《秘诀金升》等。其中，后一部著作是为其子朗杰桑布撰写的。在这部著作中，作者记录了从其祖上流传下来的祖传实践秘诀和昌迪·班丹坚参大师的医学思想以及“白色六味”等作者自己的独特研究成果。关于作者的世系情况，缺乏资料可供参考。仅从其著《肾型水肿诊疗教诲》记载，昌迪·班丹坚参传与昌迪·贡嘎桑布，再传与昌迪·达拉巴尔，传与昌迪·多吉柏桑。此人著有《明义：〈释续〉注疏》。他将诸多医学典籍、教诲、秘诀传与昌迪·边觉顿珠，将《大金斗》之节选本《小金斗》赠与其子，并刊行了《秘诀大银斗》。

该书包含瑟尔加仙人三兄弟成就法、独门肾型水肿治疗教诲、常见难愈疾病疗法、珍贵药材辨识、配方实践广论、加味药的应用方法等篇章，解密了大量至密药方、诀窍，方便了许多医生患者，可谓“造福雪域，名扬四方”。

这是一本珍稀医学典籍，其中还记载了止鼻血法、马背消肿法、迷惑盗贼法、猎人与猎狗、创伤药物、天竺治虱法、食肉中毒预防法、头部寄生虫的治疗、上燥治疗、咽喉阻塞之疗法、护牙教诲、毛发增长剂、养生与滋阴壮阳诀窍等400余则治疗方法。

该书原版收藏于西藏自治区藏医院文献研究所图书室。系藏式长条书。单叶规格：长43厘米、宽7厘米。全书共计159叶。另有一写本收藏于西藏藏医药大学图书馆。

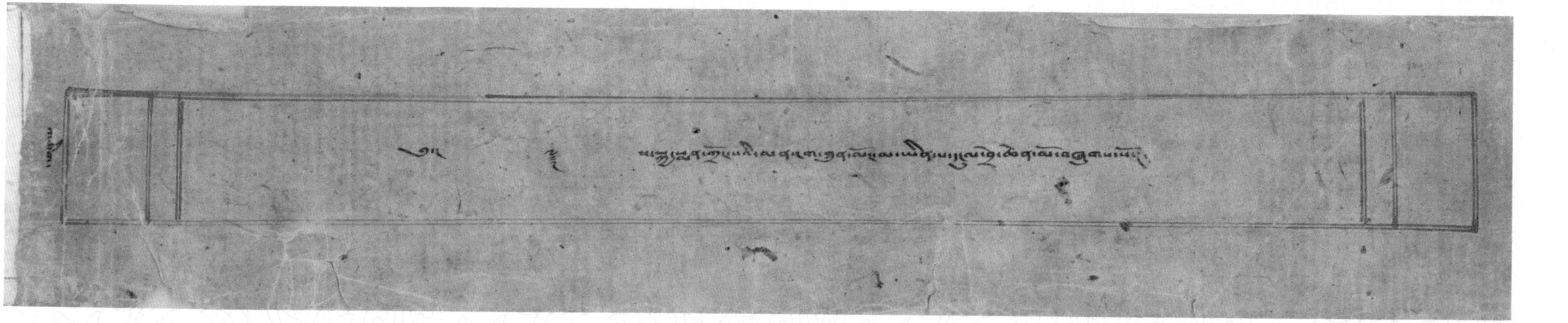

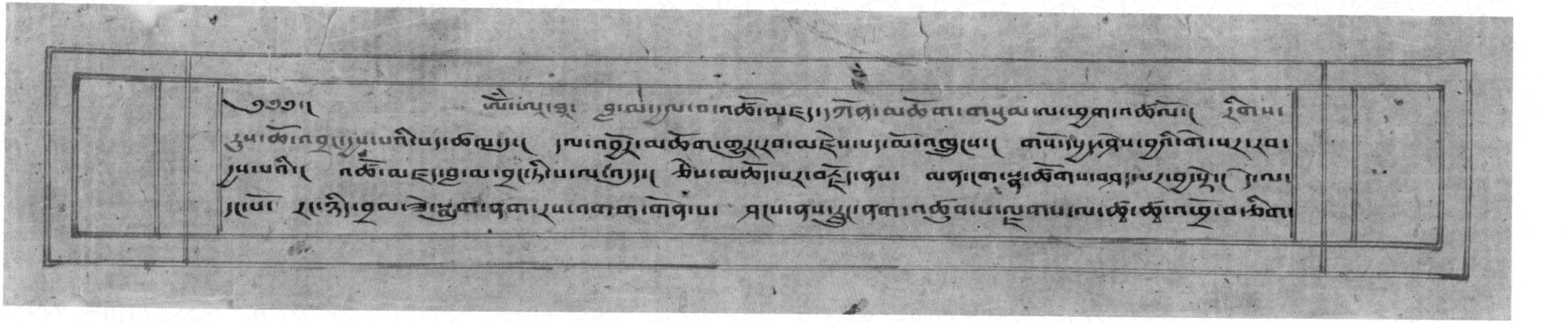

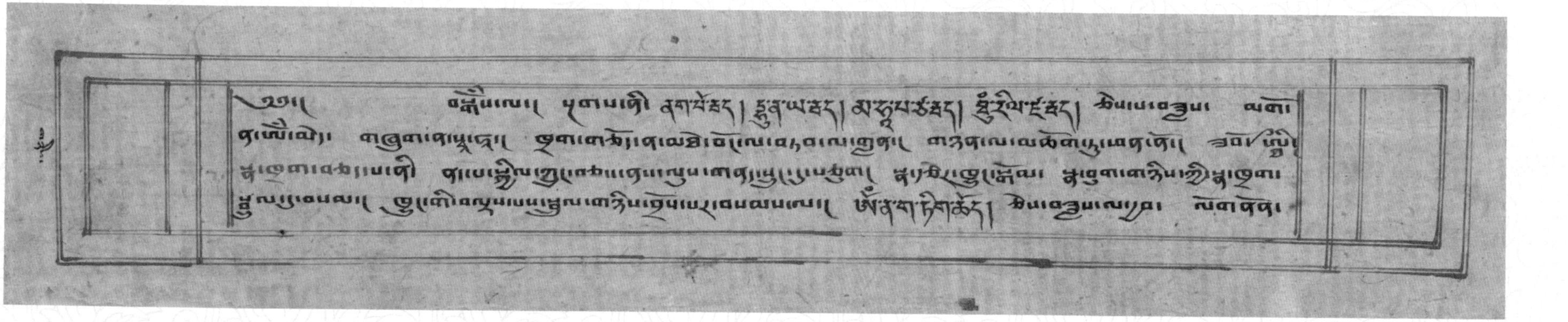

གསོ་དཔྱད་ཉེར་མཁོ་གཅེས་བསྡུས།

ཕྱི་ལོའི་དུས་རབས་༡༥པར་གཙང་སྟག་ཚང་གི་ལོ་ཙཱ་བ་ཤེས་རབ་རིན་ཆེན་རྒྱལ་མཚན་དཔལ་བཟང་པོས་ཆོས་འཁོར་སྒང་དུ་མཛད།

སྟག་ཚང་ལོ་ཙཱ་བ་ཤེས་རབ་རིན་ཆེན་མཆོག་ནི། རབ་བྱུང་བདུན་པའི་ཤིང་བྱ་སྟེ་༡༤༠༥ལོར་གཙང་གཡས་རུའི་སྨད་ལང་འགྲོ་ཁང་དམར་དུ་ཡབ་དོན་གྲུབ་རྒྱལ་པོ་དང་། ཡུམ་ལྷ་མོ་སྐྱབས་གཉིས་ཀྱི་སྲས་སུ་འཁྲུངས། མཚན་དཀོན་མཆོག་སྐྱབས་ཞེས་གསོལ། དགུང་ལོ་བདུན་པ་ལ་ཡི་གེ་འབྲི་ཀློག་མཁས་པར་མཁྱེན། དགུང་གྲངས་ཉི་ཤུ་པར་སེཾ་རྒྱལ་མཚན་གྱི་དྲུང་དུ་རབ་ཏུ་བྱུང་། དེ་ནས་མཁྱེན་རབ་དབང་ཕྱུག་གྲགས་པ་བཟང་པོ་ལས། གཞུང་ཆེན་བཀའ་པོད་དྲུག་དང་། བྱམས་ཆོས་ཕྱི་མ་རྣམས་ཀྱི་བཤད་པ་དང་། འཇམ་དབྱངས་བགྲ་ཤེས་དཔལ་ལྡན་ལས་ཚད་མ་སྡེ་བདུན། ཀུན་བཏུས། ཐེག་བསྡུས། རྩ་འཇུག་གི་ཊཱིཀ་ཆེན་རྣམས་དང་། དྲང་ངེས་རྣམ་འབྱེད་སོགས། ཀུན་མཁྱེན་རོང་སྟོན་ལས། འབུམ་ཊཱིཀ་དང་། མེ་ཏོག་ཕྲེང་བརྒྱུད་ཀྱི་ཊཱིཀ་སོགས། ཆོས་རྗེ་བྱང་སེམས་པ་ལས་ས་སྡེ་དང་། བསླབ་བཏུས། སྒྲོན་གསལ། དུས་འཁོར་རྩ་འགྲེལ། སྦྱོར་དྲུག །ལམ་འབྲས། བདེ་མཆོག་སོགས། ཞ་ལུ་བ་རིན་ཆེན་བསོད་ནམས་འཕེལ་གྱི་དྲུང་དུ། དུས་འཁོར་གྱི་བཤད་པ་དང་། རྒྱ་སྐར་གྱི་རྩིས། དཀའ་གནད་ཀྱི་ཕྱག་ཁྲིད། ཞོག་ཁྲ་སོགས། སྐད་གཉིས་སྨྲ་བ་ཕྱུགས་རྗེ་དཔལ་བཟང་གི་དྲུང་དུ། སྒྲ་ཀ་ཙན་སོགས་ཀྱི་བཤད་པ། འཁོན་གྲགས་པ་བློ་གྲོས་ཀྱི་དྲུང་དུ་ཆོས་སྐྱོང་སྐོར་དང་། ལས་ཚོགས་སྐོར་སོགས་ལ་གསན། གཞན་ཡང་བོ་དོང་པཎ་ཆེན་སོགས་མཁས་གྲུབ་མང་པོ་བསྟེན་ནས་རྒྱ་བོད་ཀྱི་གཞུང་ལུགས་མདོ་སྔགས་རིག་གནས་དང་བཅས་པ། དབང་ལུང་མན་ངག་ཁྲིད་སོགས་གསན་བསམ་རྒྱ་མཚོའི་ཕ་རོལ་ཏུ་སོན། དགུང་གྲངས་སོ་དགུ་པ་རབ་བྱུང་བརྒྱད་པའི་ཆུ་ཕག་༡༤༤༣ལོར་ཆོས་འཁོར་གྱི་གདན་སར་ཕེབས། འཆད་རྩོད་རྩོམ་གསུམ་གྱི་སྒོ་ནས་སྨན་རྩིས་བསྟན་པ་རིན་པོ་ཆེ་རྒྱུན་རིང་དུ་བསྐྱངས། དམ་པ་འདི་ནི་ཕྱིར་ཕྱི་ནང་གི་རིག་པའི་གནས་ཐམས་ཅད་ལ་མཁས་ཤིང་། ཁྱད་པར་སྐད་གཉིས་སྨྲ་བའི་ལོ་ཙཱ་བ་ཆེན་པོར་བཞུགས་པས་གཞི་འགྱུར་དང་འགྱུར་བཅས་མང་པོ་མཛད། གསུང་ལས་སྐྱེས་པའི་སློབ་མ། ཞུག་ཚང་རིན་པོ་ཆེ། སློབ་དཔོན་འདུལ་འཛིན་སྟོན་མོ། ཧ་ནག་རབ་འབྱམས་པ་ཤེས་རབ་ཆོས་འཕྱོར། བྱམས་ཆེན་སངས་རྒྱས་འཕེལ། སེ་ར་བ་བློ་གྲོས་སེངྒེ། ཞ་ལུ་བ་བློ་གྲོས་སེངྒེ། དྭགས་པོ་བློ་གྲོས་མཐའ་ཡས། སྒྲ་དང་དུས་འཁོར་ལ་མཁས་པ་ཀུན་དགའ་འོད་ཟེར་སོགས་མང་པོ་བྱོན། གསུང་རྩོམ་བསྟན་བཅོས་རིག་གནས་ཀུན་ཤེས་དང་། གྲུབ་མཐའ་ཀུན་ཤེས། མདོ་སྡེ་ཀུན་ཤེས། རྒྱུད་སྡེ་ཀུན་ཤེས། སོར་མདོ། མདོ་རྩ། རྣམ་འབྱེད། མངོན་པ་གོང་འོག །བྱམས་ཆོས་ལྔ་དང་། མདོ་སྡུད་པ། ཚད་མ། སྡོམ་གསུམ་རྣམས་ཀྱི་འགྲེལ་པ། དུས་འཁོར་སྤྱི་དོན་སོགས་སྔགས་སྐོར། སྒྲ་ཀཱ་ལཱ་པའི་ཊཱིཀ་ཆེན་དང་། ཙནྡྲ་པའི་ཊཱིཀ་ཆུང་སོགས་གསུང་འབུམ་པོད་བཅུ་དྲུག་བཞུགས། མཐར་དགུང་གྲངས་དོན་གསུམ་པ་རབ་བྱུང་བརྒྱད་པའི་མེ་བྱ། ཧོར་ཟླ་བཅུ་པའི་ཚེས་ཉི་ཤུ་༡༤༧༧ལོར་གཟུགས་

སྐུའི་བཀོད་པ་ཆོས་སྐུར་ཐིམ་པའི་ཚུལ་བསྟན་ནོ། །

གཞུང་འདི་ནི་སྤྱི་ལོའི་དུས་རབས་༡༥པར་སྟག་ཚང་ལོ་ཙཱ་བ་ཤེས་རབ་རིན་ཆེན་རྒྱལ་མཚན་དཔལ་བཟང་པོས་ཆོས་འཁོར་སྐད་དུ་སྒྱུར་བ་ཡིན་ཞིང་། གཞུང་འདིའི་ནང་དུ་ནད་གཞིའི་ལེའུ་དང་། རིམས་ནད་སེལ་བའི་ལེའུ། མགོ་ནད་སྡེར་གསོ་བའི་ལེའུ། མིག་ནད་ཅེ་ཐྲག་ཏུ་གསོ་བའི་ལེའུ། རོ་སྟོད་ཀྱི་ནད་གསོ་བའི་ལེའུ། སྟོད་ཀྱི་ནང་ཁྲོལ་གསོ་བའི་ལེའུ། སྨད་ཀྱི་ནང་ཁྲོལ་གསོ་བའི་ལེའུ། ལོང་ཁ་མན་ཆད་གསོ་བའི་ལེའུ། འབྱུང་འགྲུགས་སྡེར་གསོ་བའི་ལེའུ། སྐྲངས་པ་དང་རྨ་ལོག་གསོ་བའི་ལེའུ་བཅས་གསོ་དཔྱད་ལ་ཉེ་བར་མཁོ་བའི་ལེའུ་བཅུ་བཞུགས་པ་རྣམས་ནི་ཡན་ལག་བརྒྱད་པའི་སྙིང་པོ་བསྡུས་པ་དང་། བོད་སྨན་མཁས་པས་སྒྱུར་བའི་རྒྱུད་བཞི། གསོ་སྤྱད་ཕན་པ། སྨན་དཔྱད་གཅེས་གྲུབ་ལ་སོགས་ཀྱི་རྩ་བར་ཁུངས་བཙལ་ཞིང་། གསོ་ཐབས་ཀྱི་མན་ངག་ལག་ཏུ་བླང་བའི་རིམ་པ་རྣམས། མཁས་རྨོངས་ཀུན་ལ་ཕན་པའི་ཕྱིར་དུ་བསྟན་པ་ཞིག་ཡིན།

དེ་ཡང་ལེའུ་དང་པོར་འབྲས་བུ་ལུས་ཀྱི་ནད་ཀྱང་མདོར་བསྡུས་ན་བད་མཁྲིས་རླུང་ལས་གྱུར་པ་གསུམ་གསུངས་པས་ན། ཐོག་མར་བད་མཁྲིས་རླུང་གསུམ་གྱི་གནས་ས་དང་། ལྡང་དུས། གཉེན་པོ། འཁྲུགས་རྟགས་སོགས་བསྟན་ཅིང་། ཕྱིས་སུ་དོན་མེད་འཆར་དཀའི་གནས་སུ་མི་འགྱུར་བའི་ཆེད་དུ་འཚོ་འཆིའི་འཇིག་ལྟས་བསྟན་པའོ། །ལེའུ་གཉིས་པར་ནད་དོ་ཅོག་གི་རྒྱལ་པོ་ལྷ་བུའི་རིམས་ནད་གདུག་པ་ཅན་གྱི་དབྱེ་བ་དང་། རྒྱུ། གྱུར་ཚུལ། ནད་རྟགས། གསོ་ཚུལ། གསོ་ཐབས་སོགས་མདོར་བསྡུས་ཏེ་བསྟན་ཡོད། ལེའུ་གསུམ་པ་མགོ་ནད་སྡེར་གསོ་བ་དང་། ལེའུ་བཞི་པ་མིག་ནད་གསོ་བ། ལེའུ་ལྔ་པ་རོ་སྟོད་ཀྱི་ནད་གསོ་བ། ལེའུ་དྲུག་པ་སྟོད་ཀྱི་ནང་ཁྲོལ་གསོ་བ། ལེའུ་བདུན་པ་སྨད་ཀྱི་ནང་ཁྲོལ་གསོ་བ། ལེའུ་བརྒྱད་པ་ལོང་ཁ་མན་ཆད་གསོ་བ་བཅས་སུ་རིམ་པ་བཞིན་ཊཱད་ནད་དང་། རྣ་ནད། སྣ་ནད། ཁ་ནད། ལྕེ་ནད། སྐྱིག་ནད་བཅས་དྲུག་དང་། དབང་པོའི་མཆོག་ཏུ་གྱུར་བའི་མིག་ནད། རོ་སྟོད་ཀྱི་སྙིང་དང་གློ་བའི་ནད། སྐྱིགས་བུ་དང་དབུགས་མི་བདེའི་ནད། གནས་སའི་དབང་གིས་སྟོད་ཀྱི་ནང་ཁྲོལ་གསོ་བ་ལ་ཕོ་བ་དང་། སྐྱུགས་ནད། སྐོམ་ནད། ཆམ་པ་གསོ་བ་བཅས་དང་བཞི། སྨད་ཀྱི་ནང་ཁྲོལ་གསོ་བ་ལ་སྐྲན་དང་མཆིན་པའི་ནད། འབྲོ་བ་དང་ཁྲག་གཟེར་གྱི་ནད་གསོ་བ་དང་བཞི། ལོང་ཁ་མན་ཆད་གསོ་བ་ལ་རྟུག་སྐམ་དང་གཞང་འབྲུམ་གྱི་ནད། གཅིན་ནད་ཟ་ཁུའི་ནད་རིགས། དམུ་ཆུར་གྲགས་པའི་དམུ་རྫིའི་ནད་རིགས་བརྒྱད་བཅས་ཀྱི་རྒྱུ་རྐྱེན་དབྱེ་བ་རྟགས། གསོ་ཚུལ་དང་གསོ་ཐབས་བཅས་ཀྱི་བརྗོད་བྱ་མཐའ་དག་ཚིག་ཉུང་དོན་འདུས་ཤིང་། མན་ངག་ཅན་གྱི་སྦྱོར་གྲུབ་སྨན་སྦྱོར་གང་མང་ནད་པའི་དོན་དུ་གསལ་ལེར་བརྗོད་ཡོད་པས་ཉམས་ཞིབ་རིན་ཐང་གཞལ་དུ་མེད་པའོ། །འབྱུང་འགྲུགས་སྡེར་གསོ་བའི་ལེའུ་དང་སྐྲངས་པ་རྨ་ལོག་གསོ་བའི་ལེའུ་གཉིས་སུ་རྒྱུད་པའི་སྨན་གྱི་ནུས་མཆོག་དང་། དེ་དག་གྲོགས་སུ་འགྲོ་བའི་སྨན་དང་སྦྱོར་བའི་དགོས་གལ་

རང་བཞིན། རྣས་དང་རོ་ཅ་གསོ་བ། དུག་ནད་གསོ་བ། ཆུ་ཚགས་པའི་ཐབས། བྱིས་པ་ཉེར་སྤྱོད་དང་བྱིས་པའི་ནད་གསོ་བ། དེ་བཞིན་དུ་སྐྲངས་ནད་དང་མཛེ་སོགས་ལྷགས་པའི་ནད་སེལ་བའི་སྨན་སྦྱོར་ཀུན་ཀྱང་སྨན་དང་སྦྱོར་ཚུལ་སྒྲུབ་པར་དཀའ་བ་རྣམས་ནི་རེ་ཤིག་དོར་ནས་སླ་ཞིང་ཉེ་བར་མཁོ་བ་ཀུན་སློང་རྣམ་པར་དག་པས་སྦྱར་ཡོད་པས། གཞུང་བརྒྱའི་མན་ངག་གཅིག་ཏུ་བསྡུས་པའི་སྨན་གཞུང་རྩ་ཆེ་ཉིད་ལ་སློབ་སྦྱོང་དང་། ཉམས་ཞིབ་རྒྱལ་མ་བགྱི་ཐུབ་ཆེ་ཉམས་ཐག་ནད་པ་མང་པོའི་ལུས་སེམས་ཀྱི་ནད་ཀུན་གཞོམ་པའི་བསྟན་བཅོས་ཤིག་ཏུ་འཆར་ཐུབ་པར་ངེས་སོ། །

གཞུང་འདི་ནི་དཔེ་གཟུགས་སྣ་རིང་ཁྱོན་ལྡེབ་མ་༣༡ཚང་བར་བཞུགས། རིང་ཚད་ལ་༡༠༣.༧cmདང་། མཐོ་ཚད་ལ་༣༠.༠༨cmཡོད། སྨན་རྩིས་ཁང་གི་རིག་གཞུང་ཚན་པར་ཉར་ཚགས་བྱས་ཡོད་པ་ཞིག་གོ། །

《实用医学指南》

该书于15世纪由藏达仓之译师喜饶仁青坚参柏桑布于曲阔尔岗撰写。

作者达仓译师·喜饶仁青，藏历第七饶迥木鸡年（1405年）出生于后藏叶茹麦朗卓康马地方。父亲为顿珠杰布，母亲为拉姆嘉，取名为贡觉嘉。7岁时掌握藏文拼读书写，20岁时拜森格坚参为师出家。与此同时拜钦绕旺秋扎巴桑布为师，学习“六大论”和其他“慈氏论著”。随后从加洋扎西班丹处学习《因明七部》《集论》《摄乘论》《入论广疏》《了义不了义之分辨》等。后来拜绒顿大学者，学习了《十万注疏》《花环论注疏》等。从曲杰·强森巴处学习《五部地论》《集学论》《明灯论》《时轮本疏》《六支加行》《道果》《胜乐》等。后从夏鲁瓦·仁青索南培处学习《时轮讲说》《星算》的难点讲述及图表等。随大译师图杰柏桑学习《旃特罗声明论》《积分声明论》等。随昆·扎巴洛卓学习有关护法和羯磨集等。另师从博顿班钦等大学者大成就者学习多部藏梵典籍，系统学习佛学及声明、因明、医学等共通学科，成就博闻广识之士。藏历第八饶迥水猪年，达仓译师·喜饶仁青年值39岁，来到了曲阔尔驻锡地，通过讲述、辩论、著述等智者三能，弘扬藏医天文历算学科。喜饶仁青精通几乎所有的内外学问，学识渊博，尤其精于梵藏翻译，有多部自译或重译补译的译著留存于世。

弟子有吾仓仁波切、洛本·堆增恩布、达那·绕将巴·西绕曲觉、强钦·桑杰培、色拉瓦·洛卓森格、夏鲁瓦·洛卓森格和达布·洛卓塔叶和精通声明与时轮的智者·贡嘎卫色等。

著作有《知识通识》《教派通识》《经部通识》《续部通识》《别解脱经》《经本论》《律分别》《上下对法》《慈氏五论》《略经》《因明》《三律法注释》《时轮总说》《声明积分论注释》《声明旃特罗论小注》等，共计十六函。

73岁时，藏历第八饶迥火鸡年十月二十日圆寂。

该书主要内容分为十章，主要依据《八支精要》《四部医典》《医诊利益》《医诊珍爱集》等撰写了疾病论、除疫论、头疾治疗总论、眼疾治疗分别论、上身疾病治疗论、上身脏腑疾病治疗、下身脏腑疾病治疗、大肠以下部位疾病的治疗、五行紊乱调理总说、肿胀及创伤复发等惠泽广大后世医者的珍贵临床诊疗诀窍。

第一章疾病论，从论述培根、赤巴、隆及其变体等，三大病症的部位、发作时间、对应疗法、症状以及病愈特征、濒死症状等。第二章论述了病中之王—严重疫病及其分类、病因、变化、症状、治疗方式方法等。第三章是头病总说。第四章讲眼疾。第五章为上身疾病（心肺、呼吸等）。第六章是上身脏腑（胃病、呕吐、干渴、感冒等）。第七章下身脏腑（痞瘤、肝病、腹泻等）。第八章为大肠以下部位的诊治（便秘、痔疮、尿频，八种腹水病症的病因、分类、症状、治疗方法等）。五行调理和肿胀、创伤复发两个章节中讲述对症药物及其应用配药的必要性，以及减缓衰老进程、养生壮阳、毒病治疗、消解水肿、育儿和儿科常见病症的治疗，肿胀和天花等皮肤病症的治疗等。在论述治疗过程中，对病患满怀爱心，充分考虑其药物和治疗成本的承受能力，随处可见强调常见药物和常规方法的必要性的论述。如上所述，这是一部集百家之长、汇百卷精义的益世医典，如果能够沉潜其中，得悟其义，付诸实践，必将根除身心病魔，服务病患，造福人间。

该书系藏式长条书，共计 21 叶，为完整本。单叶规格：长 102.7 厘米，宽 20.06 厘米。藏于西藏自治区藏医院文献所。

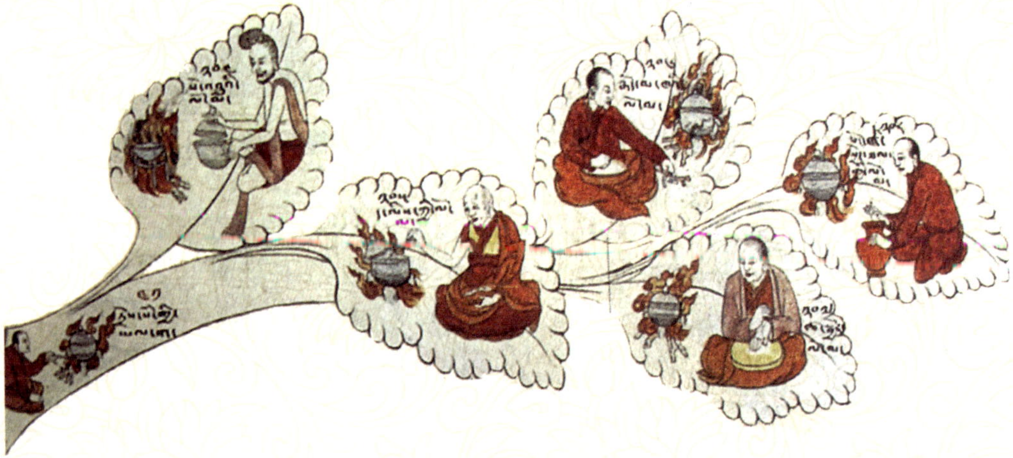

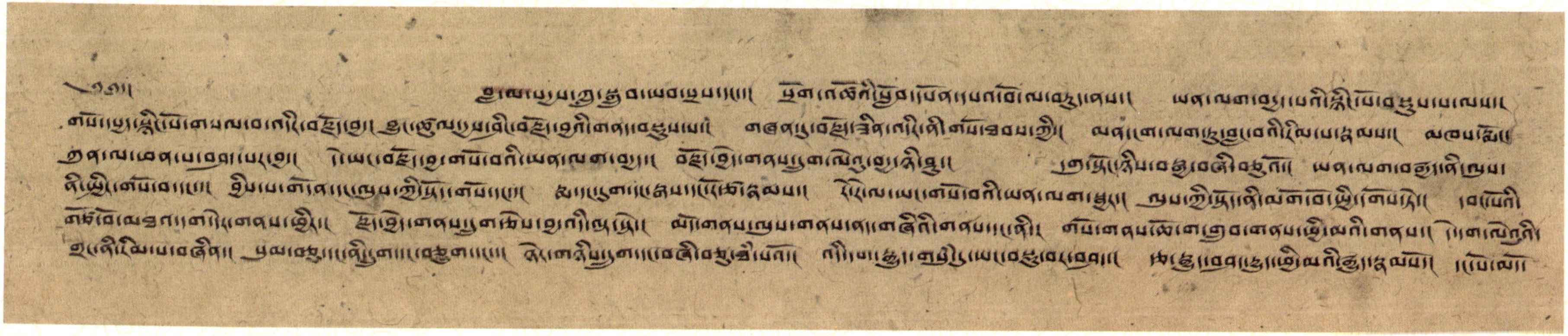

གསོ་བ་རིག་པའི་གཞུང་རྒྱུད་དོན་སྙིང་པོ་དགོས་འདོད་ཀུན་འབྱུང་ལྷུན་སྤྲིངས་སྨན་གྲོང་པའི་ཁྲིད་ཆོས།

སྤྱི་ལོའི་དུས་རབས་༡༧པར་བྱུང་བ་ལྷུན་སྤྲིངས་བདུད་རྩི་འགྱུར་མེད་ཀྱིས་མཛད།

མཛད་པ་པོ་ལྷུན་སྤྲིངས་བདུད་རྩི་འགྱུར་མེད་མཆོག་ནི། སྤྱི་ལོའི་དུས་རབས་བཅུ་དྲུག་པའི་དུས་དཀྱིལ་ཙམ་དུ་གཙང་ཕྱོགས་སུ་བྱུང་བ་ལྷུན་སྤྲིངས་ལེགས་གྲུབ་དཔལ་གྱི་གདུང་རིགས་ཡབ་གཞའ་པ་བསོད་ནམས་ཆོས་འཕེལ་གྱི་སྲས་སུ་སྐུ་འཁྲུངས། དགུང་ལོ་ཆུང་དུའི་དུས་ནས་ཡིག་རྩིས་སོགས་ལ་སྦྱངས་པ་དང་། ཁྱད་པར་དུ་ཡབ་བསོད་ནམས་ཆོས་འཕེལ་ལས་གསོ་བ་རིག་པའི་སྙན་བརྒྱུད་ཞལ་ཤེས་མན་ངག་རྣམས་ཐུམ་པ་གང་བྱའི་ཚུལ་དུ་གསན་ནས་མཁྱེན་རྒྱ་རྒྱས། ཇོ་ནང་སྤྲུལ་སྐུ་ཀུན་དགའ་སྙིང་པོའི་བླ་སྨན་མཛད་ཅིང་། རྒྱུད་བཞི་ཤིང་པར་དུ་བཞེངས་པའི་དོ་དམ་དང་ཞུ་ཆེན་གནང་བས་རྒྱུད་བཞི་ཧྲག་བརྟན་པར་མ་ཞེས་སུ་གྲགས། གསོ་རིག་གི་སློབ་མ་གཙོ་བོ་ནི་གང་ཉིད་ཀྱི་རིགས་སྲས་རྣམ་རྒྱལ་རྡོ་རྗེ་ཡིན་པ་དང་། ཁོང་ལ་གསོ་རིག་གི་མན་ངག་ལག་ལེན་སྐོར་གྱི་གདམས་པ་མ་ལུས་པ་གནང་བས་རྒྱལ་མཆོག་ལྔ་པ་དང་སྡེ་སྲིད་སངས་རྒྱས་རྒྱ་མཚོ་གཉིས་ཀྱི་སྐབས་སུ་གསོ་དཔྱད་ཀྱི་སྐོར་ལ་འགྲན་ཟླ་དང་བྲལ་བའི་མཁས་པ་ཆེན་པོ་ཞིག་ཡིན།

ནང་དོན་གཙོ་བོ་ནི། གཞུང་འདིའི་ནང་རྫོད་བྱེད་སྐབས་ལྔ་ཡི་སྒོ་ནས་བརྗོད་བྱའི་དོན་ཡོངས་སུ་རྫོགས་པར་བསྟན་ཡོད་དེ། སྐབས་དང་པོར་རྒྱུད་དོན་ཐུན་མོང་མ་ཡིན་པའི་ནད་ཀྱི་བྱུང་ཚུལ་དང་། སྐབས་གཉིས་པར་རྒྱུད་དོན་ཐུན་མོང་མ་ཡིན་པའི་ནད་ཀྱི་རབ་དབྱེ། སྐབས་གསུམ་པར་ནད་ཀུན་བཅོས་ཐབས་སྤྱི་ཡི་ཆིངས། སྐབས་བཞི་པར་རྒྱུད་དོན་ཐུན་མོང་མ་ཡིན་པ་གཙོ་བོར་གྱུར་པའི་སྒོ་ནས་ནད་རིགས་བྱེ་བྲག་སོ་སོར་བཅོས་པའི་ཐབས། སྐབས་ལྔ་པར་གསོ་བ་པོ་སྨན་པའི་བྱེད་ལས་རྒྱུད་དོན་སྙིང་པོ་མཐོང་བ་དོན་ལྡན་དང་དེའི་འབྲས་བུ་བསྟན་པའོ། །དེ་ཡང་སྐབས་བཞི་པའི་གཞུང་དོན་དངོས་ནང་མན་ངག་རྒྱུད་ཀྱི་གོ་རིམ་བཞིན་ནད་རིགས་སོ་སོའི་སྦྱོང་བཅོས་ཁྲུངས་དང་ལྡན་པའི་གདམས་པའི་བཅུད་ཆ་ཚང་ཞིབ་ཅིང་རྒྱས་པར་གསུངས་འདུག་པས་རབ་བྱུང་བཅུ་གཉིས་པའི་ལྕགས་ལུག（སྤྱི་ལོ་༡༧༩༡）ལོར་སྡེ་སྲིད་རིན་པོ་ཆེས་མན་ངག་ལྷན་ཐབས་གསར་རྩོམ་གནང་སྐབས་ཁོང་གི་གསོ་དཔྱད་སློབ་དཔོན་ལྷུན་སྤྲིངས་རྣམ་རྒྱལ་རྡོ་རྗེའི་ཡབ་དང་སློབ་དཔོན་ཡིན་པའི་ལྷུན་སྤྲིངས་བདུད་རྩི་འགྱུར་མེད་ཀྱིས་མཛད་པའི་གསོ་དཔྱད་ཀྱི་ལག་ལེན་དགོས་འདོད་ཀུན་འབྱུང་འདིའི་ནང་དོན་ཕལ་ཆེ་བ་བསྡུ་ལེན་དང་སོར་བཞག་མཛད་འདུག །གཞུང་འདི་བརྩམས་པའི་ལོ་དུས་ནི་གཞུང་འདིའི་མཇུག་བྱང་དུ། མིང་གཞན་བདུད་རྩི་འགྱུར་མེད་ཅེས་བྱ་བས། །དགའ་བ་ཞེས་པ་ཆུ་པོ་འབྲུག་གི་ལོ། །གསོ་རིག་བསྟན་པ་ཕྱོགས་དུས་རྒྱས་པ་དང་། །འགྲོ་ལ་ཕན་པའི་ལྷག་བསམ་ཁོ་ནས་སྦྱར། །ཞེས་གསུངས་ཡོད་པ་ལྟར་བོད་རབ་བྱུང་བཅུ་གཅིག་པའི་ཆུ་ཕོ་འབྲུག（སྤྱི་ལོ་༡༧༥༢）ལོར་བསྟན་བཅོས་འདི་ཉིད་མཛད་པ་གཞུང་གི་མཇུག་བྱང་ལས་གསལ། གཞུང་འདིའི་མཚན་བྱང་དངོས་ལ་གསོ་བ་རིག་པའི་གཞུང་རྒྱུད་དོན་སྙིང་པོ་དགོས་འདོད་ཀུན་འབྱུང་ལྷུན་སྤྲིངས

སྨན་གྲོང་པའི་ཁྲིད་ཆོས་ཞེས་འཁོད་པ་ལྟར་དེ་ནི་མཛད་པ་པོའི་མཚན་བྱང་དང་འབྲེལ་ནས་གསོ་བ་རིག་པའི་གཞུང་རྒྱུད་བཞིའི་སྙིང་པོ་ཕྱོགས་གཅིག་ཏུ་བསྡེབས་པ་དགོས་འདོད་འབྱུང་བའི་ནོར་བུ་ལྟར་ཞེས་དཔེ་དོན་མཚམས་སྦྱོར་གྱི་སྒོ་ནས་བཏགས་པའོ། །ཁ་ཞན་དཔྱད་དཔེ་མང་པོའི་ནང་དུ་ཐད་ཀར་དགོས་འདོད་ཀུན་འབྱུང་ཞེས་འཁོད་པ་དེ་དག་ནི་རྒྱས་བསྡུས་ཀྱི་ཁྱད་པར་ཙམ་མོ། །

དཔེ་ལྟ་ཞར་ཚགས་གནང་བའི་མ་དཔེ་གྲས་སུ་བོད་རང་སྐྱོང་ལྗོངས་སྨན་རྩིས་ཁང་དུ་ཞར་ཚགས་ལེགས་པར་གནང་བའི་གསོ་བ་རིག་པའི་གཞུང་རྒྱུད་དོན་སྙིང་པོ་དགོས་འདོད་ཀུན་འབྱུང་ལྷུན་སྤྲིངས་སྨན་གྲོང་པའི་ཁྲིད་ཆོས་ཞེས་བྲིས་མ་དཔེ་རྙིང་སྣ་རིང་འདི་ལ་ཁྱོན་ལྡེབ་མ་༡༥༦ཡོད་ཅིང་། ལྡེབ་མ་རེ་རེའི་རིང་ཚད་༤༧.༥cmདང་མཐོ་ཚད་༧.༡cmཡོད། གཞན་བྲིས་མ་དང་པར་མ་ལ་སོགས་དཔར་གཞི་གཞན་མ་མཇལ། གསོ་བ་རིག་པའི་གཞུང་རྒྱུད་དོན་སྙིང་པོ་དགོས་འདོད་ཀུན་འབྱུང་ཞེས་མཚོ་སྔོན་ཞིང་ཆེན་བོད་ལུགས་གསོ་རིག་ཞིབ་འཇུག་ཁང་གིས་ཕྱོགས་བསྒྲིགས་གནང་སྟེ་སྤྱི་ལོ་༢༠༠༥ལོར་མི་རིགས་དཔེ་སྐྲུན་ཁང་ནས་དེབ་གཟུགས་སུ་པར་སྐྲུན་འགྲེམས་སྤེལ་གནང་བ། དེ་བཞིན་༢༠༡༨ལོར་བོད་རང་སྐྱོང་ལྗོངས་སྨན་རྩིས་ཁང་གིས་གཙོ་སྒྲིག་གནང་སྟེ་པར་གཟུགས་ཀྱི་རྣམ་པའི་ཐོག་ནས་ཀྲུང་གོའི་བོད་རིག་པ་དཔེ་སྐྲུན་ཁང་ནས་པར་སྐྲུན་བྱས་པའི་གངས་ལྗོངས་སྨན་རྩིས་རིག་མཛོད་ཆེན་མོའི་སྤྱིའི་པོད་གྲངས་༥༩ཡི་ནང་ཡོད་པ་བཅས་སོ། །

ཐེངས་འདིའི་མ་དཔེ་ནི་བོད་རང་སྐྱོང་ལྗོངས་སྨན་རྩིས་ཁང་དུ་ཞར་ཚགས་ལེགས་པར་གནང་བའི་གསོ་བ་རིག་པའི་གཞུང་རྒྱུད་དོན་སྙིང་པོ་དགོས་འདོད་ཀུན་འབྱུང་ལྷུན་སྤྲིངས་སྨན་གྲོང་པའི་ཁྲིད་ཆོས་ཞེས་པའི་བྲིས་མ་དཔེ་རྙིང་སྣ་རིང་དེ་རང་ཡིན།

《医学精义如意珠 · 伦丁药城特点》

该书于16世纪由强巴 · 伦丁 · 堆孜久美撰写。

作者伦丁•堆孜久美，于16世纪中叶，出生于后藏。其父亲聂巴•索南群培，系强巴 · 伦丁 · 乐主柏的后代。伦丁 · 堆孜久美很小的时候就开始学习藏文拼读书写，自幼从其父学习藏医药学，后来成为觉囊活佛贡嘎宁波的私人保健医生。他负责刻制《四部医典》（木刻版）的管理与修订工作，这一版本就是达丹版《四部医典》。其主要弟子有其子朗杰多吉，他得到藏医学秘诀及实践经验等全部传承，成为五世达赖喇嘛及第司•桑杰嘉措时代最著名的医学大师。

该书主要内容分为五大部分：1. 续义不共疾病的形成；2. 续义不共疾病之分类；3. 众病疗法总要；4. 续义不共者为主的疾病分类及疗法；5. 续义心要见之得益及其结果，医者的作用等。其中第四部分，“续义不共者为主的疾病分类及疗法”当中，按照《四部医典•秘诀续》的排列顺序，对各个病症结合以往的有效治疗经验提出了详备的治疗方案。有鉴于此，第司•桑杰嘉措于藏历第十二饶迥铁羊年（1691年）在写作《秘诀续补遗》中，参考了该著作，并几乎将全文加以征引。

《续义要旨 · 诸求得偿：伦丁曼仲派特色医典》后跋载：“……堆孜久美为了弘扬医学，利益众生于称之为‘噶瓦’的水阳年写成。”表明这部著作完成于藏历第十一饶迥水阳年（1652年），书名中所谓“续义要旨”即指《四部医典》之主要内容，并将其比喻为如意宝珠，称其可以“诸求得偿”，即只要掌握了“续义要旨”，便可满足所有医治身心病症长寿不病的要求。有些本子将标题写作“诸求得偿”，只是标题详略之别，诸本在内容上都是一致的，没有任何区别。

该书现收藏于西藏自治区藏医院，系藏式长条写本，共计153叶。单叶规格：长47.5厘米，宽7.1厘米。

2005年，民族出版社出版铅印本，由青海省藏医药研究院整理。

2016年，该书影印本收入《雪域藏医历算大典》第54函中。

此次底本即为西藏自治区藏医院收藏本。

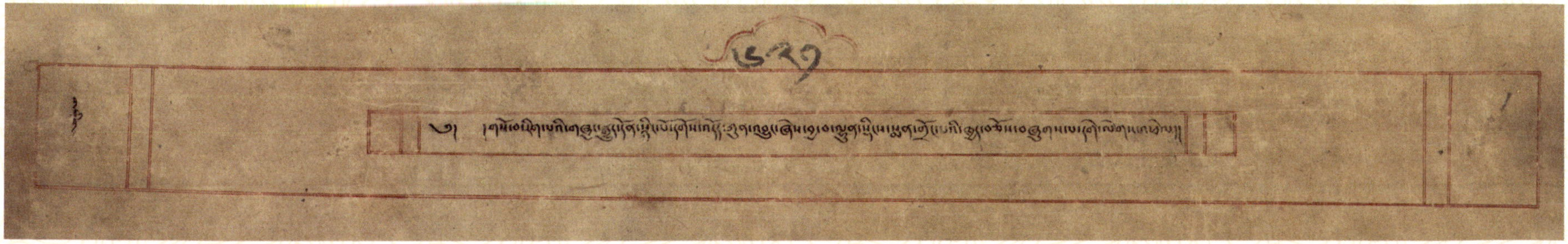

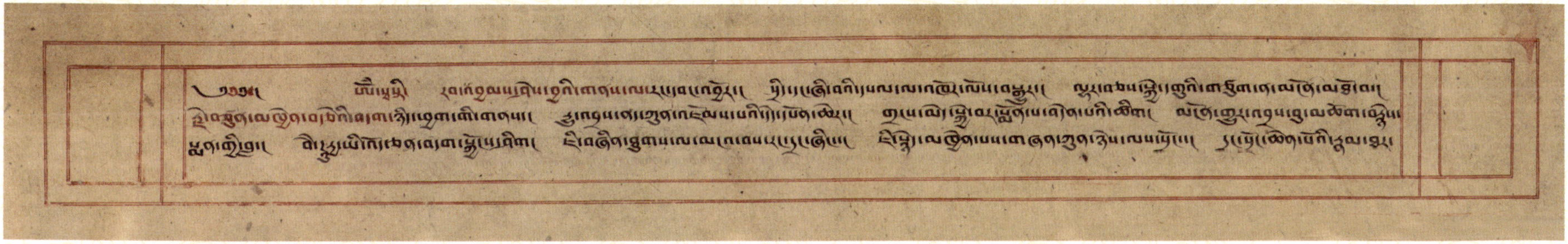

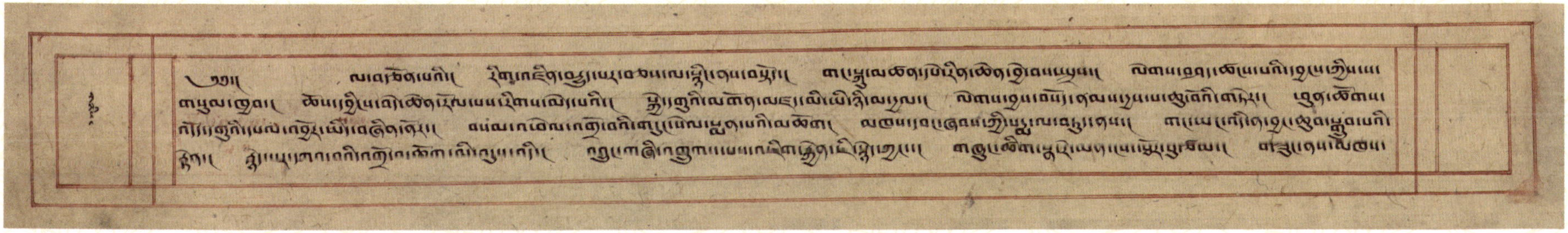

ཉམས་ཡིག་དགོས་པ་དོན་འདུས།

སྤྱི་ལོའི་དུས་རབས་༡༥དུས་མཇུག་ཙམ་དུ་གོང་སྨན་དཀོན་མཆོག་འཕན་དར་གྱིས་མཛད།

མཛད་པ་པོ་གོང་སྨན་དཀོན་མཆོག་འཕན་དར་མཆོག་ནི་རབ་བྱུང་དགུ་པའི་ལྕགས་ལུག་（སྤྱི་ལོ་༡༥༡༡）ལོར་སྐུ་བལྟམས། གོང་སྨན་དཀོན་མཆོག་བདེ་ལེགས་ཀྱི་ཐུགས་སྲས་ཉི་མ་ལྷར་གྲགས། ཉང་གི་ཡུལ་ལྗོངས་ཆེན་པོར་ནད་པ་དུ་མའི་དོན་ལ་ཐུར་མ་རྩ་སྦྱོངས་སོགས་ལག་ལེན་དར་བར་མཛད། སྔོ་བཞི་རི་ཐང་དུ་སྨན་པའི་རྒྱལ་པོ་གཡུ་ཐོག་མགོན་པོའི་ཞབས་གནས་ཆོས་ཁྲི་དང་། རྗེན་ཕྱུག་དྲིག་མར་གྲགས་པ་རྣམས་མཇལ་ཞིང་བྱིན་རླབས་ཞུས། ཉམས་ཡིག་བརྒྱ་རྩ་སོགས་གསུང་རྩོམ་གྲགས་ཅན་མང་དུ་མཛད་ནས་བོད་ལུགས་གསོ་རིག་གི་བསྟན་པ་ཡར་རྒྱས་གཏོང་བར་མཛད་རྗེས་ཆེན་པོ་བཞག་གནང་མཛད། རབ་བྱུང་བཅུ་པའི་མེ་བྱི་（སྤྱི་ལོ་༡༥༧༧）ལོའི་ཧོར་ཟླ་༧པའི་ཚེས་༡༥ཉིན་སྐུ་ངན་ལས་འདས།

ནང་དོན་གཙོ་བོ་ནི། ཉེས་གསུམ་ནས་མགོ་བཙམས་ཏེ་ནད་གཞི་སོ་སོའི་རྒྱུ་རྐྱེན་དང་། དབྱེ་བ། རྟགས། བཅོས་ཐབས་བཅས་རིམ་བཞིན་བཀོད་ཡོད་པ་དང་། ཕ་དམ་པའི་རྨ་མེད་བྱ་བ་རྨ་སྟོགས་དང་ཁྲག་སྟོགས། དུག་ནད་བསྲུང་ཐབས་དང་བསྲུང་བའི་རྫས། དངུལ་ཆུའི་སྐྱོར་སོགས་རང་རང་ནད་གཞིའི་རྟགས་དང་རྣམ་འགྱུར། བརྟག་ཐབས། བཅོས་ཐབས། རང་རང་སྐབས་ཀྱི་སྨན་སྦྱོར་དང་བསྲུང་བ་སྟོགས་དང་བཅས་པ་སོགས་གཞུང་གཞན་དུ་མི་གསལ་བའི་གདམས་པ་མང་པོ་མན་ངག་བཅུད་དུ་དྲིལ་བ་དང་། སྨན་སྦྱོར་སྐབས་དགོས་ངེས་ཀྱི་འདུལ་སྦྱོང་དང་། དུག་འདོན། ངོས་འཛིན་སོགས་ལ་ཟུར་མཆན་གྱིས་བརྒྱན་ནས་གསུངས་ཡོད་པས་རིག་གཞུང་སློབ་ཁྲིད་དང་ནད་ཐོག་ལག་ལེན་གང་ཡིན་ཡང་རིན་ཐང་ཆེན་པོ་ལྡན།

འདིར་བཀོད་པའི་མ་དཔེ་ནི་བྲིས་མ་སྣ་འབྲིང་ཚུགས་ཐུང་ཡིན་པ་དང་། དཀར་ཆག་ལ་ལྡེབ་མ་༤དང་གཞུང་དངོས་ལ་ལྡེབ་མ་༤༢༩ཁྲོན་ལྡེབ་མ་༤༣༣ཡོད་པ་ལས། ལྡེབ་མ་༡༢༣པ་དང་༡༢༩ ༡༧༨ ༣༦༩ བཅས་ཆད། ལྡེབ་མ་རེའི་རིང་ཚད་ལ་༤༣.༥cmདང་མཐོ་ཚད་ལ་༨.༥cmཡོད་པ་དེ་ནི་ལྗོངས་སྨན་རྩིས་ཁང་རིག་གཞུང་ཞིབ་འཇུག་ཁང་དུ་བཞུགས་ཡོད།

《秘诀验方百篇》

该书于 16 世纪末由贡曼·贡觉潘达撰写。

作者贡曼·贡觉潘达出生于藏历第九饶迥铁羊年（1511 年），是贡曼·贡确德勒的众弟子中“如日中天”的心传弟子。在后藏娘地方为医治疾病推行“针刺”和“脉泻”疗法，并得以流行。在果西热唐处拜谒了新宇妥•云丹贡布的法座及遗物，撰写《秘诀验方百篇》等多部著作，于藏历第十一饶迥火鸡年（1577 年）七月十五日逝世。

该书主要内容包含从隆、赤巴、培根出发对各个疾病的病因、分类、症状、疗法等，论述帕当巴去除伤疤的创伤咒语、血咒、防毒方法、防护品等。关于水银等根据疾病的症状、变化、诊断对症下药、施咒，这些内容是该书的一大特色，其他医典鲜有记载，弥足珍贵。关于药材炮制，对必要的炮炼、调制、祛毒、鉴别等均附有注解，大大方便了教学科研和临床应用。

该书原本现收藏于西藏自治区藏医院文献研究所，系藏式长条写本，小幅本，目录 9 叶，正文 424 叶，共计 433 叶。其中，缺 123、124、178、364 等 4 叶。单叶规格：长 43.5 厘米，宽 8.5 厘米。

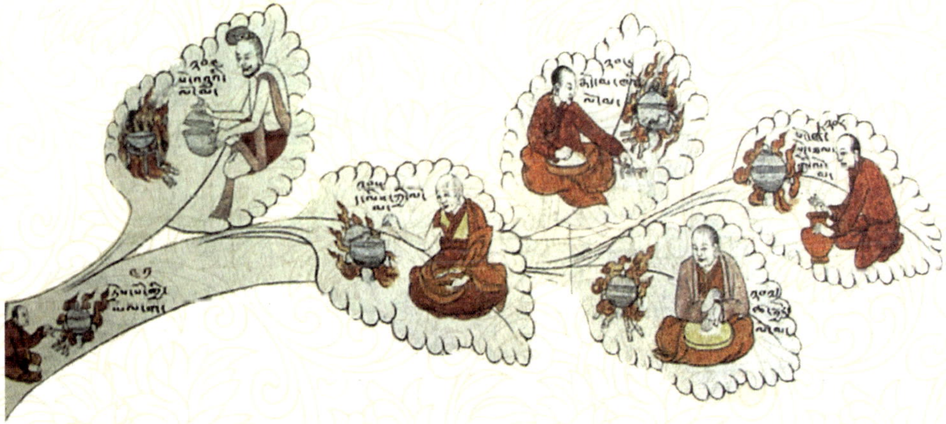

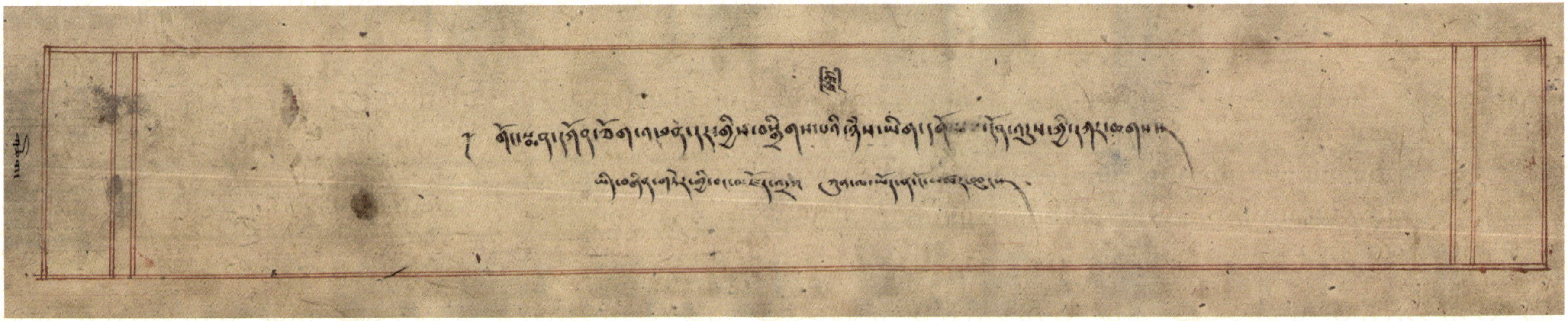

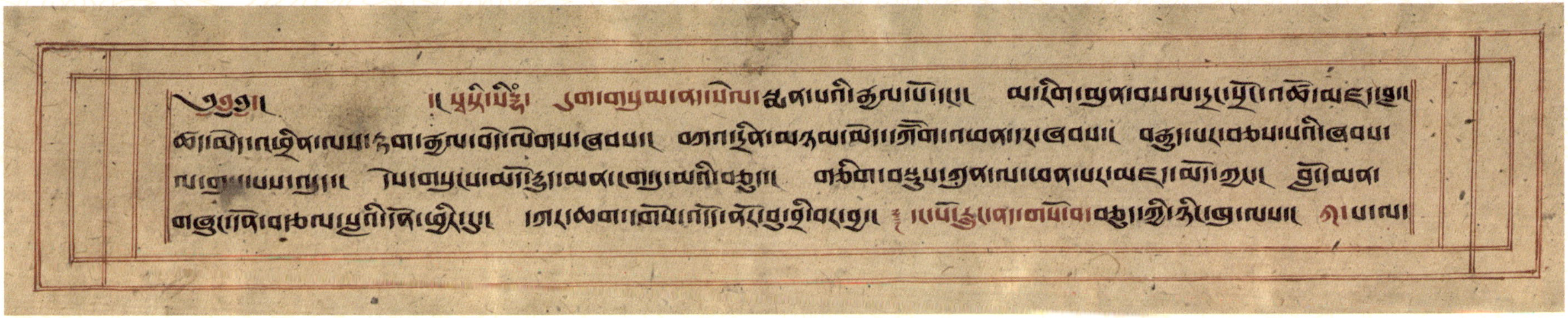

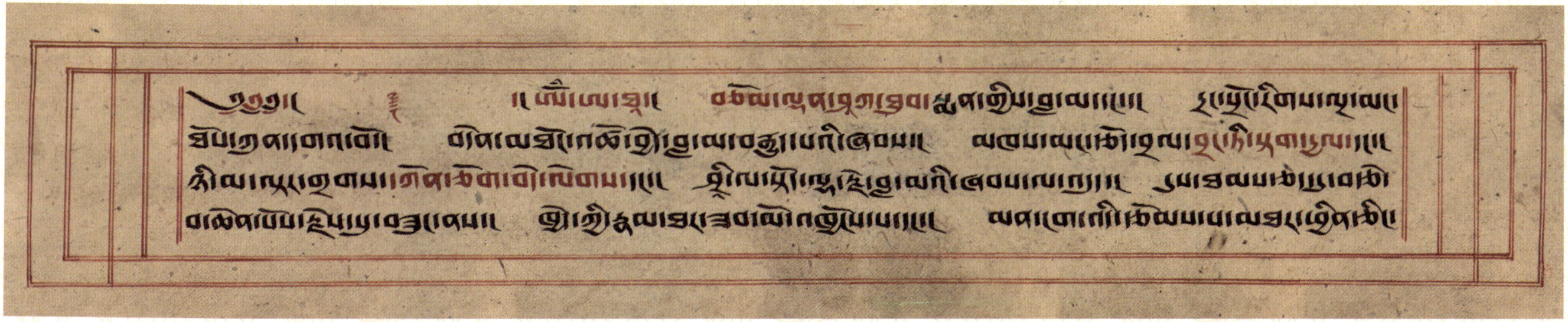

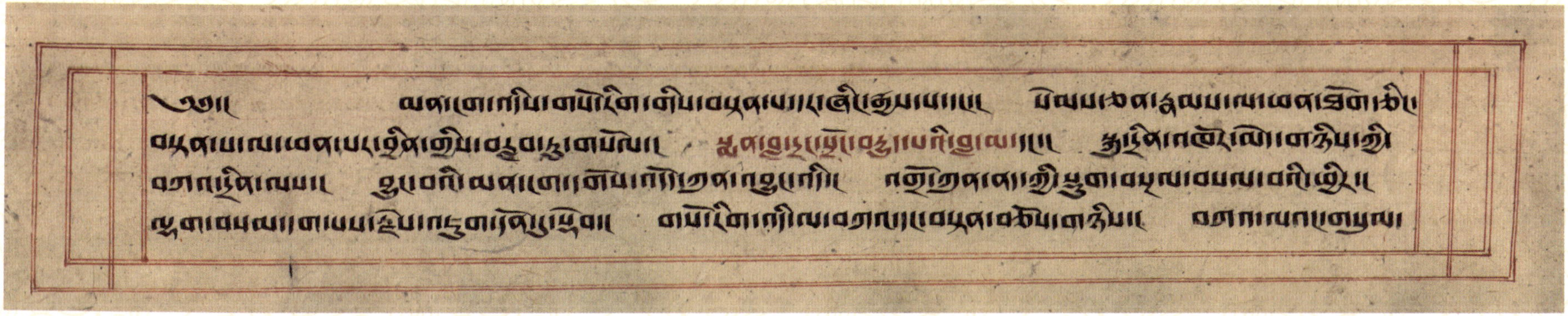

གསོ་རིག་དགོས་པ་དོན་བསྡུས།

སྤྱི་ལོའི་དུས་རབས་བཅུ་དྲུག་པར་རྟེན་རྫོ་ཛ་ཞེས་བྱ་བ་གོང་སྨན་དཀོན་མཆོག་བདེ་ལེགས་ཀྱི་སློབ་མ་ཞིག་གིས་མཛད་པ་མིན་ནམ་སྙམ།

རྟེན་རྫོ་ཛ་ཞེས་པའི་མཛད་པ་པོའི་རྣམ་ཐར་སྐོར་གཞུང་གི་མཆོད་བརྗོད་དང་མཇུག་བྱང་སོགས་སུ་གསལ་ཁ་གང་ཡང་མེད་ཀྱང་། ནང་དོན་དངོས་ལ་གཞིགས་ནས་ཙུང་ཟད་བརྗོད་ན། གཞུང་འདིའི་མཛད་པ་པོ་ནི་གོང་སྨན་གྱི་བརྒྱུད་པའམ་སློབ་མ་ཞིག་ཡིན་པར་སེམས་ཏེ། གདམས་པ་མང་པོ་ཞིག་གི་མཇུག་ཏུ་དེས་གོང་སྨན་དཀོན་མཆོག་བདེ་ལེགས་དང་། གོང་སྨན་དཀོན་མཆོག་འཕེལ་དར་ལ་སོགས་ཀྱི་སྐོར་འཕོད་པར་གཞིགས་ན་གོང་སྨན་གྱི་སློབ་བརྒྱུད་ཅིག་ཡིན་ངེས་ཏེ། མགོ་སྲིན་ཡ་མ་ནག་པོ་བསྟན་པའི་སྐབས་སུ། ཕྲུངས་བཙུན་པའི་འབྱུང་ཁུངས་ནི། རྗེ་དངོས་གྲུབ་དཔལ་འབར་བས། དཔོན་ཚང་རིན་པོ་ཆེ་དཀོན་མཆོག་འཕེལ་དར་ལ་གནང་། དེས་བདག་ལའོ། །ཞེས་དང་། མིག་སྨན་རིན་ཆེན་ཕྲེང་བ་ཞེས་པའི་ལེ་ཚན་གྱི་མཇུག་ཏུ། མིག་སྨན་རིན་ཆེན་ཕྲེང་བ་ཅེས་པ་འདི། །ད་ལྟ་སྨན་བླ་གཉིས་པར་ཡོངས་གྲགས་པའི། །དཔོན་ཚང་དཀོན་མཆོག་བདེ་ལེགས་ཞེས་བྱ་བ། །ཐུགས་ནི་དགྲེས་ཕྱིར་འཕྲིན་ལས་རྒྱས་ཕྱིར་དང་། །འགྲོ་ཀུན་མིག་གི་ནད་ལས་གྲོལ་ཕྱིར་དུ། །སོ་སོ་རྟེན་རྫོ་ཛ་ཞེས་བྱ་བ་ཡི། །ལྷག་བསམ་རྣམ་དག་ངོས་ནས་སྦྱར་བ་ལགས། །ཞེས་གསུངས་པ་ལ་གཞིགས་ན་གཞུང་འདིའི་མཛད་པ་པོ་ནི་གོང་སྨན་དཀོན་མཆོག་བདེ་ལེགས་ཀྱི་སློབ་མ་མཚན་ལ་རྟེན་རྫོ་ཛ་ཞེས་པའི་གསོ་རིག་མཁས་པ་ཞིག་མིན་ནམ་སྙམ།

གསོ་དཔྱད་བསྟན་བཅོས་འདིའི་ནང་དོན་ལ་གཙོ་བོ་ཚ་བའི་ནད་རིགས་དང་། ཡ་མ་དཀར་ནག་ཁྲ་གསུམ་སོགས་སྲིན་གྱི་ནད་རིགས། གློ་བ་ཆུ་སེར་ལ་སོགས་གློ་ནད་རིགས། དྲེག་དང་གྲུམ་བུ་ལ་སོགས་ནད་རིགས་སྣ་ཚོགས་ཀྱི་སློང་རྐྱེན་དང་། ན་ལུགས། བཅོས་ཐབས་བཅས་གཞི་གཅིག་ཏུ་བསྟན་པའི་ཉམས་ཡིག་ཅིག་སྟེ། དེའི་ནང་བླ་མ་སྔོན་སྙོམ་གྱི་མན་ངག་ལྷ་བཅོས་དང་། ཚུང་དཔྱད་བརྟག་པ་བྲང་ཏི་ལྷ་རྗེའི་ཁྱད་ཆོས། ཙོང་ཁའི་མཁྲིན་བཤལ་ལྷ་བུ་ཕྲུག སྨན་རིན་རྒྱལ་གྱི་ཁྱད་ཆོས། དངུལ་ཆུའི་སྦྱོར་བ་གྲུབ་ཆེན་ཨོ་རྒྱན་པའི་མན་ངག །དེ་བཞིན་ཨ་ཙ་ར་དང་། ཕྲུག་སྨན་པ། གཡུ་ཐོག །བྲང་ཏི་ལ་སོགས་རྒྱ་བོད་དྲང་སྲོང་དུ་མའི་མན་ངག་ཟབ་ཁྱད་སྣ་ཚོགས་སྣན་ནས་སྣན་དུ་དང་། ཞལ་ནས་ཞལ་དུ་བརྒྱུད་པའི་མན་ངག་རྣམས་འགྲོ་བ་ནད་པའི་ནད་ཀྱི་གདུང་བ་མཐའ་དག་སེལ་བའི་ཆེད་དུ་གཞི་གཅིག་སྟེང་མཛད་པ་པོ་རང་ཉིད་ཀྱི་ཁྱད་ཆོས་མཆོན་པའི་ནད་གདོན་ལས་རྣམ་པར་རྒྱལ་བའི་སྦྱོར་བ། ཤ་འབྱོར་གྱི་གདམས་པ། མིག་སྨན་རྣམ་པར་རྒྱལ་བ། ཤིག་གི་ནད་གསོ་བའི་སྦྱོར་བ་ལ་སོགས་སྨན་གྱི་སྦྱོར་བ་ཤིན་ཏུ་མང་བར་བསྟན་པའི་གཞུང་ཞིག་གོ། །

ཐེངས་འདིའི་མ་དཔེ་ནི་སྡེ་དགེ་སྨན་རྩིས་ཁང་དུ་ཉར་ཚགས་གནང་ཡོད་ཅིང་། ཁྱོན་ལྡེབ་མ་༡༡༢ཡོད་པ་ལས། ལྡེབ་མ་༥པ་དང་ལྡེབ་མ་༢༩དང་༩༦བཅས་ཆད། དེ་བཞིན་གཞུང་དེའི་ནང་གི་ལྡེབ་མ་༥༡ནས་༦༠བར་ལྡེབ་གྲངས་རྙོས་ནས་འཕོད་པར་མ་ཟད། དེའི་གོང་འོག་ནང་དོན་ཡང་མཐུད་མི་ཐུབ་པ། མ་དཔེ་དངོས་ནང་གང་འཕོད་ཇི་བཞིན་འདིར་བཀོད་ཡོད་པས་དཔྱད་པ་ཡོད་པར་ཞུ།

《医学精义如意珠》

该书于16世纪左右称为典霍扎的学者撰成，这位学者有可能是贡曼巴·贡觉绕勒的弟子。

作者典霍扎的生平事迹现存资料中无法查找，书中前续、后续都没有记载。根据书的内容来分析、推测，作者是贡曼派的一位传承人或弟子。如书中关于诊治头虫病一章中记载："此说依据正统传承，即欧珠柏巴尊者传给奔仓仁布且贡觉潘达，后来贡觉潘达传给笔者本人。"另该书的《眼药宝串》后跋中记载，该验方是号称第二药师佛、奔仓·贡确德勒，为了弘扬贡曼医学及诊治众多患者，配制了该验方，后典霍扎为了感恩大师，配制该药方。《眼药宝串》中记载："本人典霍扎，虔心整理这部书，祝愿第二药师佛——奔仓·贡确德勒开心愉悦，贡曼医技医术发扬光大，祝广大患者早日解脱眼疾。"

该书主要内容为讲述热病类、三种"亚麻"病、肺水肿等肺病、关节痛风等疾病的病因、发作情形、疗法等。书中记载有"顿贡上师的瘿疣之诊治秘诀"和"昌迪医者特色之一儿科诊疗""恰曼仁杰之特色孜达珍泻""水银方大成就者乌金巴之秘诀"等。此外，记载了"阿孜热"、恰曼巴大师、宇妥大师、昌迪大师等许多学者名医的深奥秘诀。另外，该书还贡献了"战胜病魔方""夏觉之教诲""战胜眼疾""医治虱病方"等诸多独具特色的验方。

该书原本收藏于四川德格藏医院。标示页码112叶，缺第5、24、46叶，第51叶至第60叶存在重复标页问题。

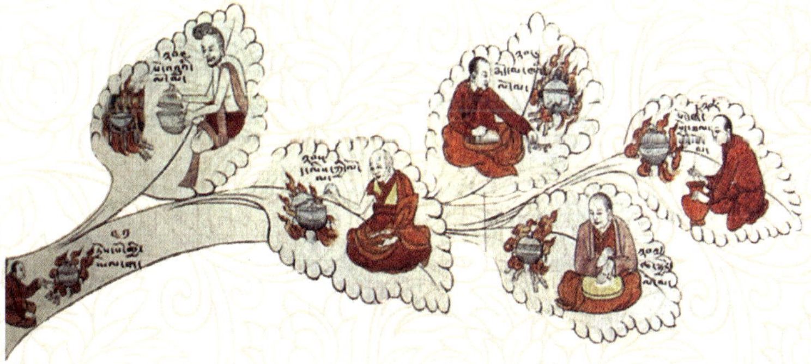

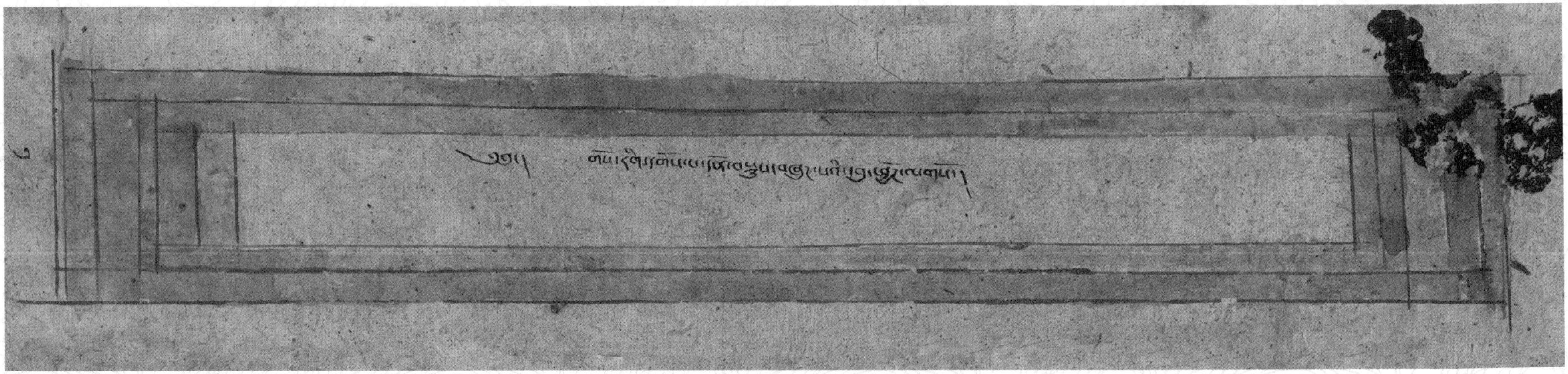

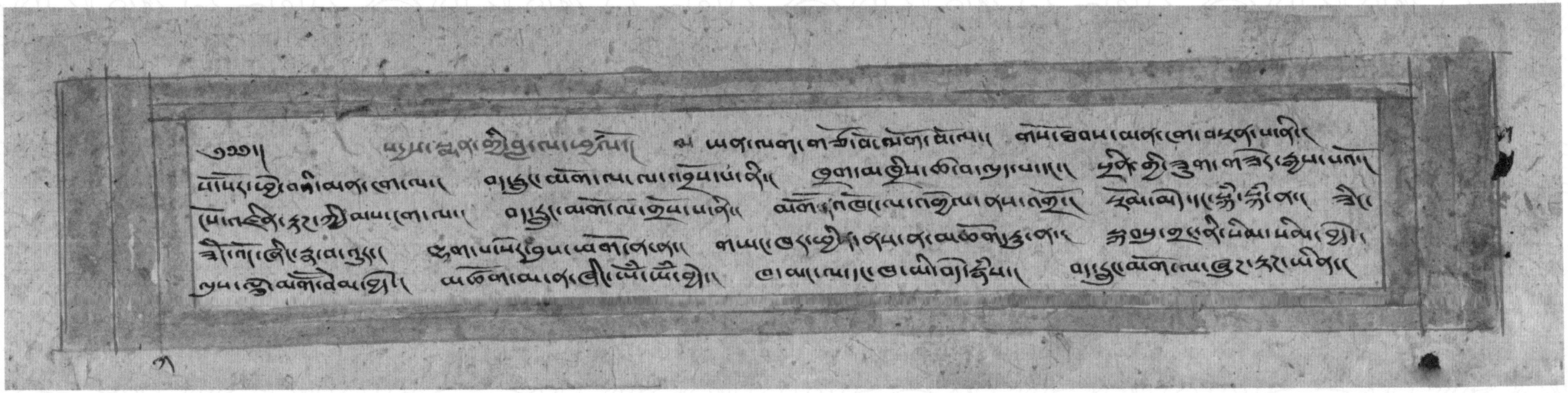

ཉམས་ཡིག་འདོད་དགུའི་དཔལ་སྟེར།

ཕྱི་ལོའི་དུས་རབས་བཅུ་བདུན་པར་ངག་དབང་སངས་རྒྱས་དཔལ་བཟང་གིས་མཛད།

ངག་དབང་སངས་རྒྱས་དཔལ་བཟང་ངམ་ཥྐ་གིརྟི་ཤྲཱི་བྷ་དྲ་མཚན་གཞན་སྨྲང་ཆེ་འཚོ་བྱེད་ནི་གྲྭ་ཕྱི་ཁུལ་གྱི་འོག་མིན་ཨོ་རྒྱན་སྨིན་གྲོལ་གླིང་གི་སྨན་པ་དང་། སྡེ་སྲིད་སངས་རྒྱས་རྒྱ་མཚོའི་དངོས་སློབ་ཐུ་བོ་ཞིག་ཡིན། སྡེ་ཕྱིར་མི་རྗེ་སྣ་རའི་ཞབས་ལ་གཏུགས་ནས་གསོ་དཔྱད་མན་ངག་ལག་ལེན་སྒོར་མ་ལུས་པ་གསན། རྗེས་སུ་མན་ངག་ལྷན་ཐབས་ཀྱི་གསང་སྨན་གབ་ཚིག་ཞལ་ཤེས་སྦྱོར་ཚད་སོགས་མ་སྨས་ལྷུག་པར་བཤད་པ་བདུད་རྩིའི་གཏེར་བུམ་མཁའ་འགྲོའི་གཏད་རྒྱའི་རྒྱ་མདུད་བཀྲོལ་བའི་རིན་ཆེན་གསེར་གྱི་ལྡེ་མིག་ཅེས་པ་སྤྱོགས་བསྒྲིགས་གནང་། ལྷན་ཐབས་ལྡེ་མིག་ནི་གསང་རྒྱ་ཧ་ཅང་དམ་པོ་བྱེད་དགོས་པའི་མན་ངག་གདམས་པ་ཡིན་པས་དམ་ཚིག་མི་གཙང་བའི་རིགས་ལ་སྤེལ་ན་བཀའ་ཆད་དང་། བར་ཆད་ཡོང་ཞེས་སློབ་དཔོན་གོང་མ་ཚོས་ཐུགས་ནན་ཏན་གནང་། ངག་དབང་སངས་རྒྱས་དཔལ་བཟང་གིས་གོང་དུ་གསལ་བའི་དམ་ཚིག་མཐའ་དག་ལེགས་པར་སྲུང་ཞིང་སློབ་དཔོན་གྱི་བཀའ་ལྟར་བསྒྲུབས་པས་སྡེ་སྲིད་རིན་པོ་ཆེས་མན་ངག་གབ་སྦས་མེད་པར་ཡོངས་རྫོགས་ཐུགས་ནས་ཐུགས་དང་། སྙན་ནས་སྙན་དུ་བརྒྱུད་དེ་བཀའ་རྒྱ་དགྲོལ། རྒྱུ་མཚན་ནི་ལྷན་ཐབས་ཀྱི་གསང་སྨན་རྣམས་མཁའ་འགྲོའི་གཙོ་མོ་དཔལ་ལྡན་ཕྲེང་བ་སོགས་འཕགས་བོད་མཁས་གྲུབ་མང་པོའི་ཞལ་སྒོ་ལས་ཉེ་བར་བརྒྱུད་དེ་ཆོས་རྒྱལ་བུདྡྷ་སྣ་རའི་ཐུགས་ཀྱི་ཡོལ་གོར་འཁྱིལ་བ་རྣམས་ངག་དབང་དཔལ་བཟང་གིས་ཅི་དགར་ལོངས་སུ་སྤྱོད་པ་ལས། གཞན་གང་ལའང་བཀའ་རྒྱ་མ་བཀྲོལ། དེ་དག་ནི་ཁོང་གིས་སྡེ་སྲིད་རིན་པོ་ཆེར་སྔ་ཕྱི་བར་གསུམ་དུ་ལུས་ངག་ཡིད་གསུམ་གྱི་དད་གུས་ལྷུར་ལེན་དང་། སྟོད་ལྡན་གཅིག་ལས་གཅིག་རྒྱུད་ཀྱི་འགྲོ་དོན་ཇི་སྲིད་བར་ཁྱབ་པའི་འཕྲིན་ལས་བྱུང་ངོ་།།

གསོ་དཔྱད་བསྟན་བཅོས་འདིའི་ནང་དུ་རྩོམ་པ་པོས་གཙོ་བོ་དཔལ་ལྡན་རྒྱུད་བཞི་དང་མན་ངག་ལྷན་ཐབས། ལྡེ་མིག །དེ་བཞིན་སྡེ་སྲིད་རིན་པོ་ཆེའི་ཞལ་བཞེས་མན་ངག་རྣམས་ཀྱིས་ལེགས་པར་བརྒྱན་པ་དང་། དེ་བཞིན་སློབ་དཔོན་པདྨ་འབྱུང་གནས་དང་། རྗེ་གཡུ་ཐོག་པ། ཟུར་མཁར་བ། དྭགས་པོ་རིན་པོ་ཆེ། མཁས་དབང་གོང་མའི་ཉམས་ཡིག་ཁག་ལ་དཔྱད་པ་ཞིབ་མོར་གནང་བ་དང་དུས་མཚུངས་ཁོང་ཉིད་ཀྱི་ཕྱག་ལེན་ཁྱད་ཆོས་དང་ལྡན་པའི་སྒོ་ནས་སྨན་གྱི་སྦྱོར་བ་དང་། དེ་དག་གི་ལག་ལེན། མཐར་མཛད་པ་པོ་ཉིད་ཀྱི་ཉམས་ལེན་བྱ་ཐབས། དེ་བཞིན་སྨན་གྱི་ཕན་ནུས་དང་བཅས་པ་ཞིབ་པར་བསྟན་འདུག །

ཉམས་ཡིག་འདོད་དགུའི་དཔལ་སྟེར་ཞེས་པའི་གཞུང་འདིའི་ནང་གཅིག་ནས་རྒྱུན་སྤྱོད་སྨན་སྦྱོར་གྱི་སྦྱོར་ཐབས་ཁག་ཁ་གསལ་འཁོད་པ་དང་། གཉིས་ནས་རྒྱུན་སྤྱོད་སྨན་སྦྱོར་གྱི་སྦྱོར་ཐབས་མ་གསང་ལྷུག་པོར་རེ་རེ་བཞིན་བསྟན་པ་དང་གཔ་མེད། བསྡུས་མིང་རིགས་རྣམས་ལེགས་པར་བཀྲལ་ཡོད་པ། གསུམ་ནས་དེའི་ནང་སྨན་སྦྱོར་གྱི་ཕན་ཡོན་སོགས་ཀྱང་འཁོད་ཡོད་པས་གཞུང་འདི་ནི་ནང་དོན་ཕུན་སུམ་ཚོགས་ལ་ནད་ཐོག་དངོས་ནང་བེད་སྤྱོད་ཀྱི་རིན་ཐང་ཆེ་བ་སོགས་ཀྱི་ཁྱད་ཆོས་ལྡན།

ད་ལྟ་ཉར་ཚགས་གནང་བའི་མ་དཔེ་འདི་བོད་རང་སྐྱོང་ལྗོངས་སྨན་རྩིས་ཁང་དུ་ལེགས་པར་ཉར་ཚགས་བྱས་ཡོད་པ་འདིའི་ཤོག་གྲངས་ཉེར་བཞི་ནས་མཇུག་ཚང་མེད། རིང་ཚད་ལ་༤༨cmདང་། མཐོ་ཚད་༡༧cmདེ་མིན་གྱི་བྲིས་མ་གཞན་མ་མཐོང་ཞིང་། ད་བར་དཔེ་སྐྲུན་འགྲེམས་སྤེལ་བྱས་པའང་མ་མཐོང་ལོ། །

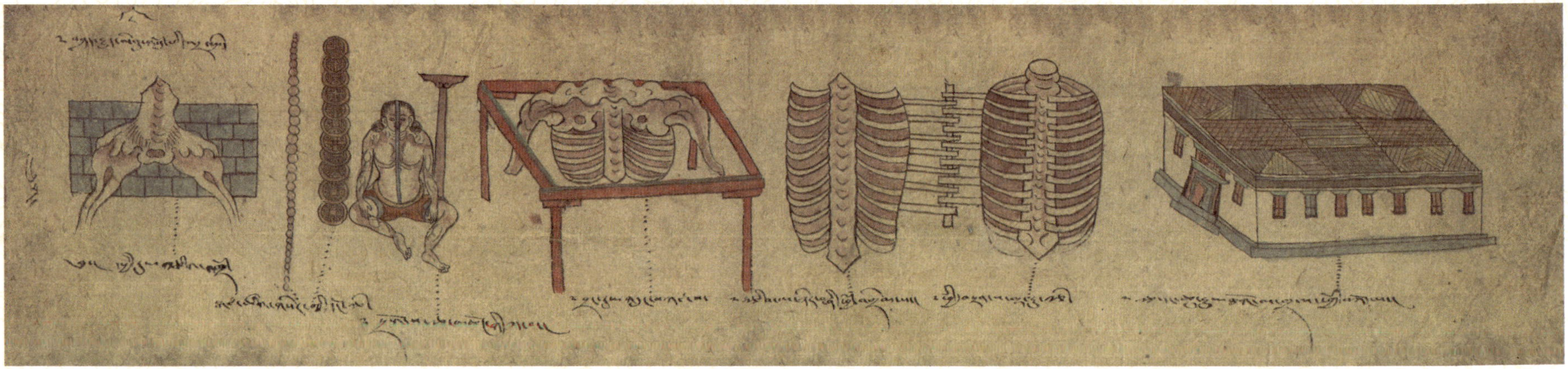

《验方集·诸事如意》

该书于17世纪由阿旺桑杰白桑撰写。

作者阿旺桑杰白桑，梵文名为瓦根扎·犀利·巴达尔，又称邦奇措杰，系扎其地方敏珠林寺僧医，后来成为第司·桑杰嘉措之高徒。

阿旺桑杰白桑师从第司·桑杰嘉措学习了几乎所有医学秘诀和临床经验。后来桑杰嘉措将《〈四部医典·秘诀续〉补遗》所记载的隐秘药方之解密方法剂量等均无所保留地传给了他，为以后阿旺桑杰白桑编写《〈四部医典·秘诀续〉补遗：秘药密语及配药剂量说明·打开甘露宝瓶空行母密结之金钥匙》奠定了坚实的基础。上述《补遗》的解密密钥被认为是至密秘诀，如传与不能持守誓约者，必将遭受天谴，带来灾难。阿旺桑杰白桑被认为能够始终持守誓约，遵从恩师教导行事做人，遵守相关纪律，所以桑杰嘉措将此解密密钥传给了他。

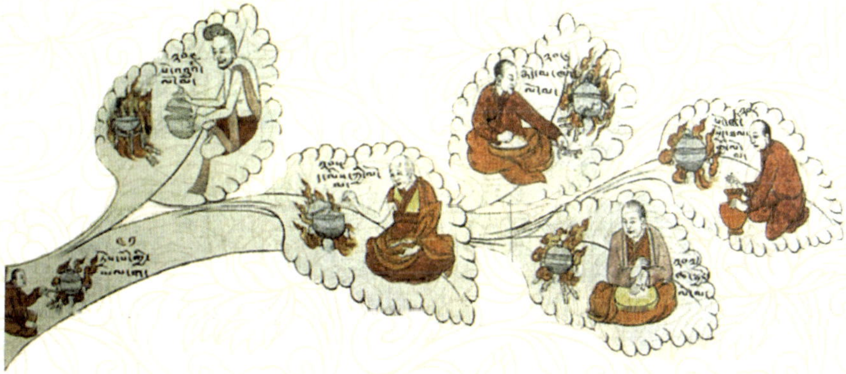

该书主要内容为，作者根据《四部医典》《秘诀续补遗及钥匙》和第司·桑杰嘉措的经验诀窍，并结合莲花生大师、尊者宇妥氏、苏喀尔巴、达布仁布且以及其他学者名医的验方著作和自己的经验，对各个药方及其临床实践、研究体验、药效等进行了论述。

《验方集·诸事如意》对各种常用药方的配方方法、隐称、略称等进行了公开或予以解密处理，详细记录了各个药方的功效等。

该书原本现收藏于西藏自治区藏医院，藏式长条写本，仅存第1叶至24叶。单叶规格：长86厘米，宽17厘米。

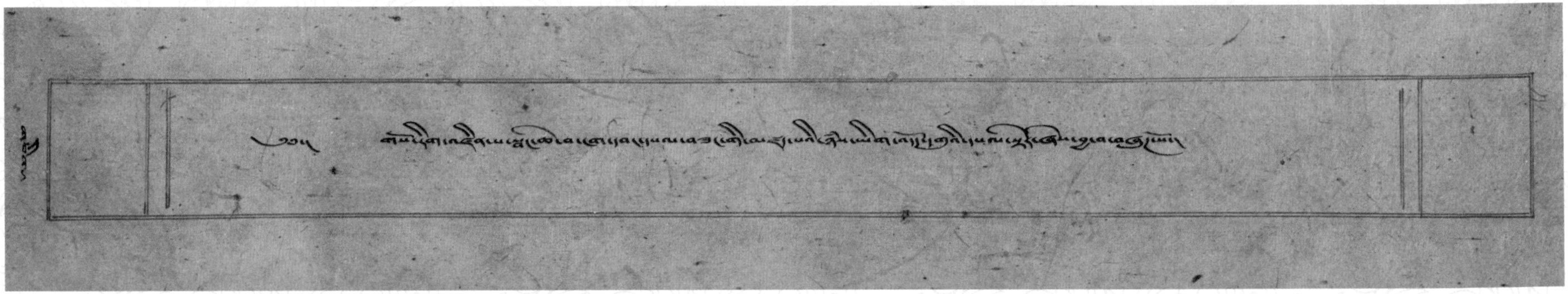

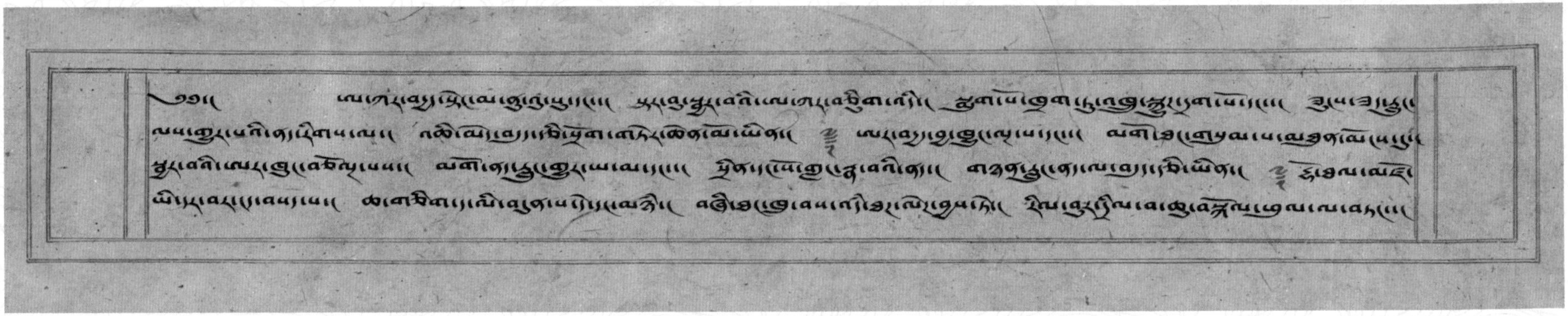

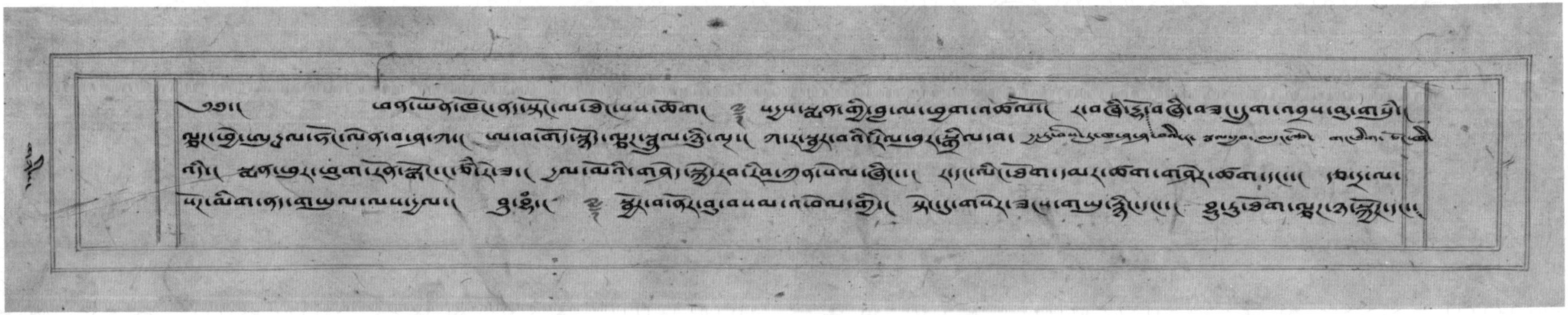

རིག་ཟིག་ནེའུ་ལེའི་རྒྱལ་པ་ལས་ཕྱི་རྒྱུད་རྡོ་རྗེ་ཕ་ལམ།

སྤྱི་ལོའི་དུས་རབས་བཅོ་བརྒྱད་པའི་དུས་མགོར་ཀོང་རོང་སྨན་བླ་དོན་གྲུབ་ཀྱིས་མཛད།

ཀོང་རོང་སྨན་བླ་དོན་གྲུབ་མཆོག་ནི་ཀོང་སྟོད་བཀྲ་ཤིས་འབྲས་སྤུངས་སུ་རབ་བྱུང་བཅུ་གཅིག་པའི་ཤིང་ཡོས་ཏེ་སྤྱི་ལོ་༡༦༧༥ལོར་སྐུ་བལྟམས། སྨན་བླ་ཞེས་མཚན་ཐོགས་པའི་རྒྱུ་མཚན་ནི་རིས་མེད་འགྲོ་ལ་སྨན་དཔྱད་ཀྱི་སྒོ་ནས་ཕན་བདེའི་དགའ་སྟོན་འཛད་པ་མེད་པར་དཔལ་འགྲོའི་རྒྱུན་བཞིན་སྤེལ་བ་དང་། ལྷག་པར་ཉམ་ཐག་ནད་པ་ཀུན་ལ་བུ་ལ་མ་ལྟར་གྱི་ཐུགས་ཉེན་ཏུ་བརྩེ་བས་བསྐྱངས་པས་གཡུ་ཐོག་ཡོན་ཏན་མགོན་པོའི་ཡང་སྲིད་སྨན་བླ་ཞེས་པའི་མཚན་དེ་ནས་བྱུང་ཞེས་ཉིད་ཀྱི་སློབ་བུ་ཤྲཱི་ཛྙཱ་ནའམ་དཔལ་བཟང་གིས་བརྩམས་པའི་གཅེས་བསྡུས་ཕན་བདེ་འབུམ་ཕྲག་གི་ཁ་སྐོང་རིན་ཆེན་ཕྲེང་མཛེས་ཞེས་པའི་ནང་དུ་གསལ། ཡོང་ནས་རྩ་བའི་སློབ་དཔོན་སྨན་བླ་ཚེ་དབང་དང་། སློབ་དཔོན་གཞན་ཕན་བདེ་ཆེན་རྒྱལ་པོ། ཏྭང་འཚོ་བ་སངས་རྒྱས། འགྲོ་མགོན་ཆེན་པོ་སོགས་སྐྱེས་ཆེན་དམ་པའི་ཞབས་ལ་གཏུགས་ནས་བེའུ་བུམ་སོགས་མཐོང་བརྒྱུད་ཕྱག་ལེན་མཛད་ནས་གསོ་དཔྱད་གཞུང་དང་ལག་ལེན་ལ་མཁྱེན་པ་རྒྱས་ཤིང་། མན་ངག་ལག་ལེན་ཐོག་ཉམས་སད་ཐེག་ཐུབ་པའི་སྐྱེས་ཆེན་ཞིག་ཏུ་གྱུར། ཡོང་གིས་སྦྱིན་བདག་མཛད་དེ་དཔལ་ལྡན་རྒྱུད་བཞིའི་དཔར་ཤིང་གསར་དུ་བསྐྲུན་པ། དེར་སྣམ་པོའི་དཔར་མ་ཞེས་གྲགས། ཡོང་གིས་བརྩམས་པར་མཛད་པའི་བསྟན་བཅོས་དཔལ་ལྡན་གསོ་བ་རིག་པའི་མན་ངག་ཀུན་ལས་ཟབ་གཅེས་ཡང་བཅུད་བསྡུས་པ་མན་ངག་ཕན་བདེ་འབུམ་ཕྲག་ལས་འཕྲོས་པའི་བཟ་ཚིག་གསང་རྒྱའི་ལྡུགས་འབྱེད་གསེར་གྱི་ལྡེ་མིག །རིའུ་ཟིག་ནེའུ་ལེའི་རྒྱལ་པ། ཕྱི་རྒྱུད་ཕ་ལམ་རིན་ཆེན་འཕོར་ལོ་བཅས་བཞུགས།

ཕྱི་རྒྱུད་རྡོ་རྗེ་ཕ་ལམ་གྱི་ལྷན་ཐབས་རིན་པོ་ཆེའི་འཕོར་ལོ་ཞེས་པའི་མཇུག་བྱང་ནང་དུ། ཨ་བོ་བསོད་ནམས་ཚེ་རིང་སོགས་པས་ནན་ཆེར་བསྐུལ་ནས་རབ་ཉིའི་ཟླ་གཉེན་ཆུ་སྟོད་ཟླ་བའི་བཞི་སྟོན་མཆོག་ཆོས་འཁོར་ཟླ་བ་ནས་འགོ་བརྩམས་ནས་ཟླ་བ་གྲོ་བཞིན་སྨན་གྱི་འགྲུབ་སྦྱོར་ཉིན་དགེ་བསྙེན་སྨན་བླ་དོན་གྲུབ་འབོད་པས་བཀྲ་ཤིས་འབྲས་སྤུངས་སུ་རྫོགས་པར་བྱིས་ཞེས་གསལ་བར་གཞིགས་ན་༡༧༣༦ལོར་གཞུང་འདི་མཛད་པར་སྙམ་མོ། །

གསོ་དཔྱད་བསྟན་བཅོས་འདིའི་ནང་དུ་གཙོ་བོ་ཕྱི་མ་རྒྱུད་ཀྱི་རྩ་མདོ་དང་ཆུ་མདོ། ཞི་བྱེད། སྦྱོང་བྱེད་སོགས་ལ་ལྷན་ཐབས་ཀྱི་ཚུལ་དུ་ཁ་སྐོང་དང་མན་ངག་གི་ཚུལ་དུ་ལེགས་པར་བསྟན་ཡོད་པ་སྟེ། དེ་ཡང་རིག་པའི་བརྟག་ཐབས་ལ་ཚ་བའི་སྤྱི་རྩ་དྲུག་གི་ངོས་འཛིན་ཚུལ་དང་། ལྷག་པར་ནད་གཞི་ཚ་གྲང་གཉིས་ཀྱི་རྩ་རྒྱུད་ངོས་འཛིན་ཚུལ་ཞིབ་པར་འཁོད་པ་དང་། དེ་བཞིན་སྐྲན་སོགས་ཀྱི་བརྟག་ཐབས་དང་མཐོང་བ་ལྟེ་ཆུ་ལས་ལྷགས་མདོག་དང་། ལུད་པ། སྐྱུགས་པ། འཁྲུ་བ། བ་སྤུ། སྐྲངས་པོ། རྣག་སོགས་ཀྱི་བརྟག་ཐབས། དྲི་བ་ན་ལུགས་ལས་གཉིད་དང་། གཟེར། ནད་པ་སོགས་ཀྱི་དམིགས་བསལ་བརྟག་ཐབས་ལག་ལེན་ཁག་བསྟན་པ་མ་ཟད་ལག་ལེན་བཅོ་བརྒྱད་ལས་ཞི་བྱེད་སྨན་གྱི་སྦྱོར་སྡེ་སྣ་ཚོགས་དང་། ཐུར་མའི་ཡུལ་གསང་

ངོས་བཟུང་དང་གདབ་ཐབས་སོགས་རྗེ་ཉིད་ཀྱི་སློབ་དཔོན་དམ་པའི་ཚིག་བརྒྱུད་གདམས་པ་དང་རང་གི་ནད་ཐོག་ལག་ལེན་གྱི་མྱོང་བྱུང་ཁ་གསལ་ལ་ནད་ཐོག་ལག་ལེན་ཕན་སྒྱུད་མཐོ་ཆེ་བའི་དཀའ་གནད་ཁག་གསལ་བར་བསྟན་པའི་ཤོག་ཐུམ་ཁག་བདུན་ཙམ་ཡང་འཁོད་ཡོད། དྲིག་གསུམ་མདུད་པ་བཀྲོལ་བའི་མན་ངག་ཤོག་དྲིལ་ཞེས་པའི་ནང་དུ་དྲིག་གསུམ་ནད་ཀྱི་རྒྱུ་རྐྱེན་དབྱེ་བ་རྟགས་བཅོས་དང་རྗེས་གཅོད། བླ་གཉན་རྣམ་པ་བདུན་གྱི་ཐོག་ནས་བསྟན་ཡོད་པ་དང་། དབང་པོ་རིལ་བུའི་ལག་ལེན་ཁྲིགས་སྡེབས་འཆི་མེད་ཆུ་བུམ་ཞེས་པའི་ནང་དུག་བཅོས་དབང་རིལ་གྱི་འབྱུང་ཁུངས་དང་། ངོས་འཛིན། རིན་ཆེན་དབང་རིལ་གྱི་སྦྱོར་བ་ཕན་ཡོན་སོགས་བསྟན་འདུག །རང་ལ་བསྟེན་པའི་སློབ་གསར་ལ་བསླབ་བྱ་སྙིང་ཐིག་དྲན་མོ་ཞེས་པའི་ནང་དུ་སློབ་དཔོན་དང་སློབ་མའི་རྣམ་གཞག་བསྟན་ཡོད། རིག་དུག་ཟབ་བཅོས་རྒྱ་ནག་གསར་འགྱུར་ལུགས་ཞེས་པའི་ནང་དུ་རིག་དུག་གི་སྨན་བཅོས་ཕྱག་ལེན་དམིགས་བསལ་ཅན་བསྟན་འདུག །དམུ་ཆུའི་མྱོང་བཅོས་ཚིག་དོན་རབ་གསལ་ཞེས་བྱ་བ་དང་། ཚ་ཆུ་གྲང་ཆུ་སོགས་དམུ་ཆུའི་བཅོས་ཐབས་མན་ངག་ཞལ་ཤེས་ཀྱི་གསང་སྨན་གཅིག་བརྒྱུད། དམུ་རྫིང་ཚ་གྲང་གསོ་ཐབས་ཟླ་ཉི་ཁ་སྦྱོར། དམུ་ཆུའི་ཉམས་བཅོས་འཆི་བདག་གཡུལ་བཟློག་བཅས་དཔེ་ཚན་བཞིའི་ནང་དུ་དམུ་ཆུའི་ནད་ཀྱི་རྒྱུ་དང་། རྐྱེན། དབྱེ་བ། རྟགས། བཅོས་ཐབས། དེ་དག་གི་སྨན་སྦྱོར་དང་ལག་ལེན་སོགས་འཁྲུལ་མེད་ཇི་བཞིན་གསལ་བར་བསྟན།

མ་དཔེ་འདི་དག་ནི་གོང་རོང་སྨན་བླ་དོན་གྲུབ་མཆོག་ནས་གཡུ་ཐོག་ཡོན་ཏན་མགོན་པོ་དང་། བྲང་ཏི་ཡབ་སྲས། ཟུར་མཁར་ཁུ་དཔོན་གྱི་བཞེད་སྲོལ་མན་ངག་དང་ཕྱག་བཞེས། དེ་བཞིན་ཉིད་ཀྱི་སློབ་དཔོན་དམ་པའི་ཚིག་བརྒྱུད་གདམས་པ་དང་ལོ་མང་ལག་ལེན་མྱོང་བྱུང་། གསང་ཚིག་སོགས་རྒྱུད་དོན་དང་མཐུན་པར་ལུང་རིགས་གཉིས་ཀྱི་ཐོག་ནས་ཞིབ་པར་བསྟན་ཡོད།

ཕྱི་རྒྱུད་ཕ་ལམ་གྱི་ལྷན་ཐབས་རིན་པོ་ཆེའི་འཁོར་ལོ་ཞེས་བྱ་བ་དང་། དྲིག་གསུམ་མདུད་པ་བཀྲོལ་བའི་མན་ངག་ཤོག་དྲིལ་འཁྲོལ་གྱི་ལྡེ་མིག །དབང་པོ་རིལ་བུའི་ལག་ལེན་ཁྲིགས་སྡེབས་འཆི་མེད་ཆུ་བུམ། རང་ལ་བསྟེན་པའི་སློབ་གསར་ལ་བསླབ་བྱ་སྙིང་ཐིག་དྲན་མོ། རིག་དུག་ཟབ་བཅོས་རྒྱ་ནག་གསར་འགྱུར་ལུགས་བཅས་ནི་སྨན་རམས་པ་ཆོས་འཕེལ་སྙིང་པོ་མཆོག་ནས་མཛད་འདོན་གནང་ཞིང་། དམུ་ཆུའི་མྱོང་བཅོས་ཚིག་དོན་རབ་གསལ་ཞེས་བྱ་བ་དང་། དམུ་ཆུའི་ཉམས་བཅོས་འཆི་བདག་གཡུལ་བཟློག །དམུ་རྫིངས་ཚ་གྲང་གསོ་ཐབས་ཟླ་ཉི་ཁ་སྦྱོར་（འདིའི་ཤོག་ཀ་པའི་མདུན་ཤོག་མ་ཚང་བས་རྗེས་སུ་ཞིབ་དཔྱད་ཡོད་པར་ཞུ།）ཚ་ཆུ་གྲང་ཆུ་སོགས་དམུ་ཆུའི་བཅོས་ཐབས་མན་ངག་ཞལ་ཤེས་ཀྱི་གསང་སྨན་ཚིག་བརྒྱུད་བཅས་ཀྱི་མ་དཔེ་ནི་སྡེ་དགེ་སྨན་རྩིས་ཁང་གིས་མཛོ་འདོན་གནང་བ་ཞིག་ཡིན། ཁྱོན་ཡོངས་ལ་ལྡེབ་མ་གྲངས་༡༠ཙམ་ཡོད་པ་དང་། ལྡེབ་མ་རེའི་རིང་ཚད་༤༨cmདང་། མཐོ་ཚད་༧༠cmཙམ་ཡོད་དོ། །

《吐宝兽囊笔记：后续金刚补遗宝轮》

该书于18世纪由贡荣·曼拉顿珠撰写。

作者贡荣·曼拉顿珠于藏历第十一饶迥木兔年（1675年）出生于贡堆地区扎西哲蚌（今西藏林芝市江达县附近）。其弟子犀利巴扎尔在《〈珍藏集·十万利益〉补编·宝串》中称，曼拉即药师佛，是因贡荣大师一心为患者着想，勤勉工作，医术高超，因此人们相信他是宇妥·云丹贡布第二药师佛的化身，遂有此雅号。

贡荣·曼拉顿珠师从曼拉才旺、贤潘德勤加布、仲措瓦桑杰、卓贡钦布等人师学习医学知识。从实践一些记录零星心得的小册子开始，一直到研读实践大部医学著作，其临床经验日益提高，理论水平日臻完善，终于成为一代医宗。

贡荣·曼拉顿珠不仅亲手出资刻制了《四部医典》木刻版，此刻版为岗布版《四部医典》，还著书立说，著有《医学秘诀深之十万利乐秘诀词汇解读金钥匙》《吐宝兽囊笔记：后续金刚补遗宝轮》等。

《吐宝兽囊笔记：后续金刚补遗宝轮》后跋载："在阿波索南次仁等人的鼓励下，于藏历第十二饶迥'思南'年曲堆月世尊法轮月开始，于卓欣月之药物成合吉日由居士曼拉顿珠在扎西哲蚌完成。"因此，该著作完结年份应为1726年。该书对"脉诊""尿诊""西切""迥切"等内容进行了补充和总结。如关于脉诊就叙述了热病六脉、热寒两类病症的脉象。还记载了痞瘤的诊断，以及舌苔、尿液、肤色、痰、呕吐物、腹泻物、毫毛、脓水等的观察和诊断。问诊部分，增加了睡眠、疼痛、记忆等特殊诊断方法。此外，针对"十八实践"，作者将自己的独门技艺或临床经验毫无保留地记载下来，对实际操作中疑难问题进行了明晰准确解答，主要有"西切"方面的各种药方的应用，针刺穴位及方法等七部分。在"解井痛风之结·秘诀卷"中介绍了痛风的病因、分类、症状、诊疗、后续治疗、病发症等七个方面。在"腹中宝药丸之实践汇编·甘露瓶"中介绍了腹中宝药丸的来源、鉴别、配方、功效等。在"致弟子· 温馨要义教诲"中论述了弟子与上师的如何拜师徒的事宜。"梅毒治疗·新译中医理论"中谈论了治疗梅毒的一些独特疗法。"'木曲'病治疗经验·明晰词义"中讲述了"木曲"热征、寒证治疗秘诀亲训独传秘药，"热、寒水肿治疗法·日月交会""'木曲'病治疗法·击败死神"等篇章中详细阐述对"木曲"病的病因、分类、症状、治疗以及对应药方、临床实践等。书中总结了宇妥·云丹贡布、昌迪师徒、苏喀尔叔侄的医学思想和实践结晶，同时记录了作者的独传秘诀和长期实践中总结的经验和心得。

《吐宝兽囊笔记：后续金刚补遗宝轮》《解开痛风之结·秘诀卷》《致弟子 · 温馨要义教诲》《医学秘诀之至深之珍十万利益秘诀之词汇解读开铁金钥匙》《吐宝兽囊笔记：后续金刚补遗宝轮》《腹中宝药丸之实践汇编·甘露瓶》《梅毒治疗·新译中医理论》等母本由曼让巴·曲培提供。

《木曲病的治疗经验 · 明晰词义》《木曲病的治疗法 · 击败死神》《热、寒性水肿治疗法·日月交会》（该本缺第三叶阳面）、《热、寒等木曲治疗秘诀亲训独传密药》等母本由德格藏医院提供。

原本，共 80 叶，藏式长条装。单叶规格：长 46 厘米，宽 10 厘米。

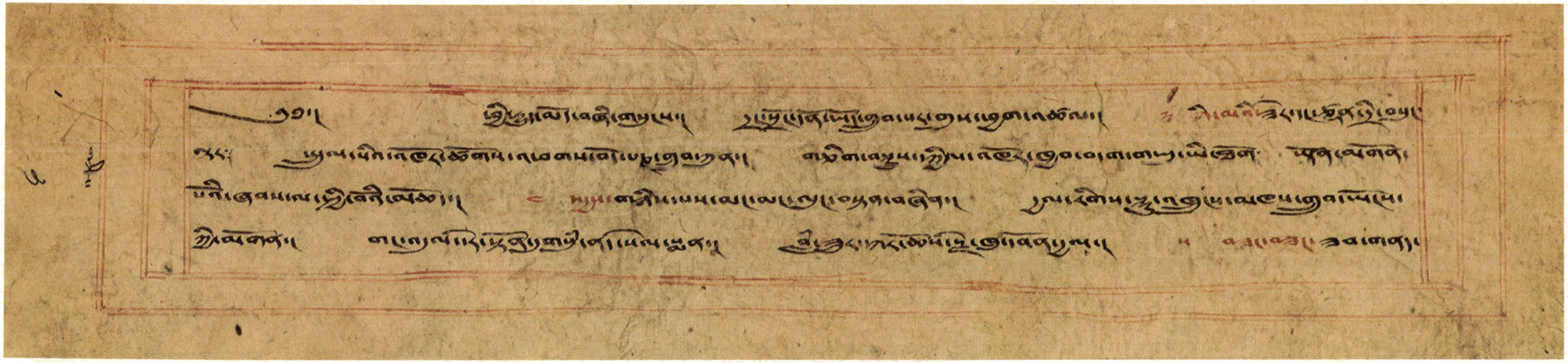

ཆུ་མདོའི་འགྲེལ་པ་མཐོང་བ་དོན་གསལ།

སྤྱི་ལོའི་དུས་རབས་བཅུ་བདུན་པར་དར་མོ་སྨན་རམས་པ་བློ་བཟང་ཆོས་གྲགས་ཀྱིས་མཛད།

དར་མོ་སྨན་རམས་པ་བློ་བཟང་ཆོས་གྲགས་མཆོག་ནི་ལྷོ་ཁ་ཡར་ལུང་ཤར་དར་མོའི་ཡུལ་དུ་རྒྱལ་མོ་གཡུ་སྒྲ་སྙིང་པོའི་རིགས་སུ་རབ་བྱུང་བཅུ་གཅིག་པའི་ས་སྟག་སྟེ་སྤྱི་ལོ་༡༦༣༨ལོར་སྐུ་བལྟམས། ཐོག་མར་ལྷ་ས་སྐྱིད་ཚལ་ཀླུ་སྡུག་གླིང་དུ་བཞུགས་ནས་སློབ་གཉེར་མཛད་ཅིང་། དེ་རྗེས་འབྲས་སྤུངས་ཕོ་བྲང་ནུབ་མར་གསོ་རིག་འགྲོ་ཕན་གླིང་གི་ཐོ་བཙུན་གྱི་གྲས་སུ་ཚུད་རྗེས་ཉི་ཐང་སྤྲུལ་སྐུ་བློ་བཟང་རྒྱ་མཚོ་དང་། དྲང་སྲོང་བསྟན་འཛིན་དར་རྒྱས་སོགས་སློབ་དཔོན་བཅུ་ཕྲག་འགའི་ཞབས་ལ་གཏུགས་ནས་གསོ་དཔྱད་ཀྱིས་མཚོན་རིག་པའི་གནས་ཀུན་སྦྱང་བརྩོན་དཔྱིས་ཕྱིན་མཛད་པས་སྨན་རམས་པའི་མཚན་ཐོབ། རྒྱལ་དབང་ལྔ་པ་ངག་དབང་བློ་བཟང་རྒྱ་མཚོ་མཆོག་གི་སྐུའི་བླ་སྨན་པ་མཛད། སྡེ་པོ་བྲང་དམར་པོའི་ལྷ་དབང་ལྷོག་གམ་ཤར་ཆེན་ལྷོག་ཏུ་གསོ་རིག་སློབ་གྲྭའི་སློབ་དཔོན་གནང་ནས་དཔལ་ལྡན་རྒྱུད་བཞིའི་དགོངས་དོན་འཆད་རྩོད་རྩོམ་གསུམ་མཛད། རྗེ་འདི་ཉིད་ཀྱིས་འཕགས་ཡུལ་གྱི་སྨན་པ་ཙ་ན་ཏོ་ཞེས་པ་མིག་བཅོས་ལ་ཤིན་ཏུ་མཁས་པ་ཞིག་བྱུང་བ་དེ་ལས་མིག་འབྱེད་ཀྱི་ཡོན་རྩལ་སྦྱངས་པས་འགྲོ་ཕན་འཕེལ་བར་གྱུར། ལྔ་པ་ཆེན་པོ་དགུང་ལོ་ལྔ་བཅུ་ང་དགུ་བཞེས་སྐབས་སྤྱན་ཟླུང་གི་འགྲིབ་སྒྲིབ་པར་གཤགས་བཅོས་གནང་བ་ལེགས་གྲུབ་བྱུང་། མིའི་རུས་དུམ་སྐོར་དཔྱད་པ་གནང་ཆེད་ཕུང་པོ་གཤག་ལས་མཛད་དེ་རུས་པ་རེ་རེ་བཞིན་གཏན་ལ་ཕབ། སྡེ་སྲིད་མཆོག་གིས་ཁོང་ནི་སྨན་པའི་རྒྱུ་དྲུག་གི་ཡོན་ཏན་ལྡན་ཞིང་། འདི་ཕྱིའི་ལེགས་ཚོགས་འབྱུང་བའི་སྨན་བླ་གཉིས་པ་ལྟ་བུ་ཡིན་འདུག་ཅེས་བསྔགས་བརྗོད་ཆེན་པོས་མངོན་པར་བསྟོད། དམ་པ་འདི་ཉིད་ཀྱིས་སྐུ་ཚེ་ཧྲིལ་པོར་དཔལ་ལྡན་རྒྱུད་བཞི་སོགས་གསོ་བ་རིག་པའི་དགོངས་དོན་ལ་འཆད་རྩོད་རྩོམ་གསུམ་གྱིས་དུས་འདའ་བར་མཛད་ནས་བསྟན་འགྲོར་སྨན་པའི་ཕྲུག་བཞེས་དུ་མ་གནང་བ་སོགས་ལ་གོང་ས་ཆེན་པོས་གཟིགས་པ་ཆེས་ཆེར་མཛད། གསུང་རྩོམ་ཡང་གངས་རིའི་ཁྲོད་ཀྱི་སྨན་གྱི་མན་ངག་རྣམས་གཅིག་ཏུ་བསྡུས་པར་གྲགས་པའི་བཀའ་རྒྱ་མ་དང་། མན་རྒྱུད་འགྲེལ་ཆེན་ལེགས་བཤད་གསེར་རྒྱན། བཤད་རྒྱུད་སྟོང་འགྲེམས་ལེགས་བཤད་གསེར་གྱི་ཕྲུར་མ། རྣམ་བཀྲ་གསེར་གྱི་གན་མཛོད། བཅུད་ལེན་འཆི་གསོས་བདུད་རྩིའི་ཉིང་ཁུ་འདོད་ལྡན་དགའ་བསྐྱེད་མཐོང་བ་འཛུམ་ཤོར་ནོར་བུའི་བང་མཛོད། རིན་ཆེན་གྲང་སྦྱོར་གྱི་གསལ་བྱེད་འཆི་མེད་བདུད་རྩིའི་ཉིང་ཁུ། ལྷན་ཐབས་ཀྱི་ཡང་སྨན་ངོས་འཛིན། གཡུ་ཐོག་གསར་སྙིང་གི་རྣམ་ཐར་སོགས་ཚད་ལྡན་གྱི་གཞུང་འགྲེལ་དང་མན་ངག་ལག་ལེན་བཅས་ཕྱོགས་གང་ཅིའི་ཐད་ཀྱི་སྨན་གཞུང་མང་པོ་ལྷུག་རྩོམ་གནང་བས་བོད་ལུགས་གསོ་རིག་གཞུང་ལུགས་ཀྱི་འགྲེལ་པ་དང་། ནད་ཐོག་གི་ལག་ལེན། སྨན་གྱི་ངོས་འཛིན། སྦྱོར་ཚད། ལས་སྔོན་བྱ་ཐབས་སོགས་ལ་ཕན་བསྐྱེད་ཆེས་ཆེར་ཐོན། དངོས་སློབ་སྨན་རམས་པ་བློ་གྲོས་ཆོས་འཕེལ་ཞེས་པ་

སོགས་མཁས་པ་མང་པོ་ཐོན་ཏེ་འགྲོ་ཕན་རྒྱ་ཆེར་བྱུང་སྐབས་བོད་དབུས་གཙང་དང་། མཆོ་སྔོན། མདོ་སྨད། ཐ་ན་སོག་ཡུལ་བཅས་པར་མཁས་དབང་འདི་ཉིད་ཀྱི་སྙན་གྲགས་ཁྱབ། དེ་ནས་དགུང་གྲངས་དོན་གསུམ་ལ་ཕེབས་སྐབས་རྟ་སྒྲིང་བྱང་ཆུབ་གླིང་གི་མཁན་པོ་མཛད་ནས་སྐུ་ཚེ་ཡང་རིང་དུ་བཞུགས་མོད་དགོངས་རྫོགས་ཀྱི་ཚེས་ཚ་གསལ་པོ་མ་རྙེད།

གསོ་དཔྱད་ཀྱི་བསྟན་བཅོས་འདི་ནི་བོད་ལུགས་གསོ་རིག་གི་བརྟག་ཐབས་རིག་པ་ལས་མཐོང་བ་མེ་ལོང་ཆུ་ལ་བརྟག་པའི་སྐོར་གྱི་གཞུང་དོན་ཞིག་སྟེ། དེའི་ནང་ཆུའི་བརྟག་ཐབས་དགུའི་དོན་རྣམས་ཡོངས་སུ་བསྟན་ཡོད་དེ། ཆུའི་ཁ་དོག་ལ་བརྟག་པ་དང་། རླངས་པར་བརྟག་པ། དྲི་མ་ལ་བརྟག་པ། མེ་ཏོག་ལ་བརྟག་པ། ཀུ་ཡ་ལ་བརྟག་པ། སྦྲིས་མར་བརྟག་པ། ཞོག་དུས་ལ་བརྟག་པ། ཞོག་ཚུལ་ལ་བརྟག་པ། ལོག་རྗེས་ལ་བརྟག་པ། འཕྲུལ་གཞིའི་གནས་ལ་བརྟག་པ། འཆི་བའི་ཆུ་ལ་བརྟག་པ། གདོན་ཆུ་ལ་བརྟག་པ་བཅས་བོད་ལུགས་གསོ་རིག་གི་དམིགས་བསལ་བརྟག་ཐབས་མཐོང་བ་ཆུའི་སྒོ་ནས་ནད་གཞི་ངོས་འཛིན་ཐབས་སྐོར་གསལ་བར་བཀོད་པ་དེ་ནི་རྒྱུད་ཕྱི་མའི་རྩ་མདོའི་ལེའུ་ལ་རྒྱས་འགྲེལ་གནང་བ་ཞིག་གོ། །

ཐེངས་འདིའི་མ་དཔེ་ནི་བོད་རང་སྐྱོང་ལྗོངས་སྨན་རྩིས་ཁང་དུ་ཉར་ཚགས་ལེགས་པར་གནང་བའི་ཆུ་མདོའི་འགྲེལ་པ་མཐོང་བ་དོན་གསལ་ཞེས་བྱ་བའི་བྲིས་མ་དཔེ་རྙིང་སྣ་རིང་དེ་རང་ཡིན་ཞིང་། གཞན་བྲིས་མ་དང་པར་མ་ལ་སོགས་དཔར་གཞི་མ་མཇལ། ཆུ་མདོའི་འགྲེལ་པ་མཐོང་བ་དོན་གསལ་ཞེས་བོད་རང་སྐྱོང་ལྗོངས་སྨན་རྩིས་ཁང་གིས་གཙོ་སྒྲིག་གནང་སྟེ་༢༠༡༠ལོར་ཀྲུང་གོའི་བོད་རིག་པ་དཔེ་སྐྲུན་ཁང་ནས་དེབ་གཟུགས་སུ་པར་སྐྲུན་འགྲེམས་སྤེལ་གནང་བའི་དར་མོའི་སྨན་ཡིག་གཅེས་བཏུས་ཞེས་པའི་སྨན་དཔེའི་ནང་འཁོད་ཡོད་པ་བཅས་སོ། །ཤོག་ཡོངས་ལ་ལྡེབ་ ཡོད་པ་དང་། རིང་ཚད་༡༢༡cmདང་། མཐོ་ཚད་༢༩cmཡོད་དོ། །

《尿诊经注释 · 见者明义》

该书于 17 世纪由达尔莫 · 曼让巴 · 洛桑曲扎撰写。

作者达尔莫 · 曼让巴 · 洛桑曲扎出生地系山南雅砻霞达尔莫地方。其祖上，上承至嘉姆 · 玉札宁波家族。作者于藏历第十一饶迥土虎年（1638 年）出生，起初住在吉采 · 鲁固林学习，后入哲蚌寺西殿颇章医明利众院，成为“托尊”学僧。师从尼塘活佛洛桑加措、长松•丹增达尔杰等几十名名师，刻苦攻读医学典籍及其他学科著作，最终获得“曼让巴”（意即医明博学之士）称号，任五世达赖喇嘛的“御医”一职。后来，出任布达拉宫拉旺角（或夏钦角）医明学校的导师，围绕《四部医典》展开讲述、辩论、写作等“智者三事业”。另外，达尔莫 · 曼让巴从来自印度的医生玛拿霍处学习眼科技术，其开眼技术甚受患者的欢迎，利众，成就日益增大。五世达赖喇嘛 59 岁时，达尔莫 · 曼让巴为其做白内障摘除手术，并大获成功。为确认人体骨块数量，解剖尸体，析出尸骨，一一确认并作记录。第司•桑杰嘉措称赞达尔莫 · 曼让巴 · 洛桑曲扎，具备医者六德，是造福三时的第二药师佛。

洛桑曲扎一生致力于《四部医典》等医学著作教学研究实践。其主要著作有《雪域所有药方秘诀集甚密本》《〈四部医典 · 秘诀续〉注释 · 善说黄金庄严》《〈四部医典 · 论说续〉内容形象图解 · 善说黄金勺》《〈四部医典 · 论说续〉广疏 · 辉煌金库》《养生论 · 回魂甘露精华》《常觉药丸评述 · 甘露精华》《〈四部医典 · 秘诀续〉补遗记载的秘方及其主要成分的鉴别》《两位宇妥 · 云丹贡布传》等多部优秀医学著作，在藏医的理论阐发、临床实践、药材鉴别、药物加工炮制剂量的制定等方面做出了重大贡献。

洛桑曲扎还培养了曼让巴 · 洛桑曲培等多名弟子，声名远播。在西藏、青海、四川，甚至在内蒙古北区也流传着这位名医学者的美名。73 岁时任热振强秋林堪布。

该书主要内容为藏医诊断学分支尿诊。书中针对《四部医典•后续论•尿诊经》，提出了九种尿液诊断法：1. 观察尿色；2. 观察尿气；3. 观察气味；4. 观察“尿花”；5. 观察尿膜；6. 观察尿液凝皮；7. 观察尿液的回漩；8. 观察疑惑点；9. 观察死兆尿液；观察鬼魅作祟兆尿液等。并进行了深入解读阐发。

该书原本现收藏于西藏自治区藏医院，系藏式长条写本，共 8 叶。单叶规格：长 121 厘米，宽 23 厘米。

该书于 2010 年，由西藏自治区藏医院整理，编入《达尔莫医著选编》一书中，由中国藏学出版社出版。

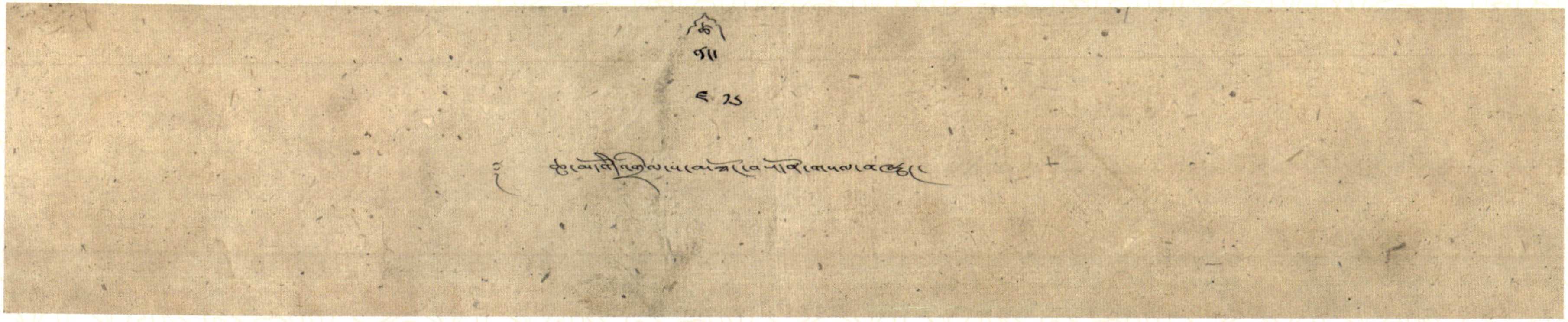

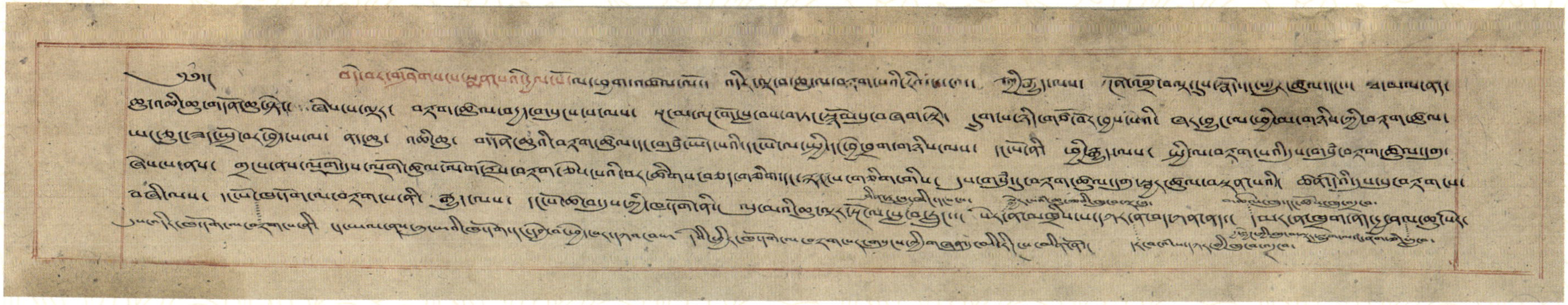

མན་ངག་བློ་གསལ་དྲན་འཛིན་ལྕགས་ཀྱུ།

སྤྱི་ལོའི་དུས་རབས་བཅུ་གཉིས་པར་འབྲུ་ཚེ་སྟོན་པ་ཀུན་བསྟན་འཕེལ་གྱིས་མཛད།

འབྲུ་ཚེ་སྟོན་པ་ཀུན་བསྟན་འཕེལ་མཆོག་ནི་མདོ་ཁམས་སྡེ་དགེའི་མངའ་ཁོངས་འདན་ཁོག་ཏུ་འཁྲི་གུང་སྐྱོབ་པ་རིན་པོ་ཆེའི་ཞལ་སློབ་སྤྱན་སྔ་གནམ་མཚོ་བས་རབ་བྱུང་བཞི་པའི་ས་མོ་ཡོས་ཏེ་སྤྱི་ལོ་༡༢༡༩ལོར་སྤྲུལ་བཏབ་པའི་འབྲུ་ཚེ་སྟོན་དགོན་གྱི་བསྟན་གསལ་སྤྲུལ་སྐུ་སྐུ་ཕྲེང་བཞི་པ་ཀུན་མཐུ་སྟོབས་ཀྱི་ཡང་སྲིད་དུ་ངོས་འཛིན་གནང་། རྗེ་འདིའི་འཁྲུངས་ཡུལ་དང་། ཡབ་ཡུམ་གྱི་མཚན། འཁྲུངས་འདས་ཀྱི་ལོ་ཚིགས་སོགས་འཁོད་པའི་རྣམ་ཐར་མ་མཇལ་ཡང་རབ་བྱུང་བཅུ་གཅིག་པའི་སྟོད་ཙམ་དུ་སྐུ་འཁྲུངས་ཤིང་། རབ་བྱུང་བཅུ་གཉིས་པའི་མཇུག་ཙམ་དུ་གཟུགས་སྐུའི་བཀོད་པ་བསྡུས་པར་མངོན།

གསོ་དཔྱད་བསྟན་བཅོས་འདིའི་ནང་དུ་གསོ་རིག་རྒྱ་ཆེན་གཞུང་ལ་ཐོས་བསམ་མི་ནུས་ཤིང་དཔེ་ཆུང་རེ་ཙམ་འཆང་ནས་ནད་པ་གསོ་བར་འདོད་པའི་སྨན་པ་རྣམས་ལ་དམིགས་ཏེ་ཐོག་མར་རླུང་ནད་བཅོས་པའི་ཁོང་སྨན་དང་། ཁ་ཟས་བཅོས། སྤྱི་འཇོམས་ཁོང་སྨན། ལྷོ་བ་སྦྱོས་བཅོས། ལོང་ཀ་སྦྱོས་བཅོས། ཐང་དང་ཕྱེ་མས་བཅོས་སོགས་བསྟན་ཡོད་པ་དང་། དེ་ནས་རིམ་བཞིན་ཕོ་བའི་མཁྲིས་བཅོས་དང་། མཁྲིས་པའི་ཚད་བཅོས། མིག་ཆུ་ཤ་མདངས་སེར་བཅོས། ཕོ་བའི་ཁྲག་མཁྲིས་བཅོས། རྒྱུ་ལོང་བསྐྱོད་འགྲམས་བཅོས། གྲང་མཁྲིས་མིག་སེར་བཅོས། གྲང་མཁྲིས་སྤྱི་བཅོས། བད་ཀན་སྐྱ་བོ་སྤྱི་འཇོམས། སྨུག་པོ་ཚ་རྒྱེན་བཅོས། སྨུག་པོ་བྱེར་བཅོས། སྐྲན་ནད་བཅོས། འཁྲུགས་སྨན་སྤྱི་བཅོས། མཆིན་པ་ཚ་རྒྱེན་བཅོས། དོན་སྣོད་ནད་བཅོས། བྱིས་ནད་དང་མོ་ནད་བཅོས། འབྱུང་པོ་བརྗེད་བྱེད་ཀྱི་བཅོས་སོགས་ནད་རིགས་མང་པོའི་གསོ་ཚུལ་དང་གསོ་བྱེད་སྨན་སྦྱོར། ནད་རིགས་དབྱེ་བ། གྲུར་ཚུལ་སོགས་ཀྱི་མན་ངག་མང་པོ་སྦ་གསང་མེད་པར་བྱམས་པ་གང་བློའི་ཚུལ་དུ་བསྟན་ཡོད་པ་དང་། ཁྱད་པར་དུ་གཞུང་འདིའི་ནང་ཚེ་སྟོན་ལུགས་ཀྱི་སེ་འབྲུ་དར་གདུགས་ཅན་དང་། ཚེ་སྟོན་ལུགས་ཀྱི་སྤང་རྒྱན་བཅུ་པ་སོགས་ཐུན་མིན་སྨན་སྦྱོར་གསར་པ་དུ་མ་འགྲོ་བའི་ནད་ཀྱི་ཐུག་རྟ་བསལ་བའི་གསོས་སུ་གནང་ཡོད། དེ་ལས་གཞན་ནད་ངན་སྟོགས་དང་སྟོགས་ཆུས་བཅོས་པ་དང་། འབམ་དཀར་ནག་ཁྲ་གསུམ་གྱི་བརྟག་བཅོས། འབྲི་གུང་འཚོ་བྱེད་ཀྱི་འབམ་བཅོས། འབྲས་ནད་བཅོས་པའི་ཡིག་ཆུང་། གྲུབ་ཆེན་ཨོ་རྒྱན་གྱི་གདམས་པ་ཟབ་མོ་ཁྱད་པར་ཅན། ཟུར་མཁར་བའི་ཁྱད་ཆོས་རིམས་བསྲུང་སྲོ་མ་ཧ་རི། ཟུར་མཁར་བའི་ཁྱད་ཆོས་རིམས་བསྲུང་ཁྲོ་ཆུ་རྫོངས་ཆེན་སོགས་ཀྱིས་མཚོན་མཛད་པ་པོ་ཁོང་གིས་གསོ་རིག་སྐྱེས་ཆེན་དམ་པ་དག་གི་དགོངས་བཅུད་ཕྱོགས་གཅིག་ཏུ་བཀོད་ཡོད་པས། དཔེ་ཆ་གཅིག་ལ་ཐོས་བསམ་སྒོམ་གསུམ་ལེགས་པར་བགྱིས་པས་གཞུང་བརྒྱའི་ཐུགས་དགོངས་རྣལ་མ་ཆེགས་མེད་དང་རྟོགས་ཐུབ་པའི་དམིགས་བསལ་ཁྱད་ཆོས་ཀྱིས་གཞུང་འདི་རབ་ཏུ་སྤྲས་ཡོད། གསང་སྨན་ཞལ་ཤེས་འབྲེལ་མེད་ཅེས་པའི་ལེའུའི་ནང་གཞུང་འདིར་བསྟན་པའི་གསང་སྨན་ཁག་ཅིག་ཁ་གསལ་གོ

བདེའི་སྒོ་ནས་གསལ་སྟོན་གནང་ཡོད། མདོར་ན་མན་ངག་བློ་གསལ་དྲན་འཛིན་ལྡེའུ་ཡིག་ཚང་བ་ཞེས་པ་ལྟ་བུའི་དཀར་ཆག་འཁྲུལ་གྱི་ལྡེ་མིག་ཅེས་པ་དང་། མན་ངག་བློ་གསལ་དྲན་འཛིན་ལྡེའུ་ཡིག་ཀྱི། མན་ངག་བློ་གསལ་དྲན་འཛིན་ལྡེའུ་ཡིག་ཀྱི་གསང་སྔགས་ཞལ་ཤེས་འཁྲུལ་མེད་བཅས་ལེ་ཚན་ཁག་གསུམ་གྱིས་གཞུང་འདིའི་ནང་དོན་ཆ་ཚང་བར་བསྟན་ཡོད། དཔེ་ཆ་འདི་ཉིད་དཔེ་རྒྱུན་ཤིན་ཏུ་དཀོན་པ་དང་། ད་བར་དཔེ་སྐྲུན་བྱས་མེད་པ། ནང་དོན་ཕུན་སུམ་ཚོགས་པ་བཅས་ལ་དམིགས་ནས་འདིར་བཀོད་པ་ཡིན།

གཞུང་འདིའི་མ་དཔེ་བྲིས་མ་སྣ་འབྲིང་འདི་ནི་སྡེ་དགེ་སྨན་རྩིས་ཁང་དུ་བཞུགས་ཤིང་། མན་ངག་བློ་གསལ་དྲན་འཛིན་ལྡེའུ་ཡིག་ཀྱི་དཀར་ཆག་ལ་ལྡེབ་མ་༩ཡོད་པ་དང་། གཞུང་དངོས་ལ་ཁྱོན་ལྡེབ་གྲངས་༡༠༧ཡོད་པ་ལས་ལྡེབ་མ་༨པ་དང་ལྡེབ་མ་༧༥དང་༡༠བཅས་ཆད། མན་ངག་བློ་གསལ་དྲན་འཛིན་ལྡེའུ་ཡིག་ཀྱི་གསང་སྔགས་ཞལ་ཤེས་འཁྲུལ་མེད་ཅེས་བྱ་བར་ལྡེབ་༢ཆ་ཚང་བར་ཡོད་པ་བཅས་ཁྱོན་བསྡོམས་ལྡེབ་གྲངས་༡༧༢ཡོད་པའོ། གསོ་དཔྱད་བསྟན་བཅོས་འདི་ལ་གཞན་པའི་དཔར་གཞི་ཡོད་པ་ཤེས་རྟོགས་མ་བྱུང་།

《秘诀铭记铁钩》

该书于12世纪由朱次仲巴·噶玛丹培撰写。

朱次仲巴·噶玛丹培系朱次仲寺活佛，为该寺四世丹塞活佛噶玛图多的转生。朱次仲寺在多康德格境内的邓柯地方，由直贡觉巴仁布且弟子京俄·朗措巴于藏历第四饶迥土兔年（1216年）创建。有关朱次仲巴·噶玛丹培生平等资料奇缺，据现有材料，可推断，大致为11世纪上半叶诞生，12世纪下半叶左右圆寂。

该书的宗旨是为没有时间和能力阅读大部医学著作的医生，提供一个简明实用的治病手册，服务广大患者。主要介绍了治疗隆病的口服药、饮食疗法、通治口服药方，胃胀诊疗、大肠肿胀诊疗、汤剂、粉剂等，胃部之赤巴病的治疗，祛除赤巴热症，黄眼、黄尿、胆黄肤色的治疗，胃血、胃部赤巴病的治疗，肠炎、大肠炎症、并发症的治疗，寒胆黄眼病的治疗，寒胆的一般治疗，灰培根病的一般治疗，杂病发热治疗，杂病分散治疗，痞瘤治疗，体腔发炎症的一般治疗，肝热治疗，脏腑病症治疗，儿科，妇科病症治疗，邪祟致病与失忆记忆减弱等病症的治疗与对症药方、经咒，病症的分类，变化过程等。作者对此均一一阐明，唯恐遗漏，绝无隐匿不教之虞。另外，该书还介绍了才仲氏特色“色珠达尔杜坚”和“邦金久巴”等多味祛除疾病、造福患者的绝好药方。还有经咒和咒水治疗法和良性中性恶性象皮病的诊疗，直贡医者之象皮病的治疗，瘰疬治疗小记，成就者乌金之甚深教诲，苏喀尔氏特色防疫索玛达日，苏喀尔氏特色防疫绰曲宗钦等文章。这些均是先辈贤者之研究医学成果精华之展示，体现了精读一册，轻松掌握百部经典精义之殊胜利益与功效。此外，密药无误亲训一文对一些密药进行了通晓明了的介绍。

该书由“记忆金钩·聪慧少年实用秘诀之目录”“记忆金钩·聪慧少年实用秘诀”和“记忆金钩·聪慧少年实用秘诀之密药无误亲训”等3篇构成，为孤本书，未见出版，内容丰富，极为珍贵。

该书原本现收藏于四川德格县藏医院，系藏式长条中幅本。目录为9叶，正文201叶，其中缺第6叶和第17叶、第20叶。密药无误亲训3叶。共计213叶。

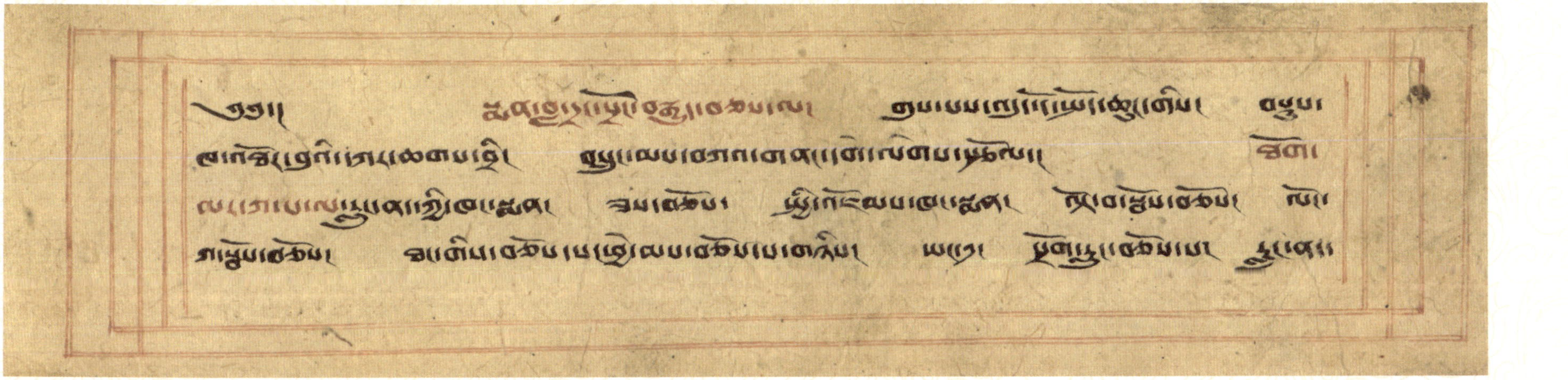

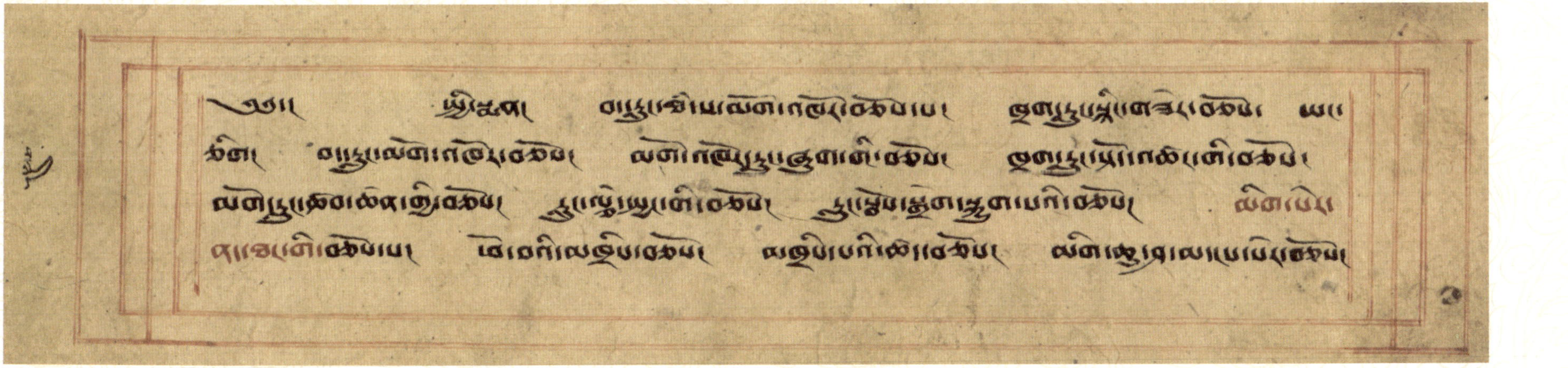

གསང་ཏིག་སྒྲོན་མ།

མགོན་པོ་ཀླུ་སྒྲུབ་སོགས་ཀྱིས་བསྒྱུར་བར་གྲགས་ཀྱང་། དུས་རབས་བརྒྱད་པ་ཙམ་ལ་ས་བོན་གྲུབ་ཅིང་དུས་རབས་བཅུ་གཅིག་པའི་ནང་ལྷ་རྗེ་སྟེ་སྨན་ཆེན་པོ་སོགས་ཀྱིས་ཡོངས་སུ་གྲུབ་པར་མཛད།

གཞུང་འདིའི་མཛད་པ་པོའི་ཐད། ཐོག་མའི་རྩ་བའམ་མ་ཕྱི་ལྟ་བུ་ནི་འཕགས་ཡུལ་གྱི་སློབ་དཔོན་ཆེན་མོ་འཕགས་པ་ཀླུ་སྒྲུབ་ཀྱི་ཞལ་སྔ་ནས་མཛད་པར་གྲགས་ཤིང་། འཕགས་ཡུལ་འཚོ་བྱེད་རྣམས་ལས་རིམ་པར་བརྒྱུད། བར་དུ་ཆོས་རྒྱལ་ཁྲི་སྲོང་ལྡེ་བཙན་གྱི་སྐུ་དུས་ལ་ལོ་པཎ་མི་ཏྲ་སོགས་ཀྱིས་བོད་ཡིག་ཏུ་བསྒྱུར་ཞུས་དང་ཆབས་ཅིག་བོད་ཀྱི་ཡུལ་དུས་དང་འཚམ་པའི་སྟོན་འཕྲི་མཛད། མཐར་བོད་ཀྱི་དྲང་སྲོང་ལྷ་རྗེ་སྟེ་སྨན་ཆེན་པོ་ལ་སོགས་པས་ཆིག་བརྒྱུད་ཀྱི་ཚུལ་དུ་ཞལ་ནས་ཞལ་དང་སྙན་ནས་སྙན་དུ་བརྒྱུད་པའི་སྐབས་སྐར་རང་གི་ཐུན་མིན་མྱོང་བྱང་གིས་བརྒྱན་པ་དང་། བོད་ཀྱི་ཚད་ལྡན་གསོ་དཔྱད་སྙིང་མ་དག་གི་ཉིང་བཅུད་བཞེས་ཤིང་། ཡུལ་ལུང་གཞན་གྱི་གསོ་དཔྱད་ཀྱི་དགོངས་པ་ཕྲ་མོས་ལེགས་པར་བརྒྱན་པ་སོགས་ལས་ད་ལྟ་མཇལ་དུ་ཡོད་པའི་གཞུང་འདི་ཉིད་གྲུབ་པར་གྱུར།

མགོན་པོ་ཀླུ་སྒྲུབ་ནི་སངས་རྒྱས་ཆོས་ལུགས་ཀྱི་སྟོན་པ་གཉིས་པ་ལྟ་བུ་ཡིན་ཞིང་། མདོ་སྔགས་གཙོ་བོར་གྱུར་པའི་རིག་པའི་གནས་མཐའ་དག་ལ་མཁས་པར་གྲགས། འཁྲུངས་དུས་ཀྱི་ལོ་ཚིགས་སོགས་ལ་གནའ་དེང་ལོ་རྒྱུས་སྨྲ་བ་རྣམས་ལ་འདོད་སྲོལ་སྣ་ཚོགས་མཆིས་ཀྱང་ཕྱག་ལུགས་ལྟར་བྱུས་ཆེ་སྤྱི་ལོའི་གོང་གི་ལོ་༤༥༡ལ་སྐུ་འཁྲུངས། ཡོངས་གྲགས་ལྟར་ན་ཐོག་མར་དཔལ་ན་ལེནྡྲའི་ཆོས་སྡེར་ཞུགས་ཤིང་རབ་ཏུ་བྱུང་། མཁན་པོ་སྒྲ་གཅན་འཛིན་ལས་བསྙེན་པར་རྫོགས་ཏེ་དགེ་སློང་དཔལ་ལྡན་ཞེས་གྲགས། རྒྱུད་སྡེ་རབ་འབྱམས་རྒྱ་མཚོ་དང་། སྡེ་སྣོད་གསུམ་སོགས་ཤེས་བྱ་རིག་པའི་གནས་མཐའ་དག་ལ་གསན་བསམ་དཔྱིས་ཕྱིན་པ་མཛད་དེ་སྙན་གྲགས་རྒྱས། རྡོ་རྗེ་གདན་དུ་མུ་གེ་བྱུང་བར་དགེ་འདུན་ལ་ལོ་དུ་མར་གསེར་འགྱུར་རྩི་ཡི་སྒོ་ནས་འཚོ་བ་སྦྱར། བར་དུ་དགེ་འདུན་ལ་ལོག་འཚོ་སྦྱར་བའི་སྡིག་སྦྱོངས་ཀྱི་ཆེད་དུ་གཙུག་ལག་ཁང་བརྒྱ་རྩ་དང་། མཆོད་རྟེན་དུ་མ་བཞེངས་ལ་ཤེར་ཕྱིན་འབུམ་པ་ཀླུ་ཡུལ་ནས་གདན་དྲངས། མཐའ་མ་སྐུ་ཚེའི་སྨད་ལ་ལྷོ་ཕྱོགས་དཔལ་གྱི་རིར་བཞུགས་ཏེ་ཐེག་པ་ཆེན་པོའི་དབུ་མའི་ལྟ་བ་དར་སྤེལ་དང་བཅས་སངས་རྒྱས་ཆོས་ལུགས་ཉི་མ་ལྟར་གསལ་བར་མཛད་ཅིང་། འཕགས་པ་ལྷ་སོགས་མཁས་གྲུབ་དུ་མ་ལེགས་པར་བསྐྱངས་མཐར་སྤྱི་ལོ་༡༡༥ཙམ་ལ་རྒྱལ་པོ་བདེ་སྤྱོད་བཟང་པོའི་བུ་གཞོན་ནུ་ནུས་ལྡན་གྱིས་བཀྲོངས་པའི་ཚུལ་གྱིས་ཞི་བར་གཤེགས། དཔལ་མགོན་འཕགས་པ་ཀླུ་སྒྲུབ་མཆོག་གསོ་བ་རིག་པར་ཡང་མཁྱེན་པ་ཤིན་ཏུ་རྒྱས་ཤིང་། འཕགས་བོད་གསོ་རིག་བླ་བརྒྱུད་ནང་ཉེ་བླ་ལྟར་གྲགས། གསོ་དཔྱད་ཀྱི་བསྟན་བཅོས་མང་དུ་མཛད་པ་ལས་མི་ཉུང་བ་ཞིག་བསྟན་འགྱུར་ནང་བཞུགས། དེ་ཡང་བསྟན་བཅོས་སྦྱོར་བ་བརྒྱ་པ། འཚོ་བའི་མདོ་ཚིགས་སུ་བཅད་པ། རྩ་ཨ་བའི་ཆོ་ག །སྨན་རིན་པོ་ཆེའི་རིམ་པ། དངུལ་ཆུའི་སྦྱོར་བ་རིན་ཆེན་འཕྲེང་

བ། གསེར་འགྱུར་དང་དྲིའི་སྦྱོར་བ་སོགས་ཤིན་ཏུ་མང་།

ད་ལན་སྐབས་སུ་བབས་པའི་གཞུང་འདིའི་མཚན་ལ་ཕུང་པོ་ལྔའི་ནད་སེལ་བདུད་རྩིའི་སྨན། རིན་ཆེན་གསང་བའི་ཏི་ཀའམ་མདོ་རིན་པོ་ཆེན་གསང་བའི་འགྲེལ་ཆེན་ཞེས་བྱ་བ་དང་། དེ་ཡང་རིན་ཆེན་མདོ་རྩའམ་མདོ་རིན་པོ་ཆེ་རྩ་བ་ལེའུ་བཅུ་བདུན་གྱི་འགྲེལ་ཆེན་ཚུལ་དུ་གསང་ཏིག་སྒྲོན་མ་ལེའུ་དོན་བཞིའི་（ཟུར་མཁར་བ་དང་སྡེ་སྲིད་ཁོག་འབུགས་སུ་ལེའུ་དོན་དྲུག་གསུངས་ཀྱང་གཞུང་དངོས་ལྟར་ན་དོན་བཞི་ཡིན）བདག་ཉིད་ཅན་འདི་མཛད། འདི་ནི་སྔ་རབས་ཀྱི་གསོ་དཔྱད་དཔེ་རྙིང་གྲགས་ཅན་ཞིག་སྟེ། རྒྱུད་བཞི་དང་། ཡན་ལག་བརྒྱད་པའི་སྙིང་པོ་བསྡུས་པ། སྨན་དཔྱད་ཟླ་རྒྱལ་བཅས་དང་འདྲ་བར་གསོ་བ་རིག་པའི་གཞུང་ལུགས་ཀྱི་མ་ལག་ཆ་ཚང་ཞིང་གཏིང་ཟབ་པ། ལོ་རྒྱུས་དང་། ཞིབ་འཇུག་གི་རིན་ཐང་ཆེས་ཆེར་ལྡན་པ་ཞིག་ཡིན།

ནང་དོན་གཙོ་བོར་རྩ་བ་མདོ་དོན་བསྡུས་པའི་མདོ་དགུ་དང་། ངེས་དོན་གསལ་བའི་ཡན་ལག་དགུ། མན་ངག་གནད་ཀྱི་སྒྲོན་མེ་དགུ་བཅས་དགུ་གསུམ་ཉི་ཤུ་རྩ་བདུན་གྱིས་བསྟན། གསང་ཏིག་སྒྲོན་མའི་ཏི་ཀའམ་ཏེཀ་ལ་ལེའུ་ཉིས་བརྒྱ་དོན་དགུ་བཞུགས་ཤིང་། གཞུང་དེ་ཉིད་ལས། སློབ་དཔོན་འཕགས་པ་ཀླུ་སྒྲུབ་ཀྱིས། །སེམས་ཅན་དུ་མའི་དོན་ཆེད་དུ། །རིན་ཆེན་མདོའ་རྒྱུད་གསོ་རིག་ལས། །ཏི་ཀ་རྣམ་དྲུག་རྒྱན་གྱིས་བརྒྱན། །ཞེས་གསལ་ཡང་། ཡིད་སྐྱོ་དགོས་པ་ཞིག་ལ་དཔེ་རྙིང་འདིར་ཏི་ཀ་རྣམ་དྲུག་ཅེས་པ་ཆ་མ་ཚང་སྟེ། ནི་ཏུ་ཏའི་ལེའུའི་ཞབས་དང་བཅས་པ་ལེའུ་༡༧༧ཆད་པར་འདོད་དོ། སྡེ་སྲིད་རིན་པོ་ཆེས་མཛད་པའི་གསོ་རིག་སྨན་གྱི་ཁོག་འབུབས་དྲང་སྲོང་དགྱེས་པའི་དགའ་སྟོན་ལས། འདུ་བ་རྣམ་བཞིའི་ཏི་ཀ་ལེའུ་ཉེར་ལྔ། དོན་སྟོད་ཏི་ཀ་ལེའུ་བཅུ་དྲུག །ཕྲན་བུ་གསེར་གྱི་ཏི་ཀ་ལེའུ་སོ་བདུན། མགོའི་ཏི་ཀ་ལེའུ་ཉེར་གཅིག །བྱུང་ཁོག་གི་ཏི་ཀ་འཕྲུལ་ལྡེ་ནག་པོ་ལེའུ་ཞེ་བདུན། ཡན་ལག་བཞིའི་ཏི་ཀ་ལེའུ་བཞི་བཅུ་སྟེ། ཞེས་བྱུང་བས་སོ། །གཞན་མཇལ་དུ་ཡོད་པའི་ལེའུ་ཉི་ཤུ་རྣམས་འདུ་བ་རྣམ་བཞིའི་ཏི་ཀ་ཁོ་ནའི་གཞུང་དོན་ཡིན་ཞིང་། དེ་ལའང་ལེའུ་ལྔ་མ་ཚང་བ་དང་། ཏི་ཀ་གཞན་ལྔ་པོ་ནི་རྩ་བ་ནས་མཇལ་དུ་མེད་པས་སྐད་དཔེ་རྙིང་མྱུར་སྐྱོབ་གནང་མཁན་ཚོས་དེ་དོན་ཐུགས་འཇགས་དང་། མི་རིང་བའི་དུས་ཚོད་ནང་དེ་དག་ཡོངས་སུ་རྫོགས་པ་ཆ་ཚང་བ་བཙལ་རྙེད་ཐུབ་ཅིང་། རང་ཅག་གི་བགོ་སྐལ་དུ་གནས་རྒྱུའི་འདུན་པ་ཡང་འཆང་བཞིན་ཡོད། །

ཐེངས་འདིའི་མ་དཔེ་ནི་བོད་ལྗོངས་བོད་ལུགས་གསོ་རིག་སློབ་གླིང་རྟེན་རྫས་བཤམས་སྟོན་ཁང་དུ་མཁས་པའི་དབང་པོ་སློབ་དཔོན་གོ་འཇོ་དབང་འདུས་མཆོག་ནས་ཉར་ཚགས་གནང་བའི་བྲིས་མ་དཔེ་རྙིང་སྣ་འབྲིང་ཞིག་ཡིན་ཞིང་། ལྡེབ་མ་༡༡༡ཡོད་པ་ལས་ལྡེབ་མ་༥༡དང་༥༢ཆད། ལྡེབ་མ་རེའི་མཐོ་ཚད་ལ་༧.༥cmདང་རིང་ཚད་ལ་༣༣.༢༩cmཡོད། གསང་ཏིག་སྒྲོན་མའི་ལེའུ་༣༡པ་དང་༣༢པ་མ་ཡིག་ནང་ཆད་པ་ལ། གཞན་ཏི་ཀ་རྣམ་དྲུག་གི་ནང་དོན་འཁོད་པའི་ལྡེབ་མ་ཕལ་ཆེ་བ་མ་ཚང་ངོ་། །

《秘密明灯》

该书原著据说是天竺龙树大师编著，天竺医药界把它传承、发展。后来赞普赤松德赞时期，大译师们结合西藏的实际增加内容，译成藏文。

赞普赤松德赞时期，由弥扎等译师将其翻译为藏文，并结合藏地增加了一些新的内容。后来，11 世纪传到藏医大师拉杰 · 聂曼钦布等学者，施以单传单承，口耳相传。在其流传过程中不断增加一些新的内容与实践经验，将从藏地医著中的一些核心要义以及其他地方的一些成熟的医学思想和临床经验也补充到了这部《桑迪卓玛》中，最终形成了现在的样子。

龙树大师，被誉为“第二佛陀”，精通显密二宗。其出生年份众说纷纭，莫衷一是，藏历普巴派认为出生于公元前 481 年。

龙树大师最初在那兰陀寺出家为僧。从堪布扎建增受得近圆戒，得法号比丘柏丹。他广泛涉猎知识领域，刻苦攻读如海续部典籍和三藏佛经，最终学成诸般学问，声名大噪，饮誉天竺。曾经金刚座出现饥荒，龙树应用“点金术”供奉众僧。但是，这样做又触犯了不得行事“五邪命”之律法，于是为了赎罪，建造了一百所庙宇、多座佛塔，从龙域迎请了十万般若经。晚年生活在南方吉祥山，弘传大乘中观大法，弘扬佛法，培养圣提婆等众多弟子。公元 118 年圆寂，传说被德觉桑布王之子勋奴诺丹所害。龙树大师精通医学医术，名扬四方。不少著作收入《丹珠尔》。主要有《百方论》《养生经》《阿瓦草仪轨》《宝药序列》《水银方 · 珍宝串》《点金术》《香料方》等。

《五蕴祛病甘露药》《珍宝密疏》《珍宝经秘密广疏》《珍宝经要》《珍宝经本论十七章广疏•秘密要义明灯七十四章》（苏喀尔、第司•桑杰嘉措均写作七十六章，实际章节只有七十四章）。

该部古典医学著作极为出名，与《四部医典》《八支心要集》《月王药诊》等医学名著齐名。其理论体系，系统完整，结构宏大，意蕴深刻，历史悠久，具有极高的学术研究价值。

该书主要内容总揽全书本论九经，能明了义九支论，秘诀要义九明灯等，共计 27 章。《密要明灯疏》共 279 章。该书称：“神圣龙树大师，心怀众生，撰有医著《珍宝经》，并附有《六疏》，以广解精义。”可惜，《六疏》只有残卷留存于世。“尼如哈”等 166 章已经佚失。第司 · 桑杰嘉措在《医学史仙者喜宴》中说：“六疏即为，四相和合注释 25 章，脏腑注释 16 章，杂症黄金注释 37 章，头部注释 21 章，上身胸腔注释神奇乌色钥匙 47 章，四肢注释 40 章。”目前只有“四相和合注释”，而且缺 5 章，其他五部《注释》至今未能找到。

该书原本系西藏藏医药学院博物馆贡觉 · 旺堆老师的藏书之一。藏式中幅长条书，共 211 叶。单叶规格：长 33.24 厘米，宽 6.5 厘米。《秘密明灯》缺 31 章和 32 章。

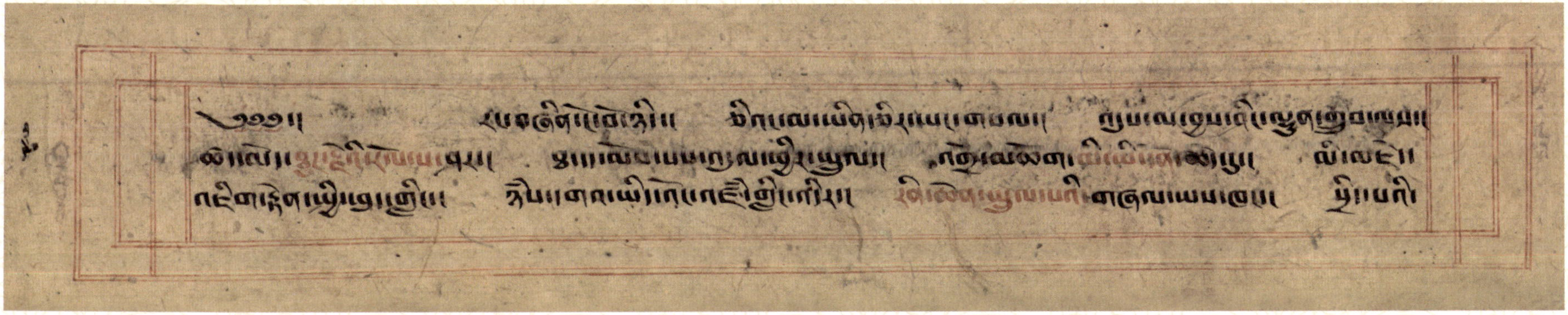

ལག་ལེན་ཡོད་དམར།

སྤྱི་ལོའི་དུས་རབས་བཅོ་ལྔ་པར་གོང་སྨན་དཀོན་མཆོག་བདེ་ལེགས་ཀྱིས་མཛད།

གོང་སྨན་དཀོན་མཆོག་བདེ་ལེགས་མཆོག་ནི་རབ་བྱུང་བརྒྱད་པའི་མེ་ཡོས་ཏེ་༡༤༤༧ལོར་གཙང་ས་སྐྱར་སྐུ་འཁྲུངས། གོང་ཁ་བ་ཆོས་ཀྱི་རྡོ་རྗེའི་སློབ་བརྒྱུད་བྲང་ཏི་ཆོས་རྒྱལ་བཀྲ་ཤིས་ཀྱི་ཞབས་ལ་གཏུགས་ནས་མཁས་པའི་གོ་འཕང་བརྙེས་པ་ཞིག་སྟེ། གངས་ལྗོངས་གསོ་རིག་བསྟན་པའི་ཉིན་བྱེད་རིམ་བྱོན་གྱི་རྣམ་ཐར་ལས། བྲང་ཏི་ཆོས་རྒྱལ་བཀྲ་ཤིས་ངས། །ས་སྐྱའི་ཉེས་ཐོག་སྨན་གྲོང་དུ། །སྣོད་ལྡན་དཀོན་ཚོག་བདེ་ལེགས་ལ། །ཞེས་པ་ལྟར་གོང་སྨན་པ་དཀོན་མཆོག་བདེ་ལེགས་ནི་བཙན་པོ་ཁྲི་སྲོང་ལྡེ་བཙན་སྐུ་དུས་སུ་བོད་སྨན་མཁས་པ་མི་དགུར་གྲགས་པའི་ཡ་ཀྱལ་བྲང་ཏིའི་སློབ་བརྒྱུད་འཛིན་པ་པོ་ཞིག་ཡིན་ལ། སྐྱེས་ཆེན་དམ་པ་དེས་གངས་ཅན་ལྗོངས་ན་ཡོངས་སུ་གྲགས་པའི་གསོ་རིག་གཞུང་ལུགས་ཁག་ལ་ཐོས་བསམ་དང་མཁས་མང་དུ་མའི་ཞབས་ལ་གཏུགས་ནས་མཁས་པའི་སྙན་བརྒྱུད་གབ་སྦས་རྣམས་ཡོལ་དུ་ཕྱུང་བ་དང་། འགྲོ་བ་ནད་པའི་སྡུག་འཚོའི་མཆོད་སྦྱིན་དང་བོད་ལུགས་གསོ་རིག་གཞུང་ལུགས་བརྒྱུད་འཛིན་དར་སྤེལ་ཡོང་ཕྱིར་ལོ་མང་རིང་གསོ་རིག་གཞུང་ལུགས་དང་ལག་ལེན་ཐད་གཟིགས་རྟོག་ཐིམ་ནན་གྱིས་མཁས་ཤིང་གྲུབ་པའི་དབང་པོར་གྱུར་པའི་མཁས་པའི་དབང་པོ་ཞིག་གོ །གོང་སྨན་པ་མཆོག་གི་བརྩམས་ཆོས་གཙོ་བོ་ཡོད་དམར་དང་། ཡོད་ནག །ཡོད་ཁྲ། ཕྱི་རྒྱུད་དཀའ་འགྲེལ་གནད་ཐམས་ཅད་གསལ་སྟོན། བརྒྱུད་པའི་རྣམ་ཐར། སྨན་མིང་བརྡ་སྤྲོད། རྒྱུད་ཀྱི་དཀའ་འཕྲང་འགྲོལ་བའི་ཤོག་སེར། རྩ་རྒྱུའི་གནད་འགྲེལ་ཞལ་གདམས་དམར་འཁྲིད་སོགས་གངས་ཅན་ཡུལ་ན་གྲགས་པའི་གཞུང་ལུགས་འཕོར་ཆེན་ཕྱི་རབས་དོན་དུ་འཇོག་པར་མཛད། མཁས་མཆོག་འདིས་ཐུགས་སྲས་སུ་གོང་སྨན་དཀོན་མཆོག་འཕན་དར་སོགས་གངས་ཅན་གསོ་རིག་བསྟན་པ་འཛིན་སྐྱོང་སྤེལ་བའི་སྐྱེས་ཆེན་དུ་མ་གསོ་སྐྱོང་མཛད་དོ། །རབ་བྱུང་བརྒྱད་པའི་མེ་སྟག་སྟེ་༡༥༠༦ལོར་སྐུ་གཤེགས་པར་གྲགས།

གཞུང་ལུགས་འདིའི་མཚན་བྱང་ལ་ལག་ལེན་ཡོད་དམར་དང་། གསོ་རིག་དགོས་པ་ཀུན་འབྱུང་ངམ་བདུད་རྩི་ཐིགས་པ། དགོས་འདོད་ཀུན་འབྱུང་། མཁས་པའི་མན་ངག་ཀུན་འདུས་སོགས་སུ་གྲགས། གཞུང་ལུགས་འདིའི་མཆོད་བརྗོད་དང་མཇུག་བྱང་གཉིས་ཀར་གཞུང་བརྩམས་པའི་དུས་གསལ་བར་འཁོད་མེད། འོན་ཀྱང་གཞུང་དངོས་ནང་དུ་མན་ངག་ལག་ལེན་ཐད་ཀྱི་དཀའ་གནད་བསྟན་པ་དང་གཞུང་འདིའི་མཚན་བྱང་ལ་གཞིགས་ན། གོང་སྨན་པ་མཆོག་ནས་གཞུང་ལུགས་ཁག་ལ་ཐོས་བསམ་དཔྱིས་ཕྱིན་དང་ལོ་མང་ལག་ལེན་དངོས་ནང་ཉམས་ལེན་མཛད་པའི་རྗེས་ཀྱི་བརྩམས་ཆོས་ཤིག་ཡིན་པས་ན་གཞུང་འདི་ཕལ་ཆེར་དམ་པ་དེའི་སྐུ་ཚེའི་སྨད་དུ་བརྩམས་པ་ཞིག་མིན་ནམ་སྙམ་མོ།

ནང་དོན་ལ་གསོ་རིག་རྒྱུད་བཞིའི་མན་ངག་ཡོན་ཏན་རྒྱུད་ཀྱི་སྐབས་བཅོ་ལྔའི་ནང་བསྟན་པའི་ཉེས་པ་རླུང་མཁྲིས་བད་ཀན་ནས་སྐབས་བདུན་པ་ཐོར་ནད་གསོ་བའི་ནང་ཚན་

གཅིན་སྙི་གསོ་བའི་བར་གྱི་ནད་རིགས་བྱེ་བྲག་དང་བཅས་པའི་རྒྱུ་རྐྱེན་དབྱེ་བ་རྟགས་དང་བཅོས་ཐབས། དེ་བཞིན་གཡུ་ཐོག་ཡབ་སྲས། བྲང་ཏི་ཆོས་རྗེ། སྲུག་སྨན་པ་ལ་སོགས་པའི་ཚིག་བརྒྱུད་གདམས་པ་དང་མན་ངག་ལག་ལེན་གྱི་སྦྱོང་བྱང་ཁག་རྒྱུད་དོན་དང་མཐུན་པར་བཀོད་ཡོད་ལ། ཁྱད་པར་ལུས་ཀྱི་སྤྱི་གཙུག་ནས་རྐང་མཐིལ་བར་གྱི་ནད་རིགས་བྱེ་བྲག་དང་བཅས་པའི་ནད་ཐོག་ལག་ལེན་དམར་ཁྲིད་ཁག་གསལ་བར་སྟོན་པ་དང་འབྲེལ་གཞུང་འདིའི་ནང་ལུས་ལ་ལྷན་སྐྱེས་སུ་གནས་པའི་སྲིན་རིགས་སྟོང་ཕྲག་བརྒྱད་ཅུས་ལུས་འདི་ཉིད་ཆགས་གནས་འཇིག་གསུམ་བྱེད་པའི་ནུས་པ་དང་། སྙིང་ནད་དང་། གློ་བའི་ནད། མིག་ནད། སོ་ནད། རིམས་ནད། ཕྲན་བུའི་ནད་ཀྱི་དབྱེ་བ་དང་བཅོས་ཐབས། དེ་བཞིན་སྨན་སྦྱོར་ལག་ལེན་ཐད་དབང་པོ་རིལ་བུའི་སྦྱོར་ཐབས་དང་། ཁ་ཚར་གྱི་སྨན། སྨན་རྡ། སྨན་གྱི་གཏོང་ལུགས། དཔྱད་བཅོས་ཐད་སྙིང་ནད་ལ་དབྱུག་བཅོས་བྱེད་པའི་གསང་དམིགས་དང་དབྱུག་བཅོས་བྱེད་ཐབས་སོགས་ཀྱི་ལག་ལེན་གཞུང་གཞན་དང་མི་འདྲ་བའི་ཐུན་མིན་ཁྱད་ཆོས་འབུར་དུ་ཐོན་པ་རྣམས་ཞིབ་པར་བསྟན་པ་མ་ཟད་སྟོན་ཕྱིན་མེས་པོའི་ཚིག་བརྒྱུད་གདམས་པ་དང་མན་ངག་ལག་ལེན་སྦྱོང་བྱང་རྣམས་མན་ངག་རྒྱུད་ཀྱི་དགོངས་དོན་དང་མཐུན་པར་རྒྱས་པར་བཀྲལ་ནས་ནད་རིགས་མཐའ་དག་གི་བཅོས་ཐབས་ལག་ལེན་དང་སྨན་སྦྱོར་ལག་ལེན་སོགས་གསོ་བ་རིག་པའི་དགོངས་དོན་ཁག་འཁྲུལ་མེད་ཇི་བཞིན་གསལ་བར་བསྟན་ཡོད།

ད་ལྟ་ཉར་ཚགས་གནང་བའི་མ་དཔེའི་སྐོར་ལ། ང་ཚོས་རྟོག་ཞིབ་བྱས་པའི་ཁྱབ་ཁོངས་ནང་མ་ཡིག་བྲིས་མ་མི་འདྲ་བ་ཁག་གསུམ་ཙམ་ཡོད། དེ་དག་སོ་སོ་ཐོ་བྲང་པོ་ཏ་ལ་དང་། བོད་རང་སྐྱོང་ལྗོངས་སྨན་རྩིས་ཁང་། བོད་ལྗོངས་དཔེ་མཛོད་ཁང་བཅས་སུ་ཉར་ཚགས་བྱས་པའི་པར་གཞི་མི་གཅིག་པ་གསུམ་ཡོད། ཐེངས་འདིའི་མ་དཔེ་ནི་བོད་རང་སྐྱོང་ལྗོངས་སྨན་རྩིས་ཁང་རིག་གཞུང་ཞིབ་འཇུག་གླིང་དུ་ཉར་ཚགས་བྱས་པའི་པོད་དམར་བྲིས་མ་སྣ་རིང་། ཁྱོན་ཡོངས་ལ་ལྡེབ་མ་ལྔ་བརྒྱ་སོ་དགུ་ཡོད་པ་དང་། རིང་ཚད་༢༢cmདང་། ཞེང་ཚད་༡༧cmཡིན་ནོ།

《实践红卷》

该书是15世纪著名藏医学家贡曼·贡觉德勒所著的一部以藏医药临床实践为主的权威性典籍之一，至今有五百多年的历史。

对于作者的生平与成书年代，现存的文献资料中没有详细的记载，但从贡曼·贡觉德勒亲传弟子（外侄子）贡曼·贡觉彭达的生平来考证，其出生年代大概是藏历第八饶迥（1447年）左右，出生于后藏萨迦。作者自幼聪灵贤惠，先后师从昌迪·曲杰扎西等众多藏医药大师，勤学藏医药学各类典籍，因而成名。《昌迪红函》中如实记载:“本人昌迪·曲杰扎西，将萨迦曼仲，传于可塑之才贡觉德勒。”可见，贡曼·贡觉德勒师从昌迪·曲杰扎西，成为精通贡曼医学流派者。作者自幼阅遍雪域经典医书，掌握了许多藏印名医的秘诀耳传医术，为了广行利他事业，编著了大量的医学论著，包括《实践红卷》《昌迪黑函》《昌迪花函》《后续释难明灯》《传承传记》《药名释论》《四部医典释难·黄函》等七部著作，还著有《切脉查尿释要·口诀面授》《本草略述》《性味功能配方小卷》等册子，特别是所著的《医典之论·生等玛》对《四部医典》进行了最为详尽、全面的注释，但凡翻阅过此书的人都能无师自通，为藏医药的弘扬与传承做出了巨大贡献。贡曼·贡觉德勒为了广行利众事业，为了贡曼医学流派的发扬光大，培养了贡曼·贡觉彭达等众多弟子。

主要内容包含《四部医典·秘诀续》中所讲的“龙、赤巴、培根”等各类疾病的诱因、分类、症状以及治疗方法等。另外，记载了宇妥师徒、昌迪曲杰、恰曼巴等名医之辈的独传秘诀和实践秘诀，尤其阐述了人体所有疾病的种类、治疗方法，及体内众多共生菌对人体健康形成的保护屏障所起的不同作用。更是为了准确无误地确诊和对症治疗儿童疾病，详细介绍了儿童耳脉诊法及其图解和心肺疾病、眼疾、牙疾、疫疾等各类儿童疾病的分类、治疗方法。在药物配方方面，叙述了旺布日布的配方及延年益寿、强身壮体之配方，以施咒等方法防病治病手段，藏药卡擦药配方法及药引的使用、服药方法等；在藏医外治方面，记载了心脏疾病棍疗法的隐秘部位及棍疗实践方法等一些其他典籍未收载的独特疗法。

该书紧密结合藏医典籍《四部医典·秘诀续》，详细无误地诠释了先祖所留下的独传秘诀、实践秘诀以及药物配伍实践方法和各种疾病的治疗方法等，将藏医学的理论与实践精髓呈现于世。

该书共一卷，从“隆”病疗法章节至防衰、强身健体章节共103集，约600章。

目前在西藏存有三种版本，即布达拉宫图书室、西藏自治区图书馆、西藏自治区藏医院三处馆藏不同的版本，还有一部流失国外，由印度拉达克医生扎西央培（原药王山学徒）收藏，1971年在国外出版发行了其影印版，以上版本都是手抄版。

西藏自治区藏医院馆藏版本为藏纸，字体为乌梅白徂体（དབུ་ཚུགས）。

单叶规格长88厘米，宽13厘米，每页有7行，共计494叶，该卷的 448-496页之间有48页缺页，尾叶有部分残缺，书中有儿科诊疗方面耳脉的图像与图解等。

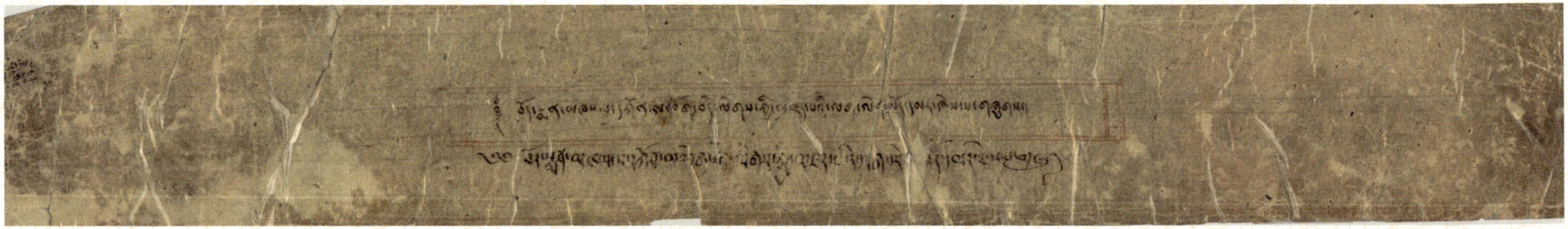

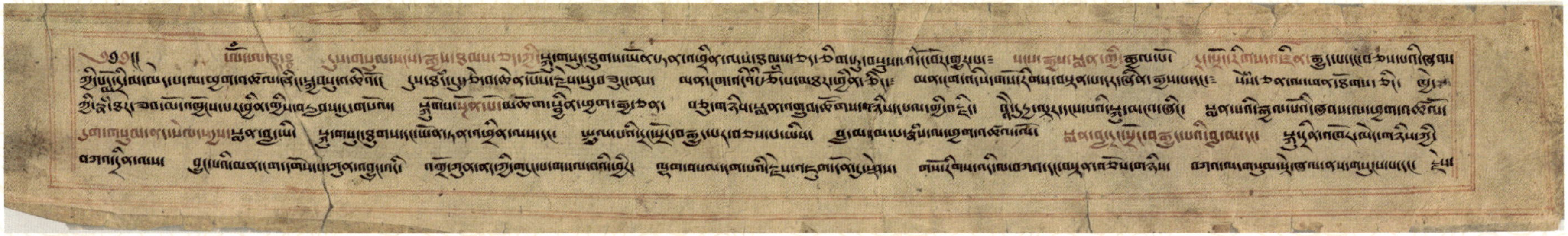

གདམས་པ་ཟབ་མོ་ཡིད་བཞིན་ནོར་བུ།

སྤྱི་ལོའི་དུས་རབས་བཅུ་དྲུག་པར་གོང་སྨན་དཀོན་མཆོག་འཕན་དར་གྱིས་མཛད།

གཞུང་འདིའི་མཛད་པ་པོ་ནི་རབ་བྱུང་དགུ་པའི་ལྕགས་ལུག་སྟེ་སྤྱི་ལོ་༡༥༡༡ལོར་སྐྱ་བལྟམས། གོང་སྨན་དཀོན་མཆོག་བདེ་ལེགས་ཀྱི་ཐུགས་སྲས་ཉེ་མ་ལྟར་གྲགས། ཉང་གི་ཡུལ་ལྗོངས་ཆེན་པོར་ནད་པ་དུ་མའི་དོན་ལ་ཐུར་མ་རྩ་སྦྱོངས་སོགས་ལག་ལེན་དར་བར་མཛད། སྣོ་བཞི་རེ་ཐང་དུ་སྨན་པའི་རྒྱལ་པོ་གཡུ་ཐོག་མགོན་པོའི་ཞབས་གནས་ཆོས་ཁྲི་དང་། རྟེན་ཕྱག་དྲེག་མར་གྲགས་པ་རྣམས་མཇལ་ཞིང་བྱིན་རླབས་ཞུས། ཉམས་ཡིག་བརྒྱ་རྩ་སོགས་གསུང་རྩོམ་གྲགས་ཅན་མང་དུ་མཛད་ནས་བོད་ལུགས་གསོ་རིག་གི་བསྟན་པ་ཡར་རྒྱས་གཏོང་བར་མཛད་རྗེས་ཆེན་པོ་བཞག་གནང་། རབ་བྱུང་བཅུ་པའི་མེ་བྱི་སྟེ་སྤྱི་ལོ་༡༥༧༧ལོའི་ཧོར་ཟླ་༧པའི་ཚེས་༡༥ཉིན་མྱ་ངན་ལས་འདས།

གཙོ་བོའི་ནང་དོན། གསོ་དཔྱད་བསྟན་བཅོས་འདིའི་ནང་དུ་གསོ་རིག་བཀའ་བསྟན་རྒྱ་མཚོ་ལྟ་བུའི་ནང་གི་མན་ངག་ཟབ་མོའི་རིགས་དང་རྩོམ་པ་པོ་ཤོང་རང་གི་ནད་ཐོག་དངོས་ནང་ཐོབ་པའི་ཉམས་མྱོང་དང་ཟུང་འབྲེལ་གྱི་ཐོག་ནས་ཁྲོན་བསྡོམས་ནད་རིགས་ལྔ་བཅུ་ང་དགུ་ཙམ་གྱི་ནད་ཀྱི་དབྱེ་བ་དང་། རྟགས་དང་བཅོས་ཐབས་ཁག །ཁྱད་པར་དུ་སྨན་དཔྱད་དང་ སྤྱགས་བཅོས་འདྲེས་མའི་བཅོས་ཐབས་ཀྱི་གདམས་པ་ཟབ་མོ་ཡང་མང་པོ་བསྟན་གནང་ཡོད། གནའ་དཔེ་འདི་ལ་མཚན་གྱི་རྣམ་གྲངས་ཉམས་ཡིག་བརྒྱ་རྩ་དང་། ཕན་བདེ་བརྒྱ་ཚར། མན་ངག་དགོས་འདོད་ནོར་བུའི་བང་མཛོད། མན་ངག་ཡིག་ཆུང་སྣ་ཚོགས་སོགས་ཡོད། ད་ཐེངས་པར་སྐྲུན་ཞུས་པ་འདི་ཉིད་དོན་དུ་གོང་སྨན་པའི་ཉམས་ཡིག་བརྒྱ་རྩ་ཡིན་ཀྱང་། དཀར་ཆག་གི་ བླད་དོན་ལས་གསོ་རིག་བསྟན་བཅོས་རྒྱ་མཚོ་ལྟ་བུའི་ནང་ནས་གདམས་པ་ཟབ་མོ་ཡིད་བཞིན་ནོར་བུ་ཞེས་པའི་མཚན་དོན་འདི་གསལ་བར་བརྟེན་མཚན་བྱང་འདི་ལྟར་དུ་བཞག་པ་ཡིན།

ཐེངས་འདིའི་མ་དཔེ་ནི་བོད་ལྗོངས་སྨན་རྩིས་ཁང་རིག་གཞུང་ཞིབ་འཇུག་གླིང་དུ་ཉར་ཚགས་བྱས་པའི་ཁྲིས་མ་སྣ་ཐུང་། ཁྱོན་ཡོངས་ལ་ལྡེབ་མ་༨༩༣ཡོད་པ། རིང་ཚད་༡༨cmདང་། ཞེང་ཚད་༨cmཙམ་ཡོད་པ་དེ་ཡིན་ནོ།

《秘诀精密如意宝》

该书于公元16世纪由贡曼巴·贡觉彭达所撰写。

贡曼巴·贡觉彭达于藏历第九饶迥铁羊年（1511年）出生在后藏萨迦处。9岁时师从祖父贡却德勒等精习医学，特以绛巴派学说行医济世。尤其在郭西热唐亲闻藏医鼻祖宇妥·云丹贡布授法，并瞻仰藏医经典古籍《呷智玛》。著有《本论注·明镜洞察》、有关诀窍类的《医学如意珠鬘》《实验百方》等。弟子有阿里·德钦及芒喀·尼玛扎等。卒于藏历第十饶迥火鼠年（1577年）七月十五日。

该书的主要内容是总结藏医学典籍中的深奥诀窍并结合多年的临床经验，叙述了59种常见疾病的分类、诊断及治疗，尤其详述藏医外治疗法与咒语疗法相结合的治疗秘诀。该书的别名有《验方百篇》等。此次考虑到目录中以《秘诀精密如意宝》为书名，故依旧而置。

该书的古籍原书为手写短版经书，全书总计643叶。单叶规格：长26厘米，宽6厘米。原本现收藏在西藏自治区藏医院文献研究所。

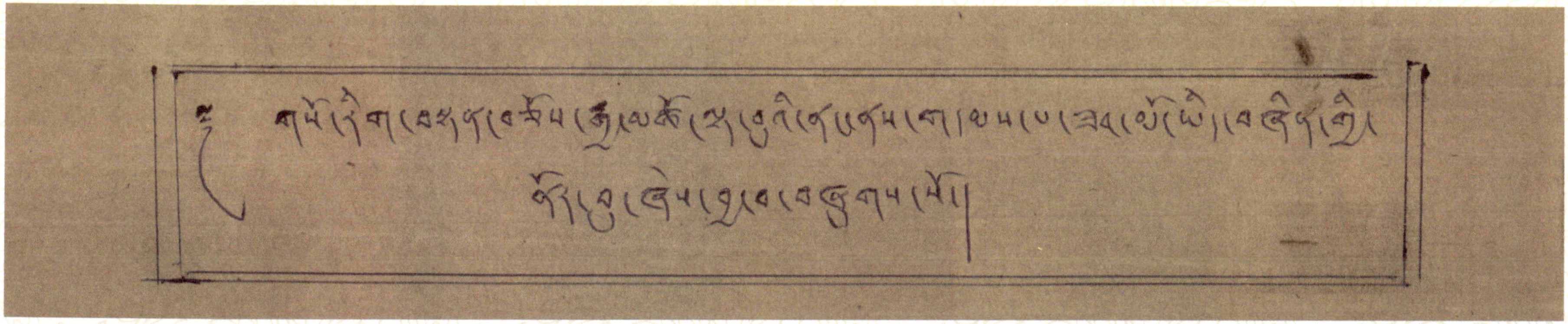

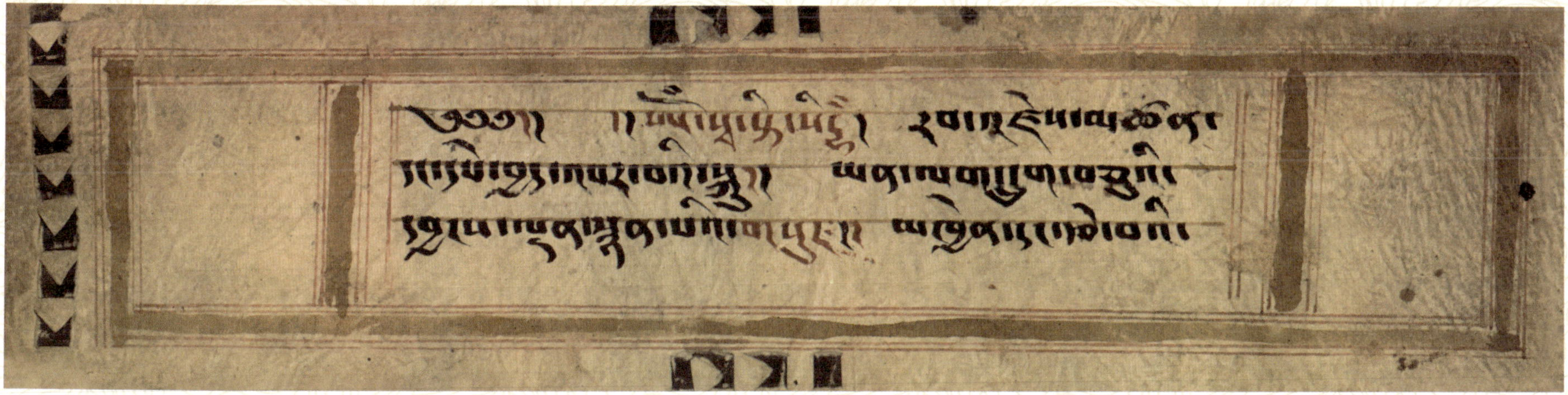

གསོ་བྱེད་གཉེན་པོ་སྟོང་དང་རྩ་གཉིས་ཀྱི་གྲངས་ངེས་ཞལ་ལུང་མཛེས་རྒྱན།

སྤྱི་ལོའི་དུས་རབས་བཅུ་བདུན་པའི་ནང་དར་མོ་སྨན་རམས་པ་བློ་བཟང་ཆོས་གྲགས་ཀྱིས་མཛད་པ་ཡིན།

གཞུང་འདིའི་མཛད་པ་པོ་ལྷོ་ཁ་ཡར་ཀླུངས་ཡར་ལྷ་ཤམ་པོའི་ཉེ་འདབ་དར་མོ་ཞེས་པར་རྒྱལ་མོ་གཡུ་སྒྲ་སྙིང་པོའི་རིགས་སུ་རབ་བྱུང་བཅུ་གཅིག་པའི་ས་སྟག་སྟེ་སྤྱི་ལོ་༡༦༣༨ལོར་འཁྲུངས། དང་པོའི་ཚེ་སྐྱིད་ཚལ་ཀླུ་སྡིང་གླིང་དུ་བཞུགས་ཤིང་། རྗེས་སུ་འབྲས་སྤུངས་ཕོ་བྲང་ཐུབ་མར་གསོ་རིག་འགྲོ་ཕན་གླིང་གི་ཐོ་བཙུན་གྱི་གྲས་སུ་ཚུད་རྗེས་སྡེ་སྲིད་ཉེ་ཐང་སྤྲུལ་སྐུ་བློ་བཟང་རྒྱ་མཚོ་དང་། བྲང་སྟོང་བསྟན་འཛིན་དར་རྒྱས་སོགས་སློབ་དཔོན་བཅུ་ཕྲག་ལྔ་ཙམ་གྱི་ཞབས་ལ་གཏུགས་ཤིང་། གསོ་དཔྱད་ལ་སྦྱང་བརྩོན་མཛད་པས་སྨན་རམས་པའི་མཚན་སྙན་ཐོབ། རྗེས་སུ་ལྷ་དབང་ལྕོག་གམ་ཤར་ཆེན་ལྕོག་ཏུ་སྨན་གྱི་སློབ་གྲྭའི་སློབ་དཔོན་དང་། རྒྱལ་བ་ལྔ་པ་ཆེན་པོའི་སྐུའི་བླ་སྨན་གནང་། བརྩམས་ཆོས་སུ་ཕྱི་རྒྱུད་ཚ་མདོ་མན་གྱི་འགྲེལ་པ་དཀའ་གནད་རྡོ་རྗེའི་མདུད་འགྲོལ་རྣམ་གླིང་པཎ་ཆེན་དང་ཟུང་འབྲེལ་གྱིས་མཛད་པ། མན་རྒྱུད་འགྲེལ་པ་ལེགས་བཤད་གསེར་རྒྱན། བཤད་རྒྱུད་སྟོང་འགྲེམས་ལེགས་བཤད་གསེར་གྱི་ཕྲུར་མ། དེ་ལས་རྒྱས་པ་བཤད་རྒྱུད་ཀྱི་སྟོང་འགྲེམས་དང་རྩ་ཚིག་ཟུང་འབྲེལ་ཅན། རྣམ་བཀྲ་གསེར་གྱི་གན་མཛོད། མན་ངག་བཀའ་རྒྱ་མ། བཅུད་ལེན་འཆི་གསོས་བདུད་རྩིའི་ཉིང་ཁུ་འདོད་ལྡན་དགའ་བསྐྱེད་མཐོང་བ་འཛུམ་ཤོར་ནོར་བུའི་བང་མཛོད། རིན་ཆེན་གྲང་སྦྱོར་གྱི་གསལ་བྱེད་འཆི་མེད་བདུད་རྩིའི་ཉིང་ཁུ། ལྷན་ཐབས་ཀྱི་གསང་སྨན་ངོས་འཛིན། མན་རྒྱུད་ཀྱི་དཀའ་འཕྲང་ཐུན་སེལ་སྒྲོན་མེ། བཤད་རྒྱུད་ཀྱང་སེལ་གྱི་འགྲེལ་པ་མེས་པོའི་དགོངས་རྒྱན་སོགས་སྨན་དཔེ་ཕུལ་བྱུང་མང་དག་མཆིས། ལྷག་པར་གོང་གསལ་རྣམ་བཀྲ་གན་མཛོད་ཀྱི་ནང་དུ། བཤད་རྒྱུད་ལེའུ་བཞི་པ་ལུས་ཀྱི་གནས་ལུགས་སྐབས། རུས་པའི་དུམ་བུ་སུམ་བརྒྱ་དྲུག་ཅུའི་སྐོར་ལ་དཔྱད་པ་གནང་ཆེད་ཀླུ་སྡིང་གླིང་ཁའི་ནང་ཕོ་མོ་བཞིའི་ཕུང་པོར་གཤགས་ལས་མཛད་དེ་རུས་པ་རེ་རེ་བཞིན་གཏན་ལ་ཕབ་པ་སོགས་བོད་ཀྱི་གསོ་དཔྱད་བསྟན་པར་སྐུ་དྲིན་ཤིན་ཏུ་ཆེ།

གཞུང་འདིའི་ནང་དོན་གཙོ་བོ། མཁས་མཆོག་ཟུར་མཁར་བློ་གྲོས་རྒྱལ་པོའི་རྒྱུད་བཞིའི་འགྲེལ་ཆེན་མེས་པོའི་ཞལ་ལུང་དུ་གསུངས་པའི་གསོ་བྱེད་གཉེན་པོ་སྟོང་དང་རྩ་གཉིས་ཀྱི་གྲངས་ངེས་རྣམས་ཕྱི་མ་རྒྱུད་ཀྱི་ལག་ལེན་བཅོ་བརྒྱད་ཀྱི་སྨན་སྦྱོར་དང་ལག་ལེན་རེ་རེ་བཞིན་ཞིབ་ཕྲར་བཀྲོལ་ནས་ཐང་ཕྱེ་རིལ་བུ་ལྡེ་གུ་སྨན་མར་སོགས་སྡེ་ཚན་བཅུའི་སྨན་སྦྱོར་དང་། སྦྱོང་བྱེད་དུ་བཤལ་སྐྱུགས། དུགས་ལུམས་བྱུག་སོགས་འཇམ་དཔྱད། གཏར་བསྲེག་གཉིས་ཀྱི་རྩུབ་དཔྱད། དེའི་སྟེང་དུ་ཉེས་གསུམ་སོགས་ནད་རིགས་སོ་སོར་སྦྱར་བའི་ཟས་སྤྱོད་ཀྱི་གཉེན་པོ་སོགས་གྲངས་ཀ་རེ་རེ་བཞིན་གསལ་པོར་བསྟན་ནས་གསོ་བྱེད་གཉེན་པོ་སྟོང་དང་རྩ་གཉིས་ཀྱི་གྲངས་ངེས་གཏན་དུ་ཕབ་ཡོད་དོ། །

གཞུང་འདིའི་མ་ཡིག་ཕྱག་བྲིས་མ་འདི་བོད་ལྗོངས་སྨན་རྩིས་ཁང་དུ་ཉར་ཚགས་གནང་བའི་མཐོ་ཚད་ལ་༡༠cmདང་རིང་ཚད་ལ་༩༥cmཙམ་ཡོད་པའི་དཔེ་ཆ་སྣ་རིང་ཞིག་ཡིན་ལ། མདུན་གྱི་ལྷེབ་མ་བཅོ་བརྒྱད་ལས་མཇུག་ཚང་མི་འདུག

《调养对治口诀一千零二十二则》

该书于 17 世纪由达尔莫·曼然巴·洛桑曲扎撰著。著者达尔莫·曼然巴·洛桑曲扎于藏历第十一饶迥土虎年（1638 年）生于西藏山南雅鲁藏布江下流域的达尔莫地区。属于当时的耶扎年布皇后一族。著者起初居住在龙洞院修习，之后考入哲蚌寺的医学院，先后拜尼唐活佛洛桑嘉措、章松·丹增达杰等五十余名大学者为师，深研医学，最终获得曼然巴的尊称。之后在布达拉宫东阁创办的医学院里担任老师，辩论及撰述《四部医典》要义之风，并担任五世达赖喇嘛的“御医”，著有《后续部脉尿以下注释·疑难金刚结解》《秘诀部释难·金饰良言》《金释灿烂宝库》《秘识秘籍》《仁青常觉显扬》《教论实践选编·秘诀密封》《概论部形象详论·金钥匙》《论述部难词详释·金针》《宝堆美饰》《医学珍珠鬘》等。尤其在《金释灿烂宝库》中为了进一步论证论述部之人体生理部分的人体骨骼共 360 块的论说，在鲁古林中对四具男女尸体进行解剖，逐一确认 360 块骨骼，为藏医解剖学作出了巨大的贡献。

该书的主要内容是将苏喀· 洛智杰波所著的《祖先口述》中的 1002 种医疗方法与《后续医典》中的十八大实践诀窍中的药物与实践方法等进行比较研究，详述了药物的不同剂型如汤剂、丸剂、粉剂、膏剂、酥油丸剂等不同剂型。引吐疗法、泻下疗法、敷浴疗法、涂搽等温和外治疗法以及刺血、灸疗等。详述了隆病、赤巴病、培根病等各种疾病的饮食、起居、药物及外治等治疗方法，明确了疾病的 1002 种治疗方法。

手写原本为长条的经书版。单叶规格：长 45 厘米，宽 10 厘米。现只有前半部的 18 叶，其余已遗失。该版收藏于西藏自治区藏医院。

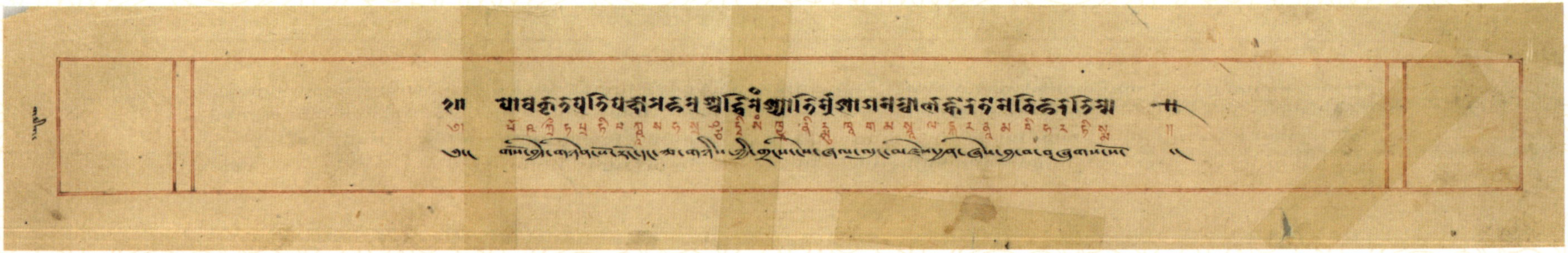

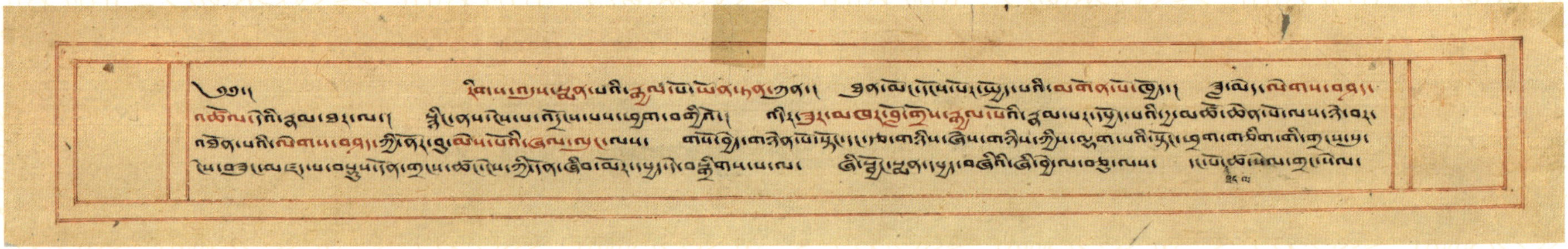

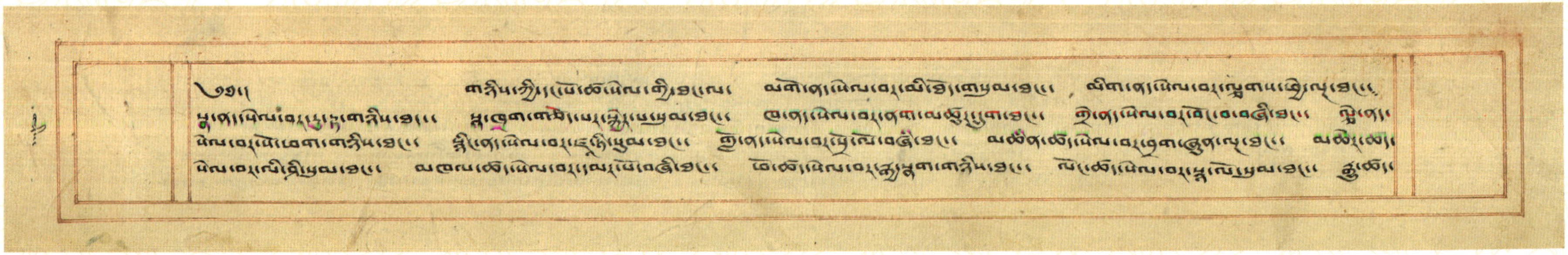

མཁས་པ་གཡུ་ཐོག་པས་མཛད་པའི་བུ་དོན་མ་ཞེས་བྱ་བ་བཞུགས་སོ། །

སྤྱི་ལོའི་དུས་རབས་བཅུ་གཉིས་པར་གཡུ་ཐོག་གསར་མ་ཡོན་ཏན་མགོན་པོས་མཛད།

གཞུང་འདིའི་མཛད་པ་པོ་ནི། གཡུ་ཐོག་སྙིང་མའི་རིགས་ལས་མཆེད་པའི་གདུང་རབས་བཅུ་གསུམ་པ། གཙང་ཉང་སྟོད་ཀྱི་སའི་ཆ་སྒོ་བཞི་རེ་ཐང་དུ་ཡབ་གཡུ་ཐོག་ཁྱུང་པོ་རྡོ་རྗེ་དང་། ཡུམ་པདྨ་འོད་ལྡན་གྱི་སྲས་སུ་དགེ་ལེགས་ཀྱི་མཚན་མ་བསམ་གྱིས་མི་ཁྱབ་པ་དང་བཅས་དུས་རབས་བཅུ་གཉིས་པའི་ནང་སྐུ་འཁྲུངས། ལོ་བརྒྱད་ནས་བཟུང་སྨན་དཔྱད་སྦྱངས། སྔ་ཕྱིར་རྒྱ་གར་དུ་ལན་དྲུག་ཕྱིན་ནས་རྒྱ་གར་རྡོ་རྗེ་གདན་དུ་པཎ་ཆེན་བརྒྱ་ཕྲག་དུ་མའི་ཚོགས་དཔོན་མཛད། སྐུ་ཚེའི་སྟོད་དུ་ཡན་ལག་བརྒྱད་པ་ཁོ་ནའི་འཕྲིན་ལས་བསྐྱངས། དེ་ནས་རྩ་དཔྱད་རིག་པ་རང་གསལ་སྡེ་ཚན་ལྔ་པ་དང་། ལག་ལེན་ཡོད་ཚུང་། རྒྱུད་ཚུང་བདུད་རྩི་སྙིང་པོ། ཤོག་དྲིལ་སྐོར་གསུམ། ལྡེ་མིག་སྐོར་དྲུག་སོགས་སྨན་གཞུང་མང་པོ་བརྩམས་པར་མཛད།

མདོར་ན་གཡུ་ཐོག་གསར་མ་ཡོན་ཏན་མགོན་པོའི་སྐུ་ཚེ་རིལ་པོ་ནི་ནད་པའི་འགྲོ་དོན་བསྐྱངས་ནས་བཞུགས་པའི་ཁར་སྐུ་ཚེའི་མཇུག་ཏུ་དཔལ་ལྡན་རྒྱུད་བཞི་འདི་ཉིད་གསོ་དཔྱད་ཀུན་གྱི་ཡང་རྩེར་གཟིགས་ནས་ཕྱི་རབས་ཀྱི་དོན་དུ་བཀའ་རྒྱ་བཀྲོལ་ཏེ་ལུས་ཅན་ཀུན་གྱི་སྤྱི་ནོར་དུ་སྤེལ། བུའི་དོན་དུ་གསེར་མཆན་དང་། སློབ་མའི་ངོར་ཟིན་མཆན་ཞེས་པའི་མང་ཉུང་གཉིས་བཀོད། གཞན་ཡང་སྨན་པའི་རྒྱལ་པོ་གཡུ་ཐོག་གསར་མ་ཞེས་པ་དེས་སྤྱི་འབུམ་ཆེན་མོ་དང་། མན་ངག་སྙིང་པོ་དྲིལ་བ་འབུམ་ཁུ་ཚུར། ཐོར་བུ་མེ་ལེན། དེབ་ཆེངས་སྐྱོགས་ཀྱི་དཔེ་རིས། བྱང་ཁོག་གི་རྩ་ཕྲ། སྤྲུག་པོ་གསོ་བ་ཆུ་རྒྱུན་གྱི་གདམས་པ། ལག་ལེན་ཡོད་ཚུང་། ཚུའི་འཁོར་ལོ་དང་ཕྲ་གསལ་བའི་མེ་ལོང་། བུ་དོན་མ། འབྱུང་བ་ལུས་འབྱུགས་ཀྱི་གེགས་སེལ། དུག་ནད་ཞི་བ། མོ་ནད་བཅོས་ཐབས་ཡིག་སྣ་བཅུ་བཞི་པ། གཟེར་སྨན་གཉེན་པོ་ལྔ་སྦྱོར། སྨན་པའི་བྱ་བ་མདོར་བསྡུས། རྒྱུད་བཞིའི་འཆད་ཐབས་སུ་ཆ་ལག་བཅུ་གསུམ་མམ་བཅོ་བརྒྱད་སོགས་མཛད་དེ་བོད་གངས་ཅན་གྱི་ཡུལ་དུ་གསོ་དཔྱད་ཀྱི་བསྟན་པའི་སྒྲོན་མེ་ཆེས་ཆེར་སྤར་བར་མཛད། དམ་པ་དེ་ལ་རྗེས་འཇུག་གི་སློབ་མ་ཀུན་བསྡོམས་ན་གནམ་གྱི་སྐར་མ་དང་སའི་དྲིག་པའི་དཔེ་བཞིན་བྱུང་བ་ནས་ཡོངས་གྲགས་ནི་ལྷུང་སྨན་ལེབ་སེ། འབལ་སྨན་ཉི་མ་དཔལ། རྗེ་ཡེ་ཤེས་གཟུངས། སྟོན་པ་ཨ་ཚོས། ཁྲག་རམ་པ་ཉི་མ་དཔལ། གཡུ་ཐོག་འབུམ་སེང་དང་། །བསོད་སེང་། སུམ་སྟོན་ཡེ་ཤེས་གཟུངས། དགེ་བཤེས་རོག་ཆུང་རྣམས་ཡིན་ནོ། །

ནང་དོན་གཙོ་བོ། གཞུང་འདི་ནི་གཡུ་ཐོག་གསར་མ་ཡོན་ཏན་མགོན་པོས་རང་གི་བུའི་དོན་དུ་གདམས་པ་ཐམས་ཅད་དང་། ཉེས་གསུམ་རླུང་ནད་གསོ་བ་ནས་ཞག་དུག་གི་ནད་གསོ་བའི་བར་ཁྱོན་ནད་རིགས་སྒྱ་བཞི་བོ་སོ་སོའི་ནད་ཀྱི་རྒྱུ་རྐྱེན་དང་། དབྱེ་བ། རྟགས། བཅོས་ཐབས་སོགས་ལ་ལེའུ་སྒྱ་བཞི་དང་། འཚོ་འཆི་རྟགས་ཀྱི་སྒྲོན་མེ་བཅས་ཁྱོན་ལེའུ་བརྒྱད་ཅུ་སྒྱ་ལྔ་ཙམ་བཀོད་ཡོད། གཞུང་འདིའི་དཔར་གཞི་བྲིས་མ་གསར་བཤུས་ཤིག་བོད་ལྗོངས་སྨན་རྩིས་ཁང་གི་དཔེ་མཛོད་ཁང་དུ་ཉར་ཚགས་བྱས་ཡོད་པ་དང་མ་ཡིག་དངོས་དེ་ཕོ་བྲང་པོ་ཏ་ལའི་དཔེ་མཛོད་ཁང་དུ་ཉར་ཚགས་གནང་ཡོད་ལ་དེ་ཡང་ཐོག་མའི་མ་ཡིག་དེ་མ་ཡིན་པར་ཕྱིས་སུ་ཉམས་གསོ་བྱས་པ་ཞིག་ཡིན་པ་དང་འདིར་འཁོད་པ་མ་ཡིག་ཡང་དེ་ཡིན། ཁྱོན་ཡོངས་ལ་ལྡེབ་མ་༣༥༣ཡོད། རིང་ཚད་ལ་༤༩cmདང་། ཞེང་ཚད་༡༡cmཡོད་དོ། །

《宇妥实践经卷 · 扑顿玛卷》

该书于12世纪由宇妥萨玛 · 云丹贡布所撰著。宇妥萨玛 · 云丹贡布属于宇妥宁玛的第十三代后裔，于12世纪出生于后藏年堆 · 阁西热唐地方，其父亲是宇妥琼沃多杰，母亲是白马奥登。8岁起专心听授藏医学，渐逐成良医。10岁时师从贡却佳贝学《四部医典》。18岁之后先后6次前往印度拜空行主母巴登逞瓦及仙人杂惹迦等名师学习医学，贯通群论，声名大噪，为善提伽耶千百博学会众之师。在前半生主要研习《八支精要》及相关理论，返藏后开始行医生涯，著有《诊脉五部论》《临床诊疗红书》《大小八支精要》《马鸣医学集要注 · 观察宝鉴》等众多医书，嘉惠后学。

宇妥萨玛·云丹贡布将一生奉献于藏医药事业，在有生之年将《四部医典》视为藏医学的巅峰之作，用厘定后的藏文改定《四部医典》，加入旁注，随宜补遗，用实践诀窍充实《四部医典》注释。为后世学医者更好地研习藏医学并将其发扬光大，故将《四部医典》授予众弟子，并以子之名撰著了《四部医典金字注释》，以徒之名撰著了《四部医典实践诀窍之释解》，为藏医药学在雪域高原发扬和传承做出巨大贡献。另外著有《宇妥本草》《医学百万拳》《零星烙器》等经典著作。门下生徒众多，名医如松敦•耶希宋等名实相符者亦近300个。卒年77岁。

该书主要内容是宇妥萨玛 · 云丹贡布总结其毕生所学和临床经验，翔实阐述84种常见病及疑难病症的病因、类型、症候及治疗等，并增加了描述危重病患生死脉象的一个章节，全书共有85章节。

该书的手抄本原件收藏于布达拉宫图书馆内。手写原本全书共352叶。单叶规格：长49厘米，宽11厘米。

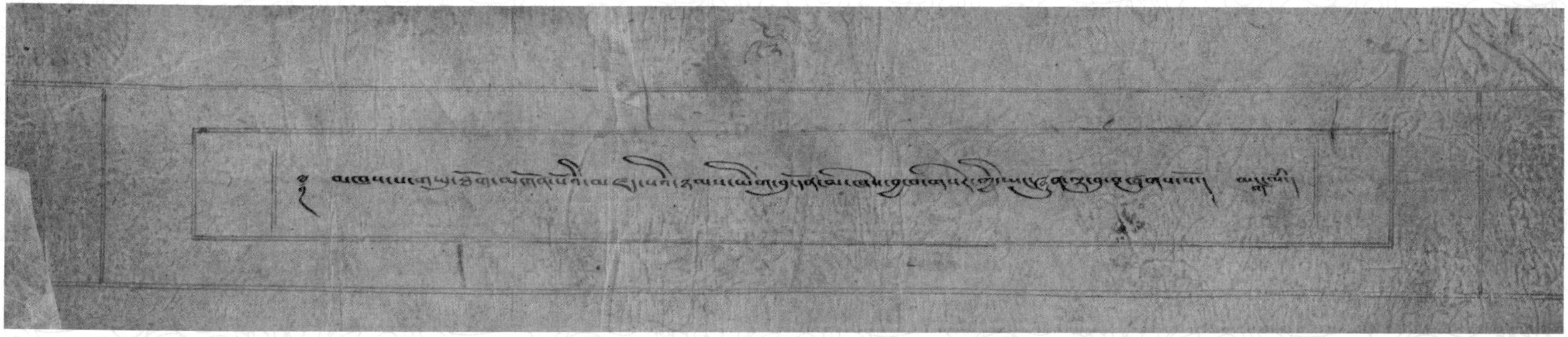

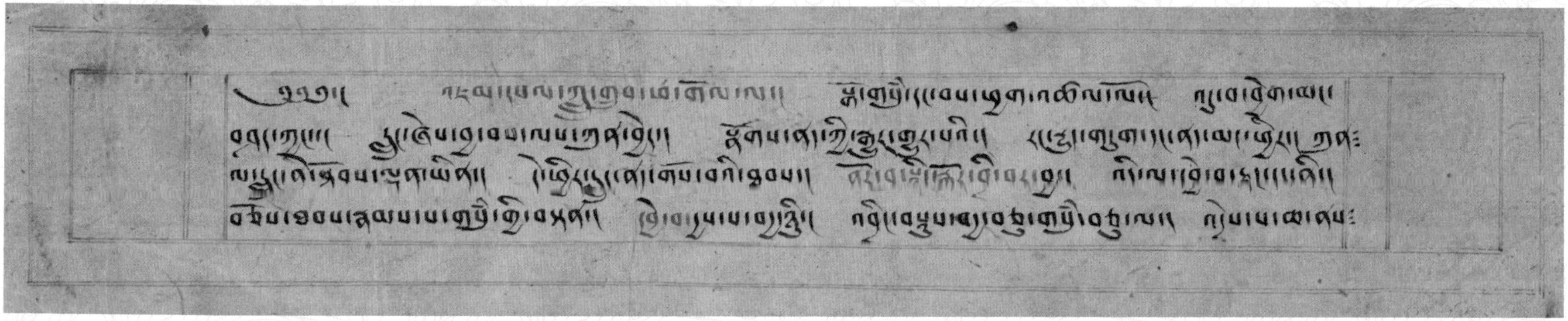

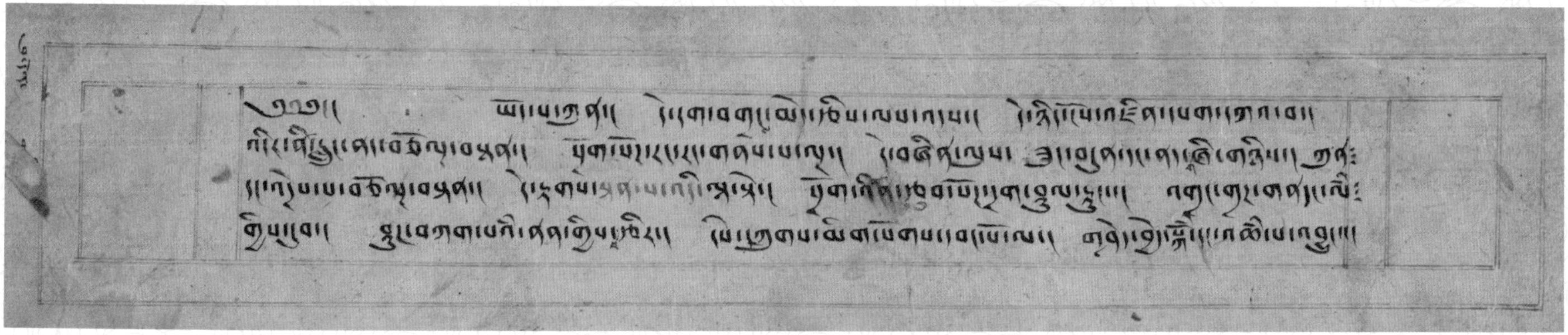

ཕུང་པོ་གཟན་སྐྱུར་གྱི་རྣམ་བཤད།

སྤྱི་ལོའི་དུས་རབས་བཅུ་གཅིག་པར་མ་གཅིག་ལབ་སྒྲོན་གྱིས་མཛད།

གཞུང་འདིའི་མཛད་པ་པོ་ནི་ལྷོ་ཁ་ཨེའི་ལབ་ཀྱི་གྲོང་མོ་ཆེར་ཡབ་ཆོས་ཀྱི་བླ་མ་དང་ཡུམ་འབུམ་ལྕམ་གཉིས་ཀྱི་སྲས་མོར་རབ་བྱུང་དང་པོའི་ས་གླང་ (སྤྱི་ལོ་༡༠༥༩) ལོར་སྐུ་འཁྲུངས། ཆུང་དུའི་དུས་ནས་མཁྱེན་རབ་ཆེ་བས་དགུང་ལོ་ལྔ་ནས་ཡུམ་ལས་ཡི་གེ་འབྲི་ཀློག་བསླབས། དགུང་ལོ་བརྒྱད་ལ་ཉིན་རེར་བརྒྱད་སྟོང་པ་ཚར་གཉིས་རེ་ཀློག་པ་མ་ཟད། དོན་མཁྱེན་ཐུབ་པས་ཤེས་རབ་ཅན་དུ་ཀུན་གྱིས་ཁས་ལེན་པར་བྱུང་། དགུང་ལོ་བཅུ་དྲུག་སྐེང་གྲ་ཐང་དུ་ཕྱིན་ནས་གྲྭ་པ་མངོན་ཤེས་ཀྱི་དྲུང་དུ་མཆོད་གནས་མཛད་ཅིང་བཞུགས། རབ་བྱུང་གི་སྡོམ་པ་བཞེས་མེད་རུང་སྐུ་ཡོན་ཆེ་བས་རབ་བྱུང་གི་གྲལ་དུ་ཚུད་པས། ཚང་མས་དང་གུས་ཞུས། དེ་ནས་སྐྱོ་སྟོན་བསོད་ནམས་བླ་མ་དང་། སྨྲས་སྟོན། ཡར་ཕིང་བ། ཕ་དམ་པ་སངས་རྒྱས་སོགས་མཁས་གྲུབ་དུ་མ་བསྟེན་ནས་ཞི་བྱེད་དང་རྫོགས་ཆེན་ཕྱག་ཆེན་སོགས་མཐའ་ཡས་པ་གསན་ནས་བསྒོམ་སྒྲུབ་མཛད་པས་མཁས་ཤིང་གྲུབ་པའི་རྣལ་འབྱོར་མ་ཆེན་མོར་གྱུར། ཤིང་རྟ་ལོར་དགེ་བཤེས་ཨ་སྟོན་ལས་གསན་སྦྱོང་མཛད། དེ་རྗེས་ཕ་དམ་པ་སངས་རྒྱས་བསྟེན་ནས་ཞི་བྱེད་གཅོད་ཀྱི་གདམས་པའི་བདག་པོར་གྱུར། ཕ་དམ་པའི་བཀའ་ལྟར་སྒྲུབ་པ་ཉམས་ལེན་མཛད་པས་རྟོགས་པའི་ཡོན་ཏན་ལ་མངའ་བརྙེས། ཁོང་གི་མཛད་ཆོས་ལ། གཅོད་གཞུང་བཀའ་ཚོམ་ཆེན་མོ་དང་། ཡང་ཚོམ། ཉིང་ཚོམ། ལེའུ་ལག །གནས་ཐེམ། ཁོང་རྒོལ། གསང་བ་བརྡ་ཆོས། ལ་བཟླས་སྐོར་གསུམ། གཞི་ལམ་སློང་བ། ཁྱད་པར་གྱི་མན་ངག་སོགས་ཡོད། ཁོང་གིས་དབུས་གཙང་གི་སྒྲུབ་གནས་ངེས་མེད། ལྷོ་ཁ་ཟངས་རི་མཁར་དམར་སོགས་སུ་སྒྲུབ་པ་ཁོ་ན་མཛད། སློབ་མ་མང་དུ་འདུས་པས་ཟབ་ཆོས་ཕྱག་རྒྱ་ཆེན་པོ་གཅོད་ཡུལ་ཞེས་ཕར་ཕྱིན་གྱི་དགོངས་པ་དེ་ཉིད་བསྟན། ཁོང་གིས་ཕུང་པོ་གཟན་སྐྱུར་གྱི་ཆོས་གསུངས་པ་ལ་བརྟེན་བོད་དུ་ཕུང་པོ་བྱ་གཏོར་གྱི་སྲོལ་བྱུང་ཞེས་ཁ་ཅིག་གིས་བཤད།

ཁོང་ནི་ཞི་བྱེད་གཅོད་ཀྱི་བསྟན་པའི་བདག་པོ་དང་བོད་ལུགས་གསོ་བ་རིག་པའི་ལོ་རྒྱུས་ཐོག་གི་བུད་མེད་སྨན་པ་མཁས་གྲུབ་གཉིས་ལྡན་ཙམ་མ་ཟད། བོད་ལུགས་གསོ་བ་རིག་པའི་གཤགས་ལས་རིག་པ་མཁས་ཅན་ཞིག་ཀྱང་ཡིན།

ནང་དོན་གཙོ་བོ་ནི། རྫོད་བྱེད་ལེའུ་བཅུའི་སྒོ་ནས་བརྗོད་བྱ་ལུས་ཀྱི་གྲུབ་ཆ་དང་འཆི་ལྟས། ཞི་བྱེད་གཅོད་ཀྱི་ལྟ་སྒོམ་སྤྱོད་གསུམ་གྱིས་གྲུབ་པའི་མཐའ་སོགས་བསྟན་གནང་ཡོད་པ་སྟེ། དཔེར་ན། དང་པོ་འཆི་རྟགས་རྣམས་བྱུང་བའི་རྗེས་སུ་འབྱུང་བ་ལྔ་ཐིམ་སྟུད་འོང་བ་སྟེ། དེ་ཡང་འབྱུང་བ་ལྔ་འཁྲུགས་པའི་དུས་སུ་འབྱུང་བ་རེ་རེ་ལ་འོད་ཕྱིའི་རྟགས་དང་ནང་གི་རྟགས་དང་གཉིས་གཉིས་འོང་བ་ཡིན། ཞེས་དང་། རྩའི་གྲངས་ནི་འདི་ཡིན་ཏེ། རྩ་ཆེན་སྟོང་ཚོ་བཞི་དང་། རྩ་ཕྲན་ཁྲི་ཚོ་བརྒྱད། རྩ་ཡང་ཕྲན་འབུམ་ཚོ་གཉིས། ཞེས་དང་། རུས་པ་ལ་དུམ་བུ་སུམ་བརྒྱ་དྲུག་ཅུ། ལྷག་མ་དང་བཅས་པ་དང་། ཆུ་རྒྱུས་ཡང་རུས་པའི་གྲངས་ལས་ལྔ་འགྱུར་གྱིས་

མང་བ་ཡིན་ནོ། །ཏུས་པ་ལ་ཡང་ཡན་ལག་གི་རྩེ་མོའི་མཛུབ་མོ་ཉི་ཤུ་ལ་དུམ་བུ་བཞི་བཞི་སྟེ་བརྒྱད་ཅུ་ཞེས་སོགས་གསལ་བར་བསྟན་གནང་འདུག །གནད་ཆེ་ཆུང་གི་སྐོར་ལས། གློ་བ་དབུགས་ཀྱི་བུ། སྙིང་ནི་རྩའི་བུ། མཆེར་པ་ནི་ཁྲག་གི་བུ། མཆིན་པ་ནི་ཤའི་བུ། མཁལ་མ་རྐེན་གྱི་བུ། ཕོ་བ་བཅུད་ཀྱི་བུ། ལོང་ཁ་ཟས་ཀྱི་བུ་ཞེས་ཁོང་རང་ཉིད་ཀྱིས་བཞེད་པ་དང་། ལྷག་པར་དུ་དེང་སང་ཕྱི་ལུགས་གསོ་རིག་ལས་ཆེ་ཤེལ་སྦྱུད་ནས་པགས་པ་ལ་རིམ་པ་བདུན་ཡོད་པ་ཤེས་རྟོགས་བྱུང་ཡོད་ཀྱང་སོ་སོའི་མིང་དང་བྱེད་ལས་བསྟན་མེད། ཡིན་ནའང་ལོ་ངོ་དགུ་བརྒྱའི་སྔོན་ནས་མ་ཅིག་ལབ་སྒྲོན་གྱིས་ཕུང་པོ་གཟན་སྐྱུར་ནང་དེ་རྣམས་གསལ་པོར་བཀོད་པ་ནི། པགས་པ་ལ་ནང་དུ་ཤའི་རིམ་པ་དང་། དེའི་རྒྱབ་ཏུ་དར་ཤའི་རིམ་པ། དེ་ནས་ཚ་རྒྱུས་ཀྱི་རིམ་པ། དེ་ནས་རྩའི་རིམ་པ། དེ་ནས་ཚིལ་བུའི་རིམ་པ། དེ་ནས་སྐྱི་མོའི་རིམ་པ། དེ་ནས་པགས་པ་སྟེ། རིམ་པ་བདུན་བཅས་པ་ནི། ཕུང་པོ་རབ་ཏུ་དབྱེ་བ་ཡིན་པས་ཡིད་ལ་ཟུངས་ཞེས་གསལ་པོར་འཁོད་ཡོད། ད་དུང་འཛལ་བྱེད་ཚད་གཞིའི་སྐོར་ལ། མཁལ་མ་རང་གི་རྣ་བ་གཉིས་དང་མཉམ། ཕྱུ་ནག་ལ་རང་འཛོམ་དགུ། རྒྱུ་དཀར་ལ་འཛོམ་དོ་དང་ཁྲུ་གང་། ལོང་ག་ལ་ཁྲུ་དོ་སོར་བཞི་ཞེས་སོགས་རྒྱ་ཆེར་གསུངས་འདུག །གཞན་ཡང་ཁོང་ཉིད་ཀྱི་སྐུ་ཚེ་ཕྱིལ་པོའི་མཛད་པ་རྣམ་ཐར་རྒྱས་པར་འཁོད་ཡོད། འདིའི་ནང་མ་ཅིག་ལབ་སྒྲོན་དང་ཁོང་གི་སློབ་མ་རྣམས་ཀྱི་བར་དུ་ཞུ་བ་དང་ཞུས་ལན་གྱི་ཚུལ་དུ་གཙོ་བོར་ཞི་བྱེད་གཅོད་ཀྱི་ལྟ་སྒོམ་སྤྱོད་གསུམ་གྱིས་གྲུབ་པའི་མཐའ་རྒྱས་པར་བསྟན་ཡོད་པ་མ་ཟད། ལུས་ཀྱི་གྲུབ་ཆ་དང་ཁྱད་པར་དུ་རྩ་རླུང་ཐིག་ལེའི་སྐོར་ཡང་འཁོད་ཡོད། ཡང་སློས་གཤགས་ལས་རིག་པའམ་གྲུབ་པ་ལུས་ཀྱི་སྐོར་ལ་ལག་ལེན་དངོས་དང་། ཞིབ་འཇུག་གཉིང་ཟབ་མཛད་པའི་འབྲས་བུ་ལས་རྒྱུ་དཀར་ལ་འཛོམ་དོ་དང་ཁྲུ་གང་ཞེས་པ་ལྟ་བུ་སོགས་དོན་དངོས་དང་མཐུན་པའི་རྣམ་གཞག་མང་དུ་བཀོད་ཡོད། འདི་ནི་བོད་ལུགས་གསོ་རིག་ལོ་རྒྱུས་ཀྱི་རྒྱུ་ཆ་གལ་ཆེན་ཞིག་ཡིན་པ་ཙམ་དུ་མ་ཟད་གྲུབ་པ་ལུས་ཐད་ཀྱི་དཔྱད་གཞིའི་ཡིག་ཆ་སྲིད་ན་དཀོན་པ་ཞིག་ཀྱང་ཡིན། གཞུང་འདི་ནི་གཙོ་བོ་མ་ཅིག་ལབ་སྒྲོན་གྱི་གསུང་ཡིན་པ་གང་ཞིག །ཁོང་གི་བུ་སློབ་རྣམས་ཀྱིས་བསྡུ་བསྒྲིགས་མཛད་པ་ཞིག་རེད་འདུག །

འདིའི་མ་དཔེ་ནི་བོད་རང་སྐྱོང་ལྗོངས་སྨན་རྩིས་ཁང་གི་ཡོན་ཀྱང་དམ་པ་བྱམས་པ་འཕྲིན་ལས་མཆོག་ནས་ཉར་ཚགས་གནང་བ་དང་། དེ་རྗེས་རྒྱལ་སྨན་སློབ་དཔོན་ཆེན་མོ་བྱམས་པ་འཕྲིན་ལས་ཀྱི་དཔེ་གཟིགས་ཁང་དུ་བཞུགས་སུ་གསོལ། པར་མ་དཔེ་རྙིང་སྣ་རིང་ཞིག་ཡིན་པ་དང་། ཁྱོན་ལྡེབ་མ་༡༠༧ཡོད་ཅིང་། ལྡེབ་མ་རེའི་མཐོ་ཚད་ལ་༩.༨cmདང་རིང་ཚད་ལ་༥༧.༣cmབཅས་ཡོད་དོ། །

《阐述施舍躯体法》

该书于11世纪由女性修行者玛久拉忠所撰著。著者玛久拉忠于1049年出生于西藏山南埃勒地区。父亲名为伽吉达瓦，母亲为本江。自幼聪慧伶俐，5岁读书识字，9岁时每日能诵读两遍八千字的古本，并且能预知未来，被当地民众所赞扬并尊称为神童。16岁时前往扎唐师从大能扎巴昂西学习佛教仪轨和法术，虽未出家却因学识渊博而得到僧人们的尊敬，并且成为其中的一员。之后师从杰顿索南拉班、白顿、雅唐巴、先父桑杰等大能习法修佛，尤其在研习禅修方面获得巨大的成就，成为有名的女修行者。土马年师从上师阿顿参禅习佛，之后师从先父桑杰修习施舍躯体法，并依上师教诲苦修多年，最终熟练掌握并精通这门法术。著有《阐述施舍躯体法》《央宗》《尼昂宗》《丽尔拉》等经典。曾长期在西藏山南桑日康玛等地禅修。也有学者认为由于受到施舍躯体法的影响，西藏逐渐出现了天葬仪轨之说，并延续至今。著者不仅深谙施舍躯体法仪轨，而且对藏医手术疗法具有深厚的造诣，是名符其实的女性藏医大家和修行者。

该书主要通过十个章节详述了人体组织结构、人体解剖、死亡的预兆、施舍躯体法的见行修、禅修、瑜伽等内容。其中最值得关注的是在人体解剖学方面，如人体有大脉四千，小脉八万，细小脉2000万。人体的骨骼总共360块，筋腱及韧带是人体骨骼数的五倍之多，认为人体趾端有80块骨骼。首次以人体要害大小为依据，提出“肺为气之子，心脏为血管之子，脾脏为血之子，肝脏为肌肉之子，肾脏为淋巴之子，胃为精华之子，结肠为食物之子”的独特观点。尤其是现代医学在显微镜下发现人体的皮肤有7层，但没有说明每层皮肤命名和功能，而藏医学早在900年前由玛久拉忠在《阐述施舍躯体法》一书中提出皮肤分为7层，由内而外依次为肌肉层、肌肉薄膜层、筋膜层、血管神经层、脂肪层、真皮层、表皮层。此外在度量厘定方面，认为肾脏大小与自身耳朵大小一致，黑肠的长度是自身平伸双臂之长度，白肠的长度是两弓一肘，大肠的长度是一肘四指等许多厘定方面的内容。大师生平功绩详见其传记。该书主要以问答的形式撰写，内容涉及施舍躯体法、人体组织结构、生理解剖等，是藏医解剖学的重要文献之一。此书是由上师的学徒通过整理上师多年的授课内容及实践经验编撰而成。

古籍原本为西藏自治区藏医院原院长强巴赤列的藏书，之后陈列在国医大师强巴赤列图书馆内。原本共有201叶。单叶规格：长51.3厘米，宽9.8厘米。

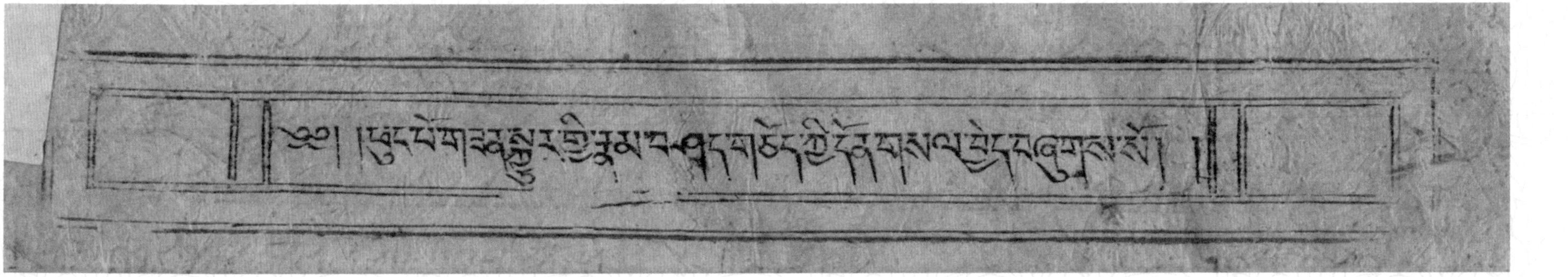

༄། །ཕུང་པོ་ཡ་ཙམ་སྐྱུར་ཏེ་རྣམ་པར་ཞིབ་གཅོད་ཀྱི་དོན་གསལ་བྱེད་དཔྱད་ཞུགས་སོ། །

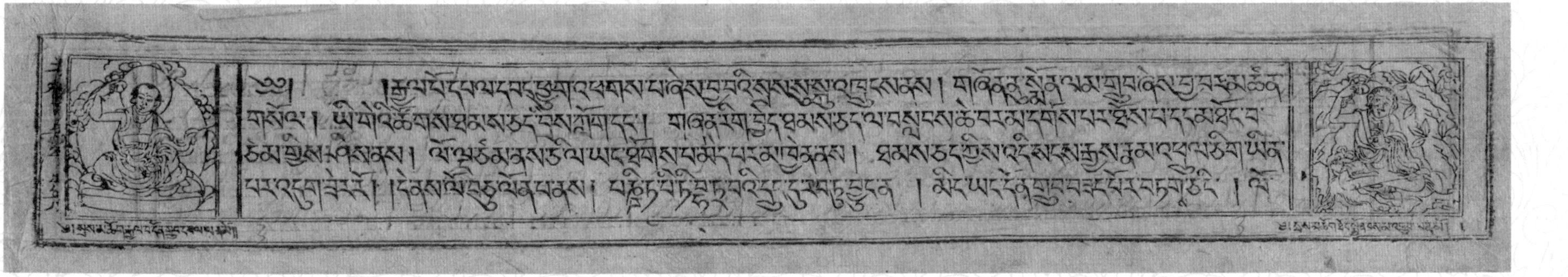

རྩ་མདོའི་འགྲེལ་པ་རིག་པ་དོན་གསལ།

སྤྱི་ལོའི་དུས་རབས་བཅུ་བདུན་པར་དར་མོ་སྨན་རམས་པ་བློ་བཟང་ཆོས་གྲགས་ཀྱིས་མཛད།

གཞུང་འདིའི་མཛད་པ་པོ་ནི། བོད་རབ་བྱུང་བཅུ་གཅིག་པའི་ས་སྟག （སྤྱི་ལོ་༡༦༣༨） ལོར་ལྷོ་ཁ་ཡར་ཀླུང་ཤར་ནུབ་མཐིལ་གསུམ་ལས། ཤར་གྱི་ཆ་ཤམ་པོ་གངས་ཀྱི་ཉེ་ལོགས་གཞན་པ་སའི་གྲོང་ཁྱེར་དར་མོ་ཞེས་པར་རྒྱལ་མོ་གཡུ་སྒྲ་སྙིང་པོའི་རིགས་སུ་སྐུ་བལྟམས། བཤད་རྒྱུད་སྡོང་འགྲེམས་ལེགས་བཤད་གསེར་གྱི་ཐུར་མ་དང་། བཤད་རྒྱུད་འགྲེལ་པ་རྣམ་བཀྲ་གསེར་གྱི་གན་མཛོད། མན་རྒྱུད་འགྲེལ་པ་ལེགས་བཤད་གསེར་རྒྱན། མན་ངག་བཀའ་རྒྱ་མ་སོགས་ཕུལ་བྱུང་བསྟན་བཅོས་མང་པོ་མཛད། ལྷག་པར་དུ་རྣམ་བཀྲ་གན་མཛོད་ཀྱི་ནང་དུ་རུས་པའི་དུམ་བུ་༣༦༠སྐོར་ལ་དཔྱད་པ་མཛད་དེ་རུས་པ་རེ་རེ་བཞིན་གཏན་ལ་ཕབ་པ་སོགས་གསོ་དཔྱད་ལ་སྐུ་དྲིན་ཤིན་ཏུ་ཆེ།

འདིའི་ནང་དོན་གཙོ་བོ་ནི། རྩ་ལ་བརྟག་པའི་སྔོན་འགྲོ་དང་། རྩ་བལྟ་བའི་དུས། ལྟ་གནས། མནན་ཚད། བལྟ་ཚུལ། ཐ་མལ་ནད་མེད་ཀྱི་རྩ། དུས་བཞིའི་རྩ་ལ་ཁམས་ལྔ་འབྱུང་བ་སྦྱར་ཐབས། ཚ་གྲང་ནད་ཀྱི་སྤྱི་རྩ། བྱེ་བྲག་ནད་རིགས་སོ་སོའི་ནད་ངོས་འཛིན་ཐབས། འཆི་རྩས་འཚོ་འཆི་ཁ་དམར་གདགས་པ། དེ་བཞིན་བླ་རྩ་དང་གདོན་རྩ་བརྟག་ཐབས། རྩ་ཡི་འཁྲུལ་སོ་བསལ་ཐབས་སོགས་བསྟན་ཡོད་ལ། ཁྱད་པར་དུ་ལུས་ཡོངས་ཀྱི་རྩ་ཡི་ཆགས་ཚུལ་དང་། ཟླ་བ་རེ་རེའི་ཚེས་སོ་སོར་དོན་སྣོད་དང་ཁམས་སྦྱར་སྟངས་སོགས་རྒྱས་བཤད་བྱས་ཡོད། གཞུང་འདི་ནི་དུས་རབས་༡༧པར་མཛད་པ་ཞིག་ཡིན་འདུག །

མ་དཔེ་བྲིས་མར་ཁྱོན་ལྡེབ་གྲངས་༣༨ཆ་ཚང་ཞིང་ཡིག་འབྲུ་གསལ་བ། ལྡེབ་མ་རེའི་མཐོ་ཚད་ལ་༡༣cmརིང་ཚད་ལ་༤༧.༥cmཡོད་པ་ཞིག་བོད་རང་སྐྱོང་ལྗོངས་སྨན་རྩིས་ཁང་ཞིབ་འཇུག་གླིང་དུ་བཞུགས་ཡོད་དོ། །

《脉经明释》

该书于 17 世纪由达尔莫曼 • 然巴 • 洛桑曲扎撰著。

著者达尔莫•曼然巴• 洛桑曲扎于藏历第十一饶迥土虎年（1638 年）生于西藏山南雅鲁藏布江下流域的达尔莫地区，属于当时的耶扎年布皇后一族。著者起初居住吉采 • 鲁古林修习，之后考入哲蚌寺西殿颇章医明利众院，先后拜尼唐活佛洛桑嘉措、章松 • 丹增达杰等五十余名大能为师，深研医学，最终获得曼然巴的尊称。之后在布达拉宫东阁创办的医学院里担任老师、辩论及撰述《四部医典》要义之风，并担任五世达赖喇嘛的“御医”，著有《后续部脉尿以下注释•疑难金刚结解》《秘诀部释难•金饰良言》《金释灿烂宝库》《秘识秘籍》《仁青常觉显扬》《教论实践选编 • 秘诀密封》《概论部形象详论•金钥匙》《释续部难词详释•金针》《宝堆美饰》《医学珍珠鬘》等。

该书的主要内容为藏医脉诊前的预备事宜、脉诊时机、脉诊的部位、诊法、未病者的脉象、四季脉象与五源的关联、寒症与热症脉象的区别、临终者脉象的特征及诊法、寿脉和邪魔病症患者的脉象特征及诊法、各种疾病脉象的鉴别、人体脉络的构成等内容。古籍原本总计有 38 叶。单叶规格：长 47.5 厘米，宽 12 厘米，现收藏于西藏自治区藏医院。

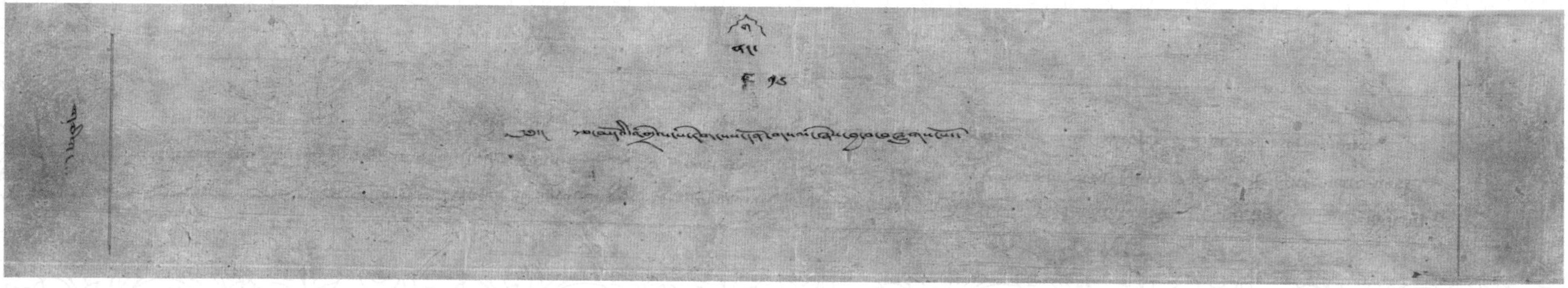

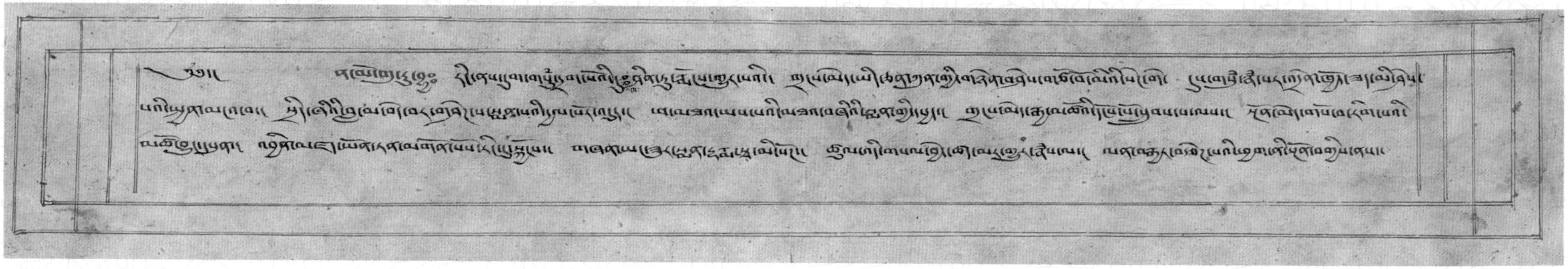

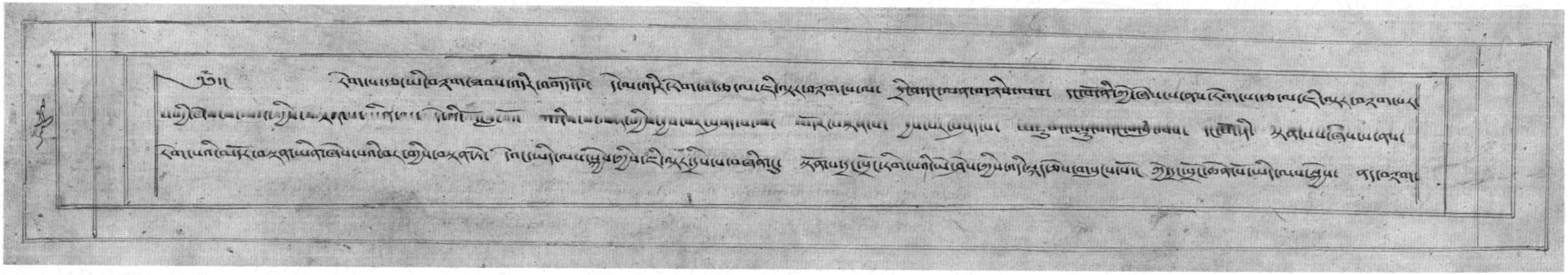

ཛ་དཔྱད་ཉི་འོད་རབ་གསལ།

སྤྱི་ལོའི་དུས་རབས་བཅོ་ལྔ་པར་ཟུར་མཁར་མཉམ་ཉིད་རྡོ་རྗེས་མཛད།

གཞུང་འདིའི་མཛད་པ་པོ་ནི་རབ་བྱུང་བདུན་པའི་ས་ལུག་（སྤྱི་ལོ་༡༤༣༩）ལོར་ཡབ་རིག་འཛིན་ཕུན་ཚོགས་དང་། ཡུམ་ཀུན་མཁྱེན་རྣམ་རྒྱལ་གྱི་ལྕམ་མོ་གཉིས་ཀྱི་སྲས་སུ་ཤར་དྭགས་པོ་ལ་ཐོག་ཟུར་མཁར་དུ་འཁྲུངས། ཡབ་རིག་འཛིན་ཕུན་ཚོགས་དང་སྨན་སྟོན་དཔང་ཕྱུག་སོགས་མཁས་དབང་དུ་མ་བསྟེན་ནས་ཡི་གེ་འབྲི་ཀློག་གིས་མཚོན་ཐུན་མིན་དང་ཐུན་མོང་གི་རིག་གནས་སྤྱི་དང་། ཁྱད་པར་གསོ་བ་རིག་པ་རྩལ་དུ་ཐོན་པར་སྦྱངས། གསུང་རྩོམ་ལ་དཔལ་ལྡན་རྒྱུད་བཞིའི་འགྲེལ་ཆེན་བོད་ཤེལ་ཕྲ་མོ་སོགས་མང་དུ་བརྩམས། དགུང་ལོ་སོ་བདུན་པ་རབ་བྱུང་བརྒྱད་པའི་ཤིང་ལུག་（སྤྱི་ལོ་༡༤༧༥）ལོར་གཟུགས་སྐུ་ཆོས་དབྱིངས་སུ་ཐིམ་པའི་ཚུལ་མཛད།

ཛ་དཔྱད་ཉི་འོད་རབ་གསལ་འདི་ཉིད་ཟུར་མཁར་མཉམ་ཉིད་རྡོ་རྗེས་མཛད་པའི་མན་ངག་ཐེ་བ་རིང་བསྲེལ་ཁོངས་སུ་བཞུགས་ཤིང་འདིའི་ནང་དོན་གཙོ་བོ་ནི། ཛ་ལ་བརྟག་པའི་སྔོན་འགྲོ་དང་། ཛ་བལྟ་བའི་དུས། བལྟ་ཚུལ། ལྟ་གནས། བྱེ་བྲག །ནད་རིགས་སོ་སོའི་ནད་ངོས་འཛིན་ཐབས། བཅོས་སྐྱིད་བྱུང་མ་བྱུང་བརྟག་ཐབས། དེ་བཞིན་བླ་ཛ་དང་གདོན་ཛ་བརྟག་ཐབས། ཛ་ཡི་འཕྲུལ་སོ་བསལ་ཐབས་སོགས་བསྟན་ཡོད།

མ་དཔེ་འདི་ནི་བོད་རང་སྐྱོང་ལྗོངས་སྨན་རྩིས་ཁང་དུ་ཉར་ཚགས་གནང་བའི་པར་མ་སྣ་འབྲིང་ཞིག་ཡིན། དེར་ཤོག་ལྷེབ་མ་༤དང་མཐོ་ཚད་༨.༡cm རིང་ཚད་༤༣cmབཅས་ཡོད། དེ་དག་ལ་ཆད་ལྷག་དང་རལ་སྐྱོན་སོགས་མེད་པར་ཆ་ཚང་བར་བཞུགས། །

《脉诊日光明镜》

该书于15世纪由藏医大家苏喀尔·娘尼多吉所著。苏喀尔·娘尼多吉于15世纪土羊年（1439年）生于前藏塔波·拉妥地方，其父名仁增彭措，母名更切南杰。自幼跟随家父及曼顿旺秀等大师学贯普通专科之学，尤专攻医学。著有《四部医典之注释·水晶彩函》《四部医典问难·银镜》等多种著述。又于后藏夏却恩噶寺中汇集前藏山南地区涅、洛、甲及塔工地区、尼洋、工布等处名医，合著《珍宝药物形态识别》《药味·铁鬘》《甘露宝库》等，论述药物的味、功效、性能、本质、释名等。

《脉诊日光明镜》在苏喀尔·娘尼多吉所著的《秘诀千万舍利》中，其主要内容为脉诊前的预先准备事宜、脉诊的时机、诊法、脉诊的部位等。另外详述了通过脉诊如何诊断其他疾病，如何用脉诊辨别治疗是否有效，寿脉的诊法，邪魔病患诊脉的方法，用脉诊进行疾病的鉴别诊断等。

该书的原本现收藏在西藏自治区藏医院，全书总计4叶。单叶规格：长43厘米，宽8.7厘米。

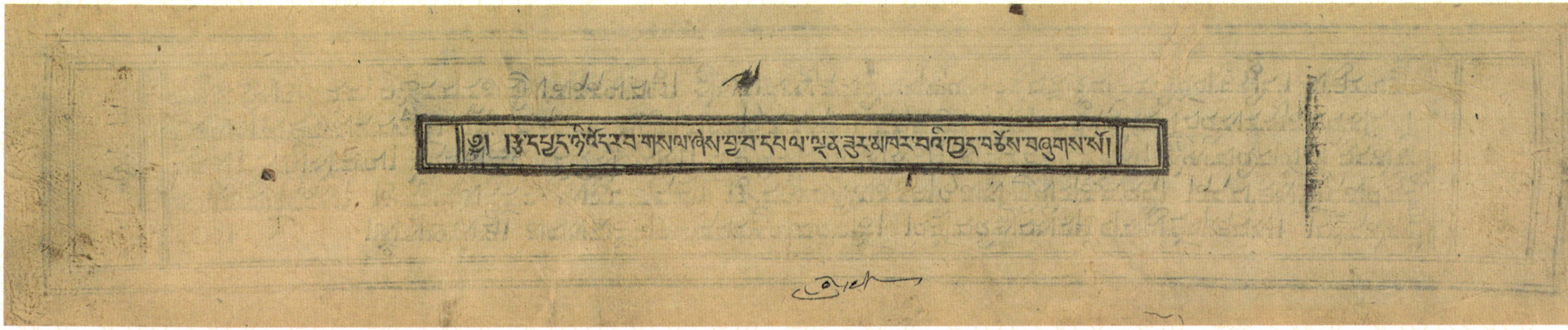
༄། །རྩ་དཔྱད་ཉི་འོད་རབ་གསལ་ཞེས་བྱ་བ་དཔལ་ལྡན་ཟུར་མཁར་བའི་ཁྱད་ཆོས་བཞུགས་སོ།

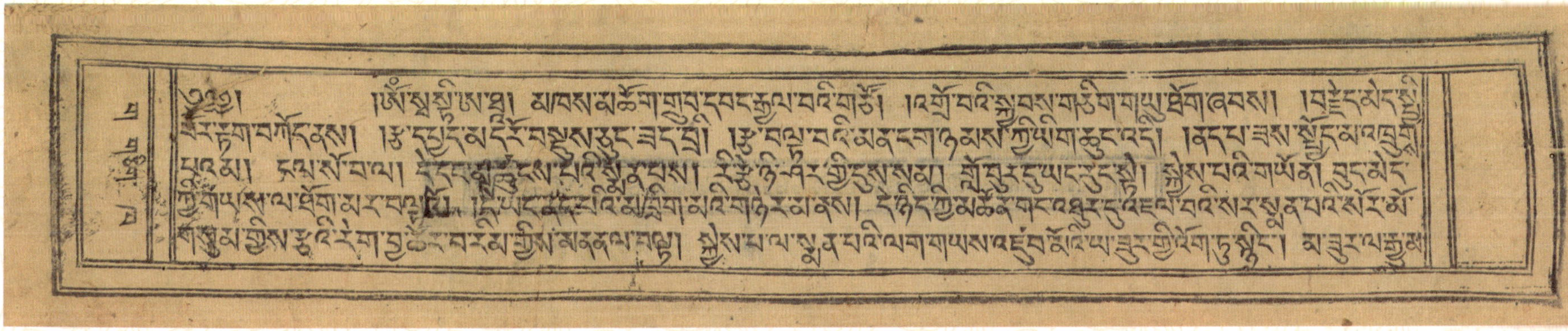
༄༅། །ཨོཾ་སྭསྟི་ཨ་ཡུ། མཁས་མཆོག་གྲུབ་དབང་རྒྱལ་བའི་གཙོ། །འགྲོ་བའི་སྐྱབས་གཅིག་གཡུ་ཐོག་ཞབས། །བརྗོད་མེད་སྒྲོ་
བར་རྟག་བཀོད་ནས། །རྩ་དཔྱད་མདོར་བསྡུས་ཙུང་ཟད་བྲི། །རྩ་བལྟ་བའི་མན་ངག་ཉམས་ཀྱི་ཡིག་ཆུང་འདི། །ཞེད་པ་ཟས་སྐྱོད་མ་འབྲུག་གི་
ཕྱུག་མ། དཔལ་སོ་བ་ལ། ཉེ་དང་སློབ་ཚུལ་ལས་པའི་སྐལ་ལྡན་པས། རིག་ཆེ་ཉི་ཤར་ཀྱི་རྟགས་སུ་སྨྲ། སློ་སྦྱར་དུ་ཡང་རྩུང་སྐྱེ། སྨྲས་པའི་གསོན། བྱུང་མེད་
ཀྱི་གཡུ་སྲུ་ལ་ཐོག་མར་བཏུ། ཀླུ་ཡང་ཚང་བའི་མཁྲིག་མའི་གཉེར་ཁ་ནས། དེ་ཉིད་ཀྱི་མཆན་བང་འཕུར་དུ་འཛད་པ་བའི་སར་སྦྱུན་པའི་སོར་མོ་
གསུམ་གྱིས་རྩ་འི་རིག་བྱ་ཚིང་བར་མ་གྲིས་མནན་ལ་བལྟ། སྨྲས་པ་ལ་སྨན་པའི་ལག་གཡས་འཛུབ་མོའི་ཡ་ཟུར་གྱི་ཐོག་ཏུ་སྤྱིད། མ་ཟུར་ལ་རྒྱུས་

མན་ངག་ལྷན་ཐབས།

རབ་བྱུང་བཅུ་གཉིས་པའི་ལྕགས་མོ་ལུག་（སྤྱི་ལོ་༡༧༩༡）ལོར་སྡེ་སྲིད་སངས་རྒྱས་རྒྱ་མཚོས་མཛད།

གཞུང་འདིའི་མཛད་པ་པོ་མཆོག་ནི་ཞང་ཧྲང་འཛིན་བཟང་པོའི་བྲན་དུ་གྱུར་པའི་ཡུལ། གྲོང་སྡེའི་སྟོད་སྨད་གཉིས་ཀྱི་ཕྱི་མའི་ཆར། མར་པ་ལོ་ཙྪའི་བུ་ཆེན་བཞིའི་ནང་ཚན་མཚུར་སྟོན་དབང་གི་རྒྱལ་པོའི་རུས་ལས་ཆད་པ་ཡིན་ཞེས་དཔྱ་ཁྲལ་གྱི་འཚོ་བའི་རིགས་སུ་ཡབ་ཨ་སུག་དང་། ཡུམ་བུ་ཁྲིད་རྒྱལ་མོ་གཉིས་ཀྱི་སྲས་སུ་བོད་རབ་བྱུང་བཅུ་གཅིག་པའི་ཆུ་སྦྲུལ་（སྤྱི་ལོ་༡༧༥༣）ལོའི་བོད་ཟླ་བདུན་པར་སྐུ་འཁྲུངས། དགུང་ལོ་བརྒྱད་པའི་ཐོག་རྒྱལ་དབང་ལྔ་པའི་ཞལ་མཇལ་གསུང་ཐོས་ཀྱི་སྐལ་བཟང་ལོངས་སུ་སྤྱད་པ་དང་། སྐུ་ནར་སོན་རྗེས་སྐྱབས་གསུམ་འཛིན་པའི་དགེ་བསྙེན་གྱི་སྡོམ་པ་བསྐུལ་བར་མ་ཟད་སྐུའི་ཞབས་རིམ་ལ་ཡུན་རིང་དུ་བཞུགས། སུ་ཕྱིར་མཁས་དབང་དཔལ་ལྡན་ཕུན་ཚོགས་ལས་མིང་ཚིག་བརྗོད་གཞི་ཡི་གེ་དང་། འདར་པ་ལོ་ཙྪ་བ་ལས་སྐར་རྩིས་དང་། སྒྲ་རིག་པ། སུམ་རྟགས། སྙན་དཔྱད་སྐོར་འཚོ་བྱེད་གཞོན་ནུ་དངོས་དང་མཚུངས་པ་ལྷུན་སྟེངས་རྣམ་རྒྱལ་རྡོ་རྗེའི་དྲུང་ནས་གསན་ཏེ་སྟོང་འགྲེམས་དང་ཡུལ་ཐིག་སོགས་གཞུང་དོན་རེ་གཉིས་མ་གཏོགས་ཕལ་ཆེར་གོ་དོན་འཁྲོལ་ཞེས་གསུངས། དགུང་ལོ་སོ་ལྔ་ལ་སྨན་བླའི་དགོངས་རྒྱན་རྒྱུད་བཞིའི་གསལ་བྱེད་བཻ་ཌཱུར་སྔོན་པོའི་མལླི་ཀ་ཞེས་པ་དབུ་བཙུགས་ནས་ཕྱི་ལོ་དགུང་ལོ་སོ་དྲུག་ལ་ཕེབས་དུས་ལེགས་པར་གྲུབ་པ་དང་། སྐབས་བབ་ལྷན་ཐབས་ཟུག་རྡུའི་ཚ་གདུང་སེལ་བའི་ཀཱ་ཪྻ་ར་དུས་མིན་འཆི་ཞགས་གཅོད་པའི་རལ་གྲི་ཞེས་བྱ་བ་འདི་ཉིད་དགུང་ལོ་སོ་བརྒྱད་བཞེས་པ་རབ་བྱུང་བཅུ་གཉིས་པའི་ལྕགས་རྟ་ལོའི་ཟླ་བ་བདུན་པའི་ཚེས་ཉེར་བདུན་ཉིན（སྤྱི་ལོ་༡༧༩༠པའི་ཟླ་༧པའི་ཚེས་༢༧）དབུ་བཙུགས་པ་དང་། དགུང་ལོ་སོ་དགུ་བཞེས་པ་ལྕགས་མོ་ལུག་（སྤྱི་ལོ་༡༧༩༡）ལོར་དགའ་བཞི་འཕྲུལ་སྣང་གཙུག་ལག་ཁང་དུ་མཇུག་བསྡུས་པའོ། །གཞུང་འདིའི་མཚན་བྱང་དངོས་ལ་མན་ངག་ཡོན་ཏན་རྒྱུད་ཀྱི་ལྷན་ཐབས་ཟུག་རྡུའི་ཚ་གདུང་སེལ་བའི་ཀཱ་ཪྻ་ར་དུས་མིན་འཆི་ཞགས་གཅོད་པའི་རལ་གྲི་ཞེས་བྱ་བའོ། །

ནང་དོན་གཙོ་བོ་ནི། སྡེ་སྲིད་ཁོང་ཉིད་ཀྱི་སློབ་དཔོན་ལྷུན་སྟེངས་རྣམ་རྒྱལ་རྡོ་རྗེའི་ཡབ་ལྷུན་སྟེངས་བདུད་རྩི་འགྱུར་མེད་ཀྱིས་མཛད་པའི་གསོ་དཔྱད་ཀྱི་ལག་ལེན་དགོས་འདོད་ཀུན་འབྱུང་གི་རྨང་གཞིའམ་དགོངས་པ་གཞིར་བཟུང་ཐོག །སློབ་དཔོན་པདྨའི་བདུད་རྩི་བུམ་པའི་གཉན་རིམས་སྐོར་དང་། ཟུར་མཁར་བའི་བྱེ་རིང་། བྱང་པའི་མན་ངག་ལག་ལེན་རིགས། ཆོས་རྗེ་གྲགས་པ་རྒྱལ་མཚན་གྱི་སྨན་དཔྱད་རྒྱལ་པོའི་དགོར་མཛོད། དེ་བཞིན་གོང་སྨན་པའི་བོད་ཁྲ། ཡོད་དམར་སོགས་གནའ་གཞུང་དག་གི་ལེགས་ཆ་དང་དུ་བླངས་པ་དང་ཆབས་ཅིག །སྡེ་སྲིད་རང་ཉིད་ཀྱི་རྩ་ཆེའི་ཉམས་མྱོང་རྣམས་གཞི་གཅིག་ཏུ་བསྒྲིལ་ཏེ། གཙོ་བོ་ནད་རིགས་བརྒྱ་ལྷག་གི་རིགས་དབྱེ་དང་། ངོ་བོ་ངོས་འཛིན། སྨན་དཔྱད་ལག་ལེན། ཚིག་བརྒྱུད་མན་ངག་ཟབ་ཁྱད་ཅན་

སོགས་མ་འཕྲུགས་མ་འཁྲུལ་བར་སྤྱི་བོའི་གཙུག་ནས་རྐང་མཐིལ་བར་གྱི་ནད་རིགས་ལ་མན་ངག་ཡོན་ཏན་རྒྱུད་ཀྱི་ཁ་སྐོང་ཚུལ་དུ་ཕྱོན་ལེ་ཚན་བཅུ་དྲུག་ཐོག་ནས་བསྟན་པ་དང་། ལྷན་ཐབས་ནང་གི་གསང་རྒྱ་དམ་པོ་དགོས་པའི་རིགས་ཀྱི་སྨན་གྱི་གབ་མིང་དང་འགའ་ཞིག་གསང་རྒྱ་མཛད་ཡོད་པའོ། །འདིའི་མཛད་བྱང་ལས་གསལ་བ་ལྟར་སྡེ་སྲིད་མཆོག་དགུང་ལོ་སོ་བརྒྱད་བཞེས་པ་སྟེ་རབ་བྱུང་བཅུ་གཉིས་པའི་ལྕགས་རྟ་ལོའི་ཟླ་བ་བདུན་པའི་ཚེས་ཉེར་བདུན་ཉིན（ཕྱི་ལོ་༡༧༩༠ལོའི་ཟླ་༥པའི་ཚེས་༡༥）དབུ་བཙུགས་པ་དང་། དགུང་ལོ་སོ་དགུ་ལྕགས་མོ་ལུག（ཕྱི་ལོ་༡༧༩༡）ལོར་དགའ་བཞི་འཕྲུལ་སྣང་གཙུག་ལག་ཁང་དུ་མཇུག་བསྒྲུབས་པ་ཡིན།

གཞུང་འདིའི་མ་དཔེ་ནི་བོད་ལྗོངས་བོད་ལུགས་གསོ་རིག་སློབ་ཆེན་རྟེན་མཛོད་ཁང་གི་དགེ་རྒན་ཆེན་མོ་གོ་འཛོ་དབང་འདུས་མཆོག་གིས་མཚོ་འདོན་གནང་བའི་བྲིས་མ་སྣ་རིང་ཞིག་སྟེ། ཕྱོན་ལྷེབ་མ་༢༣༣ཡོད་པ་ལས་ལྷེབ་མ་༢༢༧པ་ཆད། ལྷེབ་མ་རེའི་མཐོ་ཚད་ལ་༨.༡cmདང་རིང་ཚད་ལ་༤༢.༨cmཡོད།

《秘诀续补遗》

此书于藏历第12饶迥，铁羊年即公元1691年由第司·桑杰嘉措撰著。著者第司·桑杰嘉措于公元1653年生于拉萨北郊之娘东地方。8岁师从五世达赖喇嘛听受显密佛学，师从达巴泽译师听受历算学和梵文学，师从隆阁·阿旺学习声韵占卜术，从降巴伦顶·囊杰多吉听受《人体尺度学本论枝干》和《秘方语传授诀窍》等，管理政教，维修扩建布达拉宫，建造五世达赖喇嘛肉身灵塔，校正刊刻《四部医典》，其著述在历算方面有《普氏算法·白琉璃》《白琉璃除垢》《金塔志·赡洲独严》《法典·清明晶鉴》《医学概论·琉璃宝镜仙人喜筵》《四部医典注释·蓝琉璃》《秘诀续补遗·斩除非命死绳利剑》及《四部医典图解》77幅。又创建了医科学校药王山。1705年被拉藏汗所杀。

该书主要是以著者的上师楞顿·南杰多吉之父楞顿·德孜杰梅所著的《医学如意珠》为基础，广集莲花生大师所著名著中的经验诀窍，结合自身的临床经验，撰写了一百余种疾病的分型分类、症候特征、药物和外治等治疗方法、治疗的秘诀诀窍等内容。尤其对补遗中的秘藏、难懂及易混淆的药物及药名进行逐一解答注释。从此书的书跋中可见著者在38岁时撰著此书，开始于1690年7月27日，完成于1691年。

该书的原本是由西藏藏医药大学教授贡觉·旺堆捐赠给学校，现收藏在该校的图书馆，原本全书共有233叶，其中第226叶遗失，每叶的高度为8.1厘米，宽度为42.8厘米。

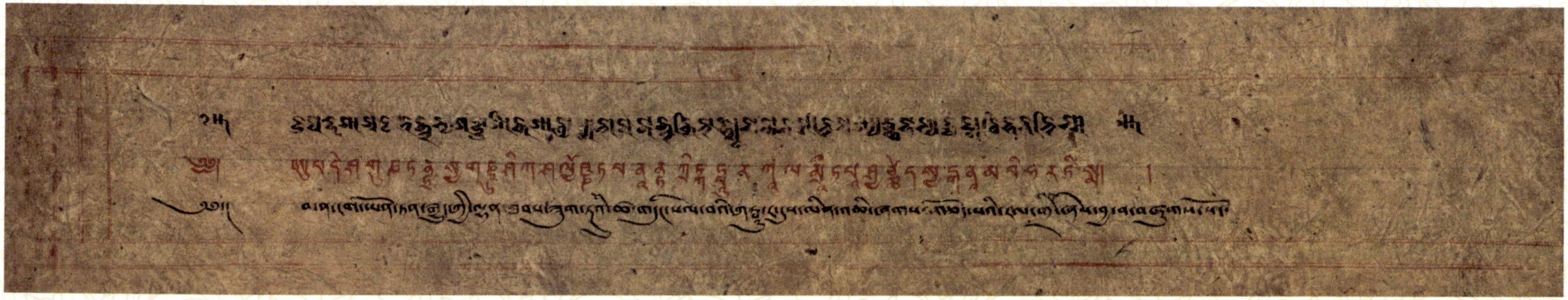

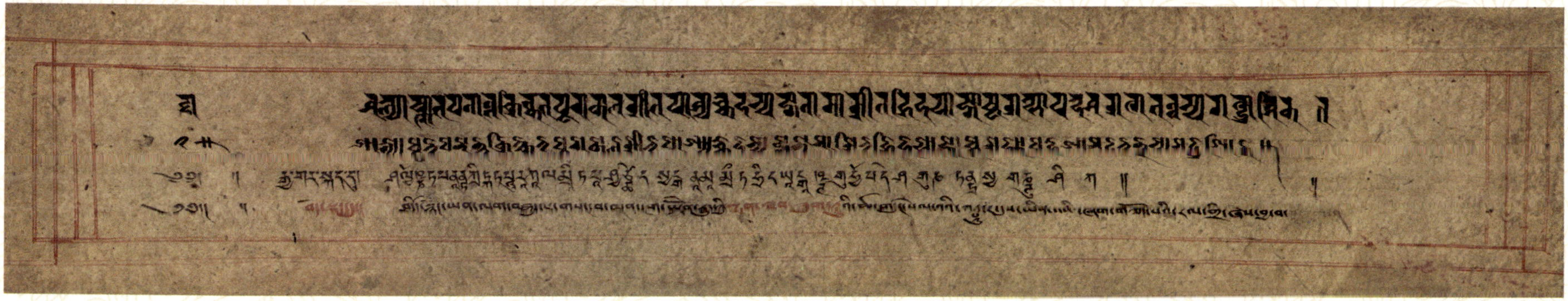

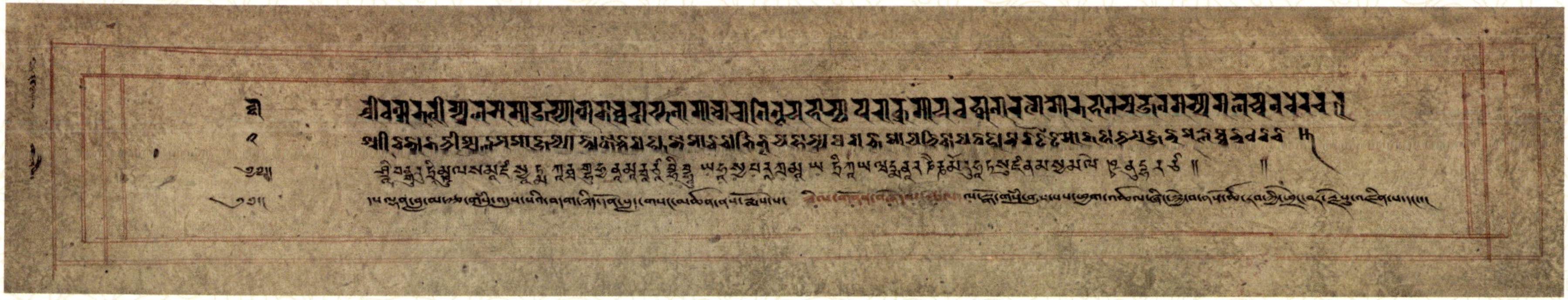

གསོ་བ་རིག་པའི་མན་ངག་ཀུན་གྱི་སྙིང་པོ་གཅེས་བསྡུས་ཕྱོགས་གཅིག་ཏུ་འདུས་པ་དུས་མིན་འཆི་ཞགས་བཅོད་པའི་རལ་གྲི་ཞུ་པ་དེ་ཡ།

དུས་རབས་བཅོ་ལྔའི་ནང་འབྲི་གུང་ཆེ་དབང་བསྟན་པའམ་དཀོན་མཆོག་འགྲོ་ཕན་དབང་པོས་མཛད།

གཞུང་འདིའི་མཛད་པ་པོ་ནི་དབུ་རུའི་གཞུ་སྟོད་དུ་རབ་བྱུང་བཅུ་གཅིག་པའི་ལྕགས་ལུག་（སྤྱི་ལོ་༡༦༣༡）ལོར་འཁྲུངས། དམ་པ་འདི་ཉིད་སྐུ་གཞོན་ནུའི་སྐབས་ནས་རིག་གནས་སྤྱི་དང་ཡང་སྙིང་གསོ་བ་རིག་པ་སློབ་པར་མགོན་པོ་འབྲི་གུང་པ་གསང་སྔགས་ཀྱི་རིག་པ་འཛིན་པ་ཆོས་ཀྱི་གྲགས་པའི་ཞབས་པད་ཡུན་རིང་དུ་བསྟེན་ནས་རྨད་དུ་བྱུང་ལ་སྨན་པའི་གྲགས་པ་ཕྱོགས་ཀུན་ཏུ་ཁྱབ་པར་གྱུར། དགུང་ལོ་སུམ་ཅུ་སོ་གཅིག་ལ་སོན་སྐབས་འབྲི་གུང་ཆོས་གྲགས་དགོངས་པ་རྫོགས་ནས་ལོ་གཉིས་སོང་བའི་དུས་སུ་སློབ་དཔོན་གྱི་དགོངས་རྫོགས་ལ་རྗེས་དྲན་ཞུ་བ་དང་། མཐོང་བརྒྱུད་ཕྱག་ལེན་རྣམས་མི་ཉམས་གོང་འཕེལ་གྱིས་འགྲོ་ཕན་རྒྱ་ཆེ་ཡོང་ཆེད་འབྲི་གུང་གཅེས་བསྡུས་ཞེས་སུ་གྲགས་པའི་སྨན་དཔེ་གསར་རྩོམ་མཛད། དེ་ནས་གཙོ་བོ་འབྲི་གུང་ཆོས་གྲགས་ཀྱི་གསུང་རྒྱུན་རྣམས་དང་། རྒྱུད་བཞིའི་བཀའ་མཆན་དུ་བཏབ་པའི་ཟབ་གནད། གཡུ་ཐོག་སྙིང་ཐིག །མན་ངག་ཤོག་དྲིལ་སྐོར་གསུམ། བྲང་ཏིའི་གསེར་བྲེ། དངུལ་བྲེ། མཁས་གྲུབ་ཨོ་རྒྱན་པའི་དངུལ་ཆུ་གྲུབ་པའི་བསྟན་བཅོས། འབུམ་ཁུ་ཚུར། བྱེ་བ་རིང་བསྲེལ། ཉམས་ཡིག་བརྒྱ་རྩ། མན་ངག་ཀུན་གྱི་སྙིང་པོ་བསྡུས་པ་སོགས་པ་དང་། ཐ་ན་སྐབས་དེའི་སྨན་པ་མཁས་པ་ཁ་ཤས་ཀྱི་སྨན་སྦྱོར་ཟབ་པ་སྣ་རེ་ཡན་ཆད་དངོས་དང་བརྒྱུད་པའི་སྒོ་ནས་འབད་པ་དུ་མས་དོན་གཉེར་མཛད། གཞན་ལྷག་པར་འབྲི་གུང་གཅེས་བསྡུས་ཀྱི་བླ་མའི་ཞལ་རྒྱུན་གྱི་ཟིན་བྲིས་དང་། གཉན་རིམས་མཁྲིས་པ་རྩར་རྒྱུགས་ཀྱི་བཅོས་ཚུལ་མདོར་བསྡུས་ཞལ་ལུང་བདུད་རྩིའི་ཆུ་རྒྱུན། འབམ་བཅོས་ཆེ་འཛིན་སྲོག་སྐྱོབ། འབམ་བཅོས་གཅེས་པའི་གནད་བསྡུས་ཞེས་པ་ལ་སོགས་མང་དག་བརྩམས་པར་མཛད། སྐུ་ཆེ་དེ་ཙམ་བཞུགས་པའི་སྐོར་གསལ་པོ་མ་ཤེས་ཀྱང་། རྒྱ་གར་གྱི་བཅོས་འཕྲུལ་གྱི་ཐེམས་ཚང་ཞེས་པའི་མཇུག་བྱང་དུ། དཀོན་མཆོག་འགྲོ་ཕན་དབང་པོས་རང་ལོ་རེ་གཅིག་པ་རབ་བྱུང་ཞེས་པ་ལྕགས་མོ་རྟའི་ལོའི་ཧོར་ཟླ་ལྔ་པའི་ཆོས་བཅོ་བརྒྱད་ཀྱི་ཉིན་དཀྱུང་གི་ཐུན་མཚམས་སུ་བྲིས་ཞེས་གསལ་བས་སྐུ་ཚེ་ཙུང་རིང་ཙམ་བཞུགས་པ་འདྲ། རྗེས་འཇུག་སློབ་མའི་གྲས་སུ་གཙོ་བོ་དཔོན་ཚང་ཡེ་ཤེས་ཞེས་པ་སྨན་དཔྱད་ལ་ཤིན་ཏུ་མཁས་པ་སོགས་བྱུང་ནས་རྒྱུན་མ་ཆད་པར་འགྲོ་དོན་བསམ

གྱིས་མི་ཁྱབ་པའི་མཛད་པ་བཟང་པོས་དུས་འདའ་བ་བྱུང་།

ནང་དོན་གཙོ་བོ་ནི། རྗེ་བཙུན་གཡུ་ཐོག་པ་དང་བྱང་ཟུར་གཉིས་སོགས་སྔོན་བྱོན་མཁས་པའི་ཉམས་ཡིག་དང་སྨད་པོད་དུ་མའི་ནང་ནས་ཉེར་མཁོའི་སྨན་གྱི་སྦྱོར་སྡེ་གྲགས་ཤིང་ཐུབ་པ་དུ་མ་ཕྱོགས་གཅིག་ཏུ་བསྡུས་པའི་སྙིང་། རྗེ་ཛྙ་ཀ་རའི་དགོངས་བཞེད་ཀྱི་མན་ངག་ཟབ་གནད་ཅན་དུ་མས་ཟུར་བརྒྱན་པ་ཞིག་སྟེ། འདི་ནི་ཀུན་གྱིས་ཚད་མར་འཛིན་པའི་གཅེས་བསྡུས་གྲགས་ཅན་ཞིག་ཡིན། མ་དཔེའི་ནང་གི་སྦྱོར་བ་མང་པོའི་གབ་མིང་དང་བསྡུས་མིང་བརྡ་ཡིག་འགའ་ཞིག་ལ་ཟུར་མཆན་བཀོད་པ་དང་། མཚན་བྱང་སྙིང་འབྲི་གྲུང་པ་དཀོན་མཆོག་འགྲོ་ཕན་དབང་པོ་ཉིད་ཀྱི་ཕྱག་ཐམ་བཀོད་པ་བཅས་ཤིན་ཏུ་གཅེས་ཆེ་བར་བཞུགས་སོ། །

འདིའི་མ་དཔེ་བྲིས་མར་ཁྱོན་ལྷེབ་མ་༩༡ཡོད་ཅིང་། ལྷེབ་མ་རེའི་མཐོ་ཚད་ལ་༨.༥cmདང་རིང་ཚད་ལ་༩༧.༣cmཡོད།

《直贡医典汇集》

该书于公元15世纪由直贡才旺丹巴所著。著者直贡才旺丹巴，别名直贡却卓盘旺宝，于藏历第11饶迥铁羊年即公元1631年出生在拉萨乌如地区。自幼研习医学知识及文化知识，后师从直贡切吉智巴熟习医学，而名扬内外。38岁时值上师逝世2周年的忌日，为纪念上师，传承和弘扬藏医学，特撰写《直贡医典汇集》，主要以直贡上师的授课内容及《四部医典•疑难释解》《宇妥心经》《三卷秘诀》《章弟 · 诀窍金升》《诀窍银升》《水银炼制术》《百万拳》《秘诀千万舍利》《秘诀精髓集要》《验方百篇》等及编入当时医学名医的藏药组方的研制及临床应用等内容，尤其撰写了《直贡医典汇集》的上师口述、笔记、瘟疫、胆入经络的治则治法、象皮病的诊治经验等内容。卒年不详，但在肠宿疾诊治验谈后记中有直贡却卓盘旺宝在铁马年61岁时所撰写的记载。

该著作的主要内容是以藏医大师宇妥巴、强宿两派及达玛尕日等的理论及临床经验、名方验方进行收集和整理编撰成书，成为当时临床诊疗的标准。此外手写原本上对药物的隐意名和缩写名进行注释，并且在写本的书名边加盖有直贡却卓盘旺宝的名章，从而更具有收藏的价值。

原本全书共有47叶，每叶的高度为8.5厘米，宽度为41.3厘米。

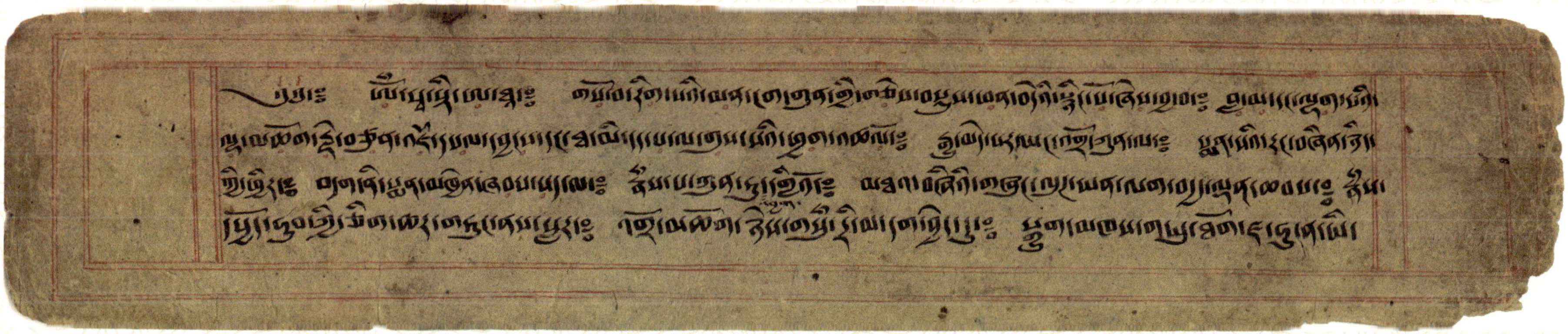

ཀྲུང་ཧྭ་གསོ་རིག་གཏེར་མཛོད་ལས་བོད་ལུགས་གསོ་རིག་
གནའ་དཔེའི་གཞུང་བསྡུས་ཤན་སྦྱར།

གཙོ་སྒྲིག་པ། ཟླ་བ།

རྩོམ་སྒྲིག་འགན་འཁུར་པ། འབྲུག་རྒྱལ་མཁར། ཞུས་ཧྭ་ལན།
མདུན་ཤོག་རྣམ་འགོད། བསོད་ནམས་ནོར་བུ།
པར་སྐྲུན་འགྲེམ་སྤེལ། ཀྲུང་གོའི་བོད་རིག་པ་དཔེ་སྐྲུན་ཁང་།
པར་འདེབས། པེ་ཅིང་ཀོང་དབྱི་པར་འདེབས་ཚད་ཡོད་ཀུང་སི།
དེབ་ཚད། 889mm×1194mm 1/16
དཔར་ཤོག 15.5 དཔར་གྲངས། 1-2000
པར་གཞི། 2024ལོའི་ཟླ་9པར་པར་གཞི་དང་པོ་བསྒྲིགས།
དཔར་ཐེངས། 2024ལོའི་ཟླ་9པར་དཔར་ཐེངས་དང་པོ་བཏབ།
དཔེ་རྟགས། ISBN 978-7-5211-0552-0
རིན་གོང་སྒོར། 99.00